MÚSICA   CULTURA POP   ESTILO DE VIDA   COMIDA
CRIATIVIDADE & IMPACTO SOCIAL

RICHARD BRANSON

PERDENDO MINHA Virgindade

Tradução
Val Ivonica

Belas Letras

Copyright © Sir Richard Branson
Todos os direitos reservados. A primeira publicação desta obra foi feita em 1998 pela Virgin Publishing, um selo da Ebury Publishing (parte do grupo Penguim Random House).

Título original: *Losing my Virginity*

Nenhuma parte desta publicação pode ser reproduzida, armazenada ou transmitida para fins comerciais sem a permissão do editor. Você não precisa pedir nenhuma autorização, no entanto, para compartilhar pequenos trechos ou reproduções das páginas nas suas redes sociais, para divulgar a capa, nem para contar para seus amigos como este livro é incrível (e como somos modestos).

Gustavo Guertler (*publisher*)
Val Ivonica (tradução)
Giovana Bomentre (edição)
Natália Mori Marques (preparação)
Cássio Yamamura (revisão)
Celso Orlandin Jr. (capa, projeto gráfico e diagramação)

2024
Todos os direitos desta edição reservados à
Editora Belas Letras Ltda.
Rua Visconde de Mauá, 473/301 – Bairro São Pelegrino
CEP 95010-070 – Caxias do Sul – RS
www.belasletras.com.br

Dados Internacionais de Catalogação na Fonte (CIP)
Biblioteca Pública Municipal Dr. Demetrio Niederauer
Caxias do Sul, RS

B821p	Branson, Richard
	Perdendo minha virgindade / Richard Branson; tradução: Val Ivonica. - Caxias do Sul, RS: Belas Letras, 2024.
	632 p.
	ISBN: 978-65-5537-201-4
	1. Branson, Richard, 1950-. 2. Autobiografia. 3. Negócios. I. Ivonica, Val. II. Título.
22/29	CDU 929

Catalogação elaborada por Vanessa Pinent, CRB-10/1297

Dedicado a Alex Ritchie e sua família

Um agradecimento especial para Edward Whitley por me ajudar a concretizar este projeto. Edward passou dois anos comigo, praticamente morou na minha casa, desbravou 25 anos de cadernos cheios de rabiscos e ajudou a dar vida a eles.

SUM

Prólogo **9**

1 Uma família que mataria para se defender **23**
2 Ou você acaba preso, ou se torna milionário **45**
3 Virgens no assunto **63**
4 Estou preparado para experimentar de tudo uma vez **91**
5 A lição aprendida **107**
6 Simon fez da Virgin o lugar da última moda **121**
7 É chamado Tubular Bells. Nunca ouvi nada assim **135**
8 Ser a segunda opção não significa nada **151**
9 Pouco importam os padres **163**
10 Pensei em me mudar para cá – disse Joan **175**
11 Vivendo no limite **187**
12 O sucesso pode decolar sem aviso **207**
13 Você só vai continuar com isso por cima do meu cadáver **217**
14 Crias de Laker **233**
15 Era como estar preso à ponta de uma imensa broca pneumática **245**
16 O maior balão do mundo **263**

17 Eu quase certamente morreria 277
18 Tudo estava à venda 295
19 Preparado para pular 305
20 Quem diabos Richard Branson pensa que é? 319
21 Teríamos cerca de dois segundos para uma última oração 339
22 Voando na turbulência 361
23 Truques sujos 375
24 O kick boxer na primeira sala 387
25 Processe os desgraçados 397
26 Bárbaros no portão de embarque 411
27 Estão me chamando de mentiroso 417
28 Vitória 437
29 Território Virgin 459
30 Diversidade e adversidade 477
31 Mudanças 547
32 Voando alto 583

PRÓLOGO

"DANE-SE, VAMOS LÁ."

TERÇA-FEIRA, 7 DE JANEIRO DE 1997, MARROCOS

5h30min

Acordei antes de Joan e me sentei na cama. Por toda Marrakesh eu ouvia os muezins nos alto-falantes chamando as pessoas à oração. Eu ainda não tinha escrito para Holly e Sam, então arranquei uma folha do meu caderno e escrevi uma carta, para o caso de eu não voltar.

> *Querida Holly, querido Sam,*
> *A vida pode ser bem surpreendente às vezes. Você pode estar vivo e bem num dia, e já não estar mais lá no dia seguinte.*
> *Vocês sabem que eu sempre tive o anseio de viver intensamente. Com isso, tive a sorte de viver a vida de muitas pessoas ao longo dos meus 46 anos. Amei cada minuto e amei ainda mais cada segundo que passei com vocês e com a mamãe.*
> *Sei que muitas pessoas nos acharam imprudentes por embarcar nessa nova aventura. Eu estava convencido de que estavam errados, sentia que tudo o que aprendemos em nossas aventuras no Atlântico e no Pacífico nos garantiria um voo seguro. Achei que os riscos eram aceitáveis. Obviamente eu estava errado.*
> *No entanto, eu não me arrependo de nada na minha vida, exceto não estar ao lado de Joan para finalmente ajudar vocês a crescerem. Vocês têm doze e quinze anos, já estão com o caráter desenvolvido. Nós dois temos muito orgulho de vocês. Joan e eu não poderíamos ter tido filhos mais encantadores. Vocês dois são gentis, atenciosos, cheios de vida (espirituosos, até!). O que mais poderíamos querer?*
> *Sejam fortes. Sei que não vai ser fácil, mas tivemos uma vida maravilhosa juntos, e vocês nunca vão se esquecer de todos os bons momentos que tivemos.*
> *Vivam a vida intensamente também. Aproveitem cada minuto dela. Amem e cuidem da mamãe como se ela fosse nós dois.*
> *Amo vocês.*
> *Papai.*

Dobrei a carta até virar um quadradinho e guardei no bolso. Já arrumado e pronto para sair, deitei-me ao lado de Joan e a abracei. Eu me sentia bem acordado e nervoso, enquanto ela estava quentinha e sonolenta nos meus braços. Holly e Sam vieram para o nosso quarto e se aconchegaram entre nós dois. Depois, Sam foi com os primos para o local de lançamento ver o balão no qual eu esperava em breve dar a volta ao mundo. Joan e Holly ficaram comigo enquanto eu conversava com Martin, o meteorologista. O voo, disse ele, estava definitivamente de pé. Tínhamos as melhores condições meteorológicas em cinco anos. Em seguida, liguei para Tim Evans, nosso médico. Ele tinha acabado de ver Rory McCarthy, nosso terceiro piloto, e tinha más notícias: Rory não poderia voar. Ele estava com uma pneumonia leve, mas, se ficasse em uma cápsula por três semanas, poderia ficar muito pior. Na mesma hora liguei para Rory e me solidarizei com ele.

– Vejo você no restaurante – disse. – Vamos tomar café.

6h20min

Quando me encontrei com Rory no restaurante do hotel, o lugar estava deserto. Os jornalistas que acompanharam os preparativos nas 24 horas anteriores já tinham ido para o local do lançamento.

Rory e eu nos abraçamos. Nós dois choramos. Além de ter se tornado um bom amigo como nosso terceiro piloto no voo de balão, Rory e eu estávamos trabalhando juntos em vários outros negócios nos últimos tempos. Pouco antes de virmos para o Marrocos, ele havia comprado ações de nosso novo selo, o V2, e investido na Virgin Clothes e na Virgin Vie, nossa nova empresa de cosméticos.

– Não acredito que estou te decepcionando assim – lamentou. – Eu nunca fico doente... nunca!

– Não se preocupe – tranquilizei. – Acontece. Temos Alex, que tem a metade do seu peso. Vamos voar muito mais longe com ele a bordo.

PRÓLOGO

– Falando sério: se você não voltar – afirmou Rory –, vou continuar de onde você parou.

– Ok, obrigado! – respondi, rindo de nervoso.

Alex Ritchie já estava no local do lançamento supervisionando a correria doida para preparar a cápsula com Per Lindstrand, o balonista veterano que me apresentou ao esporte. Alex é o brilhante engenheiro que projetou a cápsula. Até aquele momento, ninguém tinha conseguido construir um sistema que permitisse voos de balão em altitudes de correntes de jato. Embora tivesse construído nossas cápsulas para o Atlântico e o Pacífico, eu não o conhecia bem, e agora não tinha tempo para descobrir mais sobre ele. Apesar de não ter treinamento em voo, Alex tinha corajosamente decidido vir conosco. Se tudo corresse bem no voo, teríamos umas três semanas para nos conhecermos. Talvez até com mais intimidade do que gostaríamos.

Ao contrário das minhas travessias do Pacífico e do Atlântico em balões de ar quente com Per, nesta viagem nós só aqueceríamos o ar em caso de necessidade: o balão tinha um núcleo de hélio que nos faria subir. O plano de Per era aquecer o ar ao redor daquele núcleo durante a noite, o que por sua vez aqueceria o hélio. Sem isso, o hélio se contrairia, ficaria mais pesado e nos faria descer.

Joan, Holly e eu demos as mãos e nos abraçamos. Estava na hora de ir.

8h30min

Nós todos vimos ao mesmo tempo. Conforme avançávamos pela estrada de terra batida até a base aérea marroquina, parecia que uma nova mesquita tinha brotado da noite para o dia. Acima das palmeiras encurvadas e empoeiradas, um deslumbrante orbe erguia-se como uma cúpula de madrepérola. Era o balão. Homens a cavalo galopavam à beira da estrada, armas penduradas nos ombros, a caminho da base. Todos eram atraídos para esse imenso balão branco reluzente pairando no ar, alto e esguio.

9h15min

O balão estava isolado, e ao redor das grades estava um conjunto impressionante de pessoas. Toda a equipe da base aérea estava apinhada de um lado, trajando elegantes uniformes azul-marinho. À frente deles, o tradicional grupo de dançarinas marroquinas gritava, lamentava e bradava em seus xales brancos. Um grupo de homens a cavalo vestidos em trajes berberes e brandindo mosquetes antigos se alinharam diante do balão. Por um momento, tive a terrível sensação de que dispararam uma salva para comemorar e perfurariam o balão. Per, Alex e eu nos reunimos na cápsula e fizemos uma checagem final de todos os sistemas. O sol subia rapidamente e o hélio estava começando a expandir.

10h15min

Já tínhamos feito todas as checagens e estávamos prontos para decolar. Abracei Joan, Holly e Sam uma última vez. Estava impressionado com a força de Joan. Holly ficara ao meu lado nos últimos quatro dias, e também parecia ter a situação totalmente sob controle. Achei que Sam também tinha, mas ele caiu no choro e me puxou para si, recusando-se a me soltar. Quase comecei a chorar junto com ele. Nunca vou me esquecer da força e da angústia daquele abraço. Depois me beijou, me soltou e abraçou Joan. Corri para dar um beijo de despedida na mamãe e no papai. Mamãe apertou uma carta na minha mão.

– Abra daqui a seis dias – instruiu.

Pensei comigo mesmo que esperava não morrer antes disso.

10h50min

Só nos restava subir os degraus de aço até a cápsula. Por um segundo, hesitei e me perguntei quando e onde eu voltaria a colocar os pés em terra firme – ou na água. Não tinha tempo para ficar pensando nisso. Entrei pela escotilha. Per estava nos controles principais; eu me sentei perto do equipamento de filmagem e Alex ocupou o assento próximo ao alçapão.

11h19min

Dez, nove, oito, sete, seis, cinco... Per fazia a contagem regressiva e eu me concentrava nas câmeras. Minha mão volta e meia descia para a fivela do paraquedas. Eu tentava não pensar no imenso balão acima de nós nem nos seis enormes tanques de combustível presos ao redor da nossa cápsula. Quatro, três, dois, um... e Per acionou a alavanca que soltava as travas dos cabos da âncora e, silenciosa e rapidamente, subimos aos céus. Não havia o rugido dos queimadores; nossa subida parecia a de um daqueles balões de festas infantis. Nós simplesmente subimos, subimos, nos afastamos do chão e, levados pela brisa da manhã, sobrevoamos Marrakesh.

A porta de emergência continuava aberta conforme ganhávamos altitude, e acenamos para as pessoas lá embaixo, agora pequeninas. Cada detalhe de Marrakesh, as paredes quadradas cor-de-rosa, a grande praça da cidade, os pátios verdes e os chafarizes ocultos atrás de muros altos, tudo se desdobrava sob nós. A dez mil pés, o ar era frio e rarefeito. Fechamos o alçapão. A partir de agora, estávamos por nossa conta. Estávamos pressurizados, e a pressão ia aumentar.

Nosso primeiro fax chegou logo depois do meio-dia.

– Ah, meu Deus! – Per me passou o papel. – Veja isto.

– Estejam cientes de que os conectores nos tanques de combustível estão travados – li.

Esse foi nosso primeiro erro. Os conectores deveriam ter sido destravados para que, se tivéssemos algum problema e começássemos a cair, pudéssemos descartar um lastro de uma tonelada de combustível.

– Se esse for nosso único erro, não estamos tão mal – comentei, tentando animar Per.

– Precisamos descer para cinco mil pés para eu poder subir e destravar os conectores – disse Alex. – Não vai ser problema.

Era impossível perder altitude durante o dia porque o sol aquecia o hélio. A única solução imediata era soltar hélio que, uma vez liberado, seria impossível de recuperar. Não podíamos perder hélio nenhum. Assim, concordamos em esperar anoitecer para descer o balão. A preocupação era torturante. Não sabíamos como esse balão voaria à noite e, com os tanques de combustível travados, nossa capacidade de escapar de problemas ficava limitada.

Alex e eu tentamos nos distrair do problema dos tambores travados, mas ele desencadeou um desânimo brutal em Per. Ele se sentou cabisbaixo perto dos controles num silêncio furioso, falando só quando nós lhe fazíamos uma pergunta direta.

Voamos serenamente pelo resto do dia. A vista da cordilheira do Atlas era deslumbrante, os picos irregulares cobertos de neve reluzindo para nós no glorioso pôr do sol. A cápsula estava apertada, abarrotada de suprimentos para dezoito dias. Logo descobrimos que destravar os conectores não foi nosso único descuido: também esquecemos de trazer papel higiênico, por isso tínhamos de esperar receber faxes para poder descer a minúscula escada caracol até o banheiro. E, depois da comida do Marrocos, eu precisava de muitos faxes. Per mantinha o silêncio carrancudo, mas Alex e eu estávamos gratos por já saber do problema dos tambores em vez de descobrir do jeito mais difícil.

Ao nos aproximarmos da fronteira da Argélia, sofremos mais um choque quando os argelinos nos informaram que estávamos indo direto para Béchar, a principal base militar deles. Disseram que não poderíamos sobrevoar a base: "Vocês não estão, repetimos, não estão autorizados a entrar nessa área", dizia o fax.

Não tínhamos opção.

Passei cerca de duas horas no telefone por satélite com Mike Kendrick, nosso controlador de voo, e tentei vários ministros britânicos. Por fim, André Azoulay, o ministro marroquino que tinha nos ajudado a resolver todos os problemas para o lançamento no Marrocos, veio novamente ao resgate. Ele explicou aos argelinos que não tínhamos como mudar nossa direção e que não tínhamos câmeras potentes a bordo. Eles aceitaram o argumento e cederam.

Enquanto as boas novas chegavam, eu fazia anotações no meu diário de bordo. Ao virar mais uma página, havia um bilhete manuscrito de Sam, em tinta preta grossa, colado no caderno com fita adesiva: "Para papai: espero que você se divirta. Boa viagem. Muito, muito amor do seu filho Sam." Lembrei que ele tinha entrado na cápsula sem mim na noite anterior, e agora sabia por quê.

Às cinco da tarde ainda estávamos voando a trinta mil pés. Per começou a acionar os queimadores para aquecer o ar dentro do envelope. Mesmo com os queimadores ligados por uma hora, logo depois das seis o balão começou a perder altitude gradualmente.

– Tem alguma coisa errada com a teoria aqui – comentou Per.

– Qual o problema? – perguntei.

– Não sei.

Per continuava a acionar os queimadores, mas o balão ainda estava descendo. Descemos mil pés, depois mais quinhentos. Ficava cada vez mais frio depois que o sol desapareceu. Ficou claro que o hélio estava se contraindo rapidamente, virando um peso morto em cima de nós.

– Precisamos soltar lastro – disse Per. Ele estava assustado. Todos nós estávamos.

Puxamos as alavancas para liberar os pesos de chumbo que ficavam embaixo da cápsula e que deviam ficar de reserva por umas duas semanas. Eles se soltaram, e eu os vi na minha tela de vídeo caindo feito bombas. Tive a sensação terrível de que esse era só o começo de um desastre. A cápsula era maior do que as que usamos no Atlântico e no Pacífico, mas ainda era uma caixa de metal pendurada em um balão gigante à mercê dos ventos e do clima.

Estava escurecendo. Sem os pesos de chumbo, estabilizamos por um tempo, mas logo o balão começou a cair de novo, e desta vez a queda era mais rápida. Descemos dois mil pés em um minuto; dois mil pés no minuto seguinte. Meus ouvidos entupiram e depois estalaram, e senti meu estômago subir, pressionando as costelas. Estávamos a apenas quinze mil pés. Tentei ficar calmo, me concentrando nas câmeras e no altímetro, repassando rapidamente as opções disponíveis. Precisávamos alijar os tanques de combustível. Mas, assim que fizéssemos isso, a viagem terminaria. Tentei não demonstrar minha apreensão. Estávamos em algum lugar sobre a cordilheira do Atlas, no escuro, rumo a um horrível pouso forçado. Nenhum de nós falava nada. Fiz alguns cálculos rápidos.

– Descendo nesse ritmo, temos sete minutos – sentenciei.

– Ok – respondeu Per. – Abra a escotilha. Despressurize.

Abrimos o alçapão a doze mil pés, caindo para onze mil pés, e uma lufada de ar gelado de tirar o fôlego despressurizou a cápsula. Alex e eu começamos a jogar tudo porta afora: comida, água, latas de óleo, tudo que não estivesse pregado à cápsula. Tudo. Até um maço de dólares. Por cinco minutos, paramos de cair. Não havia dúvida: precisávamos continuar. Precisávamos salvar nossas vidas.

– Ainda não é suficiente – disse eu, vendo o altímetro cair para nove mil pés. – Ainda estamos caindo.

– Tudo bem, estou indo lá para cima – disse Alex. – Os tanques de combustível precisam ir embora.

PRÓLOGO

Como Alex praticamente construiu a cápsula, sabia exatamente como soltar as travas. Em meio ao pânico eu percebi que, se Rory estivesse a bordo no lugar dele, estaríamos fritos. Não teríamos alternativa além dos paraquedas. Estaríamos agora nos lançando na noite sobre a cordilheira do Atlas. Os queimadores rugiam acima de nós, lançando uma luz laranja ardente.

– Já saltou de paraquedas? – gritei para Alex.

– Nunca.

– Esta é a sua *ripcord* – ensinei, levando a mão dele até a peça.

– Sete mil pés e caindo – anunciou Per. – Seis mil e seiscentos pés agora.

Alex subiu pela escotilha e foi para o alto da cápsula. Era difícil sentir a velocidade com que estávamos caindo. Meus ouvidos agora estavam entupidos. Se as travas estivessem congeladas e Alex não conseguisse soltar os tanques de combustível, teríamos que saltar. Só tínhamos mais alguns minutos. Olhei para cima, pela escotilha, e ensaiei o que teríamos que fazer: uma mão na borda, botar o pé para fora e saltar na escuridão. Levei a mão instintivamente ao meu paraquedas. Chequei se Per estava usando o dele. Ele estava observando o altímetro. Os números diminuíam rápido.

Tínhamos só seis mil pés para fazer alguma coisa e estava escuro – não, 5.500 pés. Se Alex demorasse mais um minuto, teríamos 3.500 pés. Passei a cabeça pela escotilha, segurei a correia e observei Alex subindo até o alto da cápsula. Estava um breu lá embaixo, e congelante também. Não conseguíamos ver o solo. O telefone e o fax tocavam sem parar. O controle de terra devia estar tentando entender o que raios estávamos fazendo.

– Um já foi – gritou Alex pela escotilha.

– Três mil e setecentos pés – informou Per.

– Mais um – disse Alex.

– Três mil e quatrocentos pés.

– Mais outro.

– Dois mil e novecentos pés, 2.400.

Era tarde demais para saltar. Até sairmos da cápsula, acabaríamos estatelados nas montanhas que vinham rápido em nossa direção.

– Volte para dentro – berrou Per. – Agora.

Alex desceu pela escotilha.

Nós nos preparamos. Per acionou a alavanca para desconectar um tanque de combustível. Se a trava emperrasse, estaríamos mortos em uns sessenta segundos. O tanque caiu e o balão parou repentinamente, como um elevador atingindo o chão. Afundamos nos assentos, minha cabeça comprimida nos ombros. E então balão começou a subir. Observamos o altímetro: 2.600, 2.700, 2.800 pés. Estávamos seguros. Em dez minutos estávamos a mais de três mil pés, e o balão ia mais uma vez em direção ao céu noturno.

Eu me ajoelhei no chão ao lado de Alex e o abracei.

– Graças a Deus estava conosco – exclamei. – Estaríamos mortos sem você.

Dizem que uma pessoa à beira da morte repassa a vida toda segundos antes de morrer. No meu caso, não foi assim. Enquanto despencávamos para a perspectiva de virar uma bola de fogo na cordilheira do Atlas e eu achava que íamos morrer, só conseguia pensar que, se escapasse com vida, nunca mais faria isso de novo. Conforme subíamos para a segurança, Alex nos contou a história de um homem rico que decidiu atravessar o canal da Mancha a nado: ele foi até a praia, montou a cadeira de praia e uma mesinha com morangos e sanduíches de pepino, depois anunciou que um representante atravessaria o canal por ele. Naquele momento, não pareceu uma má ideia.

Durante toda aquela primeira noite, lutamos para manter o controle do balão. Em determinado momento ele começou uma ascensão contínua, subindo sem motivo aparente. Finalmente percebemos que um dos tanques de combustível restantes estava vazando e estávamos involuntariamente descartando combustível. Com a aproximação da aurora, fizemos os preparativos para pousar. Abaixo de nós estava o deserto da Argélia, um local inóspito mesmo em condições favoráveis, e ainda mais em um país em meio a uma guerra civil.

O deserto não era a sequência de macias dunas de areia amarela que se espera depois de assistir a *Lawrence da Arábia*. A terra nua era verme-

PRÓLOGO

lha e rochosa, estéril como a superfície de Marte, as rochas elevando-se como imensos cupinzeiros. Alex e eu nos sentamos no teto da cápsula, maravilhados com o nascer do sol sobre o deserto. Tínhamos consciência de que esse era um dia que podíamos não ter sobrevivido para ver. O sol subindo no céu e o calor crescente do dia pareciam infinitamente preciosos. Observando a sombra do balão deslizar pelo solo desértico, era difícil acreditar que era a mesma engenhoca que tinha mergulhado na direção da cordilheira do Atlas no meio da noite.

Os tanques de combustível ainda presos bloqueavam a visão de Per, então Alex guiou o pouso. Quando nos aproximávamos do solo, Alex gritou:

– Fios elétricos à frente!

Per gritou de volta que estávamos no meio do deserto do Saara e não era possível ter fios por ali.

– Você deve estar vendo uma miragem.

Alex insistiu que ele visse com os próprios olhos: tínhamos conseguido achar a única linha de transmissão de energia no Saara.

Apesar do vasto deserto inóspito à nossa volta, poucos minutos após nosso pouso já havia sinais de vida. Um grupo de beduínos berberes se materializou das rochas. De início, mantiveram distância. Estávamos prestes a lhes oferecer um pouco de água e os poucos suprimentos que nos restaram quando ouvimos o rugido ribombante de helicópteros de guerra. Deviam ter nos rastreado por radar. Tão rápido quanto apareceram, os berberes sumiram. Dois helicópteros pousaram a curta distância, levantando nuvens de poeira, e logo estávamos cercados por soldados impassíveis segurando metralhadoras, aparentemente sem muita certeza de para onde apontá-las.

– Alá – disse eu, encorajador.

Eles hesitaram por um momento, mas a curiosidade foi mais forte e se aproximaram. Mostramos a cápsula para o oficial deles, que ficou maravilhado com os tanques de combustível remanescentes.

Do lado de fora da cápsula, perguntei-me o que esses soldados argelinos estariam pensando dela. Olhei para trás e, por um momento, a vi pelos olhos deles. Os tanques de combustível restantes estavam pintados como imensas latas de Virgin Cola e Virgin Energy, em amarelo e vermelho vibrantes. Entre os muitos slogans na lateral da cápsula estavam os da Virgin Atlantic, Virgin Direct (agora Virgin Money), Virgin Territory e Virgin Cola. Provavelmente demos sorte de os devotos soldados muçulmanos não entenderem o que estava escrito no alto da lata de Virgin Energy:

APESAR DO QUE VOCÊ PODE TER OUVIDO, NÃO HÁ NENHUMA EVIDÊNCIA DE QUE VIRGIN ENERGY SEJA AFRODISÍACO.

Enquanto olhava para a cápsula pousada na areia vermelha e revivia a angustiante queda em direção à cordilheira do Atlas, renovei meus votos de nunca mais tentar isso de novo. Em perfeita contradição com esse pensamento, lá no fundo eu também sabia que, assim que voltasse para casa e conversasse com os outros balonistas que estavam tentando dar a volta ao mundo, eu concordaria com mais uma última tentativa. É um desafio irresistível, agora já arraigado demais em mim para que eu desistisse.

As duas coisas que mais me perguntam são: "Por que você arrisca o pescoço num balão?" e "Para onde vai o Virgin Group?". De certa maneira, a visão da cápsula do balão no meio do deserto da Argélia, ostentando todos esses nomes da Virgin, resumia essas duas perguntas primordiais.

Eu sabia que tentaria fazer outro voo de balão porque é um dos poucos grandes desafios que me restam. Assim que exorcizo os pavores de cada voo, eu recobro a confiança de que podemos aprender com nossos erros e conquistar o próximo com segurança.

A questão mais ampla de até onde irá o Virgin Group é impossível de responder. Em vez de pender para o lado acadêmico, que não faz o meu estilo, escrevi este livro para demonstrar como fizemos da Virgin o que ela é hoje. Se prestar atenção nas entrelinhas, você vai, espero, entender qual é a nossa visão para o Virgin Group e verá para onde estou indo. Algumas pessoas dizem que a minha visão para a Virgin desafia todas as regras e é ousada e caleidoscópica demais; outros dizem que a Virgin se tornou uma das principais marcas do século; outros ainda analisam tudo até o último detalhe e depois escrevem artigos acadêmicos. Quanto a mim, eu só pego o telefone e continuo meu trabalho. As séries de voos de balão e as inúmeras empresas da Virgin que eu criei compõem uma série ininterrupta de desafios que remontam à minha infância.

Quando eu estava procurando títulos, David Tait, que toca o lado norte-americano da Virgin Atlantic, sugeriu *Virgin: A Arte da Estratégia Comercial e da Análise Competitiva*.

– Nada mau – disse –, mas não sei se é sugestivo o suficiente.

– Claro – respondeu ele –, o subtítulo poderia ser: *Ah, dane-se, vamos lá*.

UMA FAMÍLIA QUE MATARIA PARA SE DEFENDER

1950 – 1963

Já não me lembro de muita coisa da minha infância hoje em dia, mas vários episódios se destacam. Lembro que meus pais nos davam desafios o tempo todo. Minha mãe estava determinada a nos tornar independentes. Quando eu tinha quatro anos, ela parou o carro a alguns quilômetros de onde morávamos e me fez achar o caminho de casa pelo meio dos campos. Eu me perdi lindamente. A lembrança mais antiga de Vanessa, minha irmã mais nova, é de ser acordada antes de amanhecer numa manhã de janeiro porque mamãe tinha decidido que eu devia ir de bicicleta até Bournemouth naquele dia. Ela me deu alguns sanduíches e uma maçã e me disse para encontrar água pelo caminho.

Bournemouth ficava a oitenta quilômetros da nossa casa em Shamley Green, Surrey. Eu não tinha nem doze anos, mas mamãe achou que isso me ensinaria a importância da perseverança e um senso de direção. Lembro de sair no escuro, e tenho uma vaga lembrança de dormir na casa de algum parente. Não faço ideia de como encontrei essa casa nem de como voltei para Shamley Green no dia seguinte, mas me lembro de finalmente entrar na cozinha feito um herói conquistador, sentindo um orgulho tremendo da minha maratona ciclística e esperando boas-vindas efusivas.

– Muito bem, Ricky – minha mãe me saudou na cozinha, onde picava cebolas. – Você se divertiu? Agora pode ir até a casa do vigário? Ele tem um pouco de lenha para partir e eu disse que você já estava chegando.

Nossos desafios tendiam a ser mais físicos do que acadêmicos, e logo nós mesmos nos desafiávamos. Tenho uma lembrança antiga de aprender a nadar. Eu tinha quatro ou cinco anos, e estávamos de férias em Devon com as irmãs de papai, tia Joyce e tia Wendy, e com o marido de Wendy, tio Joe. Eu gostava muito da tia Joyce, e no começo das férias ela apostou dez xelins que eu não conseguiria aprender a nadar em duas semanas. Passei horas no mar tentando nadar contra as ondas congelantes, mas chegou o último dia e eu ainda não conseguia. Eu só me debatia pulando com um pé no fundo. Dava impulso para a frente e era engolido pelas ondas antes de voltar à superfície cuspindo e tentando não engolir a água salgada.

– Não se preocupe, Ricky – consolou tia Joyce. – Ano que vem você tenta de novo.

Contudo, eu estava determinado a não esperar tanto. Tia Joyce fez uma aposta comigo, e eu duvidava que ela se lembraria disso no ano seguinte. No último dia nós acordamos cedo, carregamos os carros e começamos a viagem de doze horas para casa. As estradas eram estreitas, os carros estavam lentos e fazia muito calor. Todo mundo queria chegar em casa. Em determinado momento, vi um rio.

– Papai, pode parar o carro, por favor?

O rio era a minha última chance: eu tinha certeza de que conseguiria nadar e ganharia os dez xelins da tia Joyce.

– Pare, por favor! – gritei.

Papai olhou pelo retrovisor, diminuiu a velocidade e parou na grama à beira da estrada.

– O que foi? – perguntou Tia Wendy enquanto saíamos do carro.

– Ricky viu o rio ali – explicou mamãe. – Ele quer fazer uma última tentativa de nadar.

– Por que não voltamos para o carro e vamos para casa? – reclamou tia Wendy. – A viagem é demorada.

– Ah, Wendy, vamos dar uma chance para o menino – defendeu tia Joyce. – São os meus dez xelins que estão em jogo.

Arranquei minhas roupas e corri de cuecas até a margem do rio. Nem ousei parar, caso alguém mudasse de ideia. Quando cheguei à beira d'água, eu estava um tanto assustado. Lá no meio do rio a água fluía rápido, uma corrente de bolhas dançando pelos pedregulhos. Achei uma parte da margem que tinha sido pisoteada por umas vacas e, com dificuldade, entrei na corrente. A lama entrou pelo meio dos meus dedos. Olhei para trás. Tio Joe, tia Wendy, tia Joyce, meus pais e minha irmã Lindi estavam lá olhando para mim, as mulheres em vestidos floridos, os homens usando jaqueta esportiva e gravata. Papai estava acendendo o cachimbo e observava sem um pingo de preocupação; mamãe dava seu sorriso encorajador de sempre.

Eu me preparei e me atirei à corrente, mas imediatamente senti que afundava, minhas pernas cortando a água sem resultado algum. A corrente me arrastou de um lado para o outro, puxando com força minhas cuecas, e me levou rio abaixo. Eu engolia água, sem conseguir respirar. Tentei subir à superfície, mas eu não tinha apoio para dar impulso. Eu chutava e me debatia, mas não adiantava nada.

Então meu pé encontrou uma pedra e dei um impulso forte para cima. Cheguei à superfície e respirei fundo. O ar entrando nos pulmões me estabilizou, e eu relaxei. Tinha que ganhar aqueles dez xelins.

Mexi as pernas devagar, estiquei os braços e me vi nadando na superfície. Ainda estava oscilando para cima e para baixo, mas de repente me senti livre: conseguia nadar. E daí que a correnteza estava me levando rio abaixo? Nadei triunfante e saí do meio da corrente. Acima do rugido e do borbulhar da água, ouvi minha família aplaudindo e vibrando. Enquanto eu nadava em um círculo torto e voltava para a margem uns cinquenta metros além deles, vi tia Joyce procurar a carteira em sua imensa bolsa preta. Engatinhei para fora da água, passei por uma moita de urtigas e corri barranco acima. Eu podia estar com frio, cheio de lama e machucado pela urtiga, mas consegui nadar.

– Aqui está, Ricky – disse tia Joyce. – Muito bem!

Olhei para a nota de dez xelins na minha mão. Era grande, marrom e novinha. Nunca tinha segurado tanto dinheiro na minha vida. Pareceu uma fortuna.

– Muito bem, pessoal – chamou papai. – Vamos embora.

Só então eu percebi que ele também estava ensopado: não aguentou e pulou no rio para me salvar. Ele me deu um abraço apertado.

Não consigo lembrar de um momento que seja na vida em que não tenha sentido o amor da minha família. Na nossa família, nós mataríamos para defender um ao outro – mesmo hoje. Meus pais se adoram e, quando eu era criança, mal via palavras atravessadas entre eles. Eve, minha mãe, sempre foi cheia de vida e nos animava. Meu pai, Ted, era mais quieto, do tipo que fuma cachimbo lendo jornal, mas ambos tinham amor pela aventura. Ted queria ser arqueólogo, mas seu pai, juiz do Tribunal Superior, quis que seguisse a tradição dos Branson e fosse advogado como as três gerações antes dele. Quando Ted estava na escola, meu avô contratou um orientador vocacional para conversar com ele sobre possíveis carreiras. Quando ficou sabendo que Ted queria ser arqueólogo, meu avô se recusou a pagar a conta do orientador vocacional, alegando que ele não tinha feito seu trabalho direito. Assim, Ted foi, com relutância, estudar Direito em Cambridge, e continuou a colecionar artefatos antigos e fósseis como *hobby*, montando o que ele chamou de "seu museu".

Quando começou a Primeira Guerra Mundial, em 1939, Ted foi voluntário no Staffordshire Yeomanry, um regimento da cavalaria composto por advogados. O regimento dele lutou na Palestina, e Ted lutou na batalha de El Alamein, em setembro de 1942, e nas batalhas subsequentes no deserto da Líbia. Depois, participou na invasão da Itália e lutou em Salerno e em Anzio. Antes de partir para a guerra, Ted bolou um código para que meus avós soubessem onde ele estava: combinaram que, nas cartas para casa, o porão seria o mundo e certas gavetas nos armários representariam determinados países. Ted escreveria e pediria à mãe para tirar suas velhas luvas de montaria da prateleira superior esquerda do armário da direita, que havia sido designada como Palestina. Como era de se esperar, os censores nunca perceberam o estratagema, e meus avós conseguiam saber onde ele estava.

Quando Ted se alistou, seu tio, Jim Branson, já era bem conhecido no exército por defender que as pessoas comessem capim. Meu tio-avô Jim tinha uma propriedade em Hampshire que, por fim, dividiu entre os colonos quando foi morar em Balham, que, em 1939, era um subúrbio distante de Londres. Ele era obcecado por comer capim, e a revista *Picture Post* fez uma matéria com uma foto dele no banheiro da casa de Balham, onde plantava capim em tinas para depois transformar em feno. Sempre que alguém o convidava para almoçar ou jantar, o que ficou cada vez mais comum depois que virou celebridade, Jim levava consigo um embornal e comia capim. No exército, todos zombavam de meu pai: "Você deve ser filho do Jim Branson! Que tal pastar um pouco? Você é um potro bem animado... quando vão te castrar?" e coisas assim.

Ted negava enfaticamente qualquer envolvimento com o tio Jim. No entanto, com a progressão da guerra, David Stirling criou o Special Air Service, um regimento de elite designado para operar atrás das linhas inimigas. O SAS precisava carregar pouca bagagem, e logo se espalhou a notícia de que Jim Branson estava orientando David Stirling e suas tropas de elite sobre como viver de capim e castanhas.

A partir daí, sempre que alguém perguntava: "Branson? Você é parente de Jim Branson?", Ted estufava o peito para responder, cheio de orgulho: "Sim, ele é meu tio. Fascinante o que ele está fazendo com o SAS, não?".

Ted na verdade gostou dos cinco anos que passou longe de casa, e achou um tanto difícil voltar a encarar a advocacia quando retornou a Cambridge. Alguns anos depois, já um jovem advogado, ele chegou atrasado a um coquetel no qual foi recebido por uma bela moça loira chamada Eve que atravessou a sala na direção dele, pegou uma bandeja de linguiça caramelizada e disse: "O caminho para o coração de um homem passa pelo estômago. Experimente um pouco disto!".

Eve Huntley-Flindt herdou um pouco de sua energia estonteante da mãe, Dorothy, que detém dois recordes britânicos: aos 89 anos, vovó se tornou a pessoa mais velha na Grã-Bretanha a passar na prova de dança de salão latino-americana avançada, e aos 90 se tornou a pessoa mais velha a acertar uma bola de golfe no buraco com apenas uma tacada.

Vovó tinha 99 anos quando faleceu. Pouco antes disso, me escreveu dizendo que os últimos dez anos tinham sido os melhores de sua vida. Naquele mesmo ano, dando a volta ao mundo num cruzeiro, ela foi deixada para trás na Jamaica só com a roupa de banho. Ela até leu *Uma breve histó-*

ria do tempo (algo que eu nunca achei que conseguiria!). Ela nunca parou de aprender. Sua filosofia de vida era: só se vive uma vez, então é melhor aproveitar ao máximo.

Mamãe herdou o amor de vovó pelos esportes e pela dança, e aos doze anos apareceu num espetáculo no West End escrito por Marie Stopes, que depois ficou famosa pelo trabalho com educação em saúde da mulher. Algum tempo depois, mamãe foi quase obrigada a tirar a roupa em outro trabalho no palco: dançando para *The Cochran Show* no Her Majesty's Theatre, no West End. Os espetáculos de Sir Charles Cochran eram conhecidos por ter as mais belas moças da cidade, e elas tiravam a roupa. Eram tempos de guerra e o trabalho era escasso. Eve decidiu aceitar o trabalho com a justificativa de que era tudo uma diversão inocente. Como era de se esperar, meu avô se opôs violentamente e lhe disse que entraria no teatro e a arrancaria da apresentação. Eve repassou o aviso a Sir Charles Cochran, que permitiu que ela dançasse sem tirar as roupas. Naquela época, como hoje, ela conseguia praticamente tudo que quisesse.

Eve começou a procurar outro emprego, um diurno, e foi até Heston, onde um aeroclube ensinava recrutas da RAF a planar antes de se tornarem pilotos. Ela pediu emprego como piloto, mas lhe disseram que esses cargos eram só para homens. Sem se deixar desanimar, ela usou sua lábia com um dos instrutores, que cedeu e secretamente lhe deu o emprego, contanto que fingisse ser um rapaz. Assim, usando jaqueta de couro, capacete de couro para esconder os cabelos e adotando uma voz grave, Eve aprendeu a planar e depois começou a dar aulas para os novos pilotos. No último ano da guerra, ela entrou para a Wrens, a Marinha Real feminina, e serviu em Black Isle, na Escócia.

Depois da guerra, Eve foi aeromoça, na época um trabalho muito glamoroso. Eles eram muito exigentes nas qualificações: era preciso ser muito bonita, solteira, ter entre 23 e 27 anos, falar espanhol e ter treinamento como enfermeira. Mamãe não falava espanhol e não era enfermeira, mas passou uma conversa no recepcionista noturno do centro de recrutamento e se viu no treinamento para ser aeromoça na British South American

Airways. A BSAA operava dois tipos de avião entre Londres e a América do Sul: Lancasters, que levavam 13 passageiros, e Yorks, com capacidade para 21. Eles tinham nomes maravilhosos, Star Stream e Star Dale, e as aeromoças eram conhecidas como Star Girls. Enquanto o avião taxiava pela pista, a primeira função de mamãe era oferecer goma de mascar, doces, algodão e livros da Penguin e explicar aos passageiros que eles precisavam assoar o nariz antes da decolagem e do pouso.

As cabines não eram pressurizadas e os voos eram maratonas: cinco horas até Lisboa, oito horas até Dacar e depois catorze horas para cruzar o Atlântico até Buenos Aires. Para o trecho de Buenos Aires a Santiago, a aeronave York era substituída por uma Lancaster, mais robusta, e todos tinham que usar máscaras de oxigênio ao sobrevoar os Andes. Quando já estava há um ano na BSAA, a empresa foi adquirida pela BOAC, British Overseas Airways Corporation, e Eve começou a trabalhar em aeronaves Tudor. O Star Tiger, o primeiro avião a voar para as Bermudas, explodiu em pleno ar. O avião dela foi o próximo e chegou em segurança. Mas o avião seguinte, Star Ariel, desapareceu sem deixar rastros no Triângulo das Bermudas e todas as aeronaves Tudor foram proibidas de voar. Descobriu-se depois que a fuselagem dessas aeronaves era fraca demais para suportar a recém-instalada pressurização.

Nessa época, Ted provavelmente pensou que, se não se casasse com Eve, desqualificando-a para o trabalho como aeromoça, ela provavelmente desapareceria em algum ponto do Atlântico. Ele a pediu em casamento enquanto passeavam sob o ronco da motocicleta, e ela gritou "Sim!" a plenos pulmões para que a resposta não fosse levada pelo vento. Eles se casaram no dia 14 de outubro de 1949, e fui concebido na lua de mel em Maiorca.

Meus pais sempre consideraram minhas duas irmãs, Lindi e Vanessa, e eu como iguais, e nossa opinião sempre valeu tanto quanto a deles. Quando éramos pequenos, antes de Vanessa nascer, se meus pais saíssem para jantar, nos levavam, Lindi e eu, com eles, deitados em cobertores no banco de trás do carro. Dormíamos no carro enquanto jantavam, mas sempre acordávamos quando estavam começando o caminho para casa. Lindi e eu ficávamos quietos e olhávamos para o céu noturno, ouvindo meus pais conversarem e fazerem piadas sobre a ocasião. Crescemos conversando com nossos pais como amigos. Quando éramos pequenos, discutíamos os casos jurídicos do papai e argumentávamos sobre pornografia e legalização de drogas muito antes de qualquer um de nós entender direito do que estávamos falando. Meus pais sempre nos encorajaram a ter opinião própria e raramente nos davam conselhos a menos que pedíssemos.

Morávamos em um vilarejo chamado Shamley Green, em Surrey. Antes de Vanessa nascer, Lindi e eu crescemos em Easteds, uma casinha coberta de hera que tinha janelinhas brancas e uma portinhola branca que dava no campo do vilarejo. Eu era três anos mais velho que Lindi e nove anos mais velho que Vanessa. Meus pais tinham pouco dinheiro quando éramos crianças e, talvez porque mamãe não tivesse muito interesse em cozinhar, ou talvez porque tentasse economizar, lembro-me de sempre comer pão com banha derretida. Mesmo assim, as tradições se mantinham e não tínhamos permissão para sair da mesa antes de comer tudo. Também comíamos as cebolas que cresciam no quintal. Sempre odiei cebola e costumava esconder as que vinham no meu prato em uma gaveta da mesa. Ninguém nunca limpava essa gaveta, então só dez anos depois, quando nos mudamos de lá, minha pilha de cebolas fossilizadas foi descoberta.

Nas refeições, a companhia era mais importante do que a comida. A casa estava sempre cheia de gente. Para ajudar a pagar as contas, mamãe convidava estudantes alemães e franceses para aprender inglês em uma típica casa inglesa, e tínhamos de entretê-los. Mamãe sempre nos fazia trabalhar no jardim, ajudá-la a preparar as refeições e depois limpar tudo. Quando eu queria fugir, atravessava o campo para ver meu melhor amigo, Nik Powell.

No começo, a melhor coisa do Nik era que sua mãe fazia um creme de ovos maravilhoso. Então, depois de enfiar cebolas na gaveta da mesa, eu saía de fininho para a casa do Nik, deixando os alemães tentando falar inglês e a minha família rindo e ajudando. Se eu cronometrasse direito, e era questão de honra fazer direito, o pudim e o creme já estariam na mesa. Nik era um garoto quieto, de cabelo preto liso e olhos pretos. Logo começamos a fazer tudo juntos: subir em árvores, andar de bicicleta, atirar em coelhos e nos esconder debaixo da cama de Lindi para agarrar o tornozelo dela quando apagasse a luz.

Em casa, mamãe tinha duas obsessões: sempre nos arrumava serviço e sempre estava pensando em jeitos de ganhar dinheiro. Nunca tivemos televisão, e acho que meus pais nunca ouviram rádio. Mamãe trabalhava em um barracão no quintal, fazendo caixas para lenço de papel e cestos de lixo em madeira, que depois vendia para lojas. O barracão dela cheirava a tinta e cola e era cheio de pequenos amontoados de caixas pintadas prontas para entrega. Papai era engenhoso e muito hábil com as mãos, e projetou prendedores especiais que mantinham as peças das caixas no lugar enquanto a cola secava. Depois de um tempo, mamãe começou a fornecer as caixas de lenço para a Harrods, e o negócio virou uma pequena indústria caseira. Como em tudo o que fazia, mamãe trabalhava em um turbilhão de energia ao qual era difícil resistir.

Nossa família tinha um grande senso de trabalho em equipe. Precisávamos nos ocupar sempre que estivéssemos perto da mamãe. Se tentássemos escapar dizendo ter outra coisa para fazer, ouvíamos a dura afirmação de que estávamos sendo egoístas. Como resultado, crescemos com uma prioridade clara de pensar primeiro nos outros. Uma vez, um garoto com quem eu não simpatizava muito veio passar o fim de semana. Durante a missa, no domingo, saí discretamente do nosso banco e fui me sentar com o Nik, do outro lado do corredor. Mamãe ficou furiosa. Quando voltamos para casa, ela mandou papai me bater. Obedientes, fomos para o estúdio dele e fechamos a porta. Em vez de partir para cima de mim, papai apenas sorriu.

– Agora seja convincente no choro – disse, e bateu palmas seis vezes, imitando muito bem o som de tapas.

Saí correndo do cômodo, berrando alto. Mamãe adotou um olhar severo para indicar que era para o meu próprio bem, e continuou a picar, decidida, as cebolas. Minha parte delas foi devidamente enfiada na gaveta da mesa durante o almoço.

Meu tio-avô Jim não era o único rebelde da família: o desrespeito pela autoridade vinha dos dois lados. Lembro que adquirimos um velho trailer cigano, que deixávamos no quintal, e às vezes algum cigano tocava a campainha. Mamãe sempre lhes dava alguma prata e deixava que procurassem no celeiro algo de que precisassem. Certo ano, fomos todos levados até o Surrey County Show em Guildford. O lugar estava apinhado de cavalos resplandecentes e homens em casacos de tweed e chapéus de feltro. Ao passarmos por um dos estábulos, mamãe viu um grupo de crianças ciganas aos prantos, e fomos ver qual era o problema. Estavam todas reunidas ao redor de uma pega amarrada com um cordão.

– A sociedade protetora dos animais mandou a gente trazer o pássaro para ser sacrificado. Dizem que é proibido ter animais silvestres – explicaram.

Enquanto as crianças nos contavam o que estava acontecendo, vimos um representante da sociedade protetora dos animais vindo em nossa direção.

– Não se preocupem – disse mamãe. – Vou salvar o pássaro.

Ela pegou o pássaro e o enrolou no casaco, depois saiu, passando pelos representantes. As crianças ciganas nos encontraram do lado de fora e nos disseram para ficar com a pega, uma vez que provavelmente iriam atrás delas. Mamãe adorou a ideia, e levamos o pássaro para casa.

A pega adorava a Mamãe. Ficava sentada no ombro dela quando estava na cozinha ou trabalhando no barracão, depois ia para o pasto e pousava no lombo dos pôneis, provocando-os. A pega mergulhava em cima do papai se ele se sentasse para ler *The Times* depois do almoço, agitando as páginas até ficarem espalhadas pelo chão.

– Maldito bicho! – rugia papai, agitando os braços para espantar a pega.

– Ted, levante-se e faça alguma coisa útil – dizia mamãe. – O pássaro está dizendo para você ir cuidar do jardim. Ricky, Lindi, vão perguntar para o vigário se ele tem algo para vocês fazerem.

Além de passar as férias de meio de ano com a família do papai em Salcombe, em Devon, também íamos para Norfolk ficar com a irmã de mamãe, Clare Hoare. Decidi que, quando crescesse, queria ser como a tia Clare. Ela era muito amiga de Douglas Bader, o piloto da Segunda Guerra que havia perdido ambas as pernas em um acidente de avião. Tia Clare e Douglas tinham um velho biplano e costumavam voar juntos. Às vezes, tia Clare saltava de paraquedas do avião, só pela diversão. Ela fumava umas vinte cigarrilhas por dia.

Quando ficávamos na casa dela, nadávamos no reservatório do moinho no fundo do quintal. Douglas Bader soltava as pernas e se arrastava até a água. Eu costumava esconder essas pernas de metal nos juncos à beira d'água. Douglas então saía da água e disparava atrás de mim: seus braços e ombros eras incrivelmente fortes e ele conseguia andar com as mãos. Quando fora prisioneiro de guerra em Colditz, depois de duas tentativas de fuga os nazistas confiscaram suas pernas.

– Você é tão mau quanto os nazistas – rugia ele, balançando-se nas mãos atrás de mim como um orangotango.

Tia Clare era tão empreendedora quanto mamãe. Era obcecada por ovelhas da montanha, naquela época uma espécie ameaçada, e comprou algumas dessas ovelhas pretas para salvá-las da extinção. Acabou criando um grande rebanho e conseguiu tirá-las da lista de espécies ameaçadas. Depois montou uma empresa chamada The Black Sheep Marketing Company e começou a vender peças de cerâmica decoradas com ovelhas pretas. As canecas com o versinho "Baa Baa Black Sheep" escrito na lateral começaram a vender bem. Logo tia Clare colocou todas as velhinhas do vilarejo para tricotar xales e suéteres com sua lã preta. Ela trabalhou muito para construir a Black Sheep, e conseguiu: mais de quarenta anos depois, a marca ainda é forte no mercado.

Alguns anos mais tarde, no início da Virgin Music, eu recebi uma ligação da tia Clare:

– Ricky, você não vai acreditar. Uma das minhas ovelhas começou a cantar!

Demorei um pouco para entender, mas era o tipo de coisa que eu podia esperar dela.

– O que ela canta? – perguntei, imaginando uma ovelha cantando *"Come on, baby, light my fire"*.

– "Baa Baa Black Sheep", claro! – respondeu ela. – Agora quero gravar um disco. A ovelha provavelmente não vai cantar num estúdio, então você pode mandar uns engenheiros de som para cá? E é melhor eles virem logo, porque ela pode parar de cantar a qualquer momento.

Naquela tarde, um bando de engenheiros de som foi para Norfolk com um estúdio móvel de 24 canais e gravou a ovelha cantora da tia Clare. Reuniram também todo um coro de ovelhas, patos e galinhas para o refrão, e lançamos o single "Baa Baa Black Sheep". A música chegou ao quarto lugar das paradas.

Minha amizade com Nik se baseava em afeto, mas também em um forte elemento de competição. Eu estava determinado a fazer tudo melhor do que ele. Certo verão, Nik ganhou uma bicicleta novinha de aniversário. Imediatamente decidimos usá-la na Corrida do Rio, brincadeira na qual você precisava correr morro abaixo, frear no último instante e deslizar até parar o mais próximo possível da margem do rio. Era uma brincadeira muito competitiva, e eu detestava perder.

Como a bicicleta era dele, Nik foi primeiro. Fez uma derrapagem muito louvável, fazendo uma curva que deixou a roda traseira a menos de meio metro da borda. Nik costumava me instigar a fazer coisas ainda mais bizarras, mas dessa vez tentou me impedir.

– Você não consegue superar aquela derrapagem – afirmou. – A minha foi perfeita!

Eu discordei dele. Estava determinado a fazer uma derrapagem melhor do que a do Nik. Levei a bicicleta dele até o alto do morro e me lancei na direção do rio, pedalando loucamente. Conforme me aproximava da margem, ficou claro que eu não tinha o menor controle, nem condições de parar. Vi a boca aberta e a expressão horrorizada de Nik feito um borrão quando passei por ele em alta velocidade. Tentei frear, mas era tarde demais. Caí na água com um salto mortal, e a bicicleta afundou abaixo de mim. A corrente me arrastou rio abaixo, mas finalmente consegui sair da água. Nik esperava por mim, furioso.

– Você perdeu a minha bicicleta! Era meu presente de aniversário!

Sua raiva era tanta que ele soluçava. Ele me empurrou de volta na água.

– É bom você achar a bicicleta – gritou.

– Vou achar – balbuciei. – Vai ficar tudo bem. Vou tirar ela da água.

– É bom mesmo!

Passei as duas horas seguintes mergulhando até o fundo do rio, tateando a lama e as algas e as pedras tentando achar a bicicleta nova dele, contudo, ela não estava em lugar nenhum. Nik se sentou na margem, o queixo apoiado nos joelhos dobrados, me fuzilando com os olhos. Ele era epilético, e eu já tinha presenciado um par de crises dele. Agora ele estava furioso, e eu esperava que a raiva não desencadeasse mais uma crise. Por fim, quando eu já estava com tanto frio que mal conseguia falar e minhas mãos estavam brancas, dormentes e sangrando de bater em rochas no leito do rio, Nik cedeu.

– Vamos para casa – disse. – Você nunca mais vai encontrar.

Voltamos para casa e eu tentei animá-lo:

– Vamos te comprar outra – prometi.

Meus pais não devem ter gostado nada, porque a bicicleta custava mais de vinte libras, quase um mês de fornecimento de caixas para lenço de papel.

Quando tínhamos oito anos, Nik e eu fomos separados quando fui enviado para a Scaitcliffe Preparatory School em Windsor Great Park.

Na primeira noite no internato, fiquei acordado na cama, ouvindo os roncos e as fungadas dos outros meninos no dormitório e me sentindo completamente sozinho, infeliz e assustado. Em algum momento no meio daquela primeira noite, senti que passaria mal. A sensação veio tão de repente que não tive tempo de correr para o banheiro e acabei vomitando na roupa de cama toda. A governanta foi chamada. Em vez de ser solidária, como minha mãe teria sido, ela me deu uma bronca e me fez limpar tudo. Ainda me lembro da humilhação que senti. Meus pais obviamente acharam que estavam fazendo a coisa certa ao me mandarem para lá, mas naquele momento tudo que eu sentia era confusão e rancor deles, e um medo terrível do que ainda estava por vir. Alguns dias depois, um menino mais velho no meu dormitório disse que gostava de mim e me chamou para "brincar de médico" na cama dele. No meu primeiro fim de semana em casa, contei para meus pais o que havia ocorrido entre os lençóis, como se fosse algo sem importância.

– É melhor não fazer essas coisas – disse meu pai, calmamente, e foi a primeira e última vez que ocorreu um incidente desses.

Meu pai havia sido enviado para um internato na mesma idade, assim como seu pai antes dele. De onde eu vim, essa era a maneira tradicional de educar meninos, de modo a cultivar a independência e a confiança, ou seja, ensinar a se virar na vida. Entretanto, eu odiei ser mandado para longe tão cedo, e sempre jurei para mim mesmo que nunca mandaria meus filhos para o colégio interno até que tivessem idade para decidir por si.

Na minha terceira semana em Scaitcliffe, fui convocado ao gabinete do diretor, onde soube que havia quebrado uma regra; acho que andei por um trecho de solo sagrado para pegar uma bola de futebol. Tive de me curvar e levei seis golpes de vara no traseiro.

UMA FAMÍLIA QUE MATARIA PARA SE DEFENDER

NA PRIMEIRA NOITE NO INTERNATO, FIQUEI ACORDADO NA CAMA, OUVINDO OS RONCOS E AS FUNGADAS DOS OUTROS MENINOS NO DORMITÓRIO E ME SENTINDO COMPLETAMENTE SOZINHO, INFELIZ E ASSUSTADO.

– Branson – entoou o diretor. – Diga "Obrigado, senhor".

Não acreditei no que estava ouvindo. Agradecer por quê?

– Branson – ameaçou o diretor, erguendo novamente a vara. – Estou avisando.

– Obrigado... senhor.

– Você vai ser um problema, Branson.

– Sim, senhor. Quero dizer, não, senhor.

Eu era um problema. E sempre arranjava problemas. Com oito anos, eu ainda não sabia ler. Na verdade, eu era disléxico e míope. Apesar de me sentar na frente da sala de aula, eu não conseguia ler a lousa. Só depois de alguns semestres alguém pensou em examinar meus olhos. Mesmo quando eu conseguia enxergar, as letras e os números não faziam o menor sentido. Naquela época, a dislexia não era considerada um problema, ou, para ser mais preciso, só era um problema para quem tinha. Como ninguém nunca tinha ouvido falar de dislexia, se você não conseguisse ler, escrever ou soletrar, o resto da classe e os professores simplesmente achavam que você era burro ou preguiçoso. E, na escola, você apanhava pelos dois motivos. Logo, eu apanhava uma ou duas vezes por semana por não acertar as lições ou por confundir a data da Batalha de Hastings.

A dislexia foi um problema durante toda minha vida escolar. Hoje em dia, apesar de às vezes ainda ter dificuldades para escrever certo, eu me treinei para conseguir me concentrar e superar minhas maiores dificuldades. Talvez meus problemas com a dislexia na infância tenham me deixado mais intuitivo: quando alguém me envia uma proposta por escrito, em vez de me concentrar em fatos e números, percebo que minha imaginação capta e expande o que leio.

Minha redenção, no entanto, ocorria fora da sala de aula: eu era bom em esportes. É difícil exagerar a importância dos esportes nas escolas particulares inglesas. Se você for bom nos esportes, vira um herói na escola: os meninos mais velhos não o incomodam e os professores não ligam se você vai mal nas provas. Eu tinha grande interesse em me dar bem nos esportes, possivelmente porque era minha única chance de me destacar.

Virei capitão dos times de futebol, rúgbi e críquete. Eu ganhava prêmios nas corridas de velocidade e de obstáculos em todos os campeonatos da escola. Pouco antes do meu aniversário de onze anos, em 1961, eu venci todas as corridas. Decidi até me arriscar no salto em distância. Nunca tinha feito um bom salto em distância, mas daquela vez decidi tentar. Corri pela pista, dei impulso na prancha de madeira e me lancei no ar. Depois que aterrissei na areia, o diretor veio me cumprimentar: eu havia batido o recorde da Scaitcliffe School. Naquele dia de verão eu não poderia fazer nada errado e, mais tarde, meus pais e Lindi se sentaram e aplaudiram na marquise branca enquanto eu recebia todos os prêmios. Ganhei o título de *Victor Ludorum*, o campeão dos jogos. Quem ligava se eu não sabia soletrar? Eu, não.

No semestre seguinte, numa partida de futebol contra outra escola da região, eu estava jogando muito melhor do que a defesa e já tinha marcado um gol. Levantei o braço, gritando pela bola, mas o passe não foi dos melhores e ela passou acima de nós. Eu me virei e corri atrás, dominei a bola e estava avançando para o gol quando o defensor me alcançou e me derrubou com um carrinho. Ele acabou caindo em cima da minha perna. Ouvi um grito horripilante e, por uma fração de segundo, achei que ele tinha se machucado... até perceber que o grito fora meu. Quando ele saiu de cima de mim, vi meu joelho dobrado em um ângulo horrível. Meus pais sempre nos disseram para rir quando estivéssemos com dor, então meio rindo, mas basicamente gritando, fui carregado para fora do campo até a governanta da escola, que me levou para o hospital. Minha agonia só parou depois que me deram uma injeção. Eu tinha rompido feio a cartilagem do joelho direito, e teria de ser operado.

Aplicaram-me anestesia geral e fiquei inconsciente. Quando acordei, me vi na rua. Ainda estava na cama hospitalar, e uma enfermeira segurava a bolsa de remédios acima da minha cabeça, mas minha cama, assim como várias outras, estava do lado de fora. Achei que era um sonho, mas a enfermeira explicou que houvera um incêndio no hospital durante a minha operação e todos os pacientes foram evacuados para a rua.

Fui para casa por uns dias para me recuperar. Deitado na cama, olhava minhas taças prateadas na cornija da lareira. O médico havia dito que eu não poderia voltar a praticar esportes por muito tempo.

– Não se preocupe, Ricky – consolou minha mãe, entrando no quarto depois que o médico foi embora. – Pense no Douglas Bader. Ele não tinha pernas, mas jogava golfe e pilotava aviões e tudo mais. Você não quer ficar aí deitado sem fazer nada o dia inteiro, não é?

A pior parte dessa lesão foi que imediatamente mostrou como eu era ruim na sala de aula. Estava entre os piores em todas as matérias e claramente não passaria no Common Entrance.

Fui enviado para outra escola, uma escola preparatória no litoral de Sussex chamada Cliff View House. Não havia esportes para distrair os meninos da implacável e normalmente ingrata tarefa de se preparar para o Common Entrance. Se não conseguisse soletrar, nem somar, nem se lembrar de que a área de um círculo é pi vezes R elevado ao quadrado, a solução era simples: você apanhava até conseguir. Aprendi as coisas à base de disciplina inflexível e marcas pretas e azuis nas costas. Eu podia ser disléxico, mas não era desculpa. Simplesmente não conseguia acertar. Quando eu dava a inevitável resposta errada, ou precisava fazer tudo de novo ou apanhava. Passei a quase preferir os castigos, porque pelo menos eram rápidos.

Não havia jogos além de uma corrida logo no começo da manhã e, assim como por qualquer erro nas aulas, também apanhávamos por quase tudo: não fazer a cama direito, correr quando devíamos andar, falar quando devíamos ficar quietos ou estar com os sapatos sujos. Havia tantas coisas possíveis para se fazer errado que, embora aprendêssemos a maioria, aceitávamos a ideia de apanhar por causa de algum delito obscuro quase toda semana.

Meu único consolo era Charlotte, a filha de dezoito anos do diretor. Ela parecia gostar de mim e eu adorava saber que, dentre todos os meninos, eu tinha chamado a atenção dela. Logo estabelecemos uma rotina de visitas noturnas. Toda noite eu saía pela janela do meu dormitório e ia para a cama dela na casa do diretor. Uma noite, enquanto entrava pela minha janela, percebi, horrorizado, que um dos meus professores observava meu progresso.

Na manhã seguinte fui chamado ao gabinete do diretor.

– O que você estava fazendo, Branson?

Só consegui pensar na pior resposta que poderia ter dado:

– Voltando do quarto da sua filha, senhor.

Como era de se esperar, fui imediatamente expulso. Avisaram meus pais para virem me buscar no dia seguinte.

Naquela noite, incapaz de pensar em outra maneira de escapar à ira dos meus pais, escrevi um bilhete suicida dizendo que não conseguia lidar com a vergonha da minha expulsão. Escrevi no envelope que ele não devia ser aberto até o dia seguinte, mas o entreguei para um menino que eu sabia que era intrometido demais para não o abrir imediatamente.

Muito, muito devagar, saí do prédio e caminhei pelo terreno da escola na direção dos penhascos. Quando vi uma multidão de professores e meninos começando a correr atrás de mim, diminuí o passo para que pudessem me alcançar. Eles me puxaram para longe do penhasco e a expulsão foi revertida.

Meus pais ficaram surpreendentemente calmos com todo o episódio. Mai pai até pareceu deveras impressionado que Charlotte era "uma moça muito bonita".

OU VOCÊ ACABA PRESO, OU SE TORNA MILIONÁRIO

1963 – 1967

Depois que a escola preparatória cumpriu sua finalidade de me moldar à base de pancada, mudei para Stowe, uma escola particular em Buckinghamshire para mais de 800 meninos. Lá, minhas perspectivas não eram nada promissoras. Ainda estava em voga a arcaica prática de obrigar meninos mais novos a realizar as tarefas dos mais velhos; na prática, eram seus criados. O *bullying* era comum. Conseguir marcar um gol no futebol ou pontos no críquete ajudava imensamente a reputação – e a capacidade de se livrar das importunações. Mas eu não conseguia jogar nada, visto que meu joelho cedia sempre que eu tentava correr. Como eu também não dava conta do trabalho acadêmico, fui deixado de lado muito rapidamente. Estar fora dos times esportivos e entre os piores da sala me deixava em uma posição nada invejável. Parecia que todos os desafios lançados pelos meus pais no passado eram agora irrelevantes.

Encontrei refúgio na biblioteca, para onde ia todas as tardes e onde comecei a escrever um romance. Eu me sentava no mais maravilhoso esplendor, cercado por livros com capa de couro e dois globos e com vista para o lago ornamental no qual o último representante da escola havia mergulhado, sem jamais voltar à superfície. Eu escrevia as fantasias sexuais mais chocantes que conseguia imaginar, histórias eróticas incríveis sobre um jovem que não podia praticar esportes por causa de uma lesão no joelho, mas que tinha feito amizade com a jovem governanta escandinava da escola e depois fora gloriosa e habilmente seduzido por ela. Na minha cabeça, eu a via chegar por trás enquanto ele trabalhava na biblioteca... Mas, infelizmente para mim, por mais incríveis fossem os encontros sexuais com os quais eu sonhava, não havia garota nenhuma, muito menos escandinava, a quilômetros de Stowe, e a governanta era sexagenária.

Sentado na biblioteca, escrevendo cada vez mais rápido, ofegante com minha própria prosa, percebi outro visitante regular do lugar: Jonathan Holland-Gems. Comparado com a maioria dos garotos de Stowe, Jonny era extremamente cosmopolita e sofisticado, amplamente literato e incrivelmente versado nas artes. Viera de Londres, onde seus pais conheciam jornalistas e escritores; quando lia a *Private Eye*, Jonny conhecia metade das pessoas ali mencionadas. Sua mãe era uma dramaturga de sucesso. Por meio de Jonny, meu interesse pelo mundo dos jornais foi crescendo e comecei a achar que gostaria de ser jornalista.

Lá pelo meio do semestre eu li um anúncio da escola sobre um concurso de redação chamado Junior Gavin Maxwell Prize que havia sido organizado pelo autor, ex-aluno de Stowe. Deixei minha pulsante pornografia de lado por um momento e escrevi um conto que levou o prêmio. A total ausência de concorrência deve ter ajudado.

Gavin Maxwell, autor de *Ring of Bright Water*, veio apresentar o prêmio na Stowe. Chegou com Gavin Young, o correspondente de guerra do *Observer* que depois escreveria *Slow Boat to China*. Depois da cerimônia, eles voltaram para Surrey e me deram uma carona até Shamley Green. Mantive contato com os dois. Eles me apoiavam bastante, parcialmente, acho, porque estavam a fim de mim. Mas, depois que perceberam que aquela não era a minha inclinação, continuamos bons amigos. Depois de vencer o prêmio, meu inglês começou a melhorar e, rapidamente, passei de vigésimo primeiro a terceiro da classe. Ainda estava em décimo oitavo em Latim e entre os piores em Matemática, Física e Química. "Ele se esforça muito, mas tem imensa dificuldade para entender até o mais simples processo matemático e para reter qualquer assunto estudado", dizia um relatório de fim de semestre.

Durante um feriado de Páscoa, decidi seguir o exemplo de minha mãe e ganhar algum dinheiro. Sem me deixar abalar pela falta de fé da escola na minha habilidade com números, vi uma oportunidade de cultivar árvores de Natal. Tínhamos acabado de mudar de casa, de um lado de Shamley Green para o outro, do chalé Easteds para a Tanyards, que era uma propriedade rural com uma construção irregular, muitos celeiros e barracões e algum terreno. Eu fui até a casa do Nik para lhe contar meu plano. Ele também estava de folga da escola, que ficava em Ampleforth, em Yorkshire. Nós plantaríamos quatrocentas árvores de Natal no campo da Tanyards. Até o Natal do ano seguinte elas teriam crescido mais de um metro e poderíamos vendê-las. Nik e eu concordamos em fazer o trabalho juntos e dividir os lucros meio a meio.

Naquela Páscoa, aramos o solo e plantamos as quatrocentas mudas no campo acima da Tanyards. Calculamos que, se crescessem até um metro e oitenta, ganharíamos duas libras por árvore, totalizando oitocentas libras a partir do nosso investimento inicial de apenas cinco libras pelas mudas. Nas férias de meio de ano, fomos investigar as árvores. Havia um ou dois brotos acima do solo, mas o resto havia sido comido por coelhos. Nossa vingança foi terrível: matamos a tiros e esfolamos um monte de coelhos. Nós os vendemos ao açougueiro por um xelim cada, mas não chegamos nem perto das oitocentas libras que tínhamos planejado.

No Natal seguinte, o irmão de Nik ganhou de presente um periquito-australiano. Isso me deu a ideia para outra ótima oportunidade comercial: criar periquitos! Para começar, ponderei, eu poderia vendê-los o ano todo, não só pouco antes do Natal. Calculei os valores de compra, fiz alguns cálculos do tempo que levaria para criá-los e do preço da comida para eles, e convenci meu pai a construir um imenso viveiro. Na minha última semana na escola, escrevi para o papai e expliquei as implicações financeiras:

> Faltam poucos dias para as férias. Já encomendou os materiais de que podemos precisar para nossa gigantesca gaiola de periquitos? Acho que nossa melhor aposta para conseguir os periquitos com desconto seria Julian Carlyon. Se as lojas vendem os periquitos a trinta xelins, ele ganharia, digamos, dezessete xelins e poderíamos comprar dele por dezoito ou dezenove xelins, o que lhe daria algum lucro, e economizaríamos uns dez xelins por pássaro. O que acha?

Relutante, meu pai construiu o viveiro, e os pássaros começaram a se reproduzir rapidamente. Só havia um problema: eu superestimei a demanda local por periquitos. Mesmo depois que todos em Shamley Green compraram pelo menos dois, nós ainda tínhamos um viveiro cheio. Um dia, na escola, recebi uma carta da minha mãe com a má notícia de que ratos haviam invadido o viveiro e comido os periquitos. Somente muitos anos depois ela confessou que se cansou de limpar o viveiro, um dia deixou a porta da gaiola aberta e eles todos fugiram. Ela não se empenhou muito em recapturá-los.

Embora nenhuma dessas maquinações tenha surtido efeito financeiro, elas me ensinaram uma coisa: descobri que matemática só fazia sentido para mim quando eu usava números reais para resolver problemas reais. Se eu estivesse calculando quanto uma árvore de Natal cresceria, ou quantos periquitos haviam procriado, os números se tornavam reais e eu apreciava usá-los. Na sala de aula eu continuava um completo asno em Matemática. Uma vez fiz um teste de QI em que as questões pareciam simplesmente absurdas. Não conseguia me concentrar em nenhum dos problemas matemáticos, e achei que tinha zerado. Eu me preocupo com todas as pessoas que foram classificadas como estúpidas por esses tipos de teste. Mal sabem elas que muitas vezes esses testes de QI foram idealizados por acadêmicos que são absolutamente incapazes de lidar com os aspectos práticos do mundo real. Eu adorei fazer planos de negócios reais, mesmo que os coelhos tenham levado a melhor.

Acho que meus pais devem ter incutido um traço rebelde em mim. Sempre pensei que regras existem para serem quebradas, e Stowe tinha tantas regras e regulamentos quanto o exército; muitas delas pareciam, para Jonny Gems e para mim, completamente anacrônicas e sem sentido. Havia, para começar, a prática de tratar os mais novos como criados. Havia ainda a Força Combinada de Cadetes, na qual os garotos se vestiam como soldados e desfilavam com fuzis antiquados, e a participação obrigatória nas missas de domingo. Consegui escapar dessa última: faltei à primeira missa do semestre, meu nome ficou fora da lista de presença e a partir de então não sentiram a minha falta.

Durante janeiro e fevereiro de 1966, Jonny e eu começamos a conversar sobre como mudar as regras da escola. Tínhamos quinze anos, mas achávamos que podíamos fazer a diferença. Meus pais me criaram para pensar que todos poderíamos mudar o mundo; quando vi como Stowe era administrada, tive certeza de que poderia fazer melhor. Stowe era, na verdade, relativamente liberal e encorajava garotos de todas as idades a contribuir para o funcionamento da escola.

Jonny e eu ficávamos especialmente indignados com a regra de que todo aluno que não estivesse jogando tinha que ir assistir ao time da escola quando ele estivesse jogando contra outra escola. Embora conseguíssemos ir para a biblioteca à tarde durante a semana, ainda éramos forçados a assistir aos jogos dos times da escola quase todo sábado. Eu sabia que, se não tivesse sido rejeitado por causa do joelho ruim, eu estaria nos times, e isso me deixava duplamente frustrado. Escrevi para o diretor:

> *Sou contra o absoluto desperdício de tempo que é a presença obrigatória nas partidas. Se alguém não é capaz de jogar no time, deveria poder gastar seu tempo de maneiras melhores. Sei que isso soa como uma aterradora quebra da tradição etc., mas estou muito convicto disso. Se as cerca de 450 pessoas que assistem às partidas usassem esse tempo em Buckingham limpando janelas, por exemplo, pelo menos ganhariam algo mais do que "ver outras pessoas conquistando algo".*

Também tentei reorganizar o sistema de refeições da escola:

> *Sinto que, para melhorar Stowe, é preciso primeiro uma abordagem social, antes mesmo da religiosa. Há muitos garotos sedentos de conhecimento por meio de conversas interessantes. Um dos melhores momentos para conversar é durante das refeições, mas em Stowe isso é praticamente impossível. Os alunos entram no salão, sentam-se na mesa designada ao lado dos mesmos colegas dia após dia. É preciso construir uma cantina em um dos refeitórios. Assim, os garotos poderiam escolher a própria comida, seriam livres para se sentar onde quiserem e poderiam colocar pratos e talheres em uma caixa na saída. O desperdício de comida no momento é enorme, e com um sistema de cantina vocês poderiam dispensar pelo menos metade dos garçons italianos e espanhóis.*
>
> *Eu estaria muito interessado em seu ponto de vista sobre isso, e o dinheiro economizado poderia talvez ser direcionado para meu próximo plano...*

E prossegui, explorando a ideia de um bar para os estudantes do último ano.

O diretor sugeriu que eu expressasse minhas ideias na revista da escola, mas Jonny e eu queríamos criar uma revista alternativa com uma atitude diferente.

Queríamos fazer campanha contra o trabalho forçado dos calouros, a punição corporal e a obrigatoriedade das missas, dos jogos e das aulas de Latim. Todas essas ideias eram "revolucionárias" demais para serem publicadas na revista da escola, The Stoic, um nome que parecia bem condizente com o sofrimento de seus estoicos leitores. Pensamos então em nos unir a outras escolas com regras semelhantes. Gradualmente, a ideia de uma revista interescolar foi criando corpo. Nos uniríamos a outras escolas para trocar ideias. Anotei alguns títulos em um caderno da escola: Today, 1966, Focus!, Modern Britain e Interview. Depois, escrevi o que gostaria de publicar, fiz alguns outros cálculos e, mais uma vez, gostei de pensar nas implicações matemáticas:

```
Letters to write.
300 Public school masters: 3x300 = 600d.
            + Envelopes.}    300d
   Writing  Paper :
                              12|900d
                              ‾‾‾‾‾‾
                               75 sh.
                              ‾‾‾‾‾

   Other Debts.
 1000 copies   Profit  £75 at 1/6.
    But postage per copy. Profit £58 at 1/2.
 Also demands from Shops. Profit £45 at 1ᵈ

      Also Publication debts.
 1000 copies    £45 - Pd  —   ?
```

Listei 250 membros do Parlamento que encontrei na *Who's Who*, além de possíveis anunciantes que selecionei pela lista telefônica. Também escrevi para a WH Smith perguntando se estariam preparados para estocar a revista. Assim, com colaboradores, anunciantes, distribuidores e custos definidos – pelo menos no papel – eu tinha redigido meu primeiro plano de negócio.

Os números pareciam baixos demais para funcionar, por isso Jonny e eu decidimos envolver mais escolas, além de escolas técnicas e universidades: isso abriria a revista para mais pessoas e animaria os anunciantes. Achamos que, se nosso público-alvo fossem estudantes universitários, quem estivesse no último ano das escolas também compraria; mas, se publicássemos uma revista para estudantes escolares, universitários não teriam interesse.

Decidimos por *Student*, que nos pareceu um bom nome porque naquela época havia muita discussão sobre o "poder estudantil" devido às manifestações e ocupações em universidades e politécnicas. Era empolgante ser jovem naquela época. Minha mãe me emprestou quatro libras de capital de giro para cobrir os custos das ligações telefônicas e das cartas, e o pai do Jonny providenciou papel timbrado com STUDENT – THE MAGAZINE FOR BRITAIN'S YOUTH [Student, a revista para a juventude britânica] impresso no topo com a imagem de um sol nascente. Começamos a escrever para todos os colaboradores e possíveis anunciantes.

A *Student* era um veículo perfeito e deu à nossa vida um novo sentido. Havia muito a organizar. Comecei a montar um escritório no meu gabinete de estudo e pedi ao diretor um telefone na minha sala. A recusa dele não me surpreendeu. Assim, eu tinha que fazer ligações de um telefone público, mas logo descobri um truque bem útil: se eu ligasse para a telefonista e dissesse que a ligação havia caído, mas que o aparelho não tinha devolvido meu dinheiro, eu conseguia uma ligação de graça. Além da ligação grátis, eu conseguia evitar o som revelador das moedas caindo. Melhor ainda, a telefonista soava como uma secretária: "Vou transferir a ligação do senhor Branson".

"Today"   MODERN
"1966"   BRITAIN
              INTERVIEW
"Focus!"

~~Public School~~

A new political magazine with the aim of getting every Public School boy more interested in politics and to know about the improvements and "goings on" at every other public school in the country.

To be a 100 pages long 15"x 9" wide and on the same sort of paper as "The Economist" or "Punch".

To be 1/6 in price and strongly advertised before first edition comes out on Saturday June 4th. (Stowe's Speech day.)

To be bought out every 4 months with the aim of cutting that down after a year.

4000 copies to be published the first 3 months.

To have data ready for the next magazine as the first comes out.

To have three representives from each Public School writing + headmasters and other masters.

To have a large collection of M.P.'s writing.

To have famous authors writing.

To have members of the public contributing

Fiz listas e mais listas de pessoas, e lentamente liguei para todas elas. A maioria rejeitou a ideia de pagar por anúncios em uma revista ainda não publicada, mas gradualmente comecei a encontrar maneiras de atrair a atenção dessas pessoas. Eu ligava para o National Westminster Bank e dizia que o Lloyds Bank tinha fechado um anúncio de página inteira; eles gostariam de um anúncio ao lado do Lloyds Bank? A *Student* seria a maior revista britânica para os jovens, eu complementava. Liguei para a Coca-Cola e disse que a Pepsi tinha agendado um grande anúncio, mas que a última capa ainda estava disponível. Liguei para o *Daily Telegraph* e perguntei se prefeririam anunciar antes ou depois do *Daily Express*. Outra abordagem era fazer uma pergunta inócua que eles não negariam facilmente: "Vocês têm interesse em recrutar os melhores universitários e recém-formados?". Nenhum gerente de recursos humanos admitiria que a empresa estava procurando recrutas medíocres. "Ótimo, estamos publicando a revista perfeita para vocês..."

Para evitar que a telefonista voltasse para cortar a minha ligação, aprendi a resumir tudo isso em cinco minutos. Comecei a falar mais rápido e a pressionar mais. Minha voz tinha engrossado cedo, então ninguém imaginava estar falando com um estudante de quinze anos em pé em uma cabine de telefone público. Eu usava meu endereço em Shamley Green e, quando enviava cartas, escrevia várias e as encaminhava para meus pais que, por sua vez, pediam a Elizabeth, uma velha amiga no vilarejo, para datilografá-las.

Minha vida escolar ia de mal a pior, mas eu estava me dando uma maravilhosa lição de criação de confiança. Se eu fosse cinco ou seis anos mais velho, o mero absurdo de tentar vender publicidade para grandes empresas em uma revista que ainda nem existia, editada por dois estudantes de quinze anos, teria me impedido de sequer pegar o telefone. Mas eu era novo demais para cogitar o fracasso.

Durante as férias, contei ao Nik tudo sobre a *Student*. Ele ficou igualmente animado e concordou em ajudar a distribuí-la em Ampleforth. Também ajudaria a procurar colaboradores. Nik entendeu que a *Student* era de fato uma criação minha e de Jonny, então se conteve um pouco, mas estava tão entusiasmado quando nós com o potencial dela. Tínhamos quinze anos e achávamos que podíamos fazer qualquer coisa.

Em abril de 1966 e com os exames preparatórios do *"O level"* se aproximando, eu consegui largar várias matérias nas quais eu não tinha chance de passar e dediquei ainda mais tempo à *Student*. Para nosso alívio – meu e de meus professores de Latim e de Ciências – seguimos caminhos diferentes: "ele realmente é um candidato muito fraco em Latim e agora desistiu" e "seu interesse pela ciência era obviamente mínimo. Embora eu esteja longe de acreditar que ele não poderia ter se saído melhor, era evidente que nunca faria muito progresso". Eu estava indo melhor em História, Francês e Inglês, mas não em Matemática, que era obrigatória: "apesar do esforço muito aparente, ele tem encontrado dificuldade em reter os métodos de ataque aos problemas de uma semana para outra. Precisará de muita sorte com as questões em julho".

A principal emoção da minha vida, porém, era escrever as centenas de cartas que comecei a enviar de Stowe e esperar ansiosamente pelas respostas. Apesar de todo meu entusiasmo e minha recém-descoberta perspicácia, demorou muito para encontrar anunciantes dispostos a se comprometer com um espaço na *Student*. Jonny e eu enviamos cartas durante todo o semestre de verão, continuamos nas férias e por todo o semestre seguinte. Em abril de 1967, com meu exame avançado *"A level"* de História Antiga se aproximando (eu faria a prova depois de apenas um ano no sexto período), ainda estávamos longe de ter uma revista. Jonny e eu estávamos trabalhando na *Student* há mais de um ano, e tudo que tínhamos para mostrar eram dezenas de cartas de apoio de vários diretores e professores e várias promessas vagas de contribuição de políticos, mas nenhum anúncio nem edição impressa. Eu me recusava a aceitar o inevitável. Minha carta de 27 de abril de 1967 pedia desculpas pelo pouco tempo que havia passado com a minha família na Páscoa:

OU VOCÊ ACABA PRESO, OU SE TORNA MILIONÁRIO

A PRINCIPAL EMOÇÃO DA MINHA VIDA, PORÉM, ERA ESCREVER AS CENTENAS DE CARTAS QUE COMECEI A ENVIAR DE STOWE E ESPERAR ANSIOSAMENTE PELAS RESPOSTAS.

Foram férias maravilhosas, essas quatro últimas semanas, com mais conquistas do que nunca. Só espero que não estejam muito irritados comigo por não ficar mais em casa e por não arrumar tempo para cuidar mais do jardim. Eu, talvez injustamente, vejo uma divisão de obrigações: uma para com minha casa, outra para com a Student. É uma decisão difícil. Tudo que faço na vida quero fazer bem, não pela metade. Sinto que estou fazendo o melhor que posso na Student, dentro do que o prazo me permite. Ainda assim, sobra pouco tempo para minha outra obrigação. Eu via o perigo de não conseguir cumprir nenhuma das duas, e ainda vejo. De fracassar em tudo que tinha e de ter que procurar prioridades se quiser chegar a algum lugar. Além disso, tenho só dezesseis anos. Embora soe terrivelmente egoísta, e eu só digo isso em minha defesa, o que a maioria dos adolescentes de dezesseis anos faz? Ninguém que eu conheço fez no último feriado mais do que eu costumava fazer dois ou três anos atrás: filmes à noite, zanzar por aí durante o dia. O que o senhor fazia quando tinha dezesseis anos? Atirar, pescar, nadar e sair com garotas por um lado, e possivelmente cuidar do seu museu e ajudar no jardim por outro. O senhor tinha tempo para ajudar no jardim. Não via o mundo como é hoje quando tinha dezesseis. Sua carreira estava quase definida. Hoje é tudo uma longa batalha.

O senhor diz que a Student é um projeto egoísta e egocêntrico. "Possivelmente", digo eu. Mas é mais egoísta que qualquer outra coisa que alguém faz na vida? Na minha opinião, é uma carreira como qualquer outra. Poderia beneficiar muito, muito mais gente do que ir ao cinema ou algo assim. É um começo para a minha vida, assim como a universidade ou suas provas finais foram para o senhor. Pode parecer muito baixo de minha parte mencionar isso na minha primeira carta, mas não tenho pensado em outra coisa nas duas últimas semanas e achei que devia colocar isso no papel.

Eu dei sorte. Sempre senti que podia falar com meus pais como se fossem meus amigos mais próximos. Em vez de adotarem uma postura defensiva, eles reagiram muito bem a essa carta e mantiveram nossas linhas de comunicação abertas. Mais ou menos por essa época eu percebi que boa parte dos meus amigos parou de confiar seus segredos aos pais, mas nunca me senti constrangido nem rebelde com relação aos meus. Eles sempre me incentivaram a seguir em frente e a fazer o que eu quisesse e, mesmo que nem sempre elogiassem meus projetos, nunca expressaram menos que solidariedade e apoio. A última coisa que meu pai queria era passar os fins de semana construindo um viveiro para os meus periquitos, mas ele nunca me disse isso. Minha mãe estava extremamente disposta a me ajudar com a *Student*: escrevia artigos, me dava os trocados que conseguia economizar e pensava em pessoas com quem eu poderia falar. Uma vez, quando comentei que queria entrar em contato com David Frost, ela passou semanas perguntando a todos os amigos se conheciam alguém que conhecia alguém que conhecia David Frost.

E então tivemos os primeiros avanços: recebemos nosso primeiro cheque de 250 libras para um anúncio, e Gerald Scarfe concordou em fazer um desenho e dar uma entrevista. A *Student* finalmente estava passando de um lampejo na minha cabeça para uma revista de verdade.

A outra coisa que passou de lampejo a realidade foi o sexo. Tive diversas namoradas nas férias e cheguei sedutoramente cada vez mais perto de perder a virgindade nas festas, quando as luzes se apagavam e todos se largavam nas almofadas.

Finalmente encontrei uma garota com reputação de ir até o fim e, em uma festa, escapulimos para um quarto no andar de cima. Fiquei maravilhado quando ela me deixou levantar sua saia e tirar a calcinha. Quando começamos a fazer amor, ela começou a gemer e a suspirar. Estava claramente num momento muito erótico. Eu estava bem satisfeito com meu desempenho, visto que ela ofegava e virava a cabeça de um lado para o outro, como se estivesse se esforçando para controlar a respiração. Caprichei bastante e por fim gozei com entusiasmo igualmente impressionante, gemendo e gritando e bufando. Quando saí de cima dela, para minha surpresa ela continuava ofegante, aparentemente tendo o que eu supus serem orgasmos múltiplos arrebatadores. Quando começava a me sentir um pouco perplexo e um tanto redundante, finalmente percebi que ela ofegava por um motivo.

– Asma! – exclamou, em pânico, sem ar. – Bombinha! Ambulância!

Felizmente, minha primeira namorada firme era saudável e holandesa. Rudi era uma "revolucionária", e no meu último período eu a convidei para vir a Stowe: ela entrou escondida no terreno da escola e, em segredo, montou sua barraca no meio do bosque. Durante toda uma gloriosa semana eu saía de fininho toda noite e caminhava até o bosque depois do lago, onde Rudi me esperava fumando maconha e cozinhando em um fogareiro. Nós nos deitávamos sob as estrelas e conversávamos sobre o que faríamos para mudar o mundo. Rudi tinha um interesse fervoroso pela política mundial. Recebeu o título grandioso de "correspondente internacional da *Student* na Holanda" e escrevia artigos fortes sobre o grupo terrorista Baader Meinhof.

Depois de largar todas as matérias com exceção de História Antiga, eu tinha ainda mais tempo para a *Student*. Logo Jonny e eu estávamos sempre pegando o trem para Londres para entrevistar pessoas. No entanto, eu ainda tinha uma prova pela frente e estava com dificuldade para me lembrar de fatos que me pareciam abstratos e sem sentido. Eu havia comprado alguns cartões de estudo de História Antiga que continham todas as informações necessárias sobre Grécia e Roma. Em preparação para o exame, cortei as bordas desses cartões e os coloquei em vários bolsos. Até coloquei um deles sob a pulseira do relógio. Ao ler as questões no exame, a coisa mais difícil era lembrar em que bolso estava cada fato relevante. Eu tirava o cartão do bolso e o segurava curvado na palma da mão esquerda enquanto escrevia com a direita. Por incrível que pareça, eu estava preocupado demais com a *Student* para me importar com a nota que tinha tirado. Minha intenção era ir embora da Stowe assim que possível e começar a vida como jornalista em Londres.

Quando saí da Stowe em 1967 com quase dezessete anos, as palavras de despedida do diretor para mim foram:

– Parabéns, Branson. Prevejo que você ou acaba preso, ou se torna milionário.

A última vez que tive notícias de Stowe foi seis meses depois, em uma carta do diretor de 16 de janeiro de 1968:

> *Caro Branson,*
> *Fiquei satisfeito ao ver sua estreia na imprensa, e muito interessado em ver uma cópia de sua primeira edição. Gostaria de lhe transmitir meus parabéns e toda sorte para o futuro.*
> *Atenciosamente,*
> *R Drayson*

A primeira edição da *Student* saiu em janeiro de 1968.

VIRGENS
NO ASSUNTO

1967 – 1970

Em meados de 1967, depois do fim das aulas, Jonny Gems e eu nos mudamos para o porão da casa dos pais dele em Connaught Square, pertinho da Edgware Road em Londres. Conseguimos convencer Vanessa Redgrave a mudar de ideia e nos dar uma entrevista, em vez de apenas nos enviar seus votos de sucesso à *Student*. A entrevista foi um divisor de águas para nós, porque a partir dali poderíamos usar o nome dela para atrair outros colaboradores. Conforme a lista de colaboradores aumentava, incluindo pessoas como David Hockney e Jean-Paul Sartre, foi ficando cada vez mais fácil persuadir alguns dos possíveis anunciantes de que a *Student* seria um bom lugar para aparecerem.

Jonny e eu moramos no porão durante todo o verão. O cômodo era escuro, úmido e pouco mobiliado. Dormíamos em colchões no chão. Logo o lugar começou a parecer um completo pandemônio, cheio de papéis espalhados, copos de café sujos e embalagens de peixe com fritas. Estávamos sempre com fome. Às vezes, subíamos de fininho para assaltar a geladeira dos pais de Jonny. Mamãe ocasionalmente irrompia porta adentro carregando uma cesta de piquenique.

– Entrega da Cruz Vermelha – gritava. – Quando foi a última vez que vocês dois tomaram banho?

Estendíamos uma colcha no chão e avançávamos no piquenique.

Um dia, ela nos trouxe cem libras em dinheiro. Ela havia encontrado um colar na estrada perto de Shamley Green e o levado para a delegacia. Depois de três meses, ninguém aparecera para buscá-lo, então a polícia disse que ela poderia ficar com ele. Ela sabia que não tínhamos dinheiro, por isso veio para Londres, vendeu o colar e nos deu o dinheiro. As cem libras dela pagaram as contas de telefone e de correio e nos manteve por meses. Sem isso, teríamos quebrado.

Peter Blake, que ficou famoso por desenhar a capa do álbum *Sergeant Pepper*, dos Beatles, fez o desenho de um estudante para nossa primeira edição. Era uma capa toda branca, com apenas dois toques de vermelho: no título, *Student*, e na gravata vermelha que o estudante usava. Além de nos dar essa ilustração, Peter Blake também nos deu uma entrevista. Ele começou com estilo impressionante: "uma garota muito bonita sem roupa nenhuma é algo maravilhoso, algo no qual tenho particular interesse. É uma daquelas coisas, juntamente com perspectiva e anatomia, que te ensina como desenhar".

Considerei rapidamente as vantagens de virar artista, mas logo ele começou a destacar os perigos do "poder estudantil" – uma declaração controversa para a época:

> *Não acho que os estudantes devam ter mais poder sobre os professores do que já tem. É que, no momento, não gosto muito de estudantes como um todo. Acho que eles se superestimam. Parecem falar muito e protestar muito, e têm direitos até demais. Acho que as pessoas às vezes se envolvem demais com a atividade estudantil. Afinal de contas, estudantes não são tão importantes, estão ali só para aprenderem a ser adultos. Estudantes não deviam achar que têm que reclamar.*

Talvez porque fôssemos tão jovens e não tão agressivos quanto os entrevistadores profissionais com os quais lidavam, alguns de nossos colaboradores faziam comentários muito reveladores e explícitos. Gerald Scarfe descreveu seu trabalho: "eu sempre vou desenhar, é uma questão de energia. Eu jamais conseguiria parar. É tão parte de mim quanto comer. Quando tenho uma ideia, ela precisa sair. É como vomitar, uma função do corpo". Quando perguntei a Dudley Moore o que achava dos estudantes, ele respondeu: "a única coisa que eu odeio na sua geração é a sua idade". Ele havia estudado órgão na Magdalen College, em Oxford, mas, quando mencionei a música clássica, ele disse: "prefiro rolar na lama com seis mulheres o dia inteiro a sentar para tocar piano".

Mick Jagger e John Lennon também concordaram em dar entrevistas. Os dois eram semideuses para a população estudantil. A *Student* fez uma introdução grandiosa à entrevista de Jagger:

> *Recentemente, a* Melody Maker *escreveu: "Jagger é como o irmão Karamazov de Dostoiévski que, ao ouvir de seu venerável irmão que a dor devia existir para*

que pudéssemos aprender a bondade, respondeu que, se era necessário que uma criancinha sofresse para aprender, ele não negava a existência de Deus, mas simplesmente devolvia com todo respeito seu bilhete de entrada para o paraíso. Esse é o tipo de rebeldia de Mick Jagger".

Não faço ideia do que tínhamos na cabeça quando citamos isso. Posso garantir que não tinha entendido nada.

Estava nervoso quando fui até a casa dele em Cheyne Walk. Fui levado até a sala de estar por Marianne Faithfull, que depois desapareceu sedutoramente escada acima. Mick e eu sorrimos um para o outro com um toque de genialidade, mas ambos estávamos igualmente com poucas palavras:

RB: Você gosta de dar entrevistas?
MJ: Não.
RB: Por que você pediu para ser entrevistado pela Student?
MJ: Não sei. Não faço ideia. Não costumo dar entrevistas. Quer dizer, quase nunca.
RB: Você não se interessa por política?
MJ: Não.
RB: Por que não?
MJ: Porque eu meio que pensei nela por muito tempo e decidi que não tenho tempo para fazer isso e entender outras coisas. Quer dizer, se você se envolve com política, acaba fodendo com a sua cabeça.
RB: Você acha que as pessoas podem ser influenciadas pela música?
MJ: É, acho que provavelmente sim, porque é aquela coisa... é repetitiva, a mesma coisa de novo e de novo. Acaba entrando na cabeça e te influenciando.

Nossa entrevista com John Lennon foi outro "clássico". Jonny e eu fomos juntos, e Jonny tentou fazer uma referência literária:

JG: Escreveram numa crítica que "A Day In The Life" era como um Waste Land em miniatura.
JL: Miniatura do quê?
JG: The Waste Land, o poema de TS Eliot.
JL: Não sei de nada disso. Não é bem o meu tipo de cultura, sabe.

Ironicamente, a entrevista com John quase foi o fim da *Student*. Depois que Jonny e eu nos encontramos com ele, tive a ideia de perguntar se John e Yoko poderiam fornecer à revista uma gravação original que pudéssemos distribuir como encarte da *Student*.

Entrei em contato com Derek Taylor, secretário de imprensa dos Beatles. Naquela época, os Beatles tinham criado a Apple Foundation for the Arts com a ideia de financiar artistas e músicos em dificuldades. A principal ocupação de Derek era ficar no escritório em Savile Row entrevistando uma longa procissão de suplicantes, todos com uma centena de motivos diferentes para achar que os Beatles deviam dar dinheiro a eles. Ele era como um lorde camareiro na corte do rei. Derek era um homem gentil e ouvia com toda paciência cada pedido, mesmo os absurdos ou sem sentido.

Quando lhe contei o que queríamos fazer, Derek concordou sem hesitar nem por um segundo. John e Yoko adorariam enviar alguma coisa, disse. Ele me apresentou a Ron Kass, diretor executivo da Apple, e a um fabricante de discos flexíveis, e combinamos uma data de entrega.

Corri de volta para Connaught Square com a novidade. Não só tínhamos uma entrevista com John Lennon, como logo teríamos uma música original e inédita dele. Era um golpe publicitário fantástico para a *Student*. Entramos em contato com Alan Aldridge, o ilustrador mais badalado da época, e encomendamos uma capa especial, deixando um espaço em branco onde ficaria o disco. E planejamos imprimir cem mil cópias da revista, nossa maior tiragem de todos os tempos.

Passaram-se semanas e nada de chegar a gravação. Tomado por uma ansiedade crescente, liguei para Derek.

– Não se preocupe, Richard – disse ele. – Tivemos alguns problemas, mas prometo que você vai receber alguma coisa.

Na verdade, eu dificilmente poderia ter escolhido um momento pior para depender da boa vontade da família Lennon. Yoko tinha acabado de perder o bebê que esperava, John havia sido preso por posse de maconha e o casal estava esperando a poeira baixar na mansão deles em Weybridge.

Eu estava encrencado. Nossos planos para a edição especial tinham deixado a *Student* à beira da falência. Eu estava entrando em desespero. Pela primeira vez na vida, contratei um advogado, Charles Levison, para escrever ao Derek ameaçando processar a Apple e os Lennon por não cumprirem a promessa.

Alguns dias depois, Derek me ligou.

– Venha até a Apple, Richard. Tenho algo para você.

Naquela tarde, eu me sentei no estúdio do porão da Apple com Charles, Derek, John e Yoko para ouvir à gravação que tinham feito. O chiado do gravador foi substituído por uma batida constante e compassado, como o som de um coração humano.

– O que é isso? – perguntei.

– É o coração do nosso bebê – explicou John.

Assim que ele falou, o som parou. Yoko se desmanchou em lágrimas e abraçou John. Eu não entendi o que estava acontecendo, mas, antes que eu pudesse abrir a boca, John olhou bem nos meus olhos por sobre o ombro de Yoko.

– O bebê morreu – disse. – Esse é o silêncio do nosso bebê morto.

Voltei para a *Student* sem ideia do que fazer. Eu não podia distribuir um disco com um momento tão particular. Talvez eu estivesse errado. Como Derek disse, era "arte conceitual" e teria virado peça de colecionador. Tivemos de descartar as capas e redesenhar a revista. Custou muito dinheiro, mas conseguimos dar um jeito. Pensei em tomar medidas legais contra os Lennon, mas eles já tinham problemas suficientes e, do jeito deles, honraram o acordo, mesmo que eu não percebesse o valor disso na época. Apesar de nossa discussão com relação à gravação, Derek escreveu um bilhete se desculpando por todo o problema que me fora causado. Terminou com uma frase que usava em todas as correspondências: "*All you need is love...*"

Jonny lia muito. Eu quase não lia, parecia que nunca tinha tempo. Passava os dias ao telefone, tentando vender espaços de publicidade, convencendo pessoas a escrever para a *Student* de graça ou a nos dar uma entrevista. Durante toda a vida, eu sempre precisei de alguém que fosse como um contrapeso, que compensasse meus pontos fracos e me ajudasse com os pontos fortes. Jonny e eu formávamos uma boa equipe. Ele sabia quem devíamos entrevistar e por quê. Eu tinha a habilidade de fazer essas pessoas dizerem sim e a obstinação de nunca aceitar "não" como resposta.

Em muitas das entrevistas que conduzi para a *Student*, eu só ligava o gravador e deixava a pessoa falar o que quisesse. Antes de me encontrar com o psiquiatra escocês RD Laing, eu tentei ler o best-seller dele, *The Politics of Experience*. Como a maioria das pessoas, suspeito eu, não entendi uma palavra do que estava escrito ali. Apontei o microfone para ele, que falou sem parar por uma hora e meia olhando para um canto do teto acima da minha cabeça. Eu não fazia ideia do que ele estava falando; só fiquei feliz de não haver espaço para eu fazer uma única pergunta. No fim, quando ficou claro que ele tinha acabado, eu agradeci profusamente, voltei para o escritório e transcrevi tudo. Descobri depois que ele havia citado páginas inteiras, quase palavra por palavra, do *The Politics of Experience*.

Depois de algumas edições, o número de pessoas envolvidas com a *Student* começou a aumentar. Jonny e eu às vezes íamos a boates para conversar com as garotas. Às vezes até conseguíamos convencê-las a ir até o apartamento "para tomar um café". Se elas passassem a noite, na manhã seguinte tentávamos convencê-las a ajudar. Por algum motivo, com frequência elas pareciam ter pena de nós. A notícia se espalhou: velhos amigos da escola apareceram e amigos de amigos ou pessoas que liam a revista queriam participar. O porão parecia cada vez mais um assentamento. Trabalhávamos todos sem ganhar nada, vivendo do que estivesse na geladeira e saindo para comer em restaurantes baratos.

Todo tipo de gente ajudava a distribuir a revista. A ideia básica era: levariam pacotes de revistas e as venderiam por dois xelins e seis pence cada, depois nos dariam metade desse valor – um xelim e três pence a cada revista vendida. A proposta era recebermos antes, mas isso raramente acontecia. No entanto, eu nunca me preocupei muito com o lucro da *Student*: estava determinado a ter dinheiro suficiente em caixa para produzir a próxima edição e pagar nossas contas. Achava que, quanto mais cópias vendêssemos, mais o boca a boca funcionaria e, em última análise, mais publicidade poderíamos atrair.

Embora eu não percebesse naquele momento, minha ambição de ser jornalista estava começando a ficar de lado, substituída pela necessidade de manter a revista em circulação. Jonny cuidava da parte editorial enquanto eu administrava a empresa, vendia espaços para publicidade e discutia com a gráfica. Eu estava me tornando um empreendedor quase que por falta de opção, mesmo que, se alguém me chamasse assim, eu provavelmente teria que perguntar ao Jonny o que significava. Certamente não me considerava um empresário. Empresários eram homens de meia-idade do centro financeiro da cidade, obcecados em ganhar dinheiro. Usavam ternos risca-de-giz e tinham esposa e 2,4 filhos no subúrbio. Queríamos que a *Student* desse dinheiro também, claro. Precisávamos de dinheiro para sobreviver. Contudo, víamos a revista mais como uma empreitada criativa do que lucrativa.

Mais tarde, ficou claro para mim que uma empresa pode ser um empreendimento criativo por si. Ao publicar uma revista, você está tentando criar algo que seja original, que se destaque do resto, que dure e, se possível, que tenha algum propósito útil. Acima de tudo, você quer criar algo de que se orgulhe. Essa sempre foi minha filosofia nos negócios. Posso dizer, com sinceridade, que nunca fiz nenhum negócio só para ganhar dinheiro. Se essa for a única motivação, acredito que é melhor nem começar. Uma empresa tem que ser envolvente; tem que ser divertida e tem que exercitar seus instintos criativos.

Tocar a *Student* com certeza foi divertido. A cada dia tínhamos as melodias ensurdecedoras de Bob Dylan, dos Beatles ou dos Stones ribombando nas caixas de som, fazendo tremer as paredes do porão. Quando Jonny e eu saíamos para vender cópias da revista, comemorávamos a venda de uma única revista a dois xelins e seis pence comprando dois hambúrgueres por um xelim e três pence cada. De vez em quando, eu olhava pela janela suja do porão e via que o dia estava lindo. Então desligava a música e dizia a todos que tínhamos de sair para dar uma volta. Perambulávamos pelo Hyde Park e, sem motivo, alguém acabava no lago Serpentine e todos resolvíamos nadar.

Tony Mellor era um dos principais editores assistentes. Todos o respeitávamos porque tinha trabalhado no sindicato. Tony era mais velho que o resto de nós e extremamente articulado quando se tratava de socialismo. Enquanto todos discutiam sobre a redação exata de algum pronunciamento mais político na revista, eu estava começando a perceber um quadro mais amplo: a política da sobrevivência. De certa maneira, virei um estranho na revista. Enquanto os outros falavam do "guru do LSD" Timothy Leary, do Pink Floyd e dos últimos desdobramentos da política estudantil, minha preocupação era pagar a gráfica e a conta de telefone. Além de passar o tempo ao telefone tentando convencer os destaques do momento a escrever para a *Student*, tudo por amor, eu também tinha que passar horas ligando para empresas como British Leyland ou Lloyds Bank para tentar convencê-los a comprar espaços de publicidade. Sem o dinheiro deles, a *Student* quebraria.

A responsabilidade me fez crescer rápido. É quase possível dizer que envelheci antes da hora. Enquanto os outros se reuniam felizes à noite e ficavam chapados, sem se preocuparem em acordar tarde e de ressaca no dia seguinte, eu estava sempre consciente da necessidade de ficar de cara limpa.

Meus pais e Lindi vieram nos ajudar a vender cópias da revista. Mamãe levou um pacote para Speaker's Corner, no Hyde Park, e as empurrava para turistas desatentos. Lindi e eu subíamos e descíamos a Oxford Street vendendo cópias da *Student* a qualquer pessoa que conseguíssemos parar. Um dia, eu estava com Lindi quando um homem em situação de rua se aproximou pedindo dinheiro. Não tínhamos dinheiro – era exatamente o que estávamos tentando conseguir – mas, em um dramático surto de idealismo, tirei boa parte das minhas roupas e dei para ele. Passei o resto do dia enrolado em um cobertor.

– Pobre vagabundo! – brincou papai, quando ouviu a história. – Que sirva de lição. Ele só queria uns trocados, mas acabou com as suas roupas nojentas.

A *Student* começou a chamar atenção, e um dia um canal da TV alemã me perguntou se eu faria um discurso na University College, em Londres, junto com o ativista Tariq Ali e o líder estudantil alemão Danny Cohn-Bendit. Tínhamos de falar sobre os direitos das pessoas. Uma enorme multidão deu as boas-vindas a esses dois ativistas revolucionários. Eu fiquei ali ouvindo Danny Cohn-Bendit fazer um discurso brilhante, cheio de paixão e profundidade intelectual. Todos à volta dele estavam vibrando e gritando em aprovação. Depois Tariq Ali subiu e também fez um discurso fervoroso. A multidão batia os pés e gritava a plenos pulmões, como se estivessem prestes a invadir a Bastilha. Comecei a ficar meio apreensivo.

A Stowe tinha uma tradição muito cruel. Cada menino tinha que decorar um longo poema e recitá-lo perante a escola inteira. Se você cometesse o mínimo erro ou pausasse por um momento, o diretor soava um gongo e você tinha que sair do palco debaixo de vaias e zombarias de todo tipo. Você era "gongado". Por causa da minha dislexia leve, eu achava extremamente difícil decorar qualquer coisa e, por vários anos, fui gongado com implacável regularidade. Enquanto observava Danny Cohn-Bendit e Tariq Ali fazerem seus discursos inspiradores, pegando carona na boa vontade da multidão e se aproveitando ao máximo da câmera de televisão, senti o mesmo mal-estar de quando esperava para recitar meu poema de Tennyson na certeza de que seria "gongado" e sairia do palco sob vaias.

Tariq Ali finalmente terminou de falar. Seguiu-se um pandemônio. Todos gritavam; alguém o levantou nos ombros; a câmera girava em sua direção; moças bonitas acenavam para ele, cheias de admiração. Então alguém acenou para mim: era minha vez. Subi ao pódio e segurei o microfone, nervoso. Eu praticamente não falava em público, nunca havia feito um discurso, e senti um nervoso absurdo. Não fazia a menor ideia do que dizer. Eu havia preparado um discurso, mas, sob o escrutínio de mil rostos ansiosos voltados para mim como girassóis, tive um branco completo. Murmurei algumas palavras com a boca seca, dei um sorriso amarelo e percebi, assolado por um pânico crescente, que não conseguiria. Não tinha onde me esconder. Soltei um último resmungo sem sentido, algo entre uma tossida e um vômito, larguei o microfone, pulei do pódio e desapareci em meio à segurança da multidão. Aquele havia sido o momento mais constrangedor da minha vida.

Ainda hoje, sempre que sou entrevistado ou preciso fazer um discurso, sinto a mesma apreensão e tenho de superar a mesma timidez. Se eu estiver falando sobre um assunto que conheça um pouco ou que me entusiasme, consigo ser razoavelmente fluente. Mas, se me pedirem para falar sobre algo que conheça muito pouco, meu incômodo é imenso – e visível. Já aceitei que nunca terei todas as respostas de bate-pronto que um político teria. Não tento lutar contra minha gagueira ou incapacidade de dar uma resposta perfeita. Em vez disso, tento só dar uma resposta sincera e, se demorar um pouquinho para elaborar essa resposta, espero que as pessoas confiem mais em uma resposta lenta e hesitante do que em uma rápida e superficial.

As guerras no Vietnã e no Biafra eram os principais problemas no final da década de 1960. Se a *Student* quisesse credibilidade, precisaríamos ter repórteres próprios nos dois países. Não tínhamos dinheiro para mandar repórter algum para lá, muito menos para pagar estadia em hotel e transmissão de artigos por telex, de modo que precisávamos ser criativos. Finalmente tivemos a ideia de escolher repórteres muito jovens. Dessa maneira, poderiam ser, eles mesmos, uma história. Portanto, liguei para o *Daily Mirror* e perguntei se estariam interessados em uma história exclusiva sobre um repórter de dezessete anos indo para o Vietnã. Eles compraram a história e pagaram a viagem de Julian Manyon, que trabalhava conosco na *Student*, ao Vietnã. Julian foi até lá, escreveu excelentes artigos sobre a guerra do Vietnã e depois acabou se tornando um famoso repórter da ITN. Conseguimos fazer o mesmo acordo para enviar um repórter de dezesseis anos para o Biafra. Esses dois empreendimentos foram minha primeira experiência de alavancar o nome da *Student*: entrávamos com o nome e as pessoas, o outro lado entrava com o dinheiro.

Eu estava muito empolgado com a campanha para acabar com o envolvimento norte-americano no Vietnã. Em outubro de 1968, toda a equipe da *Student* participou, junto com Vanessa Redgrave, da passeata de estudantes até Grosvenor Square para protestar em frente à embaixada norte-americana. Caminhei ao lado de Vanessa e de Tariq Ali. Era uma emoção tremenda fazer isso por algo que eu acreditava ao lado de dezenas de milhares de outras pessoas. O ânimo da multidão era arrebatador, mas ao mesmo tempo levemente assustador. Dava para sentir que, a qualquer momento, as coisas poderiam sair do controle. E saíram. Quando a polícia avançou contra a multidão, eu corri feito louco. Uma foto do protesto saiu depois na *Paris Match*. Era uma foto minha, as costas arqueadas, a um centímetro da mão estendida de um policial que tentava me segurar enquanto eu corria pela praça.

Embora eu fosse contra o Vietnã, não me sentia tanto à esquerda em outros assuntos quanto a maioria dos manifestantes ao meu lado.

– Acho que sou esquerdista – declarei a um repórter do *Guardian*. – Bom, só no contexto de achar as visões de esquerda lúcidas e racionais.

A *Student* não era uma revista radical no sentido político. Nem era uma revista *"underground"*, como a *Oz* e a *IT*. Não éramos a favor de colocar LSD no suprimento de água, como eles devem ter defendido ocasionalmente, embora eu ache que havia mais amor livre nos nossos escritórios do que nos deles.

Eu tentava manter um equilíbrio entre as visões da esquerda e da direita, mas o que eu esperava ser equilíbrio algumas pessoas viam como evasão. O escritor e poeta Robert Graves me escreveu de Deià, Maiorca, onde morava:

> *Suas mãos parecem mais atadas do que merecem os estudantes. Na história sobre o Biafra, por exemplo, você não mencionou uma única vez o que a guerra significava* de verdade *no contexto internacional. Mas isso é porque você*

precisa continuar amiguinho do pessoal com mais de trinta e com os Meninos das Grandes Empresas, ou a revista não conseguiria sobreviver. Sim, você faz o melhor que pode.

Na verdade, os "Meninos das Grandes Empresas" não estavam sendo tão amigáveis quanto eu esperava. A dificuldade para conseguir anúncios sempre foi muito maior do que para encontrar colaboradores. Ficávamos satisfeitos em conseguir entrevistar o ator Bryan Forbes ou publicar o artigo de Gavin Maxwell, mas isso não trazia dinheiro para nos ajudar a tocar a revista e a distribuí-la. Cobrávamos 250 libras por um anúncio de página inteira e quarenta libras por um oitavo de página. Para exemplificar, após incontáveis ligações eu consegui que nove empresas fizessem anúncios de página inteira na primeira edição: J Walter Thompson, Metal Box, *Sunday Times*, *Daily Telegraph*, The Gas Council (antecessora da British Gas), *The Economist*, Lloyds Bank, Rank Organisation e John Laing Builders. Esses nove anúncios nos renderam 2.250 libras e saíram de uma lista que começou com mais de trezentas possíveis empresas, mas o valor foi suficiente para cobrir os custos de impressão das trinta mil cópias da primeira edição. Com esses fundos eu abri uma conta corrente no Coutts, que sempre foi o banco da minha família. Acho que fui o único cliente deles a entrar descalço e pedir um saque a descoberto de mil libras. Durante toda a vida da *Student*, vender espaço de propaganda sempre foi uma dificuldade imensa.

Apesar de todos os nossos esforços, era claro que a *Student* não estava dando dinheiro. Comecei a pensar em maneiras de desenvolver a revista em outras direções: um congresso, uma agência de viagens, uma agência de alojamentos, tudo com o nome *Student*. Eu não via a *Student* apenas como um fim em si, como um nome. Eu a via como o começo de toda uma variedade de serviços, um adjetivo, uma palavra na qual as pessoas reconheceriam certos valores. Na linguagem da década de 1970, a revista *Student* e tudo que a *Student* promovia deviam ser "prafrentex". A *Student* era um conceito flexível e eu queria explorar essa flexibilidade para ver até onde poderia estendê-lo e aonde ele poderia levar. Por esse lado, eu acabei um pouco distante do restante dos meus amigos, que se concentravam exclusivamente na revista e na política estudantil que queriam cobrir.

Parece que Peter Blake estava certo ao dizer que a revolução estudantil sairia de moda – e levaria os estudantes consigo. No entanto, olhando as primeiras edições da *Student* trinta anos depois, é surpreendente como as coisas mudaram pouco. A *Student* tinha charges de Ted Heath feitas por Nicholas Garland; ele continuou sendo alvo das caricaturas de Nicholas Garland até morrer. David Hockney, Dudley Moore e John Le Carré ainda vendem bem, e Bryan Forbes e Vanessa Redgrave, ou pelo menos as filhas deles, ainda vivem no noticiário.

A vida no porão era o tipo de glorioso caos generalizado no qual eu prosperava e prospero desde então. Nunca tínhamos dinheiro, vivíamos incrivelmente ocupados, mas éramos uma equipe coesa. Trabalhávamos juntos porque era divertido, porque sentíamos que o que fazíamos era importante e porque juntos tínhamos uma vida excelente.

Logo vários repórteres dos jornais de circulação nacional vieram me entrevistar para ver que agitação toda era aquela. Desenvolvemos um método infalível para impressioná-los. Eu sentava à minha mesa com o telefone ao lado.

– Prazer em te conhecer. Pode se sentar – dizia, indicando o pufe à minha frente. Enquanto a pessoa se remexia tentando manter a dignidade, ficar confortável e tirar os respingos de homus e os montes de cinza de cigarro das dobras, o telefone tocava.

– Alguém pode atender, por favor? – pedia, voltando depois a atenção para o jornalista. – O que você gostaria de saber sobre a *Student*?

– Ted Heath para você, Richard – anunciava Tony.

– Eu ligo de volta – eu respondia por sobre o ombro. – O que mesmo você gostaria de saber sobre a *Student*?

A essa altura, o jornalista já estava esticando o pescoço para ver Tony dizer a Ted Heath que sentia muito, mas Richard estava em uma reunião e retornaria a ligação. Em seguida, o telefone tocava de novo e Tony mais uma vez atendia.

– David Bailey para você, Richard.

– Eu ligo de volta, mas pergunte se ele pode mudar a data daquele almoço, por favor. Vou precisar ir para Paris. Ok... – Eu sorria um pedido de desculpas ao jornalista. –... onde estávamos mesmo?

– Eu só queria perguntar...

O telefone tocava de novo.

– Desculpe interromper – desculpava-se Tony –, mas é o Mick Jagger para você, e ele diz que é urgente.

– Com licença um minuto – eu dizia, pegando o telefone com relutância. – Mick, oi. Bem, obrigado, e você? Mesmo? Uma exclusiva? Sim, parece ótimo...

E eu continuava até Jonny não conseguir mais parar de rir no telefone público do outro lado da linha ou as moedas acabarem.

– Desculpe – dizia ao jornalista. – Surgiu um imprevisto e precisamos correr. Já acabamos?

O jornalista era conduzido para fora, confuso, passando por Jonny no caminho, e o telefone parava de tocar.

Os jornalistas caíam direitinho no nosso esquema: "Fotógrafos, jornalistas, redatores de jornais de todo o mundo parecem fazer questão de ajudar a *Student*", escreveu o *Sunday Telegraph*, "e uma imensa organização voluntária de distribuição cresceu em escolas e universidades, permitindo que, talvez, mais de meio milhão de estudantes leiam a revista".

"Um número impressionante de colaboradores de primeira linha. O escopo da revista é ilimitado", disse o *Observer*. Enquanto isso, o *Daily Telegraph* disse: "Parece provável que a *Student*, a brilhante publicação que tem atraído muitos escritores conhecidos, se torne uma das maiores revistas em circulação no país".

Lá pelo fim de 1968, os pais de Jonny estavam compreensivelmente cansados de ter quase vinte adolescentes amontoados no porão e nos pediram para achar outro lugar para morar. Nós nos mudamos para o número 44 da Albion Street, bem pertinho da Connaught Square. Jonny voltou para a escola para fazer as provas do *"A level"*. Ele se sentia culpado em me abandonar, mas estava sendo pressionado para continuar os estudos, e seus pais, muito logicamente, se preocupavam com o fato de que trabalhar em uma pequena revista no porão deles dificilmente seria um bom início para ganhar a vida.

Sem Jonny, a *Student* quase foi por água abaixo. Era coisa demais para eu fazer e não havia mais ninguém em quem pudesse realmente confiar para me auxiliar. Depois de algumas semanas, pedi para Nik vir me ajudar. Nik tinha acabado a escola em Ampleforth, mas ia para a Sussex University, em Brighton. Ele concordou em adiar a ida para a faculdade e vir socorrer a *Student*.

Com a chegada de Nik, a *Student* voltou aos trilhos. Ele começou a controlar o dinheiro e, em vez de ter uma lata de biscoitos cheia de dinheiro que qualquer um poderia pegar para comprar comida ou bebida ou drogas, usou devidamente nossa conta no Coutts. Ele começou a emitir cheques e depois conferir os canhotos com os extratos do banco. Nik havia perdido um dente da frente; isso, somado ao cabelo preto comprido, lhe dava uma aparência deveras aterrorizante. Acho que ele afastou muitos cobradores.

A comuna, que ficava muito apertada no porão de Jonny, agora se espalhava por toda a casa nova. As pessoas montavam cantinhos pela casa; havia colchões e incensos por toda parte. A maioria das pessoas que trabalhava para a *Student* tinha dezenove ou vinte anos; havia muitas conversas sobre amor livre, e muita prática também. Instalei uma grande cama de latão no andar superior, com um telefone na ponta de uma longa extensão enrolada nos corrimãos até o andar de baixo. Às vezes, eu trabalhava o dia todo na cama.

Coloquei a casa no nome dos meus pais porque o imóvel era da Igreja e não queríamos que pensassem que estávamos tocando um negócio. Meus pais adoravam a empolgação do jornalismo; embora papai fosse um advogado de cabelo curto que usava paletó e gravata para ir à missa de domingo, ele e mamãe nunca tiveram nenhum problema em conversar com pessoas com cabelo até o meio das costas e que não se barbeavam ou tomavam banho há um mês. Lindi vinha ficar em Albion Street nas folgas do colégio e durante algumas das férias. Ela ajudava a distribuir a *Student* e se apaixonava por vários homens que trabalhavam na revista.

Tive um relacionamento breve com Debbie, uma das garotas que moravam em Albion Street e trabalhavam na revista. Um belo dia, ela me disse que estava grávida. Ambos ficamos muito chocados e percebemos que um bebê era a última coisa com que conseguiríamos lidar. Debbie decidiu que queria abortar. Depois de alguns telefonemas, ficou claro que isso seria muito difícil de conseguir. Debbie não poderia fazer o aborto pelo sistema de saúde pública, a menos que provasse ter problemas médicos ou psiquiátricos. Ligamos freneticamente para todos os hospitais públicos, tentando ver se havia alguma maneira de contornar essa exigência. Quando tentamos encontrar um médico particular, descobrimos que custaria mais de quatrocentas libras – dinheiro que não tínhamos. Eu já estava desesperado quando finalmente localizei uma médica de bom coração em Birmingham que me disse que poderia providenciar a operação por cinquenta libras.

Depois da operação, Debbie e eu percebemos que devia haver uma imensidão de jovens que enfrentavam o mesmo problema, sem ter onde encontrar ajuda. Certamente seria muito melhor se houvesse um número de telefone para o qual você pudesse ligar e receber indicação do médico certo. O problema não era só uma gravidez indesejada: e se você precisasse de ajuda psicológica, ou ficasse com medo de admitir ter uma doença venérea para seu gentil médico de família, ou não tivesse onde morar porque fugiu de casa? Escrevemos uma longa lista com os tipos de problema que estudantes enfrentavam e decidimos tomar uma atitude. Resolvemos dar o nosso número de telefone, preparar uma lista com os melhores médicos e ver quem ligaria.

"Passe suas dores de cabeça para nós" era o slogan do Student Advisory Centre. Distribuímos folhetos na Oxford Street e anunciamos na *Student*.

Dentro de pouco tempo, as ligações começaram a chegar. Vários médicos, tanto do serviço público quanto particulares, concordaram em atender gratuitamente ou por um valor mínimo, então montamos uma rede de profissionais que poderíamos indicar às pessoas. Muitas das ligações eram dúvidas com relação a gravidez e contraceptivos, mas também viramos meio que um centro de reunião para gays e lésbicas. Logo ficou claro que essas pessoas não estavam tão interessadas em nossos conselhos como em encontrar maneiras de se encontrarem, revelando como era difícil para pessoas homossexuais terem uma vida social normal.

O Student Advisory Centre começou a demandar mais tempo do que a revista *Student*. Eu conversava com possíveis suicidas por uma hora às três da manhã, aconselhava garotas grávidas quanto ao médico mais simpático que poderiam consultar, escrevia para alguém que estava morrendo de medo de ter uma doença venérea, mas não ousava contar aos pais ou ir ao médico – e, no pouco tempo que me sobrava, tentava tocar a revista. Um dos maiores problemas com os quais tivemos de lidar era: adolescentes não conseguiam confiar nos pais. Ouvir a história de outras pessoas me fez perceber minha sorte no relacionamento com meus pais. Eles nunca me julgaram e sempre me apoiaram, sempre elogiaram as coisas boas em vez de criticar as ruins; eu não tinha receio algum de admitir meus problemas, preocupações e falhas. Nosso trabalho era tentar ajudar quem estivesse com problemas, sem ter para onde correr.

Com o Student Advisory Centre e a revista, a vida em Albion Street continuava frenética; o número de pessoas entrando e saindo da casa a qualquer hora do dia e da noite continuava a levar nossos vizinhos ao desespero. Por causa das reclamações dos vizinhos, eram frequentes as visitas dos inspetores da Church Commissioner, que administrava os imóveis para a Igreja, para ver se não estávamos conduzindo algum tipo de negócio. Essas visitas tinham toda a tensão programada de uma farsa do West End. Recebíamos um aviso 24 horas antes da inspeção; assim que chegava o aviso, minha mãe e todo o pessoal da *Student* imediatamente entravam em ação.

Todos os telefones eram empilhados dentro de um armário, e as mesas, cadeiras e colchões eram cobertos com lençóis. A equipe da *Student* arrumava latas de tinta e pincéis, vestia macacões e começava a pintar as paredes da casa. Mamãe chegava do interior com Lindi, Vanessa – na época com oito anos – e um monte de brinquedos. Quando os inspetores chegavam, encontravam um grupo de pintores simpáticos e animados decorando a casa, os móveis todos envoltos em lençóis, enquanto uma mãe cuidava da família no andar de cima. A menininha se entretinha com alguns brinquedos, ligeiramente confusa, enquanto Lindi e eu jogávamos *Monopoly*. Se Vanessa por acaso desse qualquer sinal de que perguntaria o que estava acontecendo, mamãe logo enxotava todo mundo do quarto, dizendo que era hora da soneca dela.

Os inspetores observavam aquela feliz cena doméstica e se perguntavam o motivo para tanto auê. Coçavam a cabeça, diziam que Vanessa era uma menina adorável, bebiam o chá e tinham um agradável bate-papo com a minha mãe. Assim que eles viravam a esquina, mamãe voltava para casa; guardávamos o *Monopoly*, arrancávamos os lençóis dos móveis, ligávamos os telefones e voltávamos ao trabalho.

O fim chegou na fatídica visita em que esquecemos de desligar os telefones. Já era a quinta visita, os inspetores deviam desconfiar de alguma coisa. Eles ficaram para a xícara de chá ritual e estavam prestes a ir embora quando dois dos telefones começaram a tocar dentro do armário. Um silêncio chocante caiu sobre nós.

– Nossa, olha só – improvisei rapidamente. – Estão ouvindo esse telefone? As paredes são tão finas nessas casas que conseguimos ouvir tudo que acontece no vizinho!

O inspetor foi até o armário e abriu a porta. Cinco telefones, uma central telefônica e um emaranhado de fios desabaram em cima dele. Nem uma família grande precisava de uma central telefônica. Esse foi o fim da nossa sede em Albion Street. Vanessa e sua coleção de bonecas e brinquedos foram levados para Shamley Green pela última vez, e Lindi e eu empacotamos o *Monopoly*. A *Student* precisava encontrar algum outro lugar para usar como escritório.

Vasculhamos o bairro à procura de um lugar para alugar. A melhor oferta foi do reverendo Cuthbert Scott. Ele gostava do trabalho do Advisory Centre e nos ofereceu a cripta da igreja de St. John, perto da Bayswater Road, sem que precisássemos pagar aluguel. Coloquei uma velha laje de mármore entre dois túmulos para fazer minha mesa, e cada um arrumou um lugar para sentar. Nós até conseguimos convencer o engenheiro dos correios a ligar a linha telefônica sem precisarmos esperar os três meses de praxe. Depois de um tempo, nenhum de nós percebia mais que estava trabalhando na penumbra da cripta cercado por túmulos e efígies de mármore.

Em novembro de 1969, recebi a visita de dois policiais à paisana da delegacia de polícia de Marylebone. Eles vieram chamar minha atenção para a lei de anúncios indecentes de 1889 e para a lei de doenças venéreas de 1917, caso eu não tivesse conhecimento delas; como era de se esperar, eu não tinha mesmo. Eles me disseram que era ilegal anunciar qualquer ajuda ou remédio para doenças venéreas. Essas leis haviam sido promulgadas originalmente para impedir que charlatães explorassem as muitas pessoas que iam até eles atrás de curas caras e ineficazes para doenças venéreas. Argumentei que estava apenas prestando um serviço de orientação e que encaminhava as pessoas que tivessem uma doença venérea para médicos qualificados do St. Mary's Hospital. No entanto, os policiais foram inflexíveis: se o Student Advisory Centre continuasse a mencionar as palavras "doença venérea" em público, eu seria detido, com possibilidade de dois anos de prisão.

Na semana anterior, tínhamos conseguido processar um policial da delegacia de Marylebone por plantar drogas em um dos clientes do Student Advisory Centre. O policial foi suspenso, então eu suspeitava que essa visita tinha relação com o caso. Fiquei impressionado que a polícia tivesse escarafunchado essa legislação antiga para encontrar alguma lei obscura que estivéssemos infringindo.

Fizemos a devida alteração à menção a doença venérea nos panfletos que distribuíamos por Londres e começamos a descrevê-la como "doença social". Em seguida recebemos um número imenso de consultas de pessoas que sofriam de acne, e o número de pessoas que nos ligavam pedindo ajuda para doenças venéreas caiu de sessenta para dez por semana. Decidimos que a polícia estava blefando e que ajudar as outras cinquenta pessoas por semana valia o risco das ameaças: recolocamos a menção a doenças venéreas. Estávamos errados. A polícia voltou à cripta em dezembro de 1969 e me prendeu.

John Mortimer, um advogado que estabeleceu a reputação de apoiar causas libertárias depois de defender a revista *Oz* e de sua participação no julgamento de *O amante de Lady Chatterley*, se ofereceu para me defender. Ele concordou que a lei era ridícula e que a polícia queria só se vingar. John nos lembrou que na porta de cada banheiro público havia um cartaz do governo oferecendo aconselhamento para pessoas que sofriam com doenças venéreas. Se eu era culpado, o governo também era. Eu tinha duas acusações contra mim: conforme a lei de anúncios indecentes de 1889, que proibia anúncios de "natureza indecente ou obscena" e considerava indecentes as referências a sífilis e gonorreia, e a lei de doenças venéreas de 1917, que proibia anúncios oferecendo tratamento ou aconselhamento ou menções às palavras "doença venérea".

Na primeira audiência, no dia 8 de maio de 1970 na Corte dos Magistrados de Marylebone, Tom Driberg, o ostentoso membro do Parlamento pelo Partido Trabalhista até 1974, fez um apelo comovente a meu favor. Chad Varah, fundador do Samaritans, também trouxe evidências de que o Student Advisory Centre indicou a instituição dele para muitas pessoas. John Mortimer argumentou que, se eu fosse considerado culpado, não teria outra opção: teria que processar o governo e todas as autoridades locais, visto que também tinham colocado cartazes em banheiros públicos. O magistrado indeferiu a acusação segundo a lei de doenças venéreas sob a alegação de que o Student Advisory Centre não

DECIDIMOS QUE A POLÍCIA ESTAVA BLEFANDO E QUE AJUDAR AS OUTRAS CINQUENTA PESSOAS POR SEMANA VALIA O RISCO DAS AMEAÇAS: RECOLOCAMOS A MENÇÃO A DOENÇAS VENÉREAS.

oferecia cura, apenas encaminhava as pessoas para médicos qualificados. Ele adiou a outra acusação para 22 de maio.

Durante o processo no tribunal, saíam estatísticas revelando que o número de pessoas com doenças venéreas havia apresentado um aumento acentuado no ano anterior, chegando a um nível de pós-guerra. Lady Birk, presidente do Health Education Council, usou essas estatísticas juntamente com o exemplo do meu julgamento para tentar alterar a lei de anúncios indecentes de 1889 na Câmara dos Lordes.

– É ridículo que leis obsoletas restrinjam esforços responsáveis para impedir a disseminação dessas doenças sérias – argumentou.

Quando chegou a data do julgamento do segundo caso, vários jornais já haviam declarado como era idiota eu ser processado. Havia um movimento forte para alterar a lei. O magistrado com relutância me considerou culpado sob a estrita redação da lei, mas deixou claro que considerava a lei absurda ao me multar em apenas sete libras, um tanto menos do que os dois anos de prisão com os quais os policiais me ameaçaram. John Mortimer fez uma declaração à imprensa na saída do tribunal na qual clamava pela mudança na lei, ou não teríamos alternativa senão processar o governo por mencionar doenças venéreas nas portas dos banheiros públicos. Os jornais todos juntaram forças conosco, e a emenda à lei foi incorporada à legislação na sessão seguinte do parlamento. Reginald Maudling, o secretário da Casa, me enviou uma carta pessoal se desculpando pela acusação da Coroa.

Aquele processo me ensinou que, embora eu fosse jovem, usasse jeans e tivesse muito pouco dinheiro, não precisava ter medo de ser assediado pela polícia ou pelo *establishment*. Principalmente se tivesse um bom advogado.

Um dia, em 1970, eu voltei para a minha mesa e descobri que Nik a tinha usado e, ao sair, esquecido um rascunho de memorando que estava escrevendo para a equipe. Era um plano para se livrar de mim como editor, assumir o controle editorial e financeiro da *Student* e transformá-la numa cooperativa. Eu seria só parte da equipe, e todos teriam participação igual na direção editorial da revista. Fiquei chocado. Senti que Nik, meu melhor amigo, estava me traindo. Afinal de contas, a *Student* tinha sido ideia minha e de Jonny. Nós tínhamos começado tudo em Stowe e, apesar das adversidades, conseguimos publicá-la. Eu sabia o que queria fazer com a *Student*, e achava que todos estavam felizes em trabalhar lá. Todos tínhamos salários iguais, mas, em última análise, eu era o editor e cabia a mim tomar as decisões.

Olhei para todos à minha volta. Estavam de cabeça baixa, cada um em sua mesa, trabalhando. Eu me perguntei quantos faziam parte disso. Guardei o memorando no bolso. Quando Nik voltou, eu me levantei.

– Nik, vamos lá fora conversar rapidinho?

Decidi blefar para sair da crise. Se Nik já tivesse conseguido o apoio das outras dez pessoas, seria difícil para mim impedi-los. Mas, se estivessem indecisos, eu poderia criar um cisma entre Nik e o resto e tirar Nik da jogada. Eu teria que colocar nossa amizade de lado e me livrar desse problema.

– Nik – falei, enquanto caminhávamos pela rua –, várias pessoas vieram falar comigo e disseram que não estão felizes com o que você está planejando. Não gostam da ideia, mas têm medo de dizer na sua cara.

Nik pareceu apavorado.

– Não acho que seja uma boa ideia você continuar por aqui – prossegui. – Você está tentando minar a mim e a *Student* como um todo. Acho que devemos continuar amigos, mas você não devia mais ficar aqui.

Ainda não sei como consegui proferir aquelas palavras sem corar ou minha voz falhar. Nik olhava para o chão.

– Sinto muito, Ricky. Só me pareceu uma maneira melhor de nos organizarmos... – sua voz enfraqueceu.

– Eu também sinto muito, Nik. – Cruzei os braços e olhei bem para ele. – Vamos nos ver em Shamley Green, mas a *Student* é a minha vida.

Nik foi embora naquele mesmo dia. Disse a todos que Nik e eu não concordávamos sobre como tocar a *Student*, e que podiam ficar à vontade para ir embora ou continuar, como preferissem. Todos decidiram ficar comigo, e a vida na cripta seguiu sem Nik.

Aquele foi o meu primeiro desentendimento de verdade. Embora estivesse angustiado, sabia que precisava confrontar a situação. Odeio criticar as pessoas que trabalham comigo e tento evitar fazer isso. Desde então, eu sempre tento evitar o problema e pedir para outra pessoa ser o carrasco. Admito que é uma fraqueza minha, mas simplesmente não consigo lidar com isso.

Nik era meu melhor amigo e eu esperava de coração que continuasse sendo. Na minha visita seguinte a Shamley Green, fui até a casa dele e o encontrei comendo um pudim feito por sua mãe. Sentamos juntos e acabamos com ele.

Além do fato de ser meu amigo mais antigo, Nik tinha assumido a distribuição da revista e dado um jeito naquilo. Eu sentia uma falta terrível dele. Até a chegada de Nik, a distribuição era uma coisa casual; os pacotes eram enviados para voluntários e escolas e universidades. Por mais de um ano a *Student* seguiu sem Nik e soltamos mais quatro edições. Quando Nik me disse que estava concorrendo nas eleições estudantis da Sussex University, eu usei o poder de compra da *Student* com as gráficas para rodar alguns pôsteres de campanha baratos. Nik ganhou a eleição, mas foi desqualificado porque recebeu ajuda externa na campanha.

Uma coisa que eu sabia de todos que vinham conversar ou trabalhar para nós é que gastavam um bom tempo ouvindo música e um bom dinheiro comprando discos. Nosso toca-discos estava sempre ligado, e todos corriam para comprar o último álbum dos Rolling Stones, do Bob Dylan ou do Jefferson Airplane no dia do lançamento. Havia uma empolgação imensa com a música: era política, era anárquica, resumia o sonho da juventude de mudar o mundo. Também percebia que pessoas que nunca sonhariam em gastar quarenta xelins em uma refeição não hesitariam em gastar quarenta xelins para comprar o mais novo álbum de Bob Dylan. Quanto mais obscuro fossem os álbuns, mais caro custavam e mais eram valorizados.

Até esse ponto eu tivera interesse em ganhar dinheiro apenas para assegurar o sucesso contínuo da *Student* e financiar o Student Advisory Centre, mas de repente me pareceu uma oportunidade de negócio interessante. Quando descobri que, apesar da abolição do acordo de manutenção de preços de varejo do governo, nenhuma das lojas estava dando desconto nos discos, comecei a pensar em abrir um negócio de distribuição de discos. Agora eram cerca de vinte pessoas trabalhando na *Student*; todos morávamos juntos na Albion Street e trabalhávamos na cripta.

Pensei no alto custo dos discos e no tipo de pessoa que comprava a *Student*, e imaginei se poderíamos anunciar e vender discos baratos pelo correio por meio da revista. O primeiro anúncio para vendas de discos por catálogo apareceu, por fim, na edição final da *Student*. Sem Nik na gerência, a distribuição da revista passava por dificuldades, mas a oferta de discos baratos trouxe uma enxurrada de pedidos e mais dinheiro do que já tínhamos visto até o momento.

Decidimos arrumar outro nome para o negócio de vendas por catálogo: ele deveria ser chamativo, independente e atrativo não apenas para estudantes. Nós nos sentamos na cripta da igreja tentando escolher um bom nome.

"Slipped Disc" foi uma das sugestões preferidas. Brincamos um pouco com o nome, até que uma das garotas se inclinou para a frente:

– Já sei – exclamou. – Que tal "Virgin"? Somos completamente virgens no assunto.

– E não sobraram muitos virgens por aqui – riu uma das outras garotas. – Seria legal ter um aqui, nem que seja no nome.

– Ótimo – decidi na mesma hora. – Vai ser Virgin.

4.

ESTOU PREPARADO PARA EXPERIMENTAR DE TUDO UMA VEZ

1970 - 1971

E então passamos a ser Virgin. Quando paro para pensar nos vários usos que demos para o nome Virgin desde então, penso que tomamos a decisão certa. Não sei se Slipped Disc Airways, Slipped Disc Brides ou Slipped Disc Condoms teriam tido o mesmo apelo.

Nossa minúscula amostra de pesquisa de mercado se mostrou correta: estudantes gastavam um bom dinheiro em discos e não gostavam de gastar 39 xelins na WH Smith quando descobriram que podiam comprar os mesmos discos na Virgin por 35 xelins. Começamos a distribuir nossos folhetos sobre os discos da Virgin Mail Order pela Oxford Street e na porta de shows, e nossa correspondência aumentou de um punhado de cartas para um saco todos os dias. Para nós, uma das melhores partes da venda por catálogo era que os clientes enviavam o dinheiro antes – isso nos dava o capital para comprar os discos. Nossa conta no Coutts começou a acumular um grande saldo.

Com o crescimento da Virgin Mail Order, tentei vender a *Student* para outro grupo editorial. A IPC Magazines foi o único comprador interessado, e tivemos longas negociações que culminaram em uma reunião na qual me pediram para continuar como editor. Concordei, mas cometi o erro de lhes contar meus planos. Fantasiar com relação ao futuro é um dos meus passatempos preferidos, e contei aos presentes que tinha todo tipo de plano diferente para a *Student*: achava que os estudantes eram injustiçados pelos bancos, e por isso queria montar um banco barato para estudantes; queria montar uma cadeia de ótimas boates e hotéis onde os estudantes poderiam ficar; talvez até lhes oferecer uma boa opção de viagem, como trens para estudantes ou até, quem sabe, uma companhia aérea para eles. Conforme eu me empolgava, percebi os olhos deles vidrados. Achavam que eu estava louco. Decidiram que não queriam manter um lunático desses como editor da *Student*, e no fim decidiram que nem queriam mais comprá-la. A *Student* teve uma morte silenciosa, e meus planos para o futuro precisaram ser colocados de lado por um tempo.

Voltamos toda a nossa atenção para a Virgin Mail Order. Bastou uma olhada no número imenso de pedidos que chegavam e na necessidade de organizar onde comprar os discos e como enviá-los para os clientes para me convencer de que precisava de ajuda. Embora todos nos divertíssemos muito na Albion Street, eu tinha cada vez mais certeza de que era o único que precisava se preocupar em pagar todos os salários. Mesmo que os valores fossem pequenos, era difícil lucrar o suficiente para cobrir esse custo. Havia uma única pessoa a quem eu podia recorrer: Nik. Eu queria meu velho amigo de volta.

Botei uma pedra no episódio em que ele tentou se livrar de mim e lhe ofereci quarenta por cento da recém-formada Virgin Mail Order se viesse trabalhar comigo. Ele aceitou na mesma hora. Nunca negociamos a divisão sessenta–quarenta. Acho que ambos sentimos que era um reflexo justo do que cada um colocaria no negócio.

Embora Nik não tivesse formação em contabilidade, era meticuloso e contava até o último centavo. Também liderava pelo exemplo: se ele nunca gastava dinheiro nenhum, por que qualquer um de nós deveria? Nunca lavava as roupas, então por que alguém deveria? Ele não esbanjava, economizava cada centavo; sempre apagava as luzes quando saía de um cômodo; não demorava ao telefone e cuidava das nossas contas com grande habilidade.

– Não tem problema pagar contas com atraso – dizia –, contanto que as pague com regularidade.

Assim, pagávamos nossas contas em dia, mas sempre no último dia. Além de Nik e de mim, não havia mais nenhum funcionário permanente na cripta. Havia um bando de trabalhadores ocasionais que chegava, recebia vinte libras por semana e depois ia embora. Ao longo de 1970, a Virgin Mail Order prosperou.

Então, em janeiro de 1971, quase fomos arruinados por algo completamente fora do nosso controle: os funcionários dos correios entraram em greve. Liderados por Tom Jackson, secretário-geral do sindicato dos trabalhadores dos correios, os carteiros foram para casa e, nas agências, as caixas postais foram fechadas. Nosso negócio baseado em correspondência estava indo por água abaixo: as pessoas não conseguiam nos mandar cheques, nós não conseguíamos enviar discos. Precisávamos fazer alguma coisa.

Nik e eu decidimos que devíamos abrir uma loja para continuar vendendo os discos. Tínhamos uma semana para encontrar uma loja, ou ficaríamos sem dinheiro. Naquele momento, não fazíamos ideia de como funcionava uma loja. Tudo o que sabíamos era que tínhamos que vender discos de alguma maneira, ou a empresa quebraria. Começamos a procurar um local.

Em 1971, o varejo de música era dominado por WH Smith e por John Menzies, ambas formais e sem graça. O departamento de discos em geral ficava no andar de baixo e o atendimento era feito por pessoas em insossos uniformes marrons ou azuis que pareciam não ter o menor interesse por música. Os clientes escolhiam os discos nas prateleiras, compravam e saíam em menos de dez minutos. As lojas não eram convidativas; não havia simpatia no atendimento, e os preços eram altos. Embora o rock fosse um gênero empolgante, as lojas nem de longe transmitiam aquela empolgação, ou mesmo o mais vago interesse. A equipe *démodé* não demonstrava aprovação nem interesse se você comprasse o novo álbum do Doors; simplesmente passavam na registradora, como se tivesse comprado Mantovani ou Perry Como. Para eles, dava tudo na mesma. Também não demonstravam muito entusiasmo em fazer um pedido especial do novo disco do Van Der Graaf Generator ou da Incredible String Band resenhados na *Melody Maker* naquela semana. Nenhum dos nossos amigos se sentia à vontade em lojas de discos: eram apenas lugares aos quais precisavam ir para comprar seus discos preferidos. Daí o apelo da venda por catálogo a preços baixos.

Queríamos que a loja da Virgin Records fosse uma extensão da *Student*, um lugar onde as pessoas pudessem se reunir e ouvir discos juntas, onde não fossem simplesmente incitadas a entrar, comprar o disco e ir embora. Queríamos que elas ficassem mais tempo, conversassem com a equipe e se inteirassem de verdade pelos discos que comprariam.

As pessoas levavam a música muito mais a sério do que muitas outras coisas na vida. É parte de como se definem, como os carros que dirigem, os filmes a que assistem e as roupas que vestem. Adolescentes passam mais tempo ouvindo música, falando das bandas preferidas e escolhendo discos do que quase qualquer outra coisa.

A primeira loja de discos da Virgin tinha que incorporar todos esses aspectos de como a música se encaixava na vida das pessoas. Ao explorar como fazer isso, acho que criamos o conceito do que depois viria a ser a Virgin. Queríamos que a loja da Virgin Records fosse um lugar agradável numa época em que compradores de discos recebiam pouquíssima atenção. Queríamos nos relacionar com os clientes, não menosprezá-los, e queríamos ser mais baratos que as outras lojas. Conseguir tudo isso era uma tarefa desafiadora, mas esperávamos que o dinheiro extra usado para criar a atmosfera, e os lucros de que abrimos mão para vender mais barato, fossem mais do que compensados quando as pessoas comprassem mais discos.

Nik e eu passamos uma manhã contando as pessoas que iam e vinham pela Oxford Street em comparação com as pessoas que passavam pela Kensington High Street. Acabamos decidindo que a extremidade mais barata da Oxford Street seria o melhor lugar. Sabíamos que não poderíamos depender de as pessoas saberem da existência da loja da Virgin Records e irem até lá para comprar um disco, por isso tínhamos que conseguir atrair quem passasse pela rua para comprar por impulso. No exato ponto em que contamos a maior quantidade de pessoas andando pela rua, começamos a procurar uma propriedade vaga. Vimos uma loja de sapatos com uma escada que levava para o que parecia ser uma sobreloja vazia, então subimos para ver como era.

– O que estão fazendo? – perguntou uma voz lá embaixo.

– Queremos montar uma loja – respondemos.

– Que tipo de loja?

Nik e eu descemos as escadas e encontramos o dono da loja bloqueando a passagem.

– Uma loja de discos.

O dono era um grego enorme chamado sr. Alachouzos.

– Vocês nunca vão conseguir pagar o aluguel – afirmou ele.

– Não, o senhor está certo – respondi. – Não temos como pagar aluguel. Mas vamos atrair muita gente que passa pela sua vitrine, e essas pessoas todas vão comprar sapatos.

– Que tipo de sapato? – perguntou sr. Alachouzos, estreitando os olhos.

– Sandálias franciscanas estão fora de cogitação – disse Nik. – O senhor vende Doc Martens?

Concordamos que a montagem da loja de discos ficaria por nossa conta e que ocuparíamos o lugar sem pagar aluguel até que aparecesse alguém interessado no ponto. Era, afinal de contas, só um espaço vazio. Em cinco dias montamos prateleiras, espalhamos pilhas de almofadas pelo chão, carregamos um par de sofás velhos escada acima e instalamos uma caixa registradora. A primeira loja da Virgin Records estava pronta para abrir.

No dia anterior à inauguração, distribuímos centenas de panfletos pela Oxford Street oferecendo discos com desconto. No primeiro dia, uma segunda-feira, havia uma fila de mais de cem metros no lado de fora. Eu estava no caixa quando os clientes começaram a entrar. O primeiro cliente comprou um disco do Tangerine Dream, banda alemã que já tínhamos percebido que vendia muito bem por catálogo.

– Sujeito engraçado, aquele lá embaixo – comentou. – Ficou tentando me vender um par de Doc Martens enquanto eu esperava na fila.

No fim do dia, levei o dinheiro para o banco. Encontrei o sr. Alachouzos zanzando do lado de fora da loja.

– Como estão os negócios? – perguntei, tentando fazer parecer que a pesada sacola de dinheiro que estava segurando era leve.

Ele olhou para mim, depois para sua vitrine, que ainda exibia uma pilha alta de Doc Martens não vendidos.

– Bem – respondeu com firmeza. – Melhor, impossível.

Durante 1971, Nik tocava a loja de discos da Oxford Street, Debbie tocava o Student Advisory Centre em Piccadilly, e eu em geral procurava fazer o que podia para expandir. Estávamos no processo de transição das ideias da *Student* para as da Virgin e, no devido tempo, rebatizamos o Student Advisory Centre como uma nova instituição chamada HELP! Ela continua a operar até hoje, agora com o nome de Virgin Unite, realizando uma ampla variedade de atividades filantrópicas.

Eu sabia muito pouco da indústria fonográfica, mas, pelo que via na loja de discos, percebia que era um negócio maravilhosamente informal, sem regras rígidas. Tinha potencial ilimitado de crescimento: uma banda podia subitamente arrebatar a nação e ser um enorme sucesso, como o repentino furor por The Bay City Rollers, Culture Club, Spice Girls ou a série *Busted*. A indústria musical é uma estranha combinação de patrimônios reais e intangíveis: bandas pop são marcas por si e, em determinado estágio da carreira, o nome da banda pode, sozinho, praticamente garantir discos de sucesso. Porém, também é uma indústria na qual algumas poucas bandas de sucesso são muito, muito ricas, e o restante continua na obscuridade e na pobreza. A indústria do rock é o exemplo máximo do tipo mais implacável de capitalismo.

Como varejista, a Virgin era imune ao sucesso ou fracasso de uma banda específica enquanto houvesse bandas cujos discos as pessoas ainda estivessem dispostas a comprar. No entanto, estávamos restritos a viver da nossa margem de varejo, que era pequena, e eu via que o verdadeiro potencial para ganhar dinheiro na indústria musical estava nas gravadoras.

Nik e eu nos concentrávamos, por ora, em construir uma imagem para nossa loja. Continuamos a trabalhar em diferentes ideias para que nossos clientes se sentissem tão à vontade quanto possível. Oferecíamos fones de ouvido, sofás e pufes para se sentarem, cópias grátis da *New Musical Express* e da *Melody Maker* para lerem, café grátis para beberem. Permitíamos que ficassem tanto tempo quanto quisessem e fazíamos com que sentissem em casa.

O boca a boca começou a funcionar, e logo as pessoas começaram a preferir comprar discos de nós, não das grandes cadeias. Era como se achassem que o mesmo álbum de Thin Lizzy ou de Bob Dylan de algum modo tivesse mais valor se comprado na Virgin do que na Boots. Eu sentia um orgulho enorme sempre que via pessoas levando sacolas da Virgin pela Oxford Street. Nossa equipe começou a contar que as mesmas pessoas voltavam a cada poucas semanas. Com uma base de clientes fiéis, a reputação da Virgin começou a crescer.

Dizia-se que na outra ponta do espectro da indústria musical – os estúdios de gravação – as condições eram extremamente formais. As bandas precisavam chegar na hora marcada, trazer os próprios equipamentos e montar tudo, depois sair de acordo com o cronograma combinado, levando consigo todos os equipamentos. Como os estúdios estavam sempre com a agenda cheia, era comum as bandas precisarem gravar logo depois do café da manhã. A ideia de os Rolling Stones precisarem gravar "Brown Sugar" logo depois de comer uma tigela de cereal me parecia ridícula. Eu imaginava que o melhor ambiente para se gravar um disco seria uma casa grande e confortável no campo, onde a banda se hospedaria por algumas semanas e gravaria quando tivesse vontade, provavelmente à noite. Assim, em 1971, comecei a procurar uma casa de campo que pudesse ser convertida em estúdio de gravação.

Em uma edição da *Country Life* eu vi um castelo de contos de fadas à venda em Gales por apenas duas mil libras. Parecia uma pechincha. Dirigi até lá com Tom Newman, um dos primeiros recrutas da Virgin Mail Order. Ele era cantor e já tinha lançado um par de discos, mas estava mais interessado em montar um estúdio de gravação. Quando chegamos ao castelo, percebemos que os vendedores tinham, por algum motivo inexplicável, esquecido de mencionar que esse castelo na verdade ficava no meio de um conjunto habitacional.

Cansados e decepcionados, Tom e eu demos meia-volta e começamos a viagem de cinco horas de volta a Londres. Folheando a *Country Life* no caminho para casa, vi um anúncio de outra propriedade, uma antiga mansão em Shipton-on-Cherwell, uns oito quilômetros ao norte de Oxford. Saímos da estrada, seguimos as placas para Shipton-on-Cherwell, dirigimos pelo vilarejo e depois pegamos a rua sem saída onde ficava a mansão. Os portões estavam trancados, mas Tom e eu escalamos o muro e nos vimos no terreno de uma linda mansão do século 17 construída em pedra Cotswold amarela que brilhava ao sol do fim de tarde. Caminhamos ao redor da casa e ambos percebemos que seria perfeita.

Quando ligamos para o corretor, na manhã seguinte, descobrimos que a mansão estava no mercado há bastante tempo. Tinha mais de quinze quartos, o que a tornava grande demais para uma família, mas pequena demais para ser convertida em hotel. Estavam pedindo 35 mil libras, mas ele concordou com trinta mil para fechar logo a venda. Fui até o Coutts, desta vez usando terno e sapatos pretos, e pedi um empréstimo. Mostrei-lhes os valores das vendas que a Virgin Mail Order e a loja da Oxford Street estavam conseguindo. Não sei o quanto ficaram impressionados com aqueles números, mas me ofereceram um financiamento de vinte mil. Alguns anos depois, uma pessoa do Coutts me contou que, sempre que eu chegava parecendo remotamente elegante, eles sabiam que eu estava em apuros.

O empréstimo do Coutts foi uma mudança radical para mim: era a primeira vez que um banco me confiava uma dívida enorme, e eu podia ver que estava quase em posição de comprar a Manor. Embora eu mesmo não tivesse dinheiro, meus pais tinham guardado duas mil e quinhentas libras para quando Lindi, Vanessa e eu completássemos trinta anos. Perguntei se eu poderia sacar a minha parte antecipadamente e usá-la para comprar a Manor. Os dois concordaram, embora houvesse o risco de, se o estúdio de gravação falisse, o banco vender a Manor à minha revelia por um preço mínimo e o dinheiro se perder. Ainda faltavam sete mil e quinhentas libras.

Estávamos conversando sobre a Manor num almoço de domingo em Shamley Green quando meu pai sugeriu que eu fosse ver tia Joyce. Ela não tinha filhos e sempre gostou muito de nós. Depois que seu noivo morrera na guerra, ela nunca mais se apaixonou. Morava em Hampshire, e eu dirigi até lá naquela mesma tarde. Ela sempre foi muito direta e muito generosa, e tinha planejado tudo.

– Ricky, ouvi falar dessa mansão – disse. – E suponho que o Coutts tenha lhe emprestado algum dinheiro.

– Sim.

– Mas não o suficiente.

– Não.

– Bom, vou entrar com o restante. Quero os mesmos juros que o Coutts – declarou. – Mas você pode adiar o meu pagamento até ter o dinheiro.

Eu sabia que tia Joyce estava sendo extraordinariamente gentil comigo e já devia ter aceitado que nunca mais veria o dinheiro. O que eu não sabia era que ela tinha refinanciado a casa para levantar as sete mil e quinhentas libras para mim e estava pagando juros sobre esse valor. Quando comecei a agradecer, ela me interrompeu.

– Escute, eu não emprestaria o dinheiro se não quisesses. Para que serve o dinheiro, afinal? Para fazer as coisas acontecerem. E eu tenho certeza de que você vai fazer as coisas acontecerem com esse estúdio de gravação, da mesma maneira que ganhou aqueles dez xelins de mim quando aprendeu a nadar.

Prometi a mim mesmo que, independentemente do que acontecesse, eu devolveria aquele dinheiro a ela, e com juros.

Eu só tinha falado com o corretor por telefone, mas, depois que o dinheiro foi transferido e eu comprei a Manor, fui buscar a chave. Entrei no escritório dele.

– Posso ajudá-lo? – perguntou, sem dúvida querendo saber o que um pé-rapado como eu poderia querer no escritório de um elegante corretor de imóveis.

– Vim buscar a chave da Manor – respondi. – Sou Richard Branson.

Ele parecia atônito.

– Sim, senhor Branson. – Ele pegou uma grande chave de ferro. – Aqui está. A chave da Manor. Assine aqui, por favor.

E, com um floreio no documento dele, peguei a chave e saí para tomar posse da Manor.

Tom Newman, junto com seu amigo Phil Newell, imediatamente começaram a converter o anexo da Manor em um estúdio de gravação. Ele queria instalar uma máquina de fita Ampex de dezesseis trilhas de última geração, junto com o melhor de tudo mais em que conseguisse pensar: uma mesa de doze canais, monitoramento quadrafônico, instalações de eco e faseamento e um piano de cauda. Queríamos garantir que tudo fosse tão bom quanto no melhor estúdio de Londres. A Manor gradualmente tomava forma. Todo fim de semana eu ia até lá com Nik; dormíamos no chão e nos ocupávamos derrubando as divisórias instaladas nas lareiras, arrancando o linóleo para revelar as lajotas originais e pintando as paredes. Lindi também vinha ajudar, assim como a maioria das pessoas envolvidas com a Virgin Records. Mamãe chegou um dia com um relógio de pêndulo que tinha acabado de comprar em Phillips.

– Você vai precisar disto – disse.

Colocamos o relógio na entrada e guardamos nosso dinheiro dentro dele. Hoje está na sala de espera da Virgin Upper Class em Heathrow, mas sem dinheiro nenhum.

Quando o contrato de locação da Albion Street venceu, eu me mudei para a casa de uns amigos perto de Notting Hill por uns tempos, e continuamos a trabalhar na cripta. Logo éramos muitos para continuar na cripta, e encontramos um antigo depósito na South Wharf Road, perto da estação de Paddington, que se tornou a base da Virgin Mail Order.

Um dia, me peguei dirigindo sob a Westway indo para Maida Vale. Atravessando uma ponte arqueada, vi uma série de casas flutuantes atracadas ao longo do canal. Com a água, as fileiras de árvores, os barcos pintados em tons vivos de vermelho e azul com vasos de flores no telhado e diversos patos e cisnes rondando por ali, parecia que de repente eu tinha me transportado para o campo.

Como eu tinha crescido correndo livre no interior, não gostava muito de morar em Londres. Costumava sentir que nunca via o sol nem respirava ar fresco. Desde nossas férias de verão em Salcombe, eu sempre adorei a água e o cheiro dos barcos: óleo, piche e cordas. Dirigi até o escritório do conselho local. Disseram para eu ir até a companhia de águas, que era responsável pela alocação de casas flutuantes. Avisaram, porém, que a lista de espera era grande. Se eu me inscrevesse agora, talvez conseguisse uma em mais ou menos cinco anos. Não me dei ao trabalho de me inscrever, mas voltei para Little Venice, esperando encontrar alguém em uma casa flutuante que me dissesse como alugar uma. Tinha certeza de que havia algum jeito de burlar o sistema.

Quando eu estava na Blomfield Road, perto do canal, meu carro quebrou. Não era raro isso acontecer. Saí e olhei para o capô, em desespero.

– Quer uma mão com isso? – gritou alguém com sotaque irlandês.

Eu me virei e vi um velho, no alto de uma casa flutuante, mexendo na chaminé do aquecimento.

– Vai ficar tudo certo – respondi, indo na direção dele. – Eu queria mesmo era uma mão para saber como morar em um desses barcos.

Brendan Fowley se endireitou.

– Ora, bem – disse ele. – Tem uma coisa.

Pegou um cachimbo e o acendeu, obviamente satisfeito por ter uma desculpa para interromper o trabalho.

– Você deve ir até aquele barco ali – disse. – Eu o vendi para alguém, e a moça acabou de se mudar. Não sei, mas o barco tem dois quartos, ela pode estar procurando um inquilino. Você vai ter que passar por um portãozinho de madeira e ir pelo cais. É o último barco antes da ponte. O nome é *Alberta*.

Caminhei pela rua, abri o portão torto de madeira e andei pelo cais estreito. No último barco, espiei por uma vigia redonda e vi uma moça de cabelo claro inclinada na cozinha.

– Olá – exclamei. – Você deve ser *Alberta*.

– Não seja bobo – respondeu ela, virando. – Esse é o nome do barco. Meu nome é Mundy.

– Posso entrar? Meu carro acabou de quebrar e eu estou procurando um lugar para morar.

Mundy era linda. Não só era linda como tinha acabado de levar uma cama a bordo. Nós nos sentamos para almoçar e, antes que percebêssemos, estávamos na cama fazendo amor. O nome dela era Mundy Ellis e eu passei aquela noite com ela, e trouxe minha mala a bordo na manhã seguinte. Ela tinha um labrador chamado Friday, então Mundy e Friday dominaram a minha semana. Tivemos o mais romântico dos casos no *Alberta*, jantando no terraço nas noites de verão, observando os patos e os outros barcos deslizarem para cima e para baixo no canal.

Mundy e eu moramos juntos por quase um ano. Ela me ajudou com o Student Advisory Centre, depois com a Manor. Naquela época, quase todo mundo usava drogas, e logo Mundy já tinha viajado com LSD na Manor com Tom Newman. Ela trouxe um pouco para Londres para que eu pudesse experimentar, e uma noite nós e dois outros amigos, Rob e Caroline Gold, nos acomodamos no *Alberta* para usar. Rob decidiu que não tomaria nada, para o caso de dar algo errado. Eu vivia pela máxima perigosa (e às vezes bem imprudente) de que estava preparado para experimentar de tudo uma vez, então peguei o quadradinho de papel. Depois de um tempo, minha mente começou a acelerar. De início, estava tudo bem. Estávamos ouvindo música e saímos para ver o céu noturno. No entanto, quando entramos novamente, tudo começou a dar errado: minha visão começou a inclinar e Mundy se aproximava e se afastava parecendo uma minúscula criança de oito anos. Eu olhava para os outros sorrindo e conversando e rindo. Mas, sempre que eu olhava para Mundy, tudo que eu via era uma criatura encarquilhada parecida com o assassino nanico de casaco vermelho do filme *Inverno de sangue em Veneza*.

Odeio estar fora de controle, e não tinha ideia do que fazer. Embora quase todos na *Student* e depois na Virgin tomassem um monte de drogas, eu nunca os acompanhava. Prefiro aproveitar bem e manter o raciocínio rápido. Sei que preciso acordar cedo no dia seguinte, por isso raramente pude ficar chapado na noite anterior. Completamente desacostumado com esse tipo de coisa e com o LSD bombando dentro de mim, eu não conseguia pensar direito. Por fim, voltei para fora e me deitei olhando para o céu. Mundy saiu e me levou para a cama. Quando começamos a fazer amor, mantive os olhos bem fechados, com medo do que veria se os abrisse.

Quando acabou o efeito do LSD, ficou claro que o meu relacionamento com Mundy também tinha acabado. Mesmo não se parecendo mais com um anão assassino na manhã seguinte, eu nunca mais consegui olhar para ela da mesma maneira. Pouco tempo depois, Mundy se mudou do *Alberta* e foi morar na Manor com Tom Newman.

A LIÇÃO APRENDIDA

No início de 1971, a Virgin Mail Order atraía mais e mais clientes. E embora a empresa estivesse crescendo, estávamos perdendo dinheiro. Oferecíamos grandes descontos em todos os discos e, depois de pagar as contas de telefone para fazer os pedidos, a postagem, os funcionários e as lojas, já estávamos sem caixa. Às vezes os clientes diziam que não tinham recebido os discos, então tínhamos que mandar uma segunda cópia, e muitas vezes uma terceira, uma quarta... Resumindo, o dinheiro se esvaía pouco a pouco, e logo estávamos 15 mil libras no vermelho.

No segundo trimestre, recebi um pedido enorme da Bélgica. Fui até as gravadoras que distribuíam aqueles discos e comprei os álbuns sem pagar o imposto devido sobre os discos vendidos no Reino Unido. Pedi uma van emprestada e fui até Dover para pegar a balsa para a França e depois dirigir até a Bélgica. A papelada foi carimbada em Dover para confirmar que tantos discos haviam sido exportados. Quando cheguei em Calais, me pediram um outro documento, um carnê que atestava que eu não ia vender os produtos na França a caminho da Bélgica. As autoridades britânica e francesa cobravam impostos sobre a compra dos discos, enquanto a belga não cobrava nada, então os discos na minha van deveriam, na verdade, ser retidos pela alfândega. Eu não tinha aquele carnê, e a contragosto fui forçado a pegar a balsa de volta para Dover com os discos ainda na van.

Enquanto voltava para Londres, porém, me ocorreu que estava agora transportando um lote inteiro de discos que, para todos os efeitos, haviam sido exportados; eu tinha até os carimbos da aduana para provar. Ninguém sabia que a alfândega francesa não tinha permitido a minha entrada no país. Eu tinha comprado esses discos sem impostos, portanto, poderia vendê-los pelo correio ou na loja da Virgin e lucrar cinco mil libras a mais do que pelas vias legais. Duas ou três outras viagens dessas e ficaríamos no azul.

Além da dívida de 15 mil libras da Virgin Records, eu tinha assumido o financiamento de 20 mil libras da Manor e o custo da conversão do anexo no The Manor Studio. Parecia a saída perfeita. Era um plano criminoso, e eu estava infringindo a lei. Mas eu sempre me safava ao infringir a lei antes. Naquela época, achava que não estava fazendo nada errado e, mesmo se estivesse, não seria pego. Eu ainda não tinha completado 21 anos e, de algum modo, as regras normais do dia a dia não pareciam se aplicar. Para completar toda essa exuberância, eu estava prestes me apaixonar perdidamente por uma linda moça americana chamada Kristen Tomassi.

Um dia, na Manor, eu estava procurando pela nossa cachorra Bootleg. Não a encontrava em lugar nenhum, então fui para o andar de cima, gritando o nome dela por um dos corredores e abrindo a porta de todos os quartos. Escancarei a porta de um quartinho minúsculo e me deparei com uma moça alta e encantadora se trocando. Ela não só era consideravelmente mais atraente do que Bootleg, com uma expressão inquisidora e maliciosa, como estava sozinha, vestindo apenas uma calça jeans justa e um sutiã preto.

– Você já está ótima assim – comentei. – Eu não me preocuparia em vestir mais roupa nenhuma.

– O que você está gritando sobre bootlegs? O que estão pirateando?

– Bootleg é a minha cachorra. Uma lébrel irlandesa.

Infelizmente, Kristen vestiu uma camisa, mas consegui engatar conversa com ela por quase uma hora antes de alguém me chamar aos gritos. Ela tinha vindo para a Inglaterra em férias e conheceu um músico que estava gravando um acompanhamento na Manor. Ela viera a tiracolo.

Voltamos para Londres em carros separados: Kristen com o namorado músico, eu, sozinho. Enquanto a seguia pela estrada, eu me perguntava se a veria de novo. Segui-os por todo o caminho até Londres, e por fim decidi escrever um bilhete para ela. Enquanto dirigia, rabisquei um bilhete num pedaço de papel pedindo que me ligasse às sete horas. Esperei chegarmos aos semáforos, em Acton, saltei do meu carro e corri até o deles. Bati na janela de Kristen, e ela a abriu.

– Eu só queria me despedir – justifiquei, me inclinando para lhe dar um beijo no rosto. – Boa viagem de volta para os Estados Unidos.

Enquanto falava, eu discretamente enfiei a mão para dentro do carro e coloquei o bilhete na mão esquerda dela. Quando os dedos de Kristen envolveram os meus, soltei o bilhete. Sorri para o namorado.

– Espero que tenha dado tudo certo com a gravação.

Voltei para o meu carro e fui até o *Alberta*.

Sentei-me ao lado do telefone, sem ligar para ninguém, o que não era do meu feitio, até sete horas. Então o telefone tocou. Era Kristen.

– Estou ligando de um telefone público. Não quero que John ouça.

– Você pode sair da cabine e pegar um táxi? – pedi. – Venha me encontrar. Moro num barco chamado *Alberta*. Peça para o taxista levá-la para Blomfield Road, em Little Venice. Tem uma portinha na cerca que leva ao cais.

Houve uma pausa calculada.

– Parece coisa de *Alice no País das Maravilhas* – comentou ela. – Vejo você em dez minutos.

E, com isso, Kristen veio e eu comecei meu segundo romance-relâmpago no *Alberta*.

Na manhã seguinte, eu deveria fazer o que esperava ser a última viagem para Dover fazendo de conta que exportava discos. Até aquele momento eu já tinha feito três viagens e lucrado 12 mil libras. Essa última viagem renderia o suficiente para pagar nossas dívidas, então eu poderia parar com o esquema e me concentrar nos negócios. Impossível saber se teríamos mesmo parado, porque conseguir dinheiro fácil é viciante, mas era essa a nossa intenção. Naquela manhã, mais uma vez enchi a van de discos e parti para Dover. Dessa vez eu fui mais desleixado do que o normal e, depois que carimbaram a papelada, nem me dei ao trabalho de pegar a balsa. Simplesmente entrei no carro, dei meia-volta na doca e peguei o caminho para Londres. Estava ansioso para voltar para o *Alberta* e confirmar que Kristen ainda estava lá. Em Little Venice, caminhei pelo cais até o barco. Era a última semana de maio de 1971, e as macieiras ao longo do caminho estavam todas floridas.

Kristen tinha ido embora. Em pânico, liguei para ela no apartamento do namorado e fingi um sotaque americano quando ele atendeu.

– Gostaria de falar com a senhorita Kristen Tomassi. Aqui é da American Airlines.

– Vou chamá-la.

– Kristen – disse, contrariado –, é o Richard. Faça de conta que está falando com um agente de viagens. E me ligue assim que puder. Use um telefone público.

– Muito obrigada, vou fazer isso – respondeu Kristen, depois desligou.

Quinze minutos depois, o telefone tocou. Era Kristen.

– Espere só um segundo – pedi.

– OK, Eddy – disse eu, cobrindo o bocal com a mão. – Hora de ir.

Eddy era o motorista da Virgin que pegava todas as nossas encomendas de discos. Ele saiu para o apartamento do namorado de Kristen.

– Kristen, qual é o número do telefone aí? – pedi. – Isso deve demorar um pouco.

Liguei de volta e tivemos uma longa conversa sobre o que estávamos fazendo. Puxei todos os fios de raciocínio que consegui. Vinte minutos depois, Eddy voltou do apartamento. Estava com todas as roupas de Kristen em uma mala. Ele disse para o namorado de Kristen que ela estava se mudando para minha casa.

– Kristen – eu disse –, é melhor vir para cá. Tenho uma coisa para te mostrar. Algo que pertence a você.

Eu me recusei a revelar o que era. Com a curiosidade atiçada, Kristen veio até o *Alberta*. Estava decidida a me dizer adeus e voltar para os Estados Unidos.

Quando ela chegou, ergui sua mala. Ela tentou tirá-la de mim, mas eu a abri e espalhei as roupas pelo barco. Depois peguei Kristen no colo e a levei para o quarto.

Enquanto passávamos o resto do dia na cama, fiscais do Departamento de Aduana e Receita planejavam uma batida na Virgin. Nunca havia me ocorrido que não era a única pessoa a pensar nesse esquema de sonegação fiscal. Lojas de discos muito maiores estavam fazendo isso, e eram muito mais sofisticadas do que eu. Eu estava simplesmente colocando os discos que deveriam ser exportados na nossa loja da Virgin Records na Oxford Street e abastecendo a nova loja em Liverpool, que devia ser inaugurada na semana seguinte. Os grandes operadores estavam distribuindo os discos ilegalmente "exportados" deles pelo país todo.

O telefone tocou perto da meia-noite. O homem do outro lado da linha se recusou a dizer seu nome, mas o que tinha a dizer era aterrorizante. Ele me alertou de que as minhas viagens fajutas ao continente não tinham passado despercebidas e que eu estava prestes a ser fiscalizado pela Aduana e Receita. Disse que, se eu comprasse uma lâmpada ultravioleta numa farmácia e iluminasse os discos que havia comprado da EMI, perceberia um "E" carimbado no vinil de todos os que deveriam ter sido exportados para a Bélgica. Ele me disse que a fiscalização chegaria de manhã cedinho no dia seguinte. Quando agradeci o aviso, ele disse que estava me ajudando porque uma vez eu tinha ficado até tarde conversando com um amigo dele, suicida, que ligara para o Student Advisory Centre. Suspeitei que meu interlocutor fosse um fiscal da alfândega.

Liguei para Nik e para Tony e corri para comprar duas lâmpadas ultravioletas em uma farmácia em Westbourne Grove que ficava aberta até tarde. Nós nos encontramos em South Wharf Road e começamos a tirar os discos das capas. Revelou-se a apavorante verdade: um "E" brilhante em todos os discos que havíamos comprado da EMI para exportar. Começamos a correr para dentro e para fora do depósito carregando pilhas de discos para a van. Contudo, cometemos um erro terrível: supusemos que os fiscais iriam só para o depósito da South Wharf. Assim, levamos todos os discos para a loja da Oxford Street e os colocamos nas prateleiras para serem vendidos. Não fazíamos ideia de que os fiscais da Aduana e Receita tinham poderes de busca e apreensão maiores do que os da polícia. Minha atitude foi parecida com a de quando os inspetores apareciam em Albion

Street: era tudo só um grande jogo, e eu não conseguia levá-lo a sério. Nas primeiras horas da manhã, já tínhamos levado todos os discos marcados com "E" para a loja da Oxford Street e os substituídos por alguns discos legítimos no estoque do depósito.

Kristen e eu saímos cedo do *Alberta* na manhã seguinte e caminhamos para South Wharf Road ao longo do Grand Union Canal. Eu me perguntava quando começaria a fiscalização. Cruzamos a ponte para pedestres ao lado do St Mary's Hospital e seguimos pelo caminho. Enquanto passávamos pelo hospital, ouvimos um grito acima de nós. Um corpo caiu do céu e atingiu as grades ao nosso lado. Vislumbrei a barba grisalha por fazer do velho quando ele atingiu o gradil. Foi horrível. O corpo pareceu explodir e uma quantidade enorme de entranhas caiu no chão ou ficou pendurada em anéis vermelhos e brancos pingando da grade. Ele usava apenas o avental branco do hospital, que logo começou a se encharcar de sangue. Kristen e eu estávamos em choque, não conseguimos fazer nada além de parar e olhar. Ele claramente morreu no impacto. O pescoço pendia do corpo, as costas pareciam partidas ao meio. Enquanto encarávamos o cadáver, uma enfermeira saiu correndo pela porta lateral. Não havia nada que ela pudesse fazer. Outra pessoa chegou correndo com um lençol branco e cobriu o corpo e os órgãos na rua. Kristen e eu ficamos ali, envoltos pelo silêncio, até tomarmos consciência dos ruídos do dia a dia: trânsito, buzinas, pássaros cantando.

– Vocês estão bem? – Quis saber a enfermeira. – Querem uma xícara de chá?

Negamos com a cabeça e saímos andando, profundamente abalados. Foi outra reviravolta surreal no início do nosso relacionamento. Dois dias antes tínhamos nos conhecido, e eu lhe entreguei um bilhete clandestino. Tivemos uma noite fabulosa juntos no barco. Depois fui até Dover e voltei, e providenciei o roubo da mala dela. Passei a noite anterior inteira ocupado com os discos. Agora alguém tinha se matado bem na nossa frente. Como eu, acho que Kristen simplesmente pausou sua descrença no que estava acontecendo. Estávamos inundados de adrenalina e espanto.

No depósito da South Wharf Road, destrancamos as portas e subimos as escadas. Mas, antes que chegássemos ao meu escritório, ouvi uma batida na porta. Quando abri, vi sete ou oito homens em casacos impermeáveis marrons.

– Você é Richard Branson? – perguntaram. – Somos do Departamento de Aduana e Receita e temos um mandado para inspecionar seu estoque.

Aqueles homens eram bem diferentes dos dois contadores desmazelados que eu estava esperando. Eram homens enormes, fortes e muito ameaçadores. Parte da minha confiança evaporou conforme eu os levava até o depósito.

– Você foi para a Bélgica ontem – disse um deles. – Não tinha como voltar tão rápido.

Tentei fazer piada enquanto os observava começarem a verificar todos os discos com a lâmpada ultravioleta. Eles começaram a ficar preocupados quando não acharam nenhum disco marcado. Eu estava apreciando a confusão deles, tentando esconder minha esperança de conseguirmos nos livrar. Começamos a ajudar a verificar todos os discos, tirando-os da capa, entregando para os fiscais e depois recolocando-os nas prateleiras.

O que eu não percebi até ser tarde demais é que eles estavam fiscalizando as lojas da Oxford Street e de Liverpool ao mesmo tempo – e encontrando centenas de discos marcados.

– Tudo bem. – Um dos fiscais desligou o telefone. – Encontramos os discos. É melhor vir comigo. Estou detendo você. Venha até Dover conosco para prestar depoimento.

Eu não acreditava naquilo. Sempre pensei que só criminosos eram presos; não tinha me ocorrido que eu havia me tornado um. Eu estava roubando dinheiro da Aduana e Receita. Não era o caso de alguma brincadeira para levar vantagem sobre a Aduana e Receita e sair ileso: eu era culpado.

Em Dover, fui autuado de acordo com o inciso 301 da lei de Aduana e Receita de 1952: "Que em 28 de maio de 1971, na Doca Leste, em Dover, você fez entregar a um oficial um manifesto de carga, sendo um documento entregue para fins de determinado negócio, especificamente com a Aduana, que não era verídico em um detalhe específico, de modo que supostamente demonstrava a exportação de dez mil discos para fonógrafo...".

E por aí vai. Passei aquela noite em uma cela deitado em um colchão plástico preto sem lençol e com um cobertor velho. A primeira parte da previsão do meu diretor em Stowe tinha se tornado realidade: eu estava preso.

Aquela noite foi uma das melhores coisas que já me aconteceu. Deitado na cela, encarando o teto, senti a claustrofobia tomar conta de mim. Nunca gostei de ter que prestar contas para alguém nem de não ter controle sobre meu próprio destino. Sempre gostei de quebrar as regras, fossem as regras da escola ou as convenções sociais, como um adolescente de dezessete anos não poder editar uma revista de circulação nacional. Aos vinte anos, eu tinha vivido sempre nos meus próprios termos, seguindo meus próprios instintos. Mas estar preso significava que toda essa liberdade tinha sido tomada de mim.

Eu estava trancado em uma cela, dependendo de outra pessoa para abrir a porta. Jurei para mim mesmo que nunca mais faria nada que pudesse me fazer ser preso, nem nenhum tipo de negócio que pudesse algum dia me causar constrangimento.

Nos diversos mundos comerciais que já habitei desde aquela noite na prisão, houve vezes em que eu poderia ter sucumbido a alguma forma de propina ou ter feito as coisas do meu jeito oferecendo uma. Mas nunca, desde aquela noite na cadeia de Dover, fiquei tentado a quebrar meu juramento. Meus pais sempre martelaram na minha cabeça que tudo que se tem na vida é a reputação: você pode ser muito rico, mas, se perder o bom nome, nunca vai ser feliz. Sempre vai existir aquele pensamento, lá no fundo, de que as pessoas não confiam em você. Nunca eu tinha pensado para valer no que significava um bom nome, mas aquela noite preso me fez entender.

Na manhã seguinte, mamãe chegou para me encontrar no tribunal. Precisei pedir assistência jurídica, uma vez que não tinha dinheiro para pagar um advogado. O juiz me disse que, se eu pedisse assistência jurídica, teria que continuar preso, considerando que obviamente não tinha dinheiro para a fiança. Se eu quisesse ser liberado, teria que pagar uma fiança de 30 mil libras. A Virgin não tinha dinheiro que eu pudesse usar como caução. Trinta mil era o preço da Manor, mas usar a mansão como garantia não era uma opção porque a propriedade era financiada. Eu tinha uma montanha de dívidas e nada de dinheiro.

Mamãe disse ao juiz que daria a Tanyards, sua casa, como garantia. Fiquei aturdido com a confiança que ela demonstrou em mim. Nós nos fitamos à distância e começamos a chorar. A confiança que a minha família tinha em mim precisava ser recompensada.

– Você não precisa se desculpar, Ricky – disse mamãe enquanto tomávamos o trem de volta para Londres. – Sei que você aprendeu a lição. Não chore pelo leite derramado. Agora precisamos encarar esse problema.

Durante o verão, eu confrontei o problema com muito menos vergonha do que aconteceria se meus pais tivessem aumentado o fardo. Fiquei de cabeça fria; estava arrependido, não faria aquilo de novo, e negociei um acordo extrajudicial com o departamento de Aduana e Receita. O fisco do Reino Unido está mais interessado em tirar dinheiro das pessoas do que gastar com processos caros.

Em 18 de agosto de 1971, eu concordei em pagar 15 mil libras de entrada, mais 45 mil libras em três parcelas ao longo dos três anos seguintes. O total calculado era três vezes o lucro ilegal que a Virgin tivera com a sonegação do imposto. Se pagasse o valor combinado, eu evitaria um registro criminal. Mas, se não pagasse, seria preso novamente e julgado.

Depois daquela noite na cadeia e das posteriores negociações com o departamento de Aduana e Receita, eu precisei trabalhar em dobro para fazer da Virgin um sucesso. Nik e Tony Mellor, junto com meu primo sul-

-africano Simon Draper e com Chris Stylianou, que tinham acabado de chegar na Virgin, resolveram me ajudar a ficar longe da prisão. Eles sabiam que poderia ter acontecido com eles e estavam gratos por eu ter assumido a culpa: estávamos todos no mesmo barco, e isso nos uniu ainda mais. Em uma tentativa desesperada de ganhar dinheiro para pagar o acordo, Nik começou a abrir lojas da Virgin Records por todo o país, Simon começou a falar em abrir uma gravadora, e Chris começou a exportar discos para valer. Incentivos chegam em todas as formas e tamanhos, em geral variando de um tapinha nas costas a opções de ações, mas evitar a cadeia foi o incentivo mais convincente que já recebi.

Como não havia muito mais como crescer no ramo de vendas por catálogo, nós nos concentramos em expandir as lojas de discos. Os dois anos seguintes foram um curso intensivo de como gerenciar dinheiro. Deixamos de ser uma empresa completamente relaxada, administrada com os trocados da lata de biscoito e com uma série de promissórias não pagas, e adquirimos um foco obsessivo. Usávamos cada centavo do dinheiro gerado pelas lojas para abrir outra loja, que por sua vez gerava mais uma libra para pagar minha dívida com a Aduana e Receita.

Por fim, consegui pagar tudo e livrar mamãe da caução com a qual se comprometera. Três anos depois, também consegui pagar as sete mil e quinhentas libras da tia Joyce com mais mil libras de juros. Se eu não tivesse conseguido pagar a Aduana e Receita, o resto da minha vida teria sido arruinado: seria improvável, para não dizer impossível, alguém com ficha criminal poder abrir uma companhia aérea, ou ser levado a sério como candidato para administrar a loteria nacional.

Sabíamos que tínhamos que vender mais discos pelas lojas, por catálogo e por exportação, atrair artistas importantes como Cat Stevens ou Paul McCartney para vir gravar na Manor, e montar uma gravadora. O que não sabíamos era que, mesmo que tivéssemos começado a fazer isso, nossa primeira fortuna estava silenciosamente seguindo o caminho de cascalho até a Manor na forma de outra van. Dessa vez não estava carregando discos ilegais, mas trazendo de Londres um jovem compositor e sua irmã cantora de folk para acompanhar uma banda. Ele era o terceiro guitarrista reserva do musical *Hair*; ela cantava música folk em pubs. Lá no fundo, eles tinham esperança de conseguir gravar umas músicas esotéricas instrumentais quando o resto da banda não estivesse usando o estúdio. Eram Mike e Sally Oldfield.

SIMON FEZ DA VIRGIN O LUGAR DA ÚLTIMA MODA

1971 – 1972

ANTES DE A GREVE DOS CORREIOS quase nos arruinar em janeiro de 1971, alguém com a minha idade e sotaque sul-africano entrou no meu escritório da South Wharf Road e se apresentou como meu primo. Simon Draper tinha se formado na Natal University e vindo para Londres com apenas cem libras e a ideia de ficar por um tempo. Pensava em fazer uma pós--graduação, talvez como seu irmão, que conseguiu uma bolsa de estudos em Oxford, mas no meio-tempo estava à procura de um emprego.

Simon sentara-se ao lado da minha mãe numa festa de Natal da família, e ela lhe dissera para entrar em contato comigo. Depois de esgotar a hospitalidade dos dois lados da família entre Natal e Ano Novo, Simon se mudou para um apartamento em Londres e localizou a loja da Virgin Records na Oxford Street. Sandy O'Connell, a gerente, lhe disse para me procurar na South Wharf Road. Ele chegou pouco antes do almoço.

Saímos para comer alguma coisa no restaurante grego ali perto, na Praed Street. Ali, comendo almôndegas sem graça, batatas fritas e ervilhas, Simon explicou o que queria fazer. Enquanto estava na Natal University, ele também trabalhara no jornal sul-africano *Sunday Times*. Contou histórias sobre ficar sentado sábado à noite esperando a primeira edição ficar pronta, depois sair do trabalho para um clube de jazz com a primeira edição debaixo do braço. Trocávamos histórias sobre jornalismo e depois passávamos para música.

Simon era obcecado por música. Como eu tinha saído da escola tão novo e nunca tinha ido para a universidade, perdi todas as longas noites deitado ouvindo música. Sempre havia música tocando no porão da *Student*, mas eu estava ocupado demais ligando para anunciantes e negociando com gráficas para prestar atenção nela. Se eu ouvisse um disco, saberia dizer se gostava ou não, mas não conseguiria compará-lo com alguma outra banda ou reconhecer que tinha sido influenciada pelo Velvet Underground. Eu tinha a impressão de que Simon tinha ouvido todos os discos lançados por todas as bandas. Ele não só gostou casualmente do último álbum do Doors: entendeu a fundo o que estavam fazendo, como foi o desenvolvimento com relação ao álbum anterior e como esse álbum se compara com todo um catálogo de música. Simon teve o próprio programa de meia hora na rádio da universidade, e logo percebi que ele sabia mais de música do que qualquer outra pessoa que eu já tivesse conhecido.

Também falamos de política. Embora eu tivesse participado de vários protestos políticos, como a passeata contra a Guerra do Vietnã até Grosvenor Square, isso não era nada comparado com a brutalidade da política sul-africana. Simon transpirava música e política, e via a música como uma maneira de fazer protestos políticos. Um dos colegas de Simon na Natal University havia sido Steve Biko, naquele momento líder da South African Students Organisation, organização de estudantes negros do país. O tutor de Simon, marxista, foi baleado diante dos próprios filhos por milícias apoiadas pelo governo. Naquela época, o governo sul-africano não tolerava nenhum modo de dissidência política. Simon não tinha permissão para tocar nenhuma música com conotações políticas ou sexuais, como as de Jimi Hendrix ou Bob Dylan.

Quando chegamos ao cafezinho eu já tinha convencido Simon a vir trabalhar na Virgin como comprador para a loja da Virgin Records e para a lista de vendas por catálogo. Não houve nenhuma negociação inoportuna de salário, visto que todos na Virgin recebiam a mesma coisa: vinte libras por semana.

Tony Mellor tinha parado de trabalhar para a *Student* e agora compilava a lista de vendas por catálogo. Ainda estávamos tentando vender a *Student* para outra editora e, embora ela não estivesse sendo publicada há mais de um ano, Tony continuava produzindo provas impressas da próxima edição, com a qual tentávamos impressionar possíveis compradores. Ele ficou, portanto, feliz em passar as compras de discos para Simon e se concentrar na questão mais política do futuro da *Student*. Tony se limitou a dar a Simon uma regra de ouro que jamais deveria ser quebrada: "A Virgin nunca, jamais estoca Andy Williams!", e passou o primeiro baseado do dia.

– Você não precisa se preocupar – respondeu Simon. – Eu seria a última pessoa a quebrar essa regra.

E, a partir daí, Simon estava por conta própria. Eu o deixei se virar nos primeiros meses. Estava me apaixonando por Kristen e tentando impedir que ela voltasse para terminar o curso de arquitetura nos Estados Unidos. Ofereci-lhe o trabalho de reformar a Manor:

– Ah, pense bem – falei –, você não precisa estudar seis anos para se qualificar como arquiteta. É só começar a fazer!

Não precisei de muita persuasão para ela acabar concordando comigo e começar a trabalhar. Tinha talento natural e um gosto perfeito. Logo Kristen e seus longos cabelos loiros e rosto fino, quase élfico, era figurinha fácil em todos os leilões de Londres, onde dava lances em grandes peças de mobília incríveis para a Manor.

Enquanto Nik gerenciava os custos das vendas por catálogo e das lojas da Virgin Records, Simon começou a escolher quais discos comprar, definindo o catálogo das lojas e das vendas pelo correio. O gosto musical de Simon logo se tornou o elemento mais crítico do espírito da Virgin. Uma loja de discos não é apenas uma loja de discos: é um juiz do gosto. Eu não fazia ideia de quais músicas devíamos promover, mas Simon estava cheio de planos maravilhosos para trazer álbuns estrangeiros desconhecidos que não estavam disponíveis em nenhum outro lugar. Havia uma linha tênue entre o que era "da moda" e o que não era, e Simon fez da Virgin o lugar mais na moda para se frequentar. Ele começou importando discos diretamente dos Estados Unidos, mandando vir de avião para bater a concorrência. Trabalhávamos apenas com álbuns porque os singles ou eram ruins, ou davam prejuízo para poder promover os álbuns. Na década de 1970, bandas sérias como Pink Floyd, Yes ou Genesis raramente lançavam singles. Um álbum era visto como uma combinação de declaração política, arte e modo de vida. As bandas sérias não produziam música para dançar: a música delas era para ser apreciada deitado. Havia uma boa dose de discussão sobre diferentes gravações das mesmas músicas, algo que se tornava especialmente interessante quando os álbuns norte-americanos chegavam com capas diferentes das versões britânicas, às vezes até com versões diferentes das músicas. Hoje em dia, os CDs foram padronizados para serem comercializados em massa pelo mundo.

Além das importações, particularmente da Alemanha, França e Estados Unidos, e de um comércio furtivo de gravações piratas de apresentações ao vivo, também ganhamos muito dinheiro negociando discos removidos de catálogo, vendidos com desconto pela gravadora. Por causa das vendas pelo correio, recebíamos centenas de cartas por dia pedindo gravações especiais, por isso sabíamos quais desses saldos de estoque tinham alguma demanda residual, e era bem simples conseguirmos os álbuns populares bem baratos para revender.

A maioria das pessoas supõe que o sucesso de uma loja de discos está na venda de discos. Na verdade, o sucesso da Virgin, tanto nas lojas quanto na venda pelo correio, dependia da habilidade de Simon em comprar discos. Ele conseguia reconhecer as bandas que não eram vendidas pelas lojas *mainstream* e vender muitos discos delas pela Virgin. Ele conhecia música tão bem que sabia quais bandas venderiam antes mesmo de fazerem sucesso: já estava usando a antena que nos permitiu montar a gravadora dois anos depois. Sem Simon, essa iniciativa teria sido um tiro no escuro. Nosso outro gênio era John Varnom, que fazia toda a promoção para os discos e escrevia os slogans publicitários para as lojas. A Virgin começou a ganhar uma reputação maior.

Com a melhor música tocando nas lojas e no depósito o dia inteiro, a equipe e os clientes largados fumando baseados e conversando como conseguir a valiosa gravação norte-americana de *Aerosol Grey Machine*, do Van Der Graaf Generator, e todos curtindo muito sexo, não havia lugar melhor para um jovem de 21 anos que se prezasse.

Mas, sob tudo isso, havia um negócio a tocar. Na Manor, o trabalho de construção se arrastava. Eu tremia a cada ligação de Tom Newman, que estava montando todo o equipamento: ele sempre pedia mais dinheiro para comprar algum outro equipamento de gravação. Ao mesmo tempo, eu tinha a multa da aduana, o financiamento e a perspectiva da prisão sempre à espreita.

As vendas pelo correio iam bem, mas pareciam atrair principalmente os compradores sérios à procura de discos mais raros. Parecia difícil expandir mais o negócio. Percebemos que, se quiséssemos ganhar dinheiro, ele teria que vir da inauguração de mais lojas da Virgin Records.

Nik e eu começamos um sério programa de expansão. Mais para o fim de 1971 e durante todo o ano de 1972, nossa meta era abrir uma loja por mês. No Natal de 1972, tínhamos catorze lojas de discos: várias em Londres e uma em cada grande cidade do país. Entre organizar todos os discos que as lojas estocariam, fazer propaganda delas, selecionar e treinar os funcionários e desenvolver os sistemas contábeis para manter controle do dinheiro, descobrimos que o momento de inaugurar cada loja era crucial. Depois de negociar o aluguel até termos certeza de que o proprietário não baixaria mais o valor, fazíamos pressão para conseguir um período de três meses sem pagar aluguel. Esse era o elemento mais decisivo. Não aceitávamos abrir a loja a menos que isso estivesse acordado; por causa disso, perdemos muitas oportunidades excelentes. Quando inaugurávamos uma loja, no entanto, sabíamos que as vendas nos três primeiros meses ajudariam a pagar o aluguel da outra loja que tínhamos acabado de inaugurar antes daquela. As vendas também demonstravam, sem nos comprometermos com despesas imensas, se o ponto que escolhemos atraía clientes suficientes da rua para viabilizar a loja.

Conforme abríamos essas lojas, aprendemos todo tipo de lições que nos seriam muito úteis no futuro. Sempre procurávamos a extremidade mais barata da rua movimentada, onde poderíamos atrair compradores dispostos a andar alguns metros além dos pontos mais populares sem precisarmos pagar um aluguel exorbitante. Também escolhíamos áreas nas quais os adolescentes costumavam ficar, como perto da Clock Tower em Brighton ou na Bold Street em Liverpool. Sempre perguntávamos aos adolescentes da região qual seria o melhor lugar para uma loja de discos. Existem muitas linhas invisíveis em uma cidade que as pessoas não cruzam: a natureza de uma rua pode mudar no espaço de vinte metros.

A outra coisa singular no varejo de discos é a velocidade com a qual os discos circulam. Quando ocorre um grande lançamento, como o disco mais recente do David Bowie, você consegue medir as vendas em horas. É preciso, então, ficar de olho na loja para saber o que está vendendo naquele dia e usar essa informação para arrumar as vitrines das outras lojas. Se você ficar sem o disco que está vendendo muito naquele dia, o cliente vai comprá-lo no concorrente. Se perder aquela chance de vender uma cópia de *Hunky Dory*, não tem mais volta. Ninguém compra o mesmo disco duas vezes. Você sempre vai ter *Hunky Dory* em estoque, mas até setenta por cento das vendas desse disco acontecerão nas duas primeiras semanas depois do lançamento.

No início, a Virgin promoveu sua imagem como um lugar no qual as pessoas poderiam chegar e passar um tempo ouvindo e escolhendo seus discos, com uma ênfase distinta em um gosto elitista e "maneiro". Queríamos mostrar aos adolescentes discos mais interessantes, além de mais *mainstream*. Nossas lojas simplesmente se recusavam a vender os discos para adolescentes que estavam estourando nas paradas, como os dos The Osmonds e The Sweet. Apesar dos argumentos convincentes de Simon com relação ao estilo, nossa recusa em estocar Gary Glitter e todos os astros do glam rock sempre me preocupou um pouco, uma vez que eu via o faturamento de curto prazo que estávamos perdendo. Simon, no entanto, me garantiu que, se nos ativéssemos à nossa imagem, poderíamos manter a integridade e conseguir mais clientes:

– É a regra de Andy Williams – afirmou ele. – Aquele não é o nosso mercado.

A loja em 130 Notting Hill Gate se tornou uma das melhores. Simon começou a trabalhar na sobreloja dela, e jogávamos nossas almofadas no chão da loja para que as pessoas pudessem ficar por ali o dia inteiro. Soubemos que estávamos fazendo sucesso quando as pessoas começaram a vir para Londres só para comprar na Virgin Records. Se pudéssemos, teríamos vendido maconha. Na verdade, suspeito que alguns funcionários vendiam. Vender discos, conversar com clientes, recomendar que música comprar, pegar a mais recente gravação pirata escondida atrás do balcão, ir para pubs e boates para ouvir mais bandas tocarem, tudo isso virou um estilo de vida.

Quando abrimos nossa loja na Bold Street, em Liverpool, em março de 1972, eu vi, com orgulho, que faturamos dez mil libras na primeira semana. Uma semana depois, eram sete mil libras, e na semana seguinte o faturamento caiu para três mil libras. Lá por agosto, tinha caído para duas mil libras e eu fui até lá ver o que estava acontecendo. A loja estava lotada. Havia roqueiros apertados num canto, mods no outro, hippies largados pelo chão perto do caixa. Tocavam todo tipo de música. Mas ninguém comprava nada. Estavam todos se divertindo, felizes e chapados, mas ninguém conseguia chegar até o caixa, e ainda mantinham outros clientes fora da loja. A política de tratar nossas lojas como boates estava fora de controle. Durante o mês seguinte colocamos alguém ao lado da porta lembrando gentilmente as pessoas que elas estavam entrando numa loja, não numa boate. Instalamos luzes mais fortes e colocamos o balcão e o caixa mais perto da vitrine. Era uma linha tênue entre manter a atmosfera da loja e manter a lucratividade. Finalmente, retomamos o faturamento.

Durante essa expansão, uma das nossas principais dificuldades era obter os discos para vender. Algumas gravadoras, incluindo a PolyGram, se recusavam a fornecer para nós porque vendíamos com desconto, ofendendo os principais varejistas. Outras gravadoras se recusavam a vender para nós porque duvidavam da nossa capacidade de pagamento. Nik e Chris Stylianou ("Chris, o Grego", que veio trabalhar conosco como gerente de vendas) sondaram todos os possíveis fornecedores e acabaram encontrando uma solução extraordinária: uma loja de discos em South Woodford chamada Pop In, administrada por Raymond Laren. Raymond estava preparado para usar sua conta para comprar discos para nós. Era um bom negócio para ele, que podia comprar todos os nossos discos junto com os discos dele, cobrar uma margem de cinco por cento e repassá-los para nós.

Quando fechamos esse acordo com Raymond, dávamos a lista de discos para que incluísse no seu pedido; Tony ou Simon iam buscá-los, e nós os distribuíamos para as três ou quatro lojas da Virgin. A Pop In era uma loja minúscula com paredes pretas das quais descolavam pôsteres de *Sergeant Pepper* e Neil Young. Era apertado entrar e sair com as caixas de discos, mas nós dávamos um jeito. Ao longo do ano seguinte, conforme abríamos mais e mais lojas, o número de discos passando pela loja de Raymond aumentou. Logo ele estava pedindo milhares de discos das gravadoras e nós enviávamos um caminhão para retirá-los.

Continuamos tentando fazer negócio diretamente com as gravadoras, no entanto, elas continuavam nos ignorando. Logo, a Virgin se tornou uma das maiores cadeias de lojas de discos no país, e as cenas na loja do Raymond eram ridículas: uma fila de vans descarregava centenas de caixas de discos na porta da frente, e as pessoas atravessavam a loja aos trancos até a porta dos fundos, onde carregavam as caixas em outra fila de vans, que as levavam até as lojas da Virgin. Algo precisava mudar. Ainda tínhamos que pagar mais cinco por cento para comprar nossos discos por meio de Raymond. Nik e eu enfim voltamos às gravadoras e mostramos o que estava acontecendo. Eles concordaram em nos vender discos diretamente, e a farsa dos ganhos de Raymond Laren chegou ao fim. A loja dele voltou a vender algumas dezenas de discos por semana, e aos contadores só restou imaginar o que dera errado com aquela loja incrível.

Durante 1972, Simon se apaixonou por uma garota sul-americana e me disse que sairia da Virgin para morar com ela no Chile. A Manor finalmente estava aberta para os artistas gravarem; havia vinte lojas da Virgin Records, e as vendas por catálogo iam bem. Simon já trabalhava comigo há um ano e, embora nenhum de nós esperasse que ele ficasse mais do que alguns meses, eu de repente percebi como ele era vital para a Virgin. As escolhas musicais dele haviam estabelecido a Virgin Records como *o* lugar para ir e comprar discos. Era "maneiro" passar uma tarde vagabundeando pela loja da Virgin Records; por outro lado, nenhum adolescente que se prezasse passaria uma tarde na Woolies.

A credibilidade de que Simon sempre falava, e as vendas dos The Osmonds que havíamos previsto, tinham funcionado. A imprensa musical agora discutia quais artistas a Virgin estava promovendo. Quando colocamos uma eclética banda alemã chamada Tangerine Dream nas nossas vitrines, ela virou o assunto do momento. As gravadoras começaram a entrar em contato conosco para perguntar se as lojas da Virgin Records poderiam fazer promoções especiais de suas bandas.

Tentei persuadir Simon a ficar, mas ele estava decidido a partir. A namorada foi para o Chile primeiro, e Simon deveria encontrar-se com ela depois de um mês. Durante aquele mês, ele subitamente recebeu dela uma carta para o "Querido Simon" cancelando tudo. Ele ficou decepcionado, às raias do desespero, mas ao mesmo tempo ficou claro que seu futuro era em Londres, não na América do Sul ou mesmo na África do Sul. Como a Virgin agora tinha as lojas de discos e o estúdio de gravação, começamos a falar na terceira parte do sonho grandioso que discutimos no nosso primeiro almoço no restaurante grego: a gravadora Virgin.

Se a Virgin montasse uma gravadora, poderíamos oferecer aos artistas um lugar para gravar (pelo qual cobraríamos), poderíamos publicar e lançar os discos (e lucraríamos com isso) e teríamos uma grande cadeia de lojas, que aumentava cada vez mais, onde poderíamos promover e vender os discos (com margem de lucro de varejo). Os três negócios eram mutuamente compatíveis e ainda beneficiariam as bandas que assinassem conosco, visto que poderíamos reduzir os preços na Manor – o lado de fabricação – e aumentar a promoção nas lojas – o lado de varejo – e ainda lucrar com tudo.

Simon e eu redigimos um contrato pelo qual ele montaria e administraria a Virgin Music, a nova gravadora da marca. Ele teria vinte por cento da empresa, que seria doravante separada das lojas da Virgin Records. E a primeira pessoa que Simon e eu queríamos contratar era aquele terceiro guitarrista reserva de *Hair*: Mike Oldfield.

Mike Oldfield tivera uma infância difícil com uma mãe alcoólatra. Ele costumava se trancar em seu quarto no sótão e aprender sozinho a tocar todo tipo de instrumento. Aos catorze anos, fez a primeira gravação com a irmã Sally, cantando música folk. Ele e a irmã formaram uma dupla de folk chamada Sallyangie e assinaram com a Transatlantic Records. Aos quinze, ele já tinha saído de casa e virado guitarrista com Dave Bedford no grupo The Whole World, de Kevin Ayers.

Por algumas semanas, em outubro de 1971, Mike foi guitarrista de um cantor chamado Arthur Louis que estava gravando na Manor. Mike logo começou a conversar com Tom Newman e, um dia, finalmente criou coragem e lhe deu uma fita da própria música. Havia gravado tudo sozinho, laboriosamente sobrepondo a gravação de muitos instrumentos diferentes na mesma fita. Durava dezoito minutos, não tinha título nem vocais. Tom ouviu a fita e a descreveu como "hiper-romântica, triste, comovente e brilhante". Quando Simon foi à Manor, Tom tocou a fita para ele ouvir. Simon ficou estupefato. Tentou ajudar Mike a abordar algumas gravadoras, mas todas o dispensaram.

Um ano depois, Simon e eu estávamos sentados no barco quando finalmente decidimos abrir uma gravadora. Ligamos para Mike. Para nossa alegria, ele ainda não tinha assinado com ninguém. Sentia-se completamente rejeitado pela indústria musical e estava aturdido por querermos mesmo lançar sua música. Ele veio nos ver na mesma hora. Sugeri que Mike voltasse para a Manor e morasse lá. Sempre que o estúdio estivesse vago, ele e Tom Newman poderiam trabalhar nesse disco juntos.

– Mas vou precisar alugar uns instrumentos – avisou Mike.

– Como o quê? – Peguei minha agenda e preparei uma lista.

– Um bom violão acústico, uma guitarra espanhola, um órgão Farfisa, um baixo de precisão Fender, um bom amplificador Fender, um carrilhão, um bandolim, um mellotron...

– O que é isso? – Circulei a palavra.

– Não é absolutamente necessário – admitiu Mike. – Um triângulo, uma guitarra Gibson... Ah, e alguns sinos, claro.

– Que tipo de sinos? – perguntei.

– Sinos tubulares.

Escrevi "sinos tubulares" e comecei a procurar todos esses instrumentos em uma revista de música. A guitarra custou 35 libras, a guitarra espanhola, 25 libras, o amplificador Fender, 45 libras, o bandolim, 15 libras, e o triângulo foi uma pechincha: 1 libra. O sinos tubulares custaram 20 libras.

– Vinte libras por sinos tubulares? – reclamei. – É bom valerem a pena.

7.

É CHAMADO TUBULAR BELLS. NUNCA OUVI NADA ASSIM

1972 – 1973

Como Mike Oldfield foi o primeiro artista a assinar conosco, não fazíamos ideia de que tipo de contrato lhe oferecer. Por sorte, Sandy Denny, que cantava originalmente com o Fairport Convention e depois partiu para a carreira solo, tinha gravado recentemente na Manor. Ela acabou se tornando minha amiga, e eu lhe pedi uma cópia de seu contrato com a Island Records. Aparentemente era um contrato padrão da Island Records, e copiamos tudo palavra por palavra, trocando "Island Records" por "Virgin Music" e "Sandy Denny" por "Mike Oldfield". Ficou acordado que Mike faria dez álbuns para a Virgin Music e receberia royalties de cinco por cento sobre noventa por cento do valor de atacado do disco – dez por cento seriam mantidos pela gravadora para pagar os custos de embalagem e perdas. Como Mike não tinha dinheiro algum, nós lhe demos o salário padrão da Virgin que todos recebíamos, vinte libras por semana, que seriam descontados de futuros royalties, se um dia viessem a existir. Embora Simon e eu adorássemos a música de Mike, nunca pensamos que ganharíamos dinheiro com ela.

Mike demorou até 1973 para gravar o que ficou conhecido como *Tubular Bells*. Havia uma sequência fantasticamente complicada de gravações a fazer, e ele e Tom Newman passaram horas e mais horas no estúdio de gravação mixando, sincronizando e fazendo o ajuste fino de todas as diferentes camadas de música. Mike tocou mais de vinte instrumentos diferentes e fez mais de 2.300 gravações diferentes até ficar satisfeito. Enquanto isso, ainda tentávamos alugar a Manor para qualquer banda que conseguíssemos encontrar, de modo que Mike com frequência era interrompido e precisava esvaziar o estúdio de gravação para dar lugar aos Rolling Stones ou a Adam Faith.

Frank Zappa tinha reputação de ser um dos intérpretes mais originais, inovadores e irreverentes do rock. Os álbuns dele, como *We're Only in It for the Money* e *Weasels Ripped My Flesh*, eram cheios de sátira ácida e, quando foi até a Manor investigar as possibilidades de gravar lá, senti que ele aceitaria uma brincadeira.

Eu mesmo levei Frank de Londres até lá, falando todo entusiasmado sobre a incrível mansão que abrigava o estúdio. No entanto, em vez de pegar a estrada para Shipton-on-Cherwell, fiz um desvio para Woodstock, ali perto. Saí da estrada sob um arco majestoso e dirigi por um longo acesso de cascalho até a porta de uma casa magnífica.

– Vou estacionar – falei para Frank. – É só bater na porta e dizer quem você é.

A porta foi aberta por um criado uniformizado. Foi engraçado ele não reconhecer Frank Zappa nem parecer satisfeito em ouvir o músico cabeludo dizer que ia se hospedar ali. Zappa sabia, perguntou o criado, que estava batendo à porta do Palácio de Blenheim, lar ancestral dos Duques de Marlborough?

Frank voltou para o carro jurando ter visto a graça da coisa. Mas nunca gravou na Manor.

Em 22 de julho de 1972, Kristen e eu nos casamos na minúscula igreja de Shipton-on-Cherwell. Eu tinha acabado de completar 22, Kristen ainda tinha 20. Nós só nos conhecíamos desde maio do ano anterior. Ainda tenho uma cópia do convite que enviamos para a festa antes do casamento. Dizia: "Kristen e eu decidimos nos casar e achamos que seria uma boa desculpa para uma festa. Vai ter leitão na brasa, então não chegue tarde, senão acaba. The Scaffold vai tocar". Uma das melhores coisas da Manor era que servia para dar festas maravilhosas. Tínhamos bandas que ficavam felizes em tocar, um rio para nadar, cômodos imensos com lareiras antigas e um pátio interno que pegava sol.

Nosso churrasco de casamento foi um grande banquete, com todos os moradores de Shipton-on-Cherwell se misturando aos funcionários da Virgin e com muitas das bandas de rock da época. O dia do casamento foi todo extraordinário. Enquanto esperávamos Kristen chegar à igreja, um imenso caminhão articulado começou a se espremer para passar pela pista estreita até nós. Ninguém estava entendendo nada, até que uma velhinha pequenina num terninho azul e chapéu azul enfiado na cabeça saiu do veículo.

– Não estou atrasada, estou? – gritou vovó.

O caminhão havia batido no carro dela no caminho por Oxford, e ela insistira para o motorista levá-la ao casamento.

Meus pais nos deram um lindo Bentley antigo com bancos de couro vermelho e painel de imbuia como presente de casamento. Embora ele tendesse a quebrar tanto quanto meu Morris Minor, era absurdamente confortável ficar sentado enquanto éramos guinchados.

Uma das madrinhas de Kristen foi sua irmã, Meryll, e Nik foi meu padrinho. Na recepção, depois da cerimônia, ficou claro que havia certa química entre eles, e mais tarde eles foram para um quarto da Manor. Quando Kristen e eu voltamos da lua de mel, Nik e Meryll já tinham anunciado que se casariam também.

Nik e Meryll se casaram ainda mais rápido que Kristen e eu: a cerimônia deles foi no inverno de 1972, apenas cinco meses depois de se conhecerem. Kristen e eu achamos esse casamento um pouco claustrofóbico: eu passava o dia inteiro com Nik na South Wharf Road, depois também o via junto com Meryll à noite. Infelizmente, um dos motivos para Kristen vir para a Inglaterra foi para escapar da família, e agora descobrira que ela e a irmã tinham se casado com dois homens que praticamente não se desgrudavam. Era uma situação quase incestuosa. Além de tudo isso, Nik e eu, que vínhamos tocando a Virgin muito como uma empresa de solteirões, de repente nos vimos casados: foi meio que um choque cultural.

Durante o fim de 1972 e o começo de 1973, Mike Oldfield morou na Manor gravando *Tubular Bells*. Acho que foi o período mais feliz da vida dele. Estava lá com Tom Newman, que por sua vez estava obcecado com a tecnologia de gravação, e podiam refinar as gravações juntos intermináveis vezes. Mundy ainda estava morando lá. Quando Kristen e eu fomos até a Manor numa sexta-feira à noite, encontramos Mike, Tom e Mundy sentados em almofadas no chão, atiçando o fogo na imensa lareira e ouvindo as fitas mais recentes. Estavam alheios ao mundo lá fora. *Tubular Bells* finalmente ficou pronto para lançamento em maio de 1973.

Sabíamos que tínhamos algo extraordinário nas mãos quando começamos a colocar *Tubular Bells* no mercado. Simon levou a gravação para a conferência de vendas da Island Records, que ia distribuir o álbum. Estavam todos em um grande salão de conferências em um hotel próximo a Birmingham. Já tinham ouvido horas de música. Esses homens já tinham ouvido de tudo – literalmente. Simon colocou *Tubular Bells* para tocar, e ouviram todo o primeiro lado. Quando terminou, houve uma explosão de aplausos. Era a primeira conferência de vendas de Simon, então não fazia ideia de que isso era inédito. Nunca mais ele ouviu uma sala cheia de vendedores experientes aplaudindo um disco novo.

Em 25 de maio de 1973, a Virgin Music lançou seus quatro primeiros álbuns: *Tubular Bells*, de Mike Oldfield, *Flying Teapot*, do Gong, *Manor Live*, uma *jam session* na Manor liderada por Elkie Brooks, e *The Faust Tapes*, do Faust, uma banda alemã.

O ano de 1973 foi extraordinário para o rock e a música pop. Naquele verão, a parada de singles foi dominada pelo glam rock de Suzi Quatro, Wizzard, Gary Glitter e Sweet. Mas havia também um grande contingente da Motown, com Stevie Wonder, Gladys Knight and the Pips, Jackson Five e Barry White. Na outra extremidade do espectro desses cantores estavam Lou Reed com "Take A Walk On The Wild Side" e 10cc com "Rubber Bullets".

As paradas de álbuns eram encabeçadas por David Bowie com *Aladdin Sane*, a primeira prova de como ele conseguia se reinventar para continuar no topo. Abaixo dele estavam os Beatles com os álbuns duplos *1962–1966* e *1967–1970*, Pink Floyd com *Dark Side of the Moon*, Lou Reed com *Transformer* e Roxy Music com *For Your Pleasure*.

Diante de tal concorrência, precisávamos nos esforçar muito para chamar atenção para os quatro primeiros lançamentos da Virgin. Mas foi *Tubular Bells* que cativou de verdade a imaginação das pessoas: era completamente original e fascinante à primeira vista. As pessoas o consideravam viciante e tocavam muitas e muitas vezes, tanto para ouvir a música quanto para se maravilhar com a proeza de Mike entrelaçando tudo aquilo. Eu me lembro de uma crítica no *NME* que eu precisei reler várias vezes antes de perceber que, embora eu nunca tenha entendido o que o crítico dissera, ele estava claramente entusiasmado. O *NME* era o jornal especializado em música mais influente da época. Com os elogios a *Tubular Bells*, todos começaram a procurar o álbum.

Críticas à parte, eu sabia que, assim que conseguíssemos que as pessoas ouvissem *Tubular Bells* uma vez, ele deslancharia. Como afirmou corretamente um crítico, "ouvir uma vez deve fornecer prova suficiente". O problema era fazer as pessoas ouvirem. Liguei para cada produtor de rádio que consegui, tentando persuadi-los a tocar *Tubular Bells*. Mas, naquela época, os singles de três minutos dominavam as rádios, e não havia espaço para uma música sem letra de 45 minutos. A Radio 3 recusou porque não era Mozart, e a Radio 1 recusou porque não era Gary Glitter.

Nas primeiras duas semanas, as vendas de *Tubular Bells* foram um fracasso. Assim, resolvi convidar John Peel para almoçar comigo no *Alberta*. Nós nos conhecíamos desde que o entrevistei para a *Student*. Ele também havia começado a própria gravadora, a Dandelion. Era a única pessoa que tocava rock sério no rádio, e seu programa era nossa única chance de conseguir tempo no ar para *Tubular Bells*. Almoçamos todos no *Alberta* e depois nos instalamos nos sofás. Coloquei *Tubular Bells*. Ele ficou maravilhado.

– Nunca ouvi nada assim – afirmou John, enfim.

Passados alguns dias, ouvimos a voz lacônica de John Peel saindo do rádio. Eu estava sentado no convés da casa flutuante com Mike Oldfield e todos da Virgin.

– Hoje eu não vou tocar um monte de discos. Vou tocar apenas um, de um jovem compositor chamado Mike Oldfield. É o primeiro disco dele, chamado *Tubular Bells*. Eu nunca tinha ouvido nada assim na vida. Foi lançado pela Virgin, uma gravadora nova, e foi gravado nos próprios estúdios da Virgin em Oxfordshire. Vocês nunca mais vão esquecer esse álbum.

Após essa introdução, *Tubular Bells* começou. Eu estava sentado no sofá. Todos estavam descansando em poltronas ou no tapete, e passávamos cerveja e vinho, cigarros e baseados. Tentei relaxar. Eu via todos os outros ali sentados, totalmente encantados com a música, mas eu continuava preocupado. É impossível impedir meu cérebro de chafurdar em todas as ideias e possibilidades com as quais me defronto em um dado momento. Eu me perguntava quantas pessoas estavam ouvindo *The John Peel Show*; quantas delas sairiam para comprar *Tubular Bells* no dia seguinte. Será que esperariam até sábado, ou até lá já teriam esquecido? Iriam até as lojas da Virgin ou comprariam na Smith? Quanto demoraria para recebermos os royalties? Quantas cópias mais precisaríamos fazer? Como devíamos promover o álbum nos Estados Unidos? Em um nível eu estava absorto na música, mas me sentia como um estranho. Não conseguia me abandonar nela como Simon ou Nik, ou minha adorável nova assistente Penni, que era mesmo muito bonita com cabelo seu preto comprido e ondulado e o sorriso generoso. Eu estava consciente demais de que a Virgin precisava vender muitas cópias para conseguir garantir dinheiro para o pagamento do imposto no mês seguinte. Sabia que *Flying Teapot* e *The Faust Tapes* dificilmente conseguiriam tirar os Rolling Stones ou Bob Dylan das paradas. Mas *Tubular Bells* era extraordinário. Algo devia acontecer depois da transmissão de hoje. A Virgin nunca conseguiria bancar aquele tempo todo no ar para promover o disco.

Mike Oldfield sentou-se em silêncio. Recostou-se em Penni e fitou o rádio. Imaginei o que se passava pela cabeça dele. Eu tinha encaixado uma capa de *Tubular Bells* – mostrando um gigantesco sino tubular suspenso sobre o mar, com uma onda quebrando ao fundo – acima de um dos porta-retratos. Mike fixou o olhar nela como se estivesse olhando para o mar. Um pensamento ganancioso abriu caminho nas profundidades sombrias da minha mente: será que ele já estava sonhando com outro álbum?

Durante todo o dia seguinte os telefones tocaram com pedidos de lojas de discos. Todas queriam *Tubular Bells*. Além de optar por quebrar todas as tradições ao tocar o disco na íntegra, John Peel resenhou *Tubular Bells* para a *Listener*:

> *Nas frequentes ocasiões em que me dizem que um disco de rock contemporâneo é uma obra de "importância duradoura", minha tendência é pegar meu chapéu e fugir. Hoje, esses especialistas provavelmente vão dizer que, daqui a vinte anos, os colecionadores ainda vão se entusiasmar com os discos de bandas de peso como Yes e Emerson, Lake and Palmer. Estou disposto a apostar alguns xelins que Yes e ELP terão desaparecido da lembrança de todos, menos dos mais teimosos, e que os Gary Glitters e os Sweets sem valor duradouro serão considerados a representação do verdadeiro som da década de 1970.*
>
> *Dito isso, quero lhes contar sobre um novo disco com tanta força, energia e beleza verdadeira que, para mim, representa a primeira inovação já feita por um músico considerado, antes de tudo, um músico de rock. Mike Oldfield...*

John Peel tinha muita influência, e o que dizia era absorvido por milhares de pessoas em todo o país.

Preparamos uma turnê do Gong e do Faust pelo país, mas era o grande show de *Tubular Bells* planejado para 25 de junho que, esperava eu, traria a imprensa nacional para testemunhar a celebridade musical do momento. Fizemos do show de *Tubular Bells* um evento imperdível. Conseguimos que Mick Taylor, na época guitarrista do Rolling Stones, Steve Hillage e Hatfield and the North concordassem em tocar vários instrumentos. Viv Stanshall do The Bonzo Dog Doo-Dah Band concordou em subir ao palco para anunciar os instrumentos, como havia feito no disco.

No dia do show, Mike veio me ver na casa flutuante.

– Richard – disse ele, baixinho. – Não vou conseguir fazer o show hoje à noite.

– Mas já está tudo arranjado – respondi.

– Eu simplesmente não consigo – repetiu ele, num sussurro mortal.

Senti uma onda de desespero. Sabia que Mike podia ser tão teimoso quanto eu quando queria. Tentei esquecer que o show estava todo preparado, os ingressos vendidos e até cobertura televisiva acertada. Eu não poderia usar nada disso como argumento, porque só fortaleceriam a decisão de Mike. Eu tinha que usar de astúcia.

– Vamos dar uma volta – sugeri, como quem não quer nada, e segui pelo cais até meu velho Bentley estacionado lá fora. Sabia que Mike sempre admirara esse carro cinza claro com bancos de couro vermelho desbotado. Eu esperava que uma passagem reconfortante pelo Queen Elizabeth Hall mudasse a atitude de Mike. Por todo o caminho, Mike estava tenso no banco. Depois de um passeio monossilábico, chegamos ao Queen Elizabeth Hall e eu diminuí a velocidade. Havia pôsteres de Mike Oldfield por toda parte. Uma multidão já estava indo para o show.

– Não vou conseguir subir no palco – repetiu Mike.

Eu não podia dizer que era o melhor para ele, que esse show podia catapultá-lo para outro patamar, colocá-lo ao lado do Pink Floyd. Parei o carro.

– Quer dirigir?

– Tudo bem – respondeu Mike, desconfiado.

Continuamos nosso passeio pela ponte de Westminster, passando por Victoria. Eu vi o Hyde Park passar voando pela janela do passageiro. Mike virou na Bayswater Road e dirigiu até perto da igreja onde eu editara a revista *Student*.

– Mike – disse eu –, você quer ficar com este carro? De presente?

– De presente?

– Sim. Eu desço aqui mesmo e volto para casa andando. Você só continua dirigindo e o carro é seu.

– Para com isso! Foi seu presente de casamento.

– Você só tem que ir para o Queen Elizabeth Hall e subir no palco hoje à noite, e o carro é seu.

O silêncio caiu entre nós. Eu observava Mike segurar o volante e se imaginar dirigindo o carro. Sabia que a tentação era grande. Esperava que ele concordasse.

É CHAMADO TUBULAR BELLS. NUNCA OUVI NADA ASSIM.

SENTI UMA ONDA DE DESESPERO. SABIA QUE MIKE PODIA SER TÃO TEIMOSO QUANTO EU QUANDO QUERIA. TENTEI ESQUECER QUE O SHOW ESTAVA TODO PREPARADO, OS INGRESSOS VENDIDOS E ATÉ COBERTURA TELEVISIVA ACERTADA.

– Combinado – respondeu.

Eu teria que contar para Kristen e para meus pais o que tinha feito com o nosso Bentley, mas sabia que eles não ligariam muito. Apesar de todo o charme e do valor sentimental, era só um carro. Era fundamental que Mike subisse no palco e vendesse cópias de *Tubular Bells*. Se ele conseguisse, eu poderia comprar o carro que quisesse. Minha mãe teria aprovado.

Depois das últimas notas de *Tubular Bells* no Queen Elizabeth Hall, houve silêncio momentâneo enquanto as pessoas digeriam o que tinham acabado de ouvir. Pareciam hipnotizadas, ninguém queria quebrar o encanto. E então começaram a aplaudir de pé. Eu estava sentado entre Kristen e Simon, e nos levantamos e gritamos e aplaudimos. Lágrimas corriam pelo meu rosto. Mike ficou em pé diante do órgão, pequenino, e apenas se curvou e agradeceu. Até a banda o aplaudiu. Ele era um novo astro.

Naquela noite nós vendemos centenas de cópias de *Tubular Bells*. Mike estava abalado demais para falar com a imprensa. Vendo todas aquelas pessoas gritando e se aglomerando para comprar seu disco, ele disse "Sinto como se tivesse sido violado" e desapareceu em seu Bentley novo. Mike se recusou a voltar ao palco por muitos anos depois disso. Kristen e eu voltamos para casa andando. A partir daquela noite, *Tubular Bells* de Mike Oldfield estava destinado a ser o álbum mais celebrado do ano. A Virgin Music estava no mapa, e o dinheiro começou a entrar.

O boca a boca funcionou e, em 14 de julho, *Tubular Bells* entrou nas paradas na posição 23. Em agosto, já era número um. Nos quinze anos seguintes, sempre que Mike Oldfield lançava um álbum, ele ficava entre os dez melhores. *Tubular Bells* vendeu mais de treze milhões de cópias, tornando-o o décimo primeiro álbum mais vendido na Grã-Bretanha em toda a história. O sacrifício do meu Bentley valeu a pena. Acabei nunca comprando outro.

Embora a Virgin tivesse se tornado uma gravadora estabelecida da noite para o dia, éramos uma empresa minúscula com sete funcionários e sem nenhuma condição de fornecer para todas as lojas de discos do país. Tínhamos duas opções: a primeira era licenciar nossas gravações para outra gravadora maior. Isso só funcionaria para bandas com sucesso razoável. A outra empresa nos daria um adiantamento pelo direito de promover e distribuir o disco e ficaria com a maior parte dos lucros. Se as vendas do disco quitassem o valor do adiantamento, a gravadora nos pagaria royalties, que em geral correspondia a cerca de dezesseis por cento. Esse era o esquema tradicional para gravadoras inexperientes como a Virgin.

A segunda opção era mais arriscada. A Virgin abriria mão do adiantamento e dos royalties e simplesmente pagaria para outra gravadora fabricar e distribuir os discos conforme a demanda das lojas em todo o país. A Virgin ficaria responsável por toda a promoção do trabalho e assumiria todos os riscos se o disco fosse um fracasso. Por outro lado, o lucro seria todo nosso se as vendas fossem boas.

A maioria das gravadoras pequenas licenciava os discos porque era dinheiro fácil: recebiam dezesseis por cento de royalties da outra empresa e pagavam o que tinha sido acordado com o artista, digamos cinco ou dez por cento. No entanto, Simon e eu decidimos optar pelo acordo de fabricação e distribuição (chamado de Prensagem e Distribuição ou P&D). Era um passo arriscado, mas já naquela época eu sabia que só se chegava a algum lugar arriscando. Se você se arrisca, a arte é se proteger contra perdas. Tínhamos a impressão de que *Tubular Bells* era tão bom que nós mesmos poderíamos promovê-lo. Eu tinha certeza de que venderia o suficiente para compensar nosso investimento. Com a ideia de pedir um acordo de P&D em vez de um contrato de licenciamento, fomos ver a Island Records.

Conheci a Island Records quando editava a *Student*. A gravadora fora criada por Chris Blackwell, que crescera na Jamaica e introduzira o reggae na Grã-Bretanha praticamente sozinho. A Island lançou Bob Marley, que se tornara o primeiro superastro do reggae, e entre outros, também produziu Cat Stevens e Free.

Como já prevíamos, de início a Island recusou um contrato de P&D. Eles já haviam licenciado a Chrysalis e a Charisma (que tinha o Genesis) e queriam a Virgin também, por isso nos ofereceram um contrato de licenciamento muito atrativo com royalties de dezoito por cento. Estávamos pagando cinco por cento para Mike, o que significava que, se aceitássemos a oferta da Island, poderíamos ficar com treze por cento das vendas de *Tubular Bells*. A 2,19 libras, eram 28,5 centavos por disco, o que nos daria um lucro total de cerca de 171 mil libras se *Tubular Bells* se saísse espantosamente bem e vendesse, digamos, seiscentas mil cópias – ou seja, se conseguisse platina dupla. Um disco consegue ouro com duzentas mil cópias e platina com trezentas mil cópias. Se chegasse a um milhão de cópias, a Virgin lucraria 285 mil libras sem precisar pagar por qualquer custo de promoção e marketing do disco. Para um olho experiente, a Island estava em posição muito melhor que a Virgin para promover o disco em todas as lojas do país. A maioria das gravadoras pequenas teria aceitado, e certamente a Island e nossos advogados insistiram nisso.

Entretanto, Simon e eu não concordávamos. Tínhamos catorze lojas da Virgin espalhadas pelo país que poderiam promover o álbum. A experiência de vender cem mil cópias da *Student* pelo país havia me dado a confiança de que poderíamos vender o disco em quantidade. Claro que nosso trabalho ficou muito mais fácil porque *Tubular Bells* era tão bom que as pessoas queriam comprá-lo assim que o ouviam.

Para alguém de fora, parecia uma aposta imensa. Se as vendas de *Tubular Bells* caíssem, a *Virgin Music* afundaria. Mas, se conseguíssemos vender seiscentas mil cópias, arrecadando cerca de 1,3 milhão de libras, a Virgin receberia cerca de 920 mil libras pela margem de lucro das lojas. Disso, pagaríamos 65.700 libras para Mike Oldfield e 197.100 libras para a Island Records por prensar e distribuir o disco, ficando com cerca de 658 mil libras a serem divididas entre a promoção do disco e o lucro para ser reinvestido em outros artistas. Esse era o lado bom.

Os direitos intelectuais sobre *Tubular Bells* eram nossos por contrato, e estávamos determinados a tirar proveito deles. Recusamos a oferta da Island e insistimos em ficar com um acordo de P&D. Eles prensariam e distribuiriam o disco, e nós lhes pagaríamos entre dez e quinze por cento por isso. Eles continuaram insistindo em um contrato de licenciamento até ameaçarmos ir falar com uma concorrente deles, a CBS. Assinamos então um contrato de P&D e sacrificamos um pagamento imediato que teria sido muito bem-vindo pelo Coutts, uma vez que a Manor ainda estava em dívida. E nos comprometemos a vender *Tubular Bells* com nossos próprios recursos.

A Island involuntariamente acolheu um cuco que cresceu no ninho deles: a Virgin Music. Ficamos mais ricos do que poderíamos imaginar quando as vendas de *Tubular Bells* dispararam para prata, ouro, platina, platina dupla e depois mais de um milhão de cópias. Crescemos, nos tornamos uma força importante na indústria musical e, por fim, viramos rivais da Island Records. Embora o percentual de royalties que pagamos a Mike Oldfield e à Island tivessem mudado com o tempo, como também mudou o preço do disco, *Tubular Bells* continuou vendendo milhões de cópias e ainda hoje vende em todo o mundo. A aposta de promovê-lo nós mesmos nos rendeu nossa primeira fortuna.

SER A SEGUNDA OPÇÃO NÃO SIGNIFICA NADA

1974 – 1976

Quando Mike Oldfield foi embora no meu velho Bentley depois do show no Queen Elizabeth Hall, ele já estava saindo de órbita. Durante todos os meses em que ficou encarcerado na Manor com Tom Newman, trabalhando em completa privacidade para conseguir o álbum perfeito, ele sonhava com todos comprando *Tubular Bells*. Contudo, quando subiu ao palco do Queen Elizabeth Hall e viu o público aplaudi-lo de pé, algo dentro dele desmoronou. Ele descobriu que, embora tivesse ansiado muito por essa adulação, agora que a tinha conseguido, não conseguia lidar com ela.

A indústria musical pode, em questão de meses, deixar uma pessoa mais rica do que poderia sonhar. Gostasse ou não, Mike estava agora preso em uma espiral que faria dele um dos homens mais ricos da Grã-Bretanha. O sucesso era devastador para ele, e eu tive que aprender a viver com essa responsabilidade. Para mim, é impossível responder à pergunta: eu devia tê-lo forçado a fazer aquele show? Mike foi morar em uma região remota do País de Gales com uma namorada e se recusava a falar com qualquer pessoa que não fosse eu.

Na primeira vez que fui visitá-lo, quase não achei a casa. Era um minúsculo chalé de pedra construído em uma área de colinas chamada Hergest Ridge. Os fundos da casa eram expostos ao vento constante, contudo, ela era tão remota que parecia saída do *Morro dos ventos uivantes*. Um piano de cauda tomava todo o cômodo da frente. Ele me levou até Hergest Ridge com um planador de madeira balsa de quase dois metros que havia feito. Observei enquanto ele corria com todo cuidado colina abaixo e suavemente lançava o enorme avião. De início ele mal parecia se mover, e pareceu suspenso acima da cabeça de Mike, mas depois o vento o pegou e ele se inclinou, ganhando altitude e se afastando morro abaixo, na direção dos campos abaixo de nós. Mike o observava, o vento soprando seu cabelo para longe dos olhos, e pela primeira eu o vi sorrir.

Voltei para Londres e deixei Mike morando em Hergest Ridge. Em uma triste inversão da minha história trazendo as roupas de Kristen para o *Alberta* para que ela viesse morar comigo, Mike foi ao pub local uma noite e pediu para um amigo fazer as malas da namorada dele e levá-la até a estação. Nos dez anos seguintes, Mike Oldfield viveu recluso e não promoveu nenhum de seus álbuns. Para nossa sorte, tínhamos um filme de Mike tocando *Tubular Bells*. Nós o transformamos em documentário, intercalado com imagens de esculturas abstratas de William Pye. A BBC o transmitiu três vezes. Cada vez que o filme era exibido, as vendas de *Tubular Bells* e de outros discos de Mike disparavam. Se Mike tivesse passado os dez anos seguintes em turnê, como o Pink Floyd, tenho certeza de que teria se tornado um dos maiores astros do rock do mundo e a previsão de John Peel teria se concretizado. Da maneira que foi, *Tubular Bells* ficou mais famoso do que Mike Oldfield e, embora ele tenha gravado muitos outros álbuns lindos, como *Ommadawn*, meu preferido, nenhum deles teve o sucesso do primeiro.

As outras gravadoras ficaram perplexas com a reticência de Mike em se apresentar. Ahmet Ertegun, que conseguiu, depois de muita negociação, licenciar *Tubular Bells* nos Estados Unidos, não entendia:

– Você está me dizendo que tem um filme de esculturas para promover o álbum? – resmungou ele. – Não entendo. Não sei se alguém por aqui vai entender também. Se quisermos ver esculturas, podemos visitar o Met.

Como sempre, Ahmet achou uma solução: vendeu *Tubular Bells* como trilha sonora para o filme *O exorcista*. O álbum pegou carona no sucesso do filme nos Estados Unidos e finalmente chegou ao topo das paradas norte-americanas, um ano após fazer o mesmo na Grã-Bretanha.

Simon e eu desenvolvemos três metas principais ao negociar com bandas. Nós nunca articulamos essas regras formalmente entre nós, mas nossas negociações com Mike Oldfield nos ensinaram esses princípios gerais.

Primeiro, planejamos deter os direitos autorais pelo tempo que fosse possível. Tentamos ao máximo nunca fechar um contrato no qual os direitos autorais revertessem para o artista, porque o único bem que uma gravadora tem são seus direitos autorais. Também tentamos incorporar o máximo possível do catálogo prévio do artista no nosso contrato, embora muitas vezes estivesse vinculado a outras gravadoras. Por trás de todo o *glamour* de lidar com astros do rock, o único valor reside na propriedade intelectual das músicas deles. Assim, tentamos oferecer somas iniciais altas, mas procuramos segurar o artista por oito álbuns. Ao longo da vida da Virgin Music, nos orgulhamos de nunca ter perdido uma banda – e isso se deve ao fato de que sempre renegociamos os contratos depois de alguns álbuns, embora, ironicamente, Mike Oldfield tenha sido um caso em que demorei demais para renegociar e quase o perdi. O essencial com uma banda nova era: se você construir a reputação dela desde o começo, em geral o terceiro ou quarto álbum será o mais valioso. Um bom exemplo disso foi o The Human League, que gravou dois álbuns, cada um vendendo progressivamente mais, mas depois estourou com o terceiro, *Dare*, que vendeu mais de dois milhões de cópias. A última coisa que queríamos era perdê-los depois de um par de álbuns para depois observar seu sucesso com outra gravadora. Depois que assinávamos com o artista, logo tentávamos prorrogar o contrato e, embora pudéssemos ceder dois ou três pontos percentuais nos royalties, era uma concessão pequena se comparada ao potencial de adicionar outros dois álbuns no fim do contrato.

Desde o início, Simon e eu tentamos posicionar a Virgin como empresa internacional, e a segunda coisa em que sempre insistimos era incorporar direitos autorais mundiais sobre o trabalho do artista em nossos contratos. Nosso argumento era de que o incentivo para promovermos o artista na Grã-Bretanha era menor se eles usassem o sucesso aqui para vender no exterior com outra gravadora.

Nosso último ponto de negociação era garantir que a Virgin detivesse os direitos autorais de cada membro da banda, além da banda como um todo. Às vezes era difícil definir uma banda; os Rolling Stones, por exemplo, claramente eram compostos por Mick Jagger, Keith Richards, Bill Wyman e Charlie Watts, mas várias outras pessoas iam e vinham. A indústria musical por fim definiu os Rolling Stones como "Mick Jagger mais três outras pessoas". Algumas bandas se separaram e viraram sucessos individuais. O Genesis talvez seja o principal exemplo, considerando que tanto Peter Gabriel quanto Phil Collins se tornaram astros maiores fora do Genesis do que eram dentro da banda. Precisávamos garantir que a Virgin não assinasse com uma banda apenas para ficar com uma concha vazia quando o principal guitarrista partisse para carreira solo com outra gravadora.

A única outra grande verdade que descobrimos era que, se quiséssemos muito uma banda, tínhamos que assinar com ela, não importava quanto o valor subisse. Um artista em outra gravadora é só isso: nada a ver conosco. Parte do segredo de administrar uma gravadora era ganhar impulso para continuar assinando com outras bandas e continuar lançando-as ao estrelato. Mesmo se uma banda famosa nos fizesse perder dinheiro, havia outros benefícios intangíveis, como atrair outros artistas para assinarem conosco ou abrir as portas das estações de rádio para nossas bandas mais novas.

Com esses princípios em mente, a Virgin começou a assinar com novas bancas na carona do sucesso de Mike Oldfield. A maioria delas sem dúvida fracassaria. Ainda recebíamos salários ínfimos. Ainda dependíamos uns dos outros e reinvestimos todo o dinheiro que ganhamos com *Tubular Bells* em novos artistas e no crescimento da empresa.

Kristen e eu estávamos casados há dois anos, mas enfrentávamos dificuldades demais juntos até que, por fim, decidimos pelo divórcio. Além do fim do meu casamento em 1974, a Virgin Music estava começando a ter alguns problemas. Em agosto de 1974, o álbum seguinte de Mike Oldfield,

Hergest Ridge, foi direto para número um. Como *Tubular Bells* ainda estava no segundo lugar, o dinheiro continuou entrando. No entanto, a Virgin corria o risco de ser vista só como a gravadora de Mike Oldfield. Apesar de se recusar a fazer qualquer promoção, Mike vendia tanto que ofuscava todos os outros.

Durante um período deveras estranho entre 1974 e 1976, quando Mike Oldfield era nosso único superastro, a Virgin não conseguiu assinar com 10cc, The Who e Pink Floyd, apesar de lutar muito por eles. Parecia que estávamos destinados a ser sempre a segunda opção; na música, como em muitas outras coisas, a segunda opção não significa nada. No fim de 1975, eu abordei os Rolling Stones. Circulavam rumores de que estávamos preparados para pagar 350 mil libras ao 10cc, e isso deixou atônitas as nossas rivais, como a Island. Quando liguei para o príncipe Rupert Loewenstein, empresário dos Stones, ele estava preparado para me levar a sério depois de ouvir falar da oferta ao 10cc.

– Quanto está pedindo? – perguntei.

– Você nunca vai conseguir bancar – respondeu o príncipe Rupert, com simpatia. – Pelo menos três milhões de dólares. E, de qualquer modo, a Virgin ainda é pequena demais.

Eu sabia que a única maneira de conseguir a atenção dele era melhorar consideravelmente aquela oferta.

– Ofereço quatro milhões – falei. – Contanto que alguma coisa do catálogo prévio esteja disponível.

Comprar o catálogo prévio permitiria que a Virgin lançasse um álbum de grandes sucessos e seria uma boa apólice de seguro se o novo disco fosse mal.

– Vou lhe enviar a lista do catálogo prévio disponível – disse o príncipe Rupert. – Se na segunda-feira você conseguir trazer ao meu escritório uma garantia do banco para os quatro milhões, pensarei seriamente nisso. Boa sorte.

Era sexta-feira. Príncipe Rupert achou que estava me dando uma tarefa impossível.

Naquele fim de semana, eu viajei pela cadeia de distribuidores da Virgin que tínhamos estabelecido na França, Alemanha, Itália, Holanda, Suécia e Noruega. Enquanto viajava, eu estava constantemente ao telefone com as distribuidoras no resto do mundo. Eu estava tentando levantar cerca de 250 mil libras de cada distribuidor. No final daquele fim de semana, eu tinha falado com todos eles e pedido para enviarem telegramas para o Coutts, em Londres, confirmando que forneceriam o dinheiro. Na segunda-feira de manhã eu estava de volta a Londres, mas ainda faltava um pouco para os quatro milhões de dólares que tinha prometido ao príncipe Rupert. Depois de somar todos os diferentes compromissos dos distribuidores, o Coutts prometeu completar a diferença. Dirigi até a casa do príncipe Rupert em Petersham pouco antes das onze horas com uma garantia do banco para os quatro milhões.

Príncipe Rupert ficou atônito. Eu o peguei completamente desprevenido. Ele tocou o cheque de quatro milhões, mas depois o devolveu.

– Você terá uma chance de igualar a maior oferta – prometeu. – Mas você começou um leilão.

No fim, a EMI ganhou o leilão com uma oferta de cinco milhões de dólares e assinou com os Rolling Stones. Eu não consegui levantar mais do que os quatro milhões. Embora estivesse decepcionado com o fracasso, eu sabia que tinha feito uma boa ação para os Stones ao aumentar o preço de três milhões que o príncipe Rupert ficaria feliz em aceitar.

Em 1976, a necessidade de assinar com as bandas realmente grandes era mais do que frustrante. A Virgin tinha dois álbuns entre os dez melhores: Gong, e *Ommadawn* de Mike Oldfield. Era a época de *Trick of The Tail*, do Genesis, e de *Desire*, do Bob Dylan. Nosso problema era termos gasto a maior parte dos royalties de Mike Oldfield para assinar com novas bandas e, com exceção de Tangerine Dream, não termos conseguido nenhum avanço importante. *Phaedra*, do Tangerine Dream, se tornou um disco muito vendido em toda a Europa, melhorando muito a reputação da Virgin. Nosso catálogo era cheio de músicas maravilhosas e confiáveis, mas não tínhamos nada que realmente vendesse muito. O que tínhamos era uma preocupação mais imediata: estávamos ficando sem caixa.

Além de tudo isso, Mike Oldfield queria renegociar seu contrato. Estávamos felizes em renegociar, mas, depois de concordarmos com uma segunda versão pagando royalties mais altos, ele instruiu outro advogado, que começou a forçar royalties ainda mais altos. Simon e eu decidimos que a Virgin não poderia aumentar mais. Destacamos que a Virgin Music, como empresa, ganhava menos dinheiro do que ele, pessoalmente. Quando ele perguntou como isso era possível, cometi o erro de ser totalmente sincero. Disse que precisávamos de artistas de sucesso como ele para pagar pelos que não faziam sucesso. A empatia dele evaporou.

– Não estou dando dinheiro para vocês gastarem em um monte de porcaria – disse ele. – Vou voltar para o meu advogado.

No fim, acertamos outro contrato e Mike continuou conosco. No entanto, chegou muito perto de dar errado.

Em meados de 1976, tivemos uma reunião de crise com Simon, Nik e Ken Berry. Ken tinha começado como balconista na loja de Notting Hill. O trabalho dele era verificar o faturamento da loja, mas logo assumiu várias outras tarefas. Logo descobrimos que, sempre que precisávamos saber alguma coisa – as vendas do Pink Floyd naquela semana, os salários devidos à equipe, a depreciação dos velhos Saabs que dirigíamos –, Ken tinha todas as respostas. Ken tornou-se indispensável. Ele era calmo e modesto, mas, além de lidar com os números, sua grande habilidade era lidar com pessoas: não se deixava abater ao negociar com grandes astros do rock e seus advogados, e logo começou a trabalhar nas negociações de contratos. Simon e eu começamos a observá-lo e, conforme percebíamos que ele nunca perderia um contrato por causa do próprio ego e por tentar ganhar pontos com o outro lado, demos a ele mais e mais responsabilidades.

O trio original – eu, Nik e Simon – deu espaço para Ken, e de muitas maneiras ele se tornou o elo que nos mantinha juntos.

Naquela reunião de crise, verificamos os números das lojas, que estavam vendendo bem, mas sem muito lucro. Eu sabia que Nik estava tentando tirar o máximo delas, e relutávamos em criticar qualquer coisa que estivesse fazendo. Assim, começamos a passar o quadro da Virgin. Um a um, debatemos se poderíamos arcar com a manutenção de artistas como Hatfield and the North ou Dave Bedford, que nos custavam dinheiro para promover e pareciam que nunca estourariam.

– Está claro para mim – disse Ken Berry, somando uma coluna de números. – Precisamos considerar seriamente cortar todas as nossas bandas, menos Mike Oldfield.

Olhamos para ele espantados.

– Todas as outras bandas estão nos fazendo perder dinheiro – continuou. – Se dispensarmos pelo menos metade dos nossos funcionários, poderemos lidar muito bem, mas no momento Mike Oldfield está bancando a empresa toda.

Eu sempre acreditei que a única maneira de lidar com uma crise de caixa é não contrair, mas tentar expandir.

– E se encontrarmos mais dez Mike Oldfields? – perguntei, provocando-o. – Isso resolveria?

Em última análise, tínhamos duas opções: guardar um pouco de dinheiro e sobreviver sem correr mais riscos, ou usar nossas últimas libras para tentar assinar com outra banda que poderia nos levar de volta ao sucesso. Se escolhêssemos a primeira opção, teríamos um fôlego; estaríamos tocando uma empresa pequena, mas conseguiríamos sobreviver e ganhar a vida sem muitos riscos. Se escolhêssemos a segunda, a Virgin poderia quebrar em poucos meses, mas pelo menos teríamos uma última chance de sucesso.

Simon e eu queríamos uma última tentativa de lançar uma nova banda. Nik e Ken acabaram concordando conosco, embora eu visse que relutavam em apostar a empresa inteira em um golpe de sorte. A partir daquela noite, estávamos em modo emergencial, procurando desesperadamente O Próximo Grande Sucesso.

No meio-tempo, cortamos tudo que conseguimos: vendemos nossos carros, fechamos a piscina da Manor, diminuímos os estoques nas lojas de discos, não fizemos retiradas de caixa para nos pagar, dispensamos alguns artistas da gravadora e demitimos nove funcionários por falta de trabalho. Essa foi a parte mais difícil, e eu fugi do confronto emocional e deixei por conta do Nik.

Um dos artistas que dispensamos com relutância foi Dave Bedford, que era um compositor clássico brilhante e talentoso. Dave reagiu muito bem às más notícias: ele me escreveu uma longa carta dizendo o quanto entendera a decisão, que reconhecia que seus discos não estavam vendendo, que ele teria feito a mesma coisa no meu lugar, que ele não guardava rancor da Virgin e nos desejava tudo de melhor para o futuro. Ao mesmo tempo, escreveu uma carta para Mike Oldfield na qual me descrevia como um completo merda, um perfeito babaca e um parasita odioso sem ouvido para música que só lucrava com o dinheiro dos talentos musicais. Infelizmente para Dave, ele trocou os envelopes das cartas.

POUCO IMPORTAM OS PADRES

1976 - 1977

Quando chegou agosto de 1976, a Virgin estava em sérios apuros. Estávamos tentando assinar com algumas das bandas punks agressivas que surgiam, mas parecia que continuávamos perdendo as chances. Não conseguimos o Boomtown Rats, por exemplo, porque eu insisti em incluir os direitos de publicação das músicas, que eles queriam vender para terceiros. Não conseguimos encontrar uma nova banda que nos tirasse da rotina ou que dissipasse nossa imagem de gravadora hippie.

Entre outras preocupações, estávamos no meio de um litígio com o Gong pelos direitos sobre gravações. Alguns fãs da banda vieram até os escritórios de Vernon Yard para protestar. Nossos escritórios foram invadidos por uma horda de ativistas tranquilos, barbados, cabeludos e muito pacíficos usando kaftans e sandálias e fumando baseados. Tinham a aparência de um bando de druidas e magos errantes. Depois de uma tarde agradável largados nos sofás ouvindo Gong, Henry Cow e Mike Oldfield e tentando me convencer a assinar uma petição qualquer, eles decidiram ir embora. Ficamos na porta da frente agradecendo a visita. Conforme saíam, nós tirávamos deles os suvenires – principalmente discos que tentavam esconder nas dobras dos kaftans, mas um ou dois deles levavam pôsteres, fitas, grampeadores e até um telefone. Todos sorriam quando eram pegos e iam embora sem maiores problemas. Eu os segui até Portobello Road e observei enquanto passavam pelas barracas de frutas. Um deles parou para comprar tâmaras. Enquanto o dono da barraca lhe vendia as frutas, um homem com cabelo raspado em estilo moicano e pintado de rosa e verde passou ali perto.

Os fãs do Gong olharam perplexos para o punk, pegaram as tâmaras e saíram mastigando lentamente.

– Vou sair por dez minutos – avisei Penni, minha assistente.

Subi a Portobello Road e encontrei um lugar para cortar o cabelo.

– Quer cortar quanto? – perguntou o barbeiro.

– Acho que está na hora de fazer valer o dinheiro que estou pagando – respondi. – Pode tirar meio metro e vejamos como eu sou debaixo disso tudo.

No lugar de nomes como Hatfield and the North e Tangerine Dream, uma série de bandas novas assumira os pôsteres. Elas tinham nomes como The Damned, The Clash, The Stranglers e, a mais notória de todas, The Sex Pistols.

Na última semana de novembro eu estava trabalhando no escritório quando ouvi essa música extraordinária tocando no escritório de Simon, diretamente abaixo do meu. Nunca tinha ouvido nada assim antes. Corri escada abaixo para vê-lo.

– O que era aquilo? – perguntei.

– É o single do The Sex Pistols, "Anarchy In The UK".

– Como está se saindo?

– Muito bem – admitiu Simon. – Muito bem mesmo.

– Com quem eles assinaram?

– EMI. Eu os recusei uns meses atrás. Posso ter cometido um erro.

Havia algo tão bruto e poderoso na música que eu estava determinado a tentar contratá-los. Alguns dias depois, liguei para Leslie Hill, diretor executivo da EMI. Ele era ocupado e importante demais para atender minha ligação, então deixei uma mensagem com a secretária dele dizendo que, se algum dia quisesse se livrar do "constrangimento", devia entrar em contato comigo. Meia hora depois, ela retornou minha ligação para dizer que a EMI estava bem satisfeita com o Sex Pistols, obrigada.

Naquela mesma noite, primeiro de dezembro, às 17h30, o Sex Pistols causou furor nacional. Estavam sendo entrevistados no *Today*, um programa de televisão vespertino com Bill Grundy. Bill Grundy voltou de um belo almoço no *Punch* e percebeu que os quatro rapazes em seu estúdio estavam bem bêbados também. Começou a zombar deles, falando de outros grandes compositores, Mozart, Bach e Beethoven. Estava tudo meio bobo, até Johnny Rotten cuspir sua bebida num canto e xingar baixinho:

– Merda.

– O que você disse? – perguntou Grundy. – O que foi isso? Eu ouvi um palavrão?

– Não foi nada – respondeu Rotten.

– Pode falar, o que era?

Grundy teve o que pediu.

– Eu disse "merda" – disse Rotten.

– Sério? – exclamou Grundy. – Minha nossa, você me dá muito medo.

Grundy virou para Siouxsie Sioux, a outra convidada, e perguntou se ela se encontraria com ele mais tarde. Steve Jones, um dos Sex Pistols, riu e o chamou de velho nojento. Grundy voltou-se para ele e o incitou a xingar mais um pouco. Jones o chamou de "babaca imundo" e "patife de merda", e foi o fim do programa.

No dia seguinte, a imprensa de todo o país estava mais uma vez escandalizada com o comportamento do Sex Pistols. Ninguém criticou Bill Grundy por provocar os xingamentos. Eu tomava café da manhã lendo um artigo sobre como alguém tinha chutado a televisão num momento de indignação com o programa quando o telefone tocou. Não eram nem sete horas. Em uma maravilhosa inversão de papéis, o diretor executivo da EMI agora estava me ligando pessoalmente.

– Por favor, venha me ver imediatamente – pediu. – Pelo que entendi, você está interessado em assinar com os Sex Pistols.

Corri aos escritórios da EMI. Leslie Hill e eu concordamos que a EMI transferiria os Sex Pistols para a Virgin, com a condição de que Malcolm McLaren, empresário do grupo, concordasse. Apertamos as mãos. Em seguida, Malcolm McLaren foi conduzido para lá de uma sala vizinha.

– A Virgin se ofereceu para ficar com os Sex Pistols – explicou Hill, sem conseguir disfarçar o alívio na voz.

– Excelente – exclamou McLaren, estendendo-me a mão. – Irei ao seu escritório hoje à tarde.

Em geral, consigo decidir se posso ou não confiar em alguém sessenta segundos depois de conhecer a pessoa. Enquanto observava Malcolm McLaren, com suas calças pretas apertadas e botas de bico fino, eu pensava com meus botões se seria fácil negociar com ele. Ele não apareceu em Vernon Yard à tarde, nem retornou minhas ligações no dia seguinte.

Depois de quatro tentativas, parei de tentar ligar. Ele sabia como entrar em contato comigo, mas não telefonou.

Em 9 de março de 1977, McLaren fechou um contrato do Sex Pistols com a A&M Records. A cerimônia foi do lado de fora do Palácio de Buckingham, onde os quatro punks se enfileiraram para gritar insultos à família real. A banda era composta por quatro rapazes comuns, mas eles eram incitados por Malcolm McLaren.

Eu me sentei à minha mesa pensando em Malcolm McLaren. Eu sabia que ele tinha um campeão de vendas nas mãos, uma banda que transformaria a imagem da Virgin. Se conseguíssemos assinar com os Sex Pistols, removeríamos, de uma vez só, a imagem hippie que pairava sobre nós. A EMI zombou da Virgin, chamando-nos de "Hippies de Earl's Court". Não importava que não morássemos nem perto da boemia de Earl's Court: o nome pegou e eu não gostei. Estávamos presos à imagem do Gong e de Mike Oldfield. Os cheques dos royalties eram impressionantes, mas eu temia que nenhuma das novas bandas punks nos levaria a sério se só tivéssemos várias bandas hippies. A Virgin Music precisava mudar e rápido, e o Sex Pistols poderia ser a solução.

– Toda banda é um risco – afirmou alegremente à imprensa Derek Green, diretor executivo da A&M. – Mas, na minha opinião, os Sex Pistols representam um risco menor que a maioria.

A A&M deu uma festa para comemorar o contrato com os Sex Pistols. Como a A&M era "capitalista" ganhando dinheiro em cima das bandas enquanto as "explorava", os integrantes do Sex Pistols odiaram a empresa tanto quanto odiavam todas as gravadoras – ou, pelo menos, fingiam que odiavam. Sid Vicious, baixista da banda, se superou logo depois de assinar o contrato: destruiu o escritório de Derek Green e vomitou na mesa dele toda. Assim que ouvi a notícia, peguei o telefone para uma última tentativa. Para minha satisfação, Derek Green me disse que estava desistindo deles.

– Podemos assinar com a banda?

– Se conseguirem lidar com eles – respondeu ele. – Nós certamente não conseguimos.

Os Sex Pistols receberam 75 mil libras da A&M como indenização pelo contrato cancelado. Somando com as 50 mil libras que receberam da EMI, ganharam 125 mil libras por fazer nada além de um pouco de xingamento e vômito e um single. Mais uma vez, os Sex Pistols estavam à procura de uma gravadora.

Comecei a admirar como Malcolm McLaren tinha jogado bem suas cartas. Os Sex Pistols eram agora a banda mais chocante do país. Dentre todas as bandas punks que agora se materializavam rapidamente, eles ainda eram os mais notórios. Gravaram um single chamado "God Save The Queen" que eu sabia que queriam lançar a tempo do jubileu de prata da rainha, em julho de 1977.

Eu observei e esperei, sabendo que Malcolm McLaren não gostava de mim. Ele zombava de mim, me chamando de hippie que tinha virado empresário. No entanto, as semanas passavam, o dia do jubileu se aproximava e ninguém se dispunha a assinar com os Sex Pistols. Eu sabia que a Virgin talvez fosse a única gravadora que poderia acolhê-los. Não tínhamos acionistas que pudessem protestar, nenhuma matriz nem chefe para me impedir. Em 12 de maio de 1977, Malcolm McLaren finalmente veio nos ver. O jogo tinha virado. A Virgin fechou contrato pelos direitos do primeiro álbum do Sex Pistols na Grã-Bretanha por 15 mil libras, com mais 50 mil libras pagáveis pelos direitos no resto do mundo.

– Você tem noção de onde está se metendo? – McLaren me perguntou.

– Tenho – assegurei. – A pergunta é: você tem?

A partir do momento em que assinamos com os Sex Pistols, McLaren procurou maneiras de nos alienar, de maneira a nos constranger o suficiente para querermos nos livrar deles. Para seu horror e estupefação, nós nos recusávamos a nos indignar. Lançamos "God Save The Queen", que foi banida da rádio BBC e disparou para número dois nas paradas. Teria chegado a número um, mas lojas como a Virgin e a HMV, que provavelmente venderiam grandes quantidades do disco, foram excluídas da amostra usada para compilar as paradas.

No dia do jubileu de 1977, Malcolm McLaren alugou um barco turístico no Tâmisa e subiu o rio em direção à Câmara dos Comuns. A polícia sabia que ia acontecer alguma coisa. Quando zarpamos do píer de Westminster, duas lanchas da polícia nos escoltavam. A banda esperou até estarmos ao lado da Câmara dos Comuns. Pegaram suas guitarras e baquetas e rugiram a própria versão do hino nacional:

> *God save the Queen,*
> *A fascist regime,*
> *Made you a moron,*
> *A potential H-bomb.*
> *God save the Queen.*
> *She ain't no human being,*
> *There ain't no future in England's dream,*
> *NO FUTURE! NO FUTURE!*[1]

A polícia encostou e insistiu para a banda parar de tocar. Essa atitude era injustificável, pois o barco tinha licença para bandas tocarem. A situação me lembrou do último show ao vivo dos Beatles, no alto do prédio da Apple Studios, quando a polícia desligou os equipamentos. Se fosse Frank Sinatra a bordo, não haveria problema. A polícia veio a bordo e nos levou de volta ao píer, onde prenderam Malcolm McLaren, principalmente porque ele começou a ficar combativo e a gritar "porcos fascistas!".

Naquela semana, vendemos mais de 100 mil cópias de "God Save The Queen". Era claramente o disco número um, mas o *Top of the Pops* e a BBC

---

[1] Deus salve a rainha,
Um regime fascista
Te transformou em idiota,
Uma bomba H em potencial.
Deus salve a rainha.
Ela não é um ser humano,
Não existe futuro no sonho inglês
NÃO HÁ FUTURO! NÃO HÁ FUTURO! (N.T.)

afirmavam que, na verdade, Rod Stewart era o número um. "God Save The Queen" foi banida da televisão e do rádio. Para nós, era um bom negócio: quanto mais a música fosse banida, mais vendia.

Os Sex Pistols foram um ponto de virada para nós, a banda que estávamos procurando. Colocaram a Virgin de volta no mapa como uma gravadora que podia gerar uma quantidade imensa de publicidade e que conseguia lidar com o punk rock. Os Sex Pistols eram um evento nacional: todo comprador que subia e descia a rua principal, todo fazendeiro, todo mundo em todos os ônibus, toda vovó, todos tinham ouvido falar dos Sex Pistols. E viver perto desse tipo de clamor público era fascinante. Como disse Oscar Wilde: "A única coisa pior que falarem de você é não falarem de você". Os Sex Pistols geraram mais recortes de jornal do que qualquer outra coisa em 1977, com exceção do jubileu de prata. A notoriedade deles era praticamente um bem tangível. A maioria das reportagens era negativa, mas acontecera a mesma coisa com os Rolling Stones quando começaram, quinze anos antes.

Em novembro de 1977, a Virgin lançou *Never Mind The Bollocks, Here's The Sex Pistols*. A tipografia na capa do álbum era um design brilhante de Jamie Reid, com recortes grosseiros de manchetes de jornal, no mesmo estilo dos bilhetes de resgate e das cartas de ódio. As lojas da Virgin colocaram grandes pôsteres amarelos nas vitrines, fazendo propaganda do disco. Não era surpresa alguém sempre se ofender com isso. Um dia, o gerente da nossa loja de Nottingham foi preso de acordo com a mesma lei de anúncios indecentes de 1889 pela qual eu tinha sido detido quase dez anos antes, quando o Student Advisory Centre anunciara ajuda para pessoas com doenças venéreas. Liguei para John Mortimer, que me defendera aquela vez.

– Sinto dizer que arrumamos problemas com a lei de anúncios indecentes de novo – falei. – A polícia está dizendo que não podemos usar a palavra "bollocks".

– Sério? – perguntou ele. – O que tem de errado com ela? É uma das minhas palavras preferidas.

– Estão nos fazendo tirar os pôsteres do Sex Pistols que dizem "Never mind the bollocks, here's The Sex Pistols", e estão ameaçando proibir o álbum.

Ele me disse que precisávamos de um consultor linguístico, um professor de inglês que pudesse definir o significado exato de "bollocks" para nós. Como o caso tinha começado em Nottingham, liguei para a Universidade de Nottingham.

– Posso falar com seu professor de linguística, por favor? – pedi.

– Vou transferir o senhor para o professor James Kinsley – disse a moça na recepção.

Ela me transferiu, e eu expliquei a situação.

– Um de seus funcionários foi preso por exibir a palavra "bollocks"? – perguntou o professor Kinsley. – Mas quanta bobagem! Na verdade, a palavra "bollocks" é um apelido do século dezoito para os padres. E assim, como os padres em geral pareciam falar muitos absurdos nos sermões, "bollocks" gradualmente passou a significar "bobagem".

– Então "bollocks" na verdade significa "padre" ou "bobagem"? – perguntei, para ter certeza de que não tinha perdido nada.

– Correto – confirmou ele.

– O senhor estaria preparado para testemunhar em juízo?

– Seria um prazer – respondeu ele.

Eu gostei do processo. O promotor da polícia estava determinado a vencer o que era claramente um caso de importância nacional. Nosso gerente foi interrogado e admitiu que tinha exibido o pôster dos Sex Pistols em destaque na vitrine da loja. O policial recitou como o havia prendido por exibir esse pôster ofensivo. O policial tinha o olhar presunçoso de alguém que estava prestando um grande serviço público e esperava ser louvado por isso.

– Não tenho perguntas – disse John Mortimer quando foi chamado a interrogar o policial.

Deveras decepcionado, o policial foi dispensado.

– Eu gostaria de chamar minha testemunha – anunciou John Mortimer quando se levantou. – Professor James Kinsley, professor de linguística na Universidade de Nottingham.

Conforme o professor James Kinsley explicava que "bollocks" não tinha nada a ver com testículos e na realidade significava "padres", e depois, devido aos sermões dos padres serem cheios de bobagens, acabou adquirindo esse significado, John Mortimer lançou-lhe um olhar tacanho e pareceu ter dificuldades para encadear o raciocínio.

– Professor Kinsley, o senhor está dizendo que a expressão *"Never mind the bollocks, here's The Sex Pistols"*, que é a base desta ação, deveria ser mais precisamente traduzida como "pouco importam os padres, aqui estão os Sex Pistols"? – inquiriu John Mortimer.

– Exatamente. Ou poderia significar "pouco importam as bobagens, aqui estão os Sex Pistols".

John Mortimer aguardou fazer-se o silêncio no tribunal.

– Pouco importam os padres, aqui estão os Sex Pistols – ponderou ele. – Esse é o significado desta expressão. Bem, não tenho nada a acrescentar. Parece um título estranho para um disco, mas duvido que a Igreja se importaria.

– Também duvido que se importem – concordou o professor Kinsley.

O promotor pressionou o professor Kinsley nesse ponto, perguntando como ele poderia ter certeza de que nenhum clérigo se ofenderia.

Professor Kinsley jogou então seu trunfo: puxou a gola polo para revelar um colarinho clerical. Professor Kinsley também era conhecido como Reverendo Kinsley.

– Basta – cortou o magistrado. Endireitou as costas, alinhou os ombros e, adotando toda autoridade solene que conseguiu reunir, anunciou:

– O caso está indeferido.

10.

PENSEI EM ME MUDAR PARA CÁ – DISSE JOAN

1976 – 1978

Num fim de semana no início de 1976, conheci minha futura esposa, Joan Templeman, na Manor. Costumo levar menos de trinta segundos para formar uma opinião sobre alguém, e fiquei caidinho por Joan quase que desde a primeira vez que a vi. O problema era que ela já era casada com outra pessoa, um produtor musical e tecladista que estava produzindo uma banda da Virgin chamada Wigwam.

Joan era uma escocesa pé no chão, e eu imediatamente vi que ela não levava desaforo para casa. Sabia que não conseguiria atrair sua atenção como havia feito com Kristen. A maioria dos meus relacionamentos anteriores com mulheres tinham se baseado em grandes atitudes públicas, mas pela primeira vez eu senti que ali estava uma mulher que não queria minhas excentricidades de sempre.

Joan trabalhava em uma loja de antiguidades chamada Dodo, em Westbourne Grove, perto dos nossos escritórios da Vernon Yard. Na segunda-feira de manhã eu fiquei zanzando indeciso do lado de fora da loja até juntar coragem para entrar. A loja vendia placas e anúncios antigos. Quando perguntei à dona da loja se Joan estava, ela me olhou com desconfiança.

– Você é cliente? – perguntou, de cara fechada.

– Sim, sou fascinado por placas antigas – respondi, olhando indeciso pela loja.

Joan veio dos fundos.

– Vejo que já conheceu Liz – comentou. – Liz, este é o Richard.

– Então, o que gostaria de comprar? – pressionou Liz.

Não havia saída. Nas semanas que se seguiram, minhas visitas a Joan me renderam uma coleção impressionante de antigas placas de lata pintadas à mão que anunciavam de tudo, de pão Hovis a cigarros Woodbine. Uma placa de lata dizia *"Dive in here for tea!* [Mergulhe para ganhar chá!]. Também comprei um grande porco que tocava címbalos e um dia decorou um açougue. Uma das minhas placas preferidas era uma antiga propaganda dinamarquesa de bacon e ovos que mostrava um porco casualmente recostado em uma parede ouvindo uma galinha cantar. A galinha estava comemorando o ovo recém-botado e a legenda da cena era "Nossa, isso sim é música!" Essa placa eu dei para Simon Draper, porque ele sempre ficava num mau humor terrível até tomar um café da manhã decente. Ele a pendurou atrás de sua mesa, onde ela depois inspirou o título de nossas compilações anuais de melhores músicas: *Now That's What I Call Music*. Quando comprei todos os meus presentes de Natal na Dodo, Liz disse a Joan que ela era a melhor assistente que já tinha arrumado.

Joan já estava casada com Ronnie Leahy há quase oito anos, mas não tinham filhos. Ronnie viajava muito e, para mim, talvez por conveniência, parecia que ele e Joan estavam começando a se afastar. Sempre que Ronnie estava fora, eu ligava para os amigos de Joan e perguntava se iam sair com ela.

– Tudo bem se eu for junto? – perguntava casualmente.

Logo começaram a me chamar de "Tag-along" ["vai junto"], e eu realmente não me importava, visto que indo junto eu tinha chance de me sentar perto de Joan e conversar com ela. Nossa corte era diferente dos meus outros romances, que eu conseguira controlar. Joan era uma pessoa intensamente privada, e era muito difícil descobrir o estado do casamento dela. Eu sabia como me sentia com relação a ela, mas quase não fazia ideia do que ela achava de mim. Acreditava que ela talvez estivesse intrigada com a minha persistência, mas, de resto, estava no escuro.

Por fim, Joan concordou em ir comigo à Ilha de Wight, e passamos o fim de semana em um hotelzinho em Bembridge. Foi o início de nosso caso. Como Joan era casada, continuamos ambos com vidas duplas. Ela não podia me ver durante a semana, quando Ronnie estava em casa, mas um dia, bem cedinho, decidiu me surpreender aparecendo na minha casa em Denbigh Terrace, onde eu ainda morava. Quando entrou, ela viu minha empregada Martha subindo as escadas para o meu quarto levando uma bandeja com duas xícaras de chá. Joan sabia que eu estava na cama com outra mulher – e estava mesmo –, então parou Martha e colocou uma flor na bandeja.

– Só diga para o Richard que Joan mandou oi – disse, antes de dar as costas e voltar para a loja.

Fiquei arrasado. Corri para vê-la na Dodo e persuadi-la a almoçar comigo.

– Como era mesmo aquela conversa toda de amor eterno? – perguntou Joan, sarcástica.

– Bom, eu estava me sentindo sozinho – respondi, nada convincente. – Não consegui esperar até o fim de semana.

– Que desculpa mais ridícula! – exclamou Joan.

Tentei parecer arrependido e envergonhado de mim mesmo, mas nossos olhares se cruzaram e os dois caímos na gargalhada.

Nosso caso continuou por quase um ano. Estávamos desesperados para ficar juntos, e nos ligávamos sempre que tínhamos cinco minutos de folga. Joan escapava da Dodo, eu saía de Vernon Yard e nos encontrávamos em Denbigh Terrace, que ficava bem no meio do caminho. A geografia do nosso caso era bem restrita: Vernon Yard, Westbourne Grove e Denbigh Terrace cruzam a Portobello Road a uns vinte metros uma da outra, então Joan e eu vivíamos nosso relacionamento dentro de um triângulo minúsculo e intenso.

Quando conseguíamos vinte minutos preciosos no almoço, quinze minutos antes de uma reunião ou alguns momentos antes de a Dodo fechar, tentávamos esquecer o resto do mundo. Mas, apesar da paixão, tínhamos uma consciência intensa de que Joan era casada (na verdade, no papel, eu estava na mesma situação), e que corríamos o risco de magoar Ronnie. De certa maneira, Joan e Ronnie tinham um relacionamento parecido com o meu com Kristen: Ronnie queria experimentar dormir com outras mulheres e tinha dito a Joan que ela também precisava ampliar seus horizontes. Joan andava confusa porque não conseguia lidar com uma série de casos de uma noite, e gradualmente começou a se apaixonar por mim.

Nosso caso ficou ainda mais complicado quando Kristen ouviu falar que eu estava apaixonado por Joan e voltou a Londres. Nessa época, eu já tinha conseguido comprar o *Duende* de Kevin Ayers. Mais ou menos ao mesmo tempo, Kristen o deixou, e agora me disse que queria voltar comigo. Afinal, ainda éramos casados. Minha família sempre defendeu manter o casamento a todo custo, então eu sentia uma responsabilidade enorme em concordar com Kristen. Mas estava apaixonado por Joan. A situação era um pesadelo para todos nós: Joan estava dividida entre mim e Ronnie, Kristen estava dividida entre mim e Kevin, e agora eu estava dividido entre Kristen e Joan. O que começara como um caso dos sonhos com Joan no minúsculo quarto na casa de Denbigh Terrace agora começava a destruir a vida de cinco pessoas.

O caos desses quatro relacionamentos por fim se resolveu quando eu estava numa festa com Joan e Kristen. Linda, a melhor amiga de Joan, me encurralou:

– Por quem você está apaixonado de verdade? – intimou ela. – Essa situação não pode continuar assim. Vocês todos estão se matando aos poucos, precisam resolver isso.

Vi Joan conversando com alguém.

– Estou apaixonado por uma mulher – respondi, olhando para Joan de longe. – Porém, ela não está apaixonada por mim.

– Pois eu digo que ela está, sim – afirmou Linda, seguindo meu olhar.

A conversa morreu aí.

Na noite seguinte, eu estava sozinho no *Duende*. Era uma noite escura de fevereiro e chovia forte. Eu estava ao telefone, por isso não ouvi baterem. A porta se abriu e eu me virei. Era Joan.

– Eu te ligo mais tarde – falei para o telefone, e fui abraçá-la.

– Bem, pensei em me mudar para cá – disse Joan.

– Recebemos outro pedido da Nigéria – informou Chris Stylianou. – Eles adoram esse cara, U-Roy.

Chris Stylianou agora era gerente de exportações da Virgin e, nos últimos meses de 1977, fechou negócios de milhares de libras, por mais bizarro que pareça, na Nigéria. Os nigerianos adoravam reggae. Naquela época, a Island Records de Chris Blackwell era praticamente a única gravadora britânica que vendia reggae.

Em 1976, segui os passos de Chris Blackwell até a Jamaica com a intenção de contratar alguns artistas de reggae. Depois de me sentar na varanda dele por alguns dias, finalmente consegui assinar com Peter Tosh, que cantara com Bob Marley, e com um cantor chamado U-Roy. *Legalize It*, primeiro álbum de Peter Tosh com a Virgin, vendeu bem em 1977. Mas agora havia um som diferente: radialistas e DJs jamaicanos estavam gravando os próprios discos e entoando um monte de gírias rimadas e slogans políticos com uma batida de fundo. Era um precursor do rap. Esses artistas eram chamados de *toasters*, e era U-Roy, um hipster cheio de joias, que estava indo tão bem na Nigéria. Eu sabia que haveria mais *toasters* na Jamaica e decidi que devíamos ir até lá e monopolizar o mercado.

Eu sempre gostei de sair de Londres no meio do inverno. Descobri que o sol e as viagens longas sempre me dão uma perspectiva mais clara da vida na capital. E, dessa vez, eu tinha dois motivos extras para sair da cidade: queria levar Johnny Rotten comigo porque ele estava enfrentando algumas dificuldades com os Sex Pistols e Malcolm McLaren; também esperava me encontrar com Joan, que estava indo para Los Angeles com Ronnie dar uma última chance ao casamento deles. Johnny Rotten ficou contente em ir, pois adorava reggae, e Joan e eu concordamos em não nos falarmos até que ela tivesse resolvido seu casamento de uma maneira ou de outra.

Na última hora Simon não conseguiu ir comigo, e por isso fui com Ken. Assim, no início de 1978, um roqueiro punk, um contador e um hippie de Earl's Court regenerado voaram juntos para Kingston, na Jamaica, para contratar algumas bandas de reggae e procurar *toasters*. Sabendo que os jamaicanos não confiam em contratos por escrito, levamos uma maleta com trinta mil dólares em dinheiro e nos instalamos no Kingston Sheraton. Logo correu a notícia de que três gringos estavam na cidade querendo testar músicos, e uma série de bandas começou a vir ao quarto do hotel. Ken sentava-se na cama com a maleta; Johnny e eu ouvíamos as fitas das bandas e conversávamos com elas. Johnny decidia quais bandas devíamos contratar, depois Ken abria a maleta e pegava o dinheiro. Dólares americanos eram moeda forte na Jamaica, onde as importações eram proibidas e tudo era comprado no mercado paralelo. Algumas das bandas estavam tão dispostas a nos impressionar que traziam baterias e guitarras consigo. Logo nosso quarto estava cheio de rastafáris altos usando imensos gorros com listras vermelhas, amarelas e verdes. Um cantor alto postou-se diante de nós e cantou com todo o coração sobre sua terra natal espiritual, a Etiópia.

Observei Johnny sentado no sofá balançando a cabeça suavemente no ritmo da música. Era difícil acreditar que era o mesmo homem, magro feito pau de virar tripa, que guinchava insultos para todos, cuspia nas imagens da rainha e incentivava uma geração raivosa. Pensando no imperador Haile Selassie, que inspirou os rastafáris, eu me perguntava se a família real britânica não teria perdido o jeito.

Ao longo de uma semana contratamos quase vinte bandas de reggae e encontramos mais dois *toasters*, Prince Far I e Tappa Zukie. Tentei convencer Johnny Lydon a continuar com os Sex Pistols, sem sucesso. Ele me disse que o grupo só sabia brigar entre si e com Malcolm McLaren; que Sid Vicious estava em parafuso, tomando todo tipo de droga e ficando cada vez mais violento com Nancy, sua namorada. Johnny queria partir para a carreira solo; tinha alguns músicos em mente para formar uma nova banda chamada PiL, Public Image Limited. Fiquei chateado, porque queria desenvolver os Sex Pistols para serem a próxima banda de rock clássico, na esteira dos Rolling Stones. Afinal, os Rolling Stones haviam começado como a banda mais chocante do mundo, com Mick Jagger sendo preso por posse de drogas e escandalizando a opinião pública. Em 1978, os Stones já tinham mais de quinze anos de estrada e se tornado parte do *establishment* do rock'n'roll. E não parecia que parariam por aí.

PENSEI EM ME MUDAR PARA CÁ – DISSE JOAN

FIQUEI CHATEADO, PORQUE QUERIA DESENVOLVER OS SEX PISTOLS PARA SEREM A PRÓXIMA BANDA DE ROCK CLÁSSICO, NA ESTEIRA DOS ROLLING STONES.

Lidar com o sucesso traz dificuldades próprias para uma banda de rock, é claro, mas fazer seu nome entrar na cabeça das pessoas é quase a coisa mais difícil de se conseguir. Os Sex Pistols certamente tinham entrado no vocabulário mundial, ainda que apenas como exemplo do que a maioria das pessoas considera revoltante, e eu achava que eles eram loucos por abrir mão dessa vantagem. Tentei convencer Johnny de que os Sex Pistols poderiam usar seu nome de formas ligeiramente diferentes, e talvez se afastarem da imagem extrema de punk que tinham assumido. Eu também queria promovê-los no exterior: *Never Mind The Bollocks* havia vendido apenas 300 mil no exterior, mais ou menos a mesma vendagem da Grã-Bretanha, e eu tinha certeza de que poderiam se sair muito melhor com álbuns sucessivos. Depois do sucesso instantâneo de Mike Oldfield, seguido de sua saída da vida pública, eu estava determinado a não deixar os Sex Pistols desmoronarem também. Eles eram a principal banda da Virgin e tinham catalisado o maior sucesso da Virgin Music e toda uma nova onda do rock. Mas Johnny não estava a fim de ouvir.

Na nossa última noite, encontramos um bar rasta no litoral de Kingston que vendia peixe em um molho jerk forte. Ficamos sentados do lado de fora, olhando o mar. Um bando de pelicanos estava mergulhando em formação, e observamos os pássaros atravessarem metodicamente cardumes de peixes, cada um deles decolando e mergulhando, fechando as asas antes de afundar na água. Bebemos cerveja Red Stripe e ouvimos Bob Marley. Embora eu continuasse voltando a conversa ao que os Sex Pistols poderiam fazer, Johnny não me ouvia.

Havia um mundo de diferenças entre Mike Oldfield e os Sex Pistols, mas, nos dois casos, eles descobriram que não conseguiam lidar com as pressões da fama. Do meu ponto de vista, como chefe da gravadora deles, havia mais uma diferença: Mike Oldfield tinha rendido à Virgin Music uma montanha de dinheiro, que usamos para construir a empresa e contratar novos artistas. Não estaríamos na ativa sem ele. Embora os Sex Pistols tivessem sido número um com "God Save The Queen" e seu álbum *Never*

Mind The Bollocks também tivesse chegado ao primeiro lugar, a Virgin não ganhou muito dinheiro com o grupo.

Sentado na praia da Jamaica com Johnny Rotten, fui forçado a aceitar que a Virgin nunca ganharia muito dinheiro com os Sex Pistols. Malcolm McLaren conseguira que os Sex Pistols participassem de um filme chamado *A grande trapaça do rock & roll*, e eu me perguntava se poderíamos lançar uma trilha sonora dele; caso contrário, Simon, Ken e eu teríamos que aceitar que, a partir de agora, os Sex Pistols não tinham muito futuro.

Embora fosse muito frustrante vê-los desmoronar – de uma maneira muito pior do que Mike Oldfield, que continuou a produzir discos que vendiam bem –, havia algum consolo no fato de que, depois de assinarmos com os Sex Pistols, a Virgin se tornara uma gravadora competente para bandas de punk e new wave. O mundo da música tinha visto a promoção que fizemos dos Sex Pistols, e toda uma nova geração de bandas empolgantes estava nos procurando. Simon tinha contratado bandas como The Motors, XTC, The Skids, Magazine, Penetration e The Members, que estavam vendendo bem, e outra banda chamada The Human League estava criando uma base de fãs. A Virgin Music Publishing tinha assinado com um professor de Newcastle chamado Gordon Sumner que usava o nome Sting e cantava em uma banda chamada Last Exit que parecia ser promissor.

Voltei ao Kingston Sheraton, ponderando as perspectivas da Virgin sem os Sex Pistols. Havia uma mensagem de Joan, pedindo para ligar para ela.

– Vamos nos encontrar em Nova York? – pediu.

Parti da Jamaica na manhã seguinte.

VIVENDO
NO LIMITE

1978 - 1980

Encontrei-me com Joan em Nova York. Sua tentativa de consertar o casamento com Ronnie havia fracassado. Passamos a semana em Manhattan, com a sensação de refugiados. Meu divórcio de Kristen ainda não tinha saído, e Joan tinha se separado de Ronnie há apenas alguns dias. Estávamos pensando em escapar de Nova York para passar um tempo juntos, fora do alcance dos telefones, quando alguém me perguntou se eu tinha dado o nome à Virgin Music por causa das Ilhas Virgens. A resposta foi não, mas soou como o refúgio romântico que Joan e eu precisávamos.

Num impulso, decidimos ir para as Ilhas Virgens. Não tínhamos onde ficar nem muito dinheiro, mas eu tinha ouvido falar que, se você expressasse um sério interesse em comprar uma ilha, o corretor de imóveis da região providenciaria acomodações gratuitas numa bela *villa* e voos de helicóptero por todas as Ilhas Virgens. Isso soou bem divertido. Descarado, fiz algumas ligações e, claro, quando me apresentei e mencionei os Sex Pistols e Mike Oldfield e falei que a Virgin Music estava mesmo se expandindo e que queríamos comprar uma ilha para a qual nossos astros do rock poderiam ir e fugir de tudo, e talvez montar um estúdio de gravação lá, o corretor começou a ficar muito empolgado.

Joan e eu fomos para as Ilhas Virgens, onde fomos recebidos como realeza e levados para uma suntuosa *villa*. No dia seguinte, nos levaram para um passeio de helicóptero pelas Ilhas Virgens enquanto o corretor nos mostrava as ilhas que estavam à venda. Fingimos ter gostado muito das duas primeiras ilhas que vimos, mas perguntamos se havia outras.

– Tem mais uma que é uma verdadeira joia – afirmou ele. – Está sendo vendida por um lorde britânico que nunca veio para cá. É a Ilha Necker, mas não acho uma boa ideia porque fica a quilômetros de tudo.

Era o que eu queria ouvir.

– Tudo bem – respondi. – Podemos vê-la, por favor?

Enquanto voávamos para a Ilha Necker, eu olhei para baixo, pela janela do helicóptero, e fiquei maravilhado com o mar azul-claro límpido. Pousamos em uma praia de areia branca.

– Não tem água na ilha – informou o corretor. – Os últimos habitantes conhecidos foram dois jornalistas que vieram para cá em um curso de sobrevivência. Pediram ajuda pelo rádio antes do fim da semana. É a ilha mais linda de todo o arquipélago, mas precisa de muito investimento.

Havia uma colina acima da praia. Joan e eu fomos até o topo para ter uma vista da ilha inteira. Não havia caminho aberto, então quando chegamos ao topo nossas pernas estavam arranhadas e sangrando de passar pelo meio dos cactos. No entanto, a vista lá de cima valeu a pena: vimos o recife em volta de toda a ilha e percebemos que a praia circundava quase toda a costa. O corretor havia me dito que tartarugas-de-couro vinham botar seus ovos nas praias de Necker. A água era tão transparente que vimos uma arraia gigante nadando serenamente junto ao leito arenoso do recife. Havia milhares de gaivotas e andorinhas-do-mar em seus ninhos, e um pequeno bando de pelicanos pescando em formação. Mais acima, uma fragata passou planando em uma corrente de ar, suas amplas asas muito abertas, como se esculpisse seu caminho pelas térmicas. No interior da ilha, vimos dois lagos de água salgada e uma pequena floresta tropical. Um bando de papagaios-pretos voava acima das copas da floresta. Olhando para as outras ilhas, conseguíamos ver apenas suas costas verdes; não havia uma única casa à vista. Descemos a colina para encontrar o corretor.

– Quanto ele quer por ela? – perguntei.

– Três milhões de libras.

Nossas ideias de assistir ao pôr do sol do alto da colina se esvaíram.

– Bela ideia – disse Joan, e nos arrastamos de volta ao helicóptero.

– Quanto estavam pensando em gastar? – perguntou o corretor, subitamente suspeitando da trapaça.

– Podemos oferecer 150 mil libras – respondi, vivamente. – Duzentos mil dólares – complementei, tentando fazer parecer mais.

– Entendo.

No caminho de volta para a *villa*, ficou claro que não éramos mais bem-vindos. Falar em 200 mil dólares não foi suficiente para nos garantir uma noite na *villa*. Nossas malas foram deixadas à porta, e Joan e eu as puxamos pelo vilarejo até uma pousada. Estava claro que não haveria mais passeios de helicóptero pelas ilhas. Ainda assim, Joan e eu estávamos determinados a comprar Necker. Sentimos que poderia ser nossa ilha secreta, nosso esconderijo, um lugar onde sempre poderíamos nos refugiar. Assim, embora tivéssemos sido praticamente tocados das Ilhas Virgens como se fôssemos ladrões de gado, juramos voltar.

De volta a Londres, depois, descobri que o dono da Ilha Necker queria vender logo. Ele queria construir um edifício em algum lugar da Escócia que lhe custaria cerca de 200 mil libras. Aumentei minha oferta para 175 mil libras e esperei três meses. Finalmente recebi uma ligação.

– Se oferecer 180 mil libras, ela é sua.

Ninguém chegou a mencionar que 180 mil libras eram apenas uma fração do preço inicial de 3 milhões de libras. Concordei na mesma hora, e a Ilha Necker era nossa. Mesmo a um preço tão baixo, havia um problema: o governo das Ilhas Virgens havia decretado que quem comprasse a Ilha Necker teria que desenvolvê-la no prazo de cinco anos, ou a propriedade passaria para eles. Custaria um bom dinheiro construir uma casa e trazer água da ilha vizinha, mas eu queria voltar lá com Joan. Estava determinado a ganhar dinheiro suficiente para pagar por isso.

Joan e eu ficamos na Ilha Beef pelo resto daquelas férias, e foi lá que tive a ideia da Virgin Airways. Estávamos tentando pegar um voo para Porto Rico, mas o voo programado foi cancelado. O terminal do aeroporto estava cheio de passageiros presos ali. Fiz algumas ligações para companhias privadas e consegui fretar um avião para Porto Rico por dois mil dólares. Dividi o preço pelo número de assentos, peguei uma lousa emprestada e escrevi "Virgin Airways: voo único para porto rico US$39". Andei pelo terminal do aeroporto, e logo todos os lugares do avião fretado estavam ocupados. Quando pousamos em Porto Rico, um passageiro se virou para mim e disse:

– A Virgin Airways nem é tão ruim. Melhore um pouco o serviço e pode ter futuro.

– Talvez eu faça isso mesmo – ri.

– Richard, quero me casar e quero que você seja meu padrinho – disse Mike Oldfield.

– Isso é maravilhoso – respondi. – Quem é ela?

– Filha do meu professor de terapia.

Mike Oldfield sempre fora introvertido. Em setembro de 1976, participou de um curso de terapia no País de Gales; parece que tinha algo a ver com ser alternadamente humilhado e elogiado diante de um grupo de pessoas. Para mim, parecia mais um curso rápido de sobrevivência na escola ou no exército. Contudo, o curso acabou com a introversão de Mike. Em poucos dias estava posando nu para fotografias como *O pensador* de Rodin para a imprensa musical. E agora queria se casar.

– Há quanto tempo a conhece? – perguntei.

– Três dias.

– Não é melhor esperar?

– Não posso esperar – respondeu ele. – Ela só vai dormir comigo depois que nos casarmos. Vai ser amanhã, no Cartório de Registros de Chelsea.

Como não consegui dissuadi-lo, Joan e eu fomos até o cartório de registros e esperamos por Mike e sua noiva. Levamos duas banquetas africanas esculpidas como presente de casamento. Colocamos as banquetas na calçada e nos acomodamos enquanto Mike não chegava. Uma série de homens e mulheres passavam por nós e saíam como marido e mulher. Enquanto estávamos ali sentados esperando, eu sentia toda a ideia de casamento cada vez menos atraente. Apesar de ambos termos passado por casamentos que não deram certo, a visão dessa linha de produção de casais saindo casados do cartório a cada seis minutos e meio e, em nossa perspectiva distorcida, indo para os advogados de divórcio, nos desanimou a repetir nossas juras. Elas pareciam vazias. Eu sabia que amava Joan, mas sentia que não precisava repetir os clichês para confirmar isso.

Mike e Sarah se casaram e nós lhes demos as duas banquetas africanas. Jantamos todos juntos, mas a noite terminou cedo porque Mike estava claramente ansioso para levar Sarah para a cama. Na manhã seguinte, o telefone tocou.

– Richard, quero o divórcio. – Era Mike.

– O que aconteceu?

– Não somos compatíveis – respondeu Mike, em um tom que rejeitava outros questionamentos.

Mike e Sarah foram mais ou menos direto do cartório para os advogados, e ele acabou pagando mais de 200 mil libras para ela. Não faço ideia do que aconteceu naquela noite, mas, seja como for, deve ter sido o caso de uma noite mais caro da história.

Em 1977, a Virgin como um todo teve um faturamento bruto de 400 mil libras; em 1978, o valor aumentou para 500 mil libras. Depois do colapso dos Sex Pistols, acabamos com um punhado dos nossos artistas originais; o mais importante deles era Mike Oldfield, cujos discos continuavam vendendo mesmo durante o advento do punk e do new wave. Também tínhamos duas novas contratações, ambas com um jeito bem esotérico e muito sintetizador: Orchestral Manoeuvres in the Dark e The Human League. Embora essas duas bandas ainda não vendessem bem, XTC, The Skids e Magazine mantinham as vendas. Também continuamos a vender bem na França e na Alemanha, principalmente com Tangerine Dream.

Em 1979, alguém de fora poderia olhar para a Virgin e chegar à conclusão de que era uma coleção heterogênea de diferentes empresas. De nossa minúscula casa em Vernon Yard, operávamos as lojas de discos, administradas por Nik, a gravadora, administrada por Simon e Ken, e a empresa de publicação musical, administrada por Carol Wilson. A Manor ia bem, e tínhamos ampliado nosso negócio de gravação com a compra de um estúdio de gravação em Londres. O plano original de montar tudo de que um astro do rock precisaria – gravação, publicação, distribuição e varejo – estava começando a funcionar. Além disso tudo, tínhamos criado também a Virgin Book Publishing, principalmente para publicar livros sobre música, além de biografias e autobiografias de astros do rock.

Em troca dos futuros álbuns dos Sex Pistols, que agora nunca seriam feitos, adquirimos os direitos do filme que Malcolm McLaren estava produzindo: *A grande trapaça do rock & roll*. Isso garantiu um último álbum, o da trilha sonora do filme. Para montar esse filme, criamos a Virgin Films, que Nik começou a administrar.

Outro empreendimento de Nik era The Venue, uma boate na qual nossas bandas podiam tocar e as pessoas comiam e socializavam quando assistiam. Conforme o mundo do rock se sofisticava cada vez mais, ficou claro que as bandas não queriam mais simplesmente gravar as músicas e lançá-las. Os videoclipes se tornaram a maneira mais eficiente de promover músicas, e algumas pessoas cínicas observavam que os vídeos eram tão importantes quanto a música em si. Para atender essa demanda, Nik também montou um estúdio de edição de filmes no qual nossas bandas podiam fazer e editar os próprios vídeos.

O outro serviço que a Virgin devia oferecer aos nossos artistas era a possibilidade de vender discos no exterior. Embora fôssemos uma empresa minúscula instalada em uma casinha em Notting Hill, eu sabia que, se não tivéssemos empresas no exterior, não teríamos a menor chance de assinar com bandas internacionais. Uma das muitas vantagens do rock é que, no topo da pirâmide, era puro *commodity* internacional. A melhor medida do sucesso de um grupo é o número de discos que lançam no exterior. As grandes empresas multinacionais tinham uma imensa vantagem sobre a Virgin ou a Island porque, durante a negociação para fechar com uma banda, podiam mencionar suas equipes de vendas na França e na Alemanha.

Uma opção que a Virgin tinha era não concorrer com as multinacionais no exterior, concentrando-se apenas no mercado doméstico do Reino Unido, e licenciar nossas bandas no exterior da mesma maneira que fizemos com Mike Oldfield, logo no início. Embora fosse uma opção tentadora, por nos poupar despesas, eu não estava satisfeito com ela. A Island e a Chrysalis adotaram essa abordagem e eu senti que restringiu o crescimento delas, deixando-as à mercê dos licenciados estrangeiros. Ao licenciar uma banda para outra gravadora, você perde todo o controle sobre a promoção. Além de querer controlar as perspectivas das nossas bandas britânicas no exterior, também queríamos atrair bandas estrangeiras para a Virgin. Queríamos que bandas francesas, alemãs e americanas sentissem que podiam assinar conosco para ter direitos mundiais, em vez de assinar com grandes gravadoras internacionais.

Com pessoal reduzido em Vernon Yard, era difícil imaginar que poderíamos de fato concorrer com as multinacionais nos termos delas, mas decidimos tentar mesmo assim. Em 1978, Ken foi para Nova York estabelecer o selo Virgin nos Estados Unidos. Como a Virgin tinha crescido em Londres, proliferando em diversas casinhas em Notting Hill, eu imaginei que a Virgin America começaria com uma casa em Greenwich Village, depois se espalharia lentamente pelo país comprando casas em Chicago, Los Angeles, São Francisco e outros centros regionais, de modo a não termos uma única sede monolítica.

Em 1979, fui para a França me encontrar com Jacques Kerner, chefe da PolyGram na França. Eu não conhecia ninguém na indústria musical francesa e, embora o pretexto para a reunião fosse pedir à PolyGram para distribuir nossos discos, na verdade eu estava à procura de alguém que pudesse montar uma filial da Virgin na França. Jacques Kerner me apresentou a Patrick Zelnick, um homem de aparência intrigante que administrava o setor de discos da PolyGram. Patrick tinha um olhar vagamente distraído, mais ou menos como Woody Allen, com cabelo grosso, crespo e rebelde, e usava óculos pesados de armação preta. Patrick não só se parecia com Woody Allen, como também se comportava como ele: depois do nosso primeiro almoço, passamos quatro horas tentando descobrir onde ele tinha estacionado o carro. Patrick me disse que tinha observado o progresso da Virgin com interesse. Ele tentara conversar conosco no nosso estande no Festival de Música de Cannes de 1974, mas a única coisa que encontrou foi uma placa dizendo "Fui esquiar". Depois, começou a aparecer na loja da Virgin Records em Oxford Street para comprar discos; adorava Mike Oldfield e Tangerine Dream.

Jacques Kerner estava me oferecendo 300 mil libras para licenciar todo o catálogo da Virgin na França, além de um percentual de royalties. Como a Virgin tinha pouco dinheiro naquela época, e tínhamos assumido mais um financiamento para pagar a Ilha Necker, a opção fácil teria sido aceitar a proposta. Contudo, em vez de anotar os detalhes no meu caderno, escrevi "Patrick Zelnick: Virgin France" e surpreendi Jacques Kerner pedindo um tempo para pensar.

Depois da reunião eu agradeci aos dois homens e os convidei para me visitarem na casa flutuante quando fossem a Londres. No mês seguinte, Patrick veio a Londres e me ligou. Almoçamos no *Duende*, e eu perguntei se ele sairia da PolyGram para montar uma subsidiária independente da Virgin na França. Eu lhe daria independência total para contratar as bandas francesas que ele preferisse. Fizemos uns cálculos aproximados em um pedaço de papel, e Patrick aceitou minha oferta. Ele montou a Virgin France com um amigo dele, um sujeito extravagante e esfarrapado viciado em heroína, mas com excelente gosto musical. Enquanto Patrick cuidava dos negócios, Philippe passava o tempo com todas as bandas.

– Se você é convidado para jantar – disse Jacques Kerner em tom reprovador ao me ligar quando Patrick pediu demissão –, não leva os talheres consigo quando vai embora.

Eu me desculpei por levar Patrick, mas disse a Jacques que Patrick montou a Virgin por decisão própria. Só depois de Patrick sair da PolyGram nós repassamos os valores e percebemos que havíamos calculado errado: tínhamos esquecido de incluir o imposto nas estimativas; tínhamos usado a margem de varejo errada, e com isso superestimamos os números dos discos vendidos em Paris. Mas aí já era tarde: Patrick e Philippe estavam trabalhando para a Virgin. Uma das primeiras bandas que contrataram se chamava Téléphone e naquele ano se tornou campeã de vendas na França. Anos depois, Patrick menearia a cabeça, sem acreditar que tinha deixado a segurança da PolyGram para se unir a uma gravadora inglesa quase quebrada.

Enquanto seguiam as negociações com Patrick, voltei à França para me encontrar com o diretor executivo da Arista Records. Não conseguimos chegar a um acordo de distribuição, mas apurei os ouvidos quando ele começou a se gabar de como a Arista estava prestes a assinar com Julien Clerc, o maior astro pop da França. Eu não fazia ideia de quem era Julien Clerc, mas pedi licença e fui ao toalete. Rabisquei "Julien Claire" no pulso e puxei a manga do suéter com cuidado para cobrir o nome. Depois da reunião, corri para um telefone público e liguei para Patrick.

– Já ouviu falar de um cantor chamado Julien Claire? – perguntei.

– Claro que sim – respondeu Patrick. – É o maior astro da França.

– Bom, ele está livre. Vamos tentar assinar com ele. Podemos almoçar com ele amanhã?

No almoço, no dia seguinte, Patrick e eu conseguimos persuadir Julien Clerc a assinar com a Virgin bem debaixo do nariz da Arista. Em duas semanas, eu consegui ter meu nome riscado da lista de almoços de duas gravadoras, mas tanto Patrick quanto Julien Clerc faturaram uma fortuna para a Virgin France e para si mesmos.

Com Ken em Nova York, Patrick em Paris, Udo na Alemanha e nossa própria operação em Londres, já podíamos anunciar a Virgin como gravadora internacional. Nosso problema era não termos reservas de caixa, então qualquer revés poderia ser fatal. Quando visitava o Coutts Bank, agora eu calçava sapatos e meu cabelo não corria o risco de ficar preso na porta giratória, mas eles ainda me tratavam como um garoto-prodígio, não como empresário. Mesmo ao ver as vendas de 10 milhões de libras, eles apenas chacoalhavam a cabeça e sorriam.

– É tudo boa música pop, não é? – comentava, cordial, o gerente do Coutts. – Meu filho adora Mike Oldfield. Eu só queria que o outro não tocasse toda essa coisa punk barulhenta. Preciso ficar gritando para ele abaixar.

Tentei destacar que a Virgin estava crescendo e se tornando uma grande empresa. Tínhamos boas vendas, e nosso faturamento era bom e estável como o de qualquer empresa normal. No entanto, os banqueiros nunca enxergavam assim:

– Vocês estão indo muito bem – disse o gerente do banco. – Mas claro que a qualidade do seu faturamento ainda não é nada boa. Não temos como prever como vai ser com mais de um mês de antecedência.

Apesar dessa análise pessimista, no final de 1978 estávamos deveras confiantes: tivemos um bom ano no Reino Unido, com uma série de músicas entre as dez melhores, e boas vendas nas lojas de discos. Contudo, em 1979, Margaret Thatcher foi eleita primeira-ministra; as taxas de juros subiram, e fomos atingidos por uma séria recessão. As vendas de discos na Grã-Bretanha caíram pela primeira vez em vinte anos, e nossa cadeia de lojas perdeu muito dinheiro. Ken também não tivera sorte em Nova York: o primeiro single da Virgin custou 50 mil dólares para ser promovido e foi um completo fracasso. Com relutância, decidimos fechar o escritório e chamamos Ken de volta.

Tudo parecia estar dando errado, mesmo em casa. Em novembro de 1979, Joan me ligou para dizer que a casa flutuante corria o risco de afundar. Eu tinha deixado a bomba de água ligada e, em vez de bombear a água para fora, tinha sofrido uma pane e começado a puxar água para dentro. Nós nos encontramos no *Duende* e andamos com dificuldade pela água tentando salvar móveis e caixas de documentos. Depois de recuperar tudo que pudemos, ficamos no cais conversando com os vizinhos sobre a melhor maneira de salvar o barco. Um dos vizinhos deslocou uma caixa e, para nosso constrangimento, dela caiu um grande vibrador. Quando atingiu o chão, ele ligou sozinho e começou a vibrar. Enquanto todos observávamos, ele vibrou pelo chão e por fim caiu no canal, onde disparou pela água como um torpedo antes de finalmente sumir de vista.

– Você tem algo a ver com isso, Richard? – perguntou Joan, mordaz.
– Não, e você?
– É claro que não.

A caixa (claro!) estava no *Duende* há anos. O círculo de ondulações onde o vibrador afundara pareceu um fim adequado para a década de 1970.

Em 1980, viajei para Los Angeles para tentar atrair o interesse de gravadoras americanas por artistas ingleses. A viagem foi um desastre. Levei uma coleção de fitas demo, mas ninguém tinha interesse em nada novo. Mike Oldfield continuava popular como sempre – alguém até escreveu o nome dele errado, Oilfield, que era certamente mais próximo da mina de dinheiro que ele representava para a Virgin –, mas as outras bandas que eu estava tentando licenciar, como The Skids, The Motors, XTC, Japan, Orchestral Manoeuvres in the Dark ("Espere aí, Richard", disse o comprador da CBS. "Não temos o dia inteiro. Não podemos chamá-los de OMD?") e The Flying Lizards eram ouvidas com interesse educado, mas poucas ofertas.

Conforme via que o faturamento da Virgin estava secando, eu fazia listas contínuas de economias que podíamos fazer. Vendi Denbigh Terrace e coloquei o dinheiro na Virgin; vendemos dois apartamentos que tínhamos em Vernon Yard; cortamos tudo que conseguimos pensar. Recentemente, encontrei uma lista de prioridades imediatas da época no meu caderno. Ela traz de volta a sensação de desespero:

1. *Refinanciar a Manor*
2. *Desligar o aquecedor da piscina*
3. *Contratar Japan (a banda)*
4. *Vender as casas em Vernon Yard*
5. *Perguntar a Mike Oldfield se podemos segurar o pagamento dele*
6. *Vender a casa flutuante*
7. *Vender meu carro*
8. *Arrendar todo o equipamento de gravação*
9. *Nik poderia vender suas ações para um banco mercantil ou para a Warner Bros.*
10. *Vender The Venue*

Escrevi para os funcionários da Virgin e contei que precisávamos apertar o cinto com urgência:

A boa notícia é que o novo disco de Ian Gillan foi direto para o terceiro lugar das paradas. Mas a má notícia é que vendeu apenas 70 mil cópias, que é só metade do que vendeu um disco em terceiro lugar no ano passado. Nossos lucros caíram em mais da metade, uma vez que temos as mesmas despesas.

Pelos cálculos de Nik, a Virgin estava caminhando para um prejuízo de um milhão de libras em 1980.

– Não posso vender minhas ações para um banco mercantil – disse ele. – A Virgin está perdendo um milhão de libras este ano. As ações não valem nada.

– Mas e a marca? – perguntei.

– "Virgin"? Vale menos um milhão de libras – respondeu ele. – Eles não vão reconhecer valor nenhum na marca. Quanto vale a British Leyland como marca?

De repente, a Virgin estava em uma situação desesperadora. A recessão de 1980 nos pegou com toda a ferocidade inesperada de uma rajada de vento no mar. Pela segunda vez, precisamos dispensar alguns funcionários: nove pessoas, que representavam um sexto da equipe da Virgin Music em todo o mundo. Proporcionalmente foi menor que os cortes feitos por outras gravadoras na época, mas foi um golpe visceral para nós. Nik, Simon, Ken e eu passamos horas discutindo o que fazer. Sem nenhum grande astro do rock no catálogo para lançar um disco de sucesso, a Virgin não tinha um faturamento futuro previsível. Encontramo-nos lutando desesperadamente para tentar provar que o Coutts Bank estava errado. Mais uma vez repassamos nosso catálogo de bandas e fizemos vários cortes. Tivemos que abandonar a maior parte das bandas de reggae que contratamos na Jamaica porque um golpe militar na Nigéria tinha banido todas as importações e destruído nossas vendas.

A tensão cresceu entre Nik e Simon conforme discutiam quais bandas a Virgin deveria manter. Nik argumentou que a Virgin devia dispensar o Human League, uma jovem banda de Sheffield que tocava sintetizadores.

– Só por cima do meu cadáver – afirmou Simon.

– Mas eles não são para todos – argumentou Nik. – Não temos como arcar com esse apoio a eles.

– O Human League é exatamente o motivo de eu estar neste ramo – respondeu Simon, lutando para manter a calma.

– Você só gasta todo o dinheiro que eu economizo nas lojas – disse Nik, dedo em riste no rosto de Simon.

– Olhe aqui – explodiu Simon, levantando-se. – Nunca mais enfie essa porra desse dedo na minha cara de novo. E o Human League fica.

Observei a briga de Simon e Nik sabendo que precisávamos fazer alguma coisa. Nik era meu principal parceiro, meu melhor amigo de infância, e trabalhávamos juntos desde a *Student*, aos dezesseis anos. Mas ele estava obcecado com cortes e economia. Estávamos com grandes problemas naquele momento, admito, mas outra vez eu sentia que, a menos que tomássemos uma atitude drástica, o que significava gastar dinheiro, nunca sairíamos do buraco.

Nik e Simon chegaram a um impasse raivoso e recorreram a mim para mediar a situação. Nik ficou furioso, mas fiquei do lado de Simon. Esse foi um ponto de virada na relação triangular que havia funcionado tão bem até então. Eu sentia que o gosto musical de Simon era a única coisa que podia tirar a Virgin do buraco em que nos encontrávamos. Sem a nova geração de bandas de Simon, estaríamos à deriva. Nik achava que estávamos jogando dinheiro fora e voltou às lojas de discos determinado a apertar ainda mais o cinto.

Numa outra reunião, discutimos por causa de um novo contrato com o baterista do Genesis. Em setembro de 1980, Simon queria gastar 65 mil libras para assinar com Phil Collins como artista solo. Simon estava mais uma vez com uma confiança suprema de que era a jogada certa e resistiu a todas as dúvidas e críticas de Nik. O motivo de termos sequer a chance de contratar Phil Collins foi nossa expansão para o ramo de estúdios de gravação. Além da Manor, havíamos adquirido um estúdio na região oeste de Londres, que chamamos de Town House. Nos fundos da Town House construímos um segundo estúdio, que alugávamos por um valor menor.

Em vez de ter as paredes acolchoadas normais para abafar todas as reverberações acústicas, construímos o estúdio com paredes de pedra. Quando Phil Collins quis gravar material solo, decidiu que não podia pagar pelo estúdio top de linha, então agendou o estúdio Stone Wall. Ali, ele descobriu que conseguia obter as mais extraordinárias gravações da bateria para "In The Air Tonight". O som ficou fantástico. Phil se deu tão bem com os engenheiros de som que logo estava conversando com Simon e, quando nos demos conta, já tinha assinado conosco.

Nik obrigou Simon a fazer todo tipo de análise de vendas para tentar descobrir quantas cópias de um álbum solo de Phil conseguiríamos vender. A preocupação de Nik era que os fãs do Genesis não comprariam esses discos, mas Simon provou que, mesmo que só dez por cento dos fãs conhecidos do Genesis comprassem o álbum solo de estreia de Phil, nós ganharíamos dinheiro. Quando olhamos com desânimo para nossa dívida e para os números ridiculamente baixos das vendas de nossas outras bandas, sabíamos a aposta que estávamos fazendo. Em sua defesa, Nik concordou que devíamos assinar com Phil Collins, mesmo tirando dinheiro do caixa das lojas para conseguir o valor do adiantamento. Phil se mostrou um músico e cantor de talento extraordinário. Tinha uma voz marcante e letras comoventes: estava destinado a fazer mais sucesso que o próprio Genesis.

Nesse meio-tempo, a *New Musical Express* mencionou que a Virgin Music estava com problemas financeiros. Se o Coutts lesse a *NME*, o que eu duvidava, poderiam pensar duas vezes antes de me dar o empréstimo que eu queria. Imediatamente tentei calar a ideia com uma carta ao editor: "Como, em sua edição mais recente, vocês especulam que estou com grandes problemas financeiros, você vai entender minha necessidade de processá-los para conseguir algum dinheiro sem recorrer aos bancos mercantis e seus juros...". Embora a *New Musical Express* não fosse nem de longe o *Financial Times*, eu percebi que, se rumores como aqueles não fossem controlados de imediato, eles tinham o terrível hábito de se perpetuarem. Pior ainda: eram verdadeiros.

Alguns meses depois das discussões sobre o Human League e Phil Collins, eu me deparei com duas propostas que considerei irresistíveis. Ambas estavam relacionadas a boates. A primeira era The Roof Garden, em Kensington, que estava à venda por 400 mil libras. A Virgin obviamente não tinha dinheiro, mas o cervejeiro que fornecia para a casa estava disposto a nos oferecer um empréstimo sem juros se continuássemos a estocar os vinhos, cervejas e destilados deles. A outra era a Heaven, uma grande boate gay sob a estação de Charing Cross. O proprietário era amigo da minha irmã Vanessa e queria vender para alguém que respeitasse o local e o mantivesse como boate gay. Pelo meu trabalho no Advisory Centre, ele sabia que podia confiar em mim. Ele estava pedindo 500 mil libras e, mais uma vez, o cervejeiro estava disposto a nos dar um empréstimo sem juros para cobrir todo o preço de compra, em troca de comprarmos suas cervejas. Não fazia ideia do motivo para os cervejeiros não quererem adquirir essas boates de uma vez, e aproveitei a chance de comprá-las.

Eu sabia que Nik se oporia a essas compras, por isso assinei os contratos sem lhe contar. Ele ficou furioso, achou que eu estava jogando dinheiro fora. Viu a dívida extra de um milhão de libras que a compra das boates representava e achou que eu ia arruinar a Virgin.

– Isso vai nos afundar – argumentou.

– Mas não temos que pagar juros – retruquei. – É dinheiro grátis. Quando alguém te oferece um Rolls-Royce pelo preço de um Mini, você tem que aceitar.

– Nada é de graça, dinheiro grátis não existe – disse Nik. – Ainda é uma dívida, que nós não vamos conseguir pagar. Já estamos praticamente quebrados.

– Esse dinheiro é grátis – respondi. – E acho que existem coisas que são de graça, sim. Vamos negociar nossa saída do buraco.

Nik discordou de mim com tanta veemência que ficou claro: cada um devia seguir seu caminho. Ele achava que eu estava sendo precipitado e levando a Virgin à falência. Queria proteger o que restava da sua participação de quarenta por cento nos negócios antes que fosse tarde demais. De minha parte, apesar de nossa história, eu já estava descontente com a nossa relação profissional há dois ou três anos. Nik e eu sempre fomos grandes amigos, mas, conforme a Virgin crescia e deixava de ser apenas uma varejista de discos para se tornar uma gravadora, senti que ele começou a ficar por fora das coisas. Nik achava que nenhum de nós entendia nada, o que pode bem ter sido o caso. Não havia lugar para ele na gravadora; sequer ficava à vontade com toda a socialização com os músicos que Simon, Ken e eu fazíamos. Eu suspeitava até que, por causa de sua mentalidade puritana, Nik se ressentia de cada libra jogada fora na compra de outra garrafa de champanhe, mesmo se, ao atrair e depois contratar a banda, a Virgin Music colhesse imensas vantagens. Sentia que Nik estava sempre tentando me impedir de fazer as coisas que eu queria, a maioria delas, admito, envolvendo arriscar dinheiro em novas bandas. Acho que a prova dos nove de nosso relacionamento foi Nik não ter mais acompanhado a equipe nas viagens para esquiar depois de 1977, mais ou menos. Eu sempre quis que os funcionários da Virgin se divertissem, e serei o primeiro a me fazer de idiota de alguma maneira se achar que isso vai ajudar a animar a festa. Para Nik, todo esse lado da vida era difícil de desfrutar. Nós conhecíamos um ao outro tão bem que poderíamos escrever páginas e mais páginas sobre o lado bom e o lado ruim do outro. No fim, ambos percebemos que era melhor nos separarmos enquanto ainda éramos amigos. Desse modo, poderíamos continuar amigos em vez de esperar até virarmos inimigos implacáveis.

Levantei mais um empréstimo de outro banco e comprei a parte de Nik na Virgin. Além desse dinheiro, Nik também levou consigo algumas de suas partes preferidas do Virgin Group: o cinema Scala e os estúdios de filmagem e edição de vídeo. O real interesse de Nik era o mundo do cinema; quando saiu da Virgin, montou a Palace Pictures com a intenção de fazer filmes. Com seu talento, ele logo começou a fazer filmes maravilhosos como *A companhia dos lobos*, *Mona Lisa* e o vencedor do Oscar *Traídos pelo desejo*.

Com nossa separação definida, Nik e eu nos abraçamos e fizemos as pazes. Ambos conseguimos o que queríamos e, para comemorar o nosso "divórcio", demos uma festa de despedida no The Roof Garden. De muitas maneiras, conseguimos o melhor dos dois mundos: continuamos ótimos amigos, aprendi muito sobre ele, e ele, sobre mim, e prosperamos um sem o outro. Embora tivesse adquirido os quarenta por cento da Virgin que eram de Nik, eu sabia muito bem que não fazia diferença ter cem ou sessenta por cento de uma empresa quebrada. Nik estava certo sobre os prejuízos da Virgin em 1980: perdemos 900 mil libras.

O SUCESSO PODE DECOLAR SEM AVISO

1980 – 1982

Além de desfazer a sociedade com Nik, cheguei perigosamente perto de me separar de Joan em 1980. Eu trabalhava loucamente para manter a Virgin viva, e sabia que Joan estava cada vez mais frustrada. Bastava eu chegar em casa, não importava a hora, e o telefone tocava. Sempre que acordávamos no sábado de manhã, ele tocava de novo. Uma noite, cheguei na casa flutuante e ela estava vazia. Joan tinha ido embora e me deixado um bilhete: "Estou grávida. Estou com medo de contar para você. Fugi de casa. Se sentir a minha falta, me ligue na Rose".

Ao olhar para o bilhete, percebi que minha vida tinha mudado. Eu me sentei e pensei no que fazer. Depois que Kristen me deixou, tive vários casos. Adorava a variedade e a liberdade. Desde que Joan viera morar comigo, tive medo de não lhe dar o devido valor. Meu casamento com Kristen tinha me deixado cético com relação a relacionamentos duradouros e, naquela época, eu não me comprometia tanto quanto Joan. Também estava sofrendo pressão dos meus pais para voltar com Kristen ou, caso contrário, me casar com alguma moça de Surrey que tivesse feito faculdade e jogasse tênis, coisas que definitivamente não tinham nada a ver com Joan.

Eu me lembro de contar para os meus pais que Joan estava morando comigo. Papai estava pescando na beira de um lago, mamãe estava apontando para uma truta.

No silêncio que se seguiu, papai largou a vara, que chegou ao chão toda emaranhada.

– Isso estraga tudo – disse ele.

No entanto, quando me sentei na casa flutuante segurando o bilhete rabiscado por Joan e pensando em nosso futuro bebê, percebi que a amava de verdade. Até aquele momento, eu tinha sido culpado de querer só a parte fácil: ter um ótimo relacionamento, sem me comprometer com ele. Tinha aproveitado vários relacionamentos diferentes, sem nunca pensar nas consequências. Acho que muitos homens passariam a vida toda contentes por não ter filhos, a menos que suas parceiras forçassem o assunto. Liguei para Rose, irmã de Joan, e corri para ficar com Joan.

Mais ou menos no sexto mês de gravidez, eu estava na França enquanto Joan passava férias na Escócia. Ela teve uma crise de apendicite em Fort William. Voei para a Escócia para ficar com ela enquanto se submetia à operação. Na verdade, ela não teve apendicite, mas um cisto de ovário que se rompeu, mas os médicos decidiram aproveitar e remover o apêndice também – uma operação perigosa, nas melhores condições, e mais ainda em uma mulher grávida de seis meses. A operação fez Joan entrar em trabalho de parto. Ela recebeu medicação para tentar reduzir as contrações, e imediatamente partimos em uma ambulância para tentar chegar a um hospital mais moderno em Inverness. A viagem na neve pela Escócia foi um pesadelo. Cada sacudidela da estrada causava mais contrações em Joan. Quando finalmente chegamos, ela estava em agonia com as dores da operação e das contrações, e tentando desesperadamente segurar o bebê lá dentro.

No hospital de Inverness, ficou claro que Joan teria que dar à luz. O bebê teria pouca chance de sobreviver, nascendo três meses antes da data prevista. Nasceu uma menina com menos de dois quilos, e nós a chamamos de Clare, como minha tia. Clare mal conseguia mamar, e o hospital não tinha os equipamentos necessários para mantê-la viva.

Embora Clare tenha aberto seus adoráveis olhos de um azul profundo, morreu depois de quatro dias. Tudo o que consigo me lembrar dela, hoje, é seu tamanho ínfimo. Nem Joan nem eu pudemos segurar ou tocar a bebê. Sua breve vida se passou em uma incubadora. Ela era tão pequena que teria cabido na palma da minha mão. Nós examinamos seu rosto e nos maravilhamos com suas mãozinhas minúsculas e o aspecto determinado de seu rosto enquanto dormia. Mas agora essa lembrança se desvaneceu. Quando tento me lembrar de Clare, minha mente é confundida pelo cheiro antisséptico do hospital, pelas cadeiras de metal no nosso quarto arrastando no linóleo e pela expressão da enfermeira quando veio nos contar que Clare havia morrido.

Clare habitou um mundo próprio, só dela, e entrou e saiu de nossa vida deixando para trás apenas desespero e vazio e amor. Era tão pequena e viveu por tão pouco tempo que quase não esteve aqui, mas, naquele momento doloroso, ela nos aproximou, Joan e eu, intensamente. Até ver o corpinho frágil de Clare, apequenado pela menor das fraldas, e ver como ela era linda, e saber que era nossa bebê, eu nunca tinha pensado que queria ter filhos.

Depois da morte de Clare, Joan e eu estávamos determinados a ter outro bebê e, para nossa alegria, em um ano Joan engravidou novamente.

Mais uma vez ela entrou em trabalho de parto antes da hora, dessa vez seis semanas antes. Fomos os dois pegos de surpresa. Eu estava em uma festa na Venue e cheguei em casa às três da manhã, bêbado feito um gambá. Caí num sono profundo, e só com muita relutância acordei quando senti Joan me esbofetear gritando que estava com contrações. Caí da cama e consegui levá-la para o hospital. Os médicos examinaram Joan e a levaram para a ala da maternidade.

– Você parece bem – disseram, acalmando-a.

Depois olharam para mim.

– Você está com uma aparência horrível. Melhor tomar aspirinas e ir para a cama.

Algum tempo depois, naquela manhã, acordei e encontrei quatro médicos olhando para mim por trás das máscaras. Presumi que tinha sofrido um acidente terrível e estava em uma ala de acidentados qualquer.

– Joan está em trabalho de parto avançado – disseram. – É melhor vir conosco.

Holly nasceu com cerca de dois quilos e setecentos gramas. Foi a experiência mais incrível que já me acontecera. No final, eu estava ainda mais esgotado que Joan (eu acho!). Jurei para mim mesmo nunca perder o nascimento de um de nossos filhos. No entanto, depois do que acontecera com Clare, nossa preocupação imediata era manter Holly viva.

Voltamos para a casa flutuante em uma manhã congelante de novembro de 1981, e Joan enrolou Holly nas cobertas consigo na cama. Pelo resto do inverno, elas ficaram mais ou menos no quarto o tempo todo, enquanto eu trabalhava no cômodo ao lado. Penni costumava passar pelo quarto para chegar à sua mesa, encaixada entre a bomba do porão e as escadas.

Em 1981, a Virgin Music finalmente começou a ganhar algum dinheiro. Japan tinha lançado álbuns de sucesso, como *Gentlemen Take Polaroids* e *Tin Drum*. Alguns de nossos recentes singles de sucesso eram "Generals And Majors" e "Sgt Rock", de XTC, e "Trouble" e "New Orleans", de Ian Gillan. The Professionals e The Skids também faziam sucesso. Ainda não sabíamos o que Phil Collins faria, então – tarefa número 24 da minha lista de coisas a fazer naquele mês – providenciei uma ida à Escócia para um show do Simple Minds, uma de nossas novas bandas. O álbum deles, *New Gold Dream*, era campeão de vendas.

A melhor notícia de 1981: a previsão de Simon para o Human League se mostrou correta. Os dois primeiros álbuns foram bem experimentais e atraíram fãs fiéis. Quando percebemos que as vendas deles continuavam em crescimento constante, sabíamos que tínhamos boas chances de estourar. O terceiro álbum, *Dare*, entrou no ranking dos dez melhores e depois subiu para número um. *Dare* vendeu mais de um milhão de cópias na Grã-Bretanha e três milhões em todo o mundo. O single "Don't You Want Me, Baby" tocava sem parar e grudou na cabeça de todos.

Quase tão rapidamente quanto tinham zerado, os saldos da Virgin estavam agora restaurados. Sempre que a Virgin tinha dinheiro, eu renovava minha busca por novas oportunidades. Estou sempre tentando ampliar o Grupo, para não dependermos de uma fonte de faturamento limitada, mas suspeito que isso tenha mais a ver com curiosidade e inquietação do que com bom senso financeiro. Dessa vez, eu achei que tinha visto a oportunidade perfeita. Como a Virgin era uma empresa de entretenimento, pensei que poderíamos publicar nossa própria revista de listagens chamada

Event. Infelizmente, ela foi lançada ao mesmo tempo que a *Time Out*, que teve um sucesso estrondoso, e a *Event* perdeu a batalha.

É sempre difícil admitir um fracasso, mas a única coisa positiva no episódio da *Event* foi eu perceber como era importante separar as várias empresas Virgin de modo que, se uma fracassasse, o restante do Virgin Group não ficaria ameaçado. A *Event* foi um desastre, mas um desastre contido. Todo empresário já fracassou em alguns empreendimentos, e a maioria dos empreendedores que administram as próprias empresas já declarou falência pelo menos uma vez. Em vez de atrasar o pagamento de nossas dívidas, pagamos tudo e fechamos a revista.

O prejuízo que a *Event* deu à Virgin foi logo compensado pelo Human League, pelo Simple Minds, pelo enorme sucesso do álbum solo de estreia de Phil Collins, *Face Value*, e depois, de modo espetacular, por um jovem cantor que chamava a si mesmo de Boy George.

Ouvi falar de Boy George e do Culture Club pela primeira vez quando Simon foi vê-los tocar em um estúdio de gravação em Stoke Newington em 1981. Os direitos de publicação das músicas já haviam sido comprados pela Virgin, e Simon estava intrigado com a aparência surpreendente do vocalista, uma bela e jovem drag queen, e com o reggae branco suave e calmo que tocavam. Simon convidou a banda para ir a Vernon Yard, onde concordaram com um contrato de gravação.

Quando Simon me apresentou a George O'Dowd, eu me vi apertando a mão de alguém que não se parecia com ninguém que eu já tivesse conhecido. Seu cabelo longo estava trançado como os rastafaris; ele tinha um rosto muito branco, enormes sobrancelhas arqueadas e usava robes adornados como os de uma gueixa.

Embora soubéssemos que o Culture Club era uma criação extraordinária, o primeiro single deles, "White Boy", foi um fracasso desde o início. A Virgin o lançou em 30 de abril de 1982, mas não aconteceu nada: vendeu cerca de oito mil cópias e ficou em 114º nas paradas. Não nos importamos. Nós sentíamos de verdade que, assim que Boy George fosse devidamente fotografado ou conseguíssemos colocá-lo no *Top of the Pops*, os discos decolariam. As pessoas só tinham que ver Boy George para querer comprar a música dele. Adolescentes iriam à loucura por ele. Além da aparência espantosa, George tinha uma voz fabulosa e era muito espirituoso e encantador: era rebelde de uma maneira totalmente diferente dos Sex Pistols ou de James Dean, mas, ainda assim, rebelde. A Virgin lançou "I'm Afraid Of Me", segundo single do Culture Club, em junho. Embora tenha vendido melhor do que "White Boy", só chegou ao centésimo lugar nas paradas. O Culture Club continuou gravando seu álbum *Kissing To Be Clever*, quase todo escrito antes de assinarem conosco.

Quando lançamos o terceiro single do Culture Club, "Do You Really Want To Hurt Me?", em 3 de setembro de 1982, era nossa última tentativa de lançar a banda. A parte engraçada é que a Radio 2 tocou a música antes da Radio 1, e as críticas gerais ao single foram ruins: "Reggae aguado de quarta categoria", escreveu a *Smash Hits*. "Horrível." Mas, com a exposição na Radio 2, a música subiu nas paradas, até a posição 85 na primeira semana, e número 38 na segunda semana. Propagandeamos Boy George tanto quanto pudemos, mas a BBC se recusou a entrevistá-lo, por considerá-lo "travesti". Em seguida, ouvimos falar de um cancelamento no *Top of the Pops*. Fizemos tudo o que pudemos para encaixar Boy George no espaço e, quando o *Top of the Pops* finalmente concordou, suspeitamos que tínhamos uma sensação a caminho.

Com seu rosto branco, os robes esvoaçantes, o chapéu de feltro e as sobrancelhas impossivelmente arqueadas, Boy George batia todas as outras bandas românticas sofisticadas, como Spandau Ballet, no próprio jogo delas. Ele atraía adolescentes de ambos os sexos, além de crianças de oito ou nove anos e as avós delas. Era impossível definir por que ele era tão popular: os pais queriam adotá-lo, as meninas queriam ser bonitas como ele, os meninos queriam que a namorada fosse tão bonita quanto ele; é impossível quantificar. No dia seguinte, os telefones não paravam de tocar e choviam pedidos do single. "Do You Really Want To Hurt Me?" subiu para o terceiro lugar. George apareceu então no *Noel Edmonds' Late Late Breakfast Show*, e Noel perguntou-lhe se ele era um grande fã de Liberace.

– Não sou mais – respondeu George, deixando implícito que os papéis tinham se invertido.

O single chegou a número um. Quando George anunciou que preferia uma xícara de chá a sexo, virou um ícone internacional.

Para o Natal de 1982, lançamos o primeiro álbum do Culture Club, *Kissing To Be Clever*, que vendeu quatro milhões de cópias em todo o mundo. E depois veio outro avanço surpreendente: o sexto single da banda, "Karma Chameleon", foi o mais vendido de 1983, com mais de 1,4 milhão de cópias no Reino Unido, e chegou ao número um em todos os países do mundo que tinham uma parada de sucessos – Mais de trinta, até onde sabemos. O Culture Club foi um fenômeno pop mundial, e seu segundo álbum, *Colour by Numbers*, vendeu quase dez milhões de cópias.

As finanças da Virgin viraram de cabeça para baixo: da perda de 900 mil libras em 1980, lucramos 2 milhões de libras em 1982, com vendas de 50 milhões de libras. Em 1983, nossas vendas dispararam para 94 milhões de libras, e nossos lucros subiram para 11 milhões de libras. Depois que começamos o fã-clube de Boy George, foi impossível controlá-lo e, em 1983, quarenta por cento nos nossos lucros vinham de Boy George. Nos primeiros dois anos, a história do Culture Club foi perfeita. O extraordinário da indústria musical é como o sucesso pode decolar sem aviso. Num minuto ninguém tinha ouvido falar de Boy George; no minuto seguinte, todas as pessoas do mundo, da Irlanda à Coreia, do Japão a Gana, estavam cantarolando "Karma Chameleon". O sucesso de Boy George foi medido literalmente pela velocidade do som. Muitas pessoas acham assustador um crescimento assim vertical, e estão certas em achar que isso cria o caos em uma empresa. Felizmente, eu sempre me saí bem no meio do caos e da adrenalina, logo, me sentia perfeitamente em casa enquanto atiçávamos o fogo do sucesso do Culture Club.

13.

VOCÊ SÓ VAI CONTINUAR COM ISSO POR CIMA DO MEU CADÁVER

1983 - 1984

É SEMPRE MAIS FÁCIL viver com a vantagem da retrospectiva. As pessoas costumam dizer que Nik vendeu os quarenta por cento dele na Virgin na hora errada. Mas, quando Nik e eu nos separamos, ele estava tão ciente quanto eu dos valores das vendas e da previsão de lucro, e as coisas iam mal. Na época, tanto eu quanto Nik ficamos satisfeitos: Nik por sair de uma empresa que parecia fadada ao buraco, e eu por ter controle praticamente total do meu destino, mesmo sabendo que a Virgin estava por um fio. Logo depois que Nik saiu, aconteceram duas coisas que não poderiam ter sido previstas. Primeiro, os CDs se tornaram populares, então pudemos vender nosso catálogo prévio mais uma vez, agora em CD. Muitas pessoas replicaram toda sua coleção de discos em CD. Um artista como Mike Oldfield vendia tremendamente bem em CD; os Sex Pistols, nem tanto.

A segunda mudança foi a Virgin se tornar a líder absoluta entre as gravadoras independentes. O gosto musical de Simon finalmente triunfou: a Virgin Music começou a dominar as paradas de dez melhores singles e álbuns. Antes considerada uma gravadora de uma banda só que deu um salto desproposicionado de Mike Oldfield para os Sex Pistols, a Virgin Music era agora a inveja da indústria musical. Todos os contratados de Simon nos dois anos anteriores decolaram de uma vez: tínhamos o Human League, assim como seu spin-off, o Heaven 17, além de Simple Minds, Boy George, Phil Collins, China Crisis e Japan. O maravilhoso desses artistas é que tínhamos descoberto todos sem ajuda de ninguém. Eu ainda estava determinado a assinar com um artista clássico do calibre de Bryan Ferry ou dos Rolling Stones, mas a beleza do nosso catálogo era que todos eram artistas britânicos que estavam finalmente começando a vender bem no exterior.

Conforme via o dinheiro entrando no banco aos borbotões, comecei a pensar em outras maneiras de usá-lo. Embora acompanhasse de perto a contratação das bandas, sentia que já sabia tudo que queria sobre essas negociações de contratos. Precisava de outro desafio. Tinha a oportunidade de usar nosso dinheiro para montar outras empresas Virgin e ampliar a base do Grupo de modo a não deixar todos os nossos ovos na mesma cesta se fôssemos atingidos por outra recessão. Também queria expandir o nome da Virgin para que fosse mais do que uma gravadora e participasse de todos os tipos de mídia. Fazia apenas três anos desde que a Virgin quase quebrara, e dois anos desde a saída de Nik. Antes eu tinha muito pouco dinheiro para usar; agora ele se acumulava no banco, e eu queria reinvesti-lo o mais rápido possível.

Quando comecei a procurar outros negócios, pensei em expandir nossa minúscula editora de livros. Sabia que a parte de publicação de músicas da Virgin Music ganhava um bom dinheiro publicando músicas e recebendo royalties, e me perguntei se uma divisão de publicação de livros corretamente administrada teria o mesmo sucesso. Lá no fundo da minha mente estava a ideia de que, se um astro do rock for famoso, pode explorar toda uma miríade de outras atividades, incluindo livros, vídeos, participações em filmes e trilhas sonoras.

Vanessa, minha irmã mais nova, estava saindo com Robert Devereux desde que ele estava na Universidade de Cambridge. Robert se tornou parte da família. Embora a Virgin não seja uma empresa familiar, no sentido tradicional, porque não é passada verticalmente de geração a geração, é uma empresa familiar no sentido horizontal, porque sempre envolvo minha família ampliada em tudo que faço, e ouço a opinião deles tanto quanto a de outras pessoas. Sei que muitos empresários separam a família do trabalho; sequer convidam os filhos para visitar o escritório, e quando estão em casa nunca discutem o que fazem no trabalho. É uma característica britânica não discutir dinheiro durante as refeições; mas, quando isso vira nunca discutir negócios, acho que representa uma oportunidade perdida. Os negócios fazem parte da vida. Não à toa existem tão poucos empreendedores quando os negócios são excluídos do círculo familiar.

Quando eu estava tentando descobrir o que fazer com a Virgin Books, Vanessa sugeriu que eu conversasse com Robert, que trabalhava há três anos na Macmillan Publishers. Robert veio ao *Duende* com seu chefe, Rob Shreeve, e eu perguntei se eles viriam trabalhar na Virgin Books. Eu não tinha uma ideia clara do que a Virgin Books poderia fazer além de explorar de alguma maneira o sucesso crescente dos astros do rock da Virgin. Robert sugeriu vender livros e vídeos pelos mesmos canais, e teve a ideia de que a Virgin Books poderia fazer parte de uma participação maior da Virgin na mídia, que poderia incluir televisão, rádio, filmes e vídeos, além dos livros. Nada intimidado pela realidade de que estava de fato se unindo a uma editora minúscula, Robert pediu demissão e veio trabalhar conosco na Virgin. Rob Shreeve decidiu continuar na Macmillan por enquanto.

Quando chegou na Virgin Books, Robert imediatamente interrompeu a linha de romances que estávamos vendendo e remodelou a Virgin Books como especialista em não ficção, com livros sobre rock e esportes. Alguns anos depois, ele decidiu comprar outra editora, WH Allen, que se uniu à Virgin Books. Em retrospecto, isso foi um erro: tentamos fazer demais; em 1989, as editoras começaram a passar por dificuldades e tiveram que fazer cortes drásticos. Foi uma das nossas primeiras aquisições, e nos deu uma experiência em primeira mão de toda a dor resultante de dispensar funcionários para recuperar uma empresa. Também mostrou as vantagens de se criar uma empresa do zero, quando você emprega exatamente as pessoas que quiser e estabelece de verdade o tipo de atmosfera que deseja.

Um ano depois, Rob Shreeve veio para a Virgin Books como diretor executivo, com Robert na presidência. Juntos, eles relançaram a empresa como Virgin Publishing, concentrando-se em nossos principais pontos fortes: música e entretenimento. Em poucos anos, a empresa se tornou uma editora de sucesso de livros sobre entretenimento, e provavelmente a principal editora do mundo de livros sobre música popular.

Em fevereiro de 1984, um jovem advogado americano chamado Randolph Fields me perguntou se eu estava interessado em operar uma companhia aérea. Randolph estava procurando investidores para financiar uma nova companhia aérea para a rota Gatwick–Nova York, que estava disponível depois do colapso da companhia aérea de Sir Freddie Laker em 1982. Ele me mandou uma proposta, que peguei para ler em Mill End. Era óbvio que ele havia entrado em contato com muitos outros investidores antes de mim – um dono de gravadora dificilmente seria a primeira opção –, por isso, enquanto passava os olhos pela proposta, eu repetia para mim mesmo: "Não caia na tentação; nem pense nisso".

Da mesma maneira que eu tendo a formar uma impressão de uma pessoa em trinta segundos, também decido em cerca de meio minuto se uma proposta comercial me empolga ou não. Eu confio muito mais no instinto do que na pesquisa com uma quantidade imensa de estatísticas. Talvez isso se deva à dislexia, que me faz desconfiar de números e sentir que eles podem ser manipulados para provar qualquer coisa. A ideia de operar uma companhia aérea Virgin atiçou minha imaginação, mas eu precisava definir, na minha cabeça, quais eram os potenciais riscos.

Ruminei aquela proposta o fim de semana todo. A ideia de Randolph era oferecer uma companhia aérea só com classe executiva, mas isso não me atraía. Minha preocupação era com o que aconteceria nos dias em que empresários não costumam viajar: natal, páscoa, feriados bancários, a semana toda de ação de graças. Pensei que precisaríamos de turistas para encher o avião nessas semanas. Se a intenção era sermos diferentes das outras companhias aéreas, talvez pudéssemos oferecer apenas duas classes: executiva e econômica, sem primeira classe. Eu me perguntava quais seriam as implicações. Teríamos empresários e turistas – e quem perderíamos? Fiz uma lista de coisas que eu queria entender sobre como funcionaria o *leasing* para aeronaves. Se eu pudesse pagar o avião por um ano e depois ter a chance de devolvê-lo, teríamos uma rota de fuga clara se desse tudo errado. Seria vergonhoso, mas limitaríamos o montante de dinheiro perdido. Quando o fim de semana terminou, eu já tinha me decidido: se pudéssemos limitar tudo a um ano – os contratos dos funcionários, o leasing da aeronave, o uso de moeda estrangeira e tudo mais necessário para iniciar uma rota para Nova York –, eu queria tentar.

A única companhia aérea que oferecia passagens baratas para atravessar o Atlântico em 1984 era a People Express. Peguei o telefone e tentei ligar para eles. O número estava ocupado. Foi impossível conseguir falar com a linha de reservas deles a manhã toda. Imaginei que ou a People Express era muito mal administrada, e nesse caso seriam alvo fácil para a concorrência, ou a demanda deles estava tão alta que haveria espaço para um novo concorrente. Foi aquele tom de ocupado no meu telefone durante todo o sábado, mais que qualquer outra coisa, que despertou minha crença de que poderíamos montar e administrar uma companhia aérea.

Liguei para Simon no domingo à noite.

– O que você acha de começar uma companhia aérea? – perguntei alegremente. – Estou com uma proposta aqui…

– Pelo amor de Deus! – Ele me cortou. – Você está maluco. Nem pensar.

– Estou falando sério.

– Não está, não – retrucou ele. – Está louco.

– Tudo bem – respondi. – Não vou entrar nisso agora. Mas acho que precisamos almoçar juntos.

Na segunda-feira de manhã eu liguei para o serviço de consulta a números internacionais e pedi o número da Boeing. A empresa era sediada em Seattle e, por causa da diferença de horário, eu só poderia falar com eles mais tarde. Eles ficaram um tanto perplexos em ouvir um inglês perguntando que tipos de ofertas tinham para um jumbo. Passei a tarde toda e a noite toda no telefone com a Boeing, até conseguir falar com alguém que poderia me ajudar. Disseram-me que a Boeing realmente fazia *leasing* de aeronaves, e que tinham um jumbo de segunda mão que considerariam pegar de volta depois de um ano se as coisas não dessem certo. Com essa informação extremamente básica, para não dizer superficial, eu me preparei para encarar Simon e Ken.

O almoço no dia seguinte não foi um sucesso. Depois de lhes contar como era impossível falar com a People Express e que a Boeing fazia *leasing* de aviões, eles pareciam chocados. Acho que perceberam que eu tinha feito toda pesquisa de mercado que senti que precisava e que já tinha me decidido. Estavam certos: eu tinha matutado e chegado a uma conclusão.

– Você é megalomaníaco, Richard – disse Simon. – Somos amigos desde a adolescência, mas, se você fizer isso, não sei se vamos poder continuar trabalhando juntos. O que estou dizendo é: você só vai continuar com isso por cima do meu cadáver.

Ken era menos direto, mas também achava que a ideia de combinar uma gravadora com uma companhia aérea era absurda.

– Não consigo ver uma conexão – disse. – E, se estiver procurando prejuízos para compensar nossos lucros, sempre podemos investir em novas bandas.

– Tudo bem, então – respondi. – Não vamos juntar tudo. Mantemos as duas empresas separadas. Podemos providenciar para que o financiamento exponha a Virgin Music a um risco mínimo. Conversei com a Boeing, e eles podem oferecer um *leasing* que permite a devolução do avião depois de um ano, se não der certo. A Virgin perderia no máximo dois milhões de libras.

Simon e Ken continuavam decididos em contrário.

– Vamos lá – preparei o terreno. – A Virgin dá conta de um passo desses. O risco não representa nem um terço dos lucros deste ano. O Culture Club está faturando horrores. E vai ser divertido.

Simon e Ken estremeceram quando eu disse "divertido", uma palavra com uma carga especial para mim: é um dos meus principais critérios nos negócios. Como eu estava convencido, sabia que tinha que convencê-los. Continuei argumentando que só teríamos um avião, que poderíamos só sentir o terreno e que, se os solavancos fossem muitos, poderíamos minimizar os prejuízos. Expliquei que a beleza de começar do zero em vez de comprar uma companhia aérea existente era que poderíamos recuar facilmente, se não desse certo. Na minha cabeça, era tudo muito simples. A maior preocupação de Simon era eu estar arriscando o valor de suas ações no Virgin Group, e acho que Ken pensou que eu estava exagerando.

Da mesma maneira que a discussão sobre o Human League fora um ponto de virada no nosso relacionamento, meu e de Simon, com Nik, a discussão durante aquele almoço foi um ponto de virada no meu relacionamento com Simon. Ao longo dos anos, eu o havia enervado diversas vezes, mas, desta vez, ele sentiu que eu estava preparado para apostar a empresa e toda a fortuna que acumulamos em um esquema que considerou totalmente temerário. O interesse e o amor de Simon pela vida vinham das artes, de música, livros, sua coleção de pinturas e belos carros. Meu interesse pela vida vinha de me impor desafios imensos, aparentemente intransponíveis, e tentar superá-los. De uma perspectiva puramente comercial, Simon estava coberto de razão; mas, do ponto de vista de querer viver a vida ao máximo, senti que precisava tentar. A partir daquele almoço, surgiu uma tensão entre nós que nunca foi plenamente dissipada.

Randolph propunha chamar a companhia aérea de British Atlantic, mas, se eu ia me envolver, queria "Virgin" no nome. Concordamos em discutir isso quando a companhia aérea estivesse um pouco mais próxima da realidade. Havia muito a aprender, então perguntei a Sir Freddie Laker, homem que sempre admirei, se poderia me ajudar. Sir Freddie veio almoçar no *Duende* e me explicou a mecânica de uma companhia aérea. Ele confirmou rapidamente as minhas suspeitas sobre as limitações de se começar uma companhia aérea que tivesse apenas a classe executiva.

– E você também não vai querer uma classe econômica que não ofereça nenhum extra – destacou. – Esse foi o meu erro. Você vai ficar vulnerável ao ataque contra simples cortes de custos que me tirou do ramo.

Naquele almoço, começamos uma discussão sobre a filosofia dos serviços da classe executiva. Falamos de oferecer serviços de primeira classe com preços de classe executiva, e de criar todo tipo de serviços extras para agregar valor. Duas das melhores ideias que surgiram no nosso almoço foram oferecer uma limusine como parte do serviço e oferecer uma passagem de econômica de graça para quem voasse na executiva.

Freddie também me alertou: eu devia esperar uma concorrência feroz da British Airways.

– Faça o que puder para deter a BA – disse ele. – Reclame, faça o máximo de barulho possível, use o Departamento de Aviação Civil para detê-los, e não hesite em processá-los. Eles são implacáveis. Meu erro foi nunca ter feito barulho suficiente. Eles destruíram minhas finanças, e agora é tarde demais para mim. Eu os processei e ganhei milhões de dólares, mas perdi minha companhia aérea. Se algum dia você tiver problemas, processe-os antes que seja tarde demais. Outra coisa, Richard, é o estresse. Não estou brincando: você deve fazer exames regulares. O estresse é imenso.

Freddie me contou que estava se recuperando de um câncer no pâncreas.

– Você precisa ir um médico e pedir para ele enfiar o dedo no seu rabo. Ele vai saber o que é o quê – complementou Freddie.

Fiquei inspirado em ver que, apesar de todos os problemas, Freddie ainda tinha tanto entusiasmo. Ele não se deixou abater pela experiência, e me viu como seu sucessor, pegando a bandeira onde ele havia parado. Perguntei a Freddie se ele se oporia a eu batizar a primeira aeronave da Virgin Atlantic de *Spirit of Sir Freddie*, mas ele deu risada:

– Não a primeira – argumentou. Meu nome hoje é uma desvantagem, você vai enviar a mensagem errada. Mas ficarei honrado quando você tiver uma frota maior.

Quando saía do *Duende*, Freddie se virou e gritou para mim:

– Um último conselho, Richard: quando se inclinar e o médico enfiar o dedo no seu rabo, veja se ele não está com as duas mãos nos seus ombros!

Rindo a valer, saiu andando pelo cais.

O primeiro acordo que fiz com Randolph foi que nossa sociedade seria igualitária. Eu investiria os fundos, ele administraria a companhia aérea. Randolph já havia recrutado duas pessoas importantes da Laker Airways: Roy Gardner, que tocava a parte de engenharia da Laker, e David Tait, que cuidava da operação nos Estados Unidos.

– O que você acha do nome? – perguntei a David Tait.

– British Atlantic? – bufou ele. – O mundo precisa mesmo disso: mais uma BA!

Usando a reação de David, consegui que Randolph concordasse em mudar o nome para Virgin Atlantic Airways, e formalizamos nossa parceria.

– O que você acha do novo nome? – perguntei a David Tait.

– Virgin Atlantic? – bufou ele. – Ninguém nunca vai botar os pés num avião chamado "Virgin". É ridículo. Quem voaria com uma companhia aérea que não está preparada para ir até o fim?

Em poucas semanas, ficou claro que meu acordo com Randolph não funcionaria. Em nossa primeira reunião perante o departamento de aviação civil, o CAA, que monitora a segurança das companhias aéreas, Randolph começou a falar de seus planos para a nova empresa. Colin Howes, meu advogado da Harbottle & Lewis, estava lá. Depois de observar Randolph se vangloriar por alguns minutos, Colin saiu de fininho da audiência para me ligar e me aconselhar a ir até lá:

– Não está indo muito bem – informou Colin. – Acho que Randolph está cavando um buraco para si mesmo.

Fui para a audiência e vi que Randolph estava sendo duramente interrogado pela British Caledonian, que se opunha a nosso pedido de licença. Nossa companhia aérea era puramente uma ideia, uma companhia aérea apenas no papel, então era fácil para eles levar vantagem sobre nós, perguntando o que pretendíamos fazer com relação às simulações de segurança, como manteríamos nosso avião, como poderíamos garantir a segurança de nossos passageiros. Randolph era um homem impaciente, e eu percebia que ele estava ficando cada vez mais irritado e confuso diante desse questionamento constante. Da mesma maneira, o CAA parecia bem cético com relação à capacidade de Randolph de fazer decolar uma companhia aérea. Quando o CAA passou à questão das finanças, o advogado da British Caledonian olhou para mim, do outro lado da sala, e exclamou:

– Você vai precisar de muitos sucessos no *Top of the Pops* para manter a companhia aérea funcionando.

– Na verdade – retruquei com sarcasmo –, a Virgin lucrou onze milhões de libras ano passado, mais do que o dobro do seu cliente, a British Caledonian. – Decidi não mencionar que precisávamos pagar grandes somas de dinheiro para continuar fazendo o voo 1984.

O CAA especificou que a nova companhia aérea precisaria ter capital de giro de três milhões de libras e deu permissão para que voássemos em teoria. Essa foi a bênção oficial. O CAA, é claro, poderia revogar a permissão a qualquer tempo se não cumpríssemos os requisitos de segurança. Teríamos que passar por outro teste do CAA depois de conseguir a aeronave, mas, por enquanto, tínhamos o sinal verde para estabelecer a companhia aérea. Alugamos um armazém perto do aeroporto de Gatwick, onde alocamos Roy Gardner e sua equipe de engenharia, e começamos a recrutar pilotos e tripulação de cabine. Alugamos um espaço no escritório da Air Florida na Woodstock Street, perto da Oxford Street, onde pegamos carona no sistema de reservas por computador deles e criamos um arquivo fictício para os voos da Virgin Atlantic. David Tait levou a família de Miami para sua casa em Toronto e passou a morar no escritório da Virgin Music em Nova York. Uma equipe de advogados representantes da Boeing veio a Londres para começar a negociar o *leasing* da aeronave, e logo estavam passando a maior parte do tempo comigo no convés superior do *Duende*, enquanto Joan e Holly viviam no piso inferior.

A casa flutuante estava cada vez mais cheia com a chegada de Holly e as idas e vindas relacionadas à companhia aérea. Joan e eu decidimos procurar uma casa em terra para a família e nos decidimos por uma casa grande e confortável perto de Ladbroke Grove.

A primeira vítima da Virgin Atlantic Airways foi meu relacionamento com Randolph Fields. Duas coisas ficaram claras. A primeira era que, como o Virgin Group estava tendo que garantir todas as finanças da Virgin Atlantic, o Coutts Bank só continuaria a nos estender crédito se tivéssemos o controle da Virgin Atlantic. Eles não nos emprestariam dinheiro se controlássemos apenas metade da nova companhia aérea. Como Randolph não estava entrando com nenhum dinheiro, ele viu sentido na exigência e, com relutância, concordou que a Virgin tivesse uma participação de controle na companhia aérea.

Um problema muito mais difícil com Randolph surgiu em suas relações com a nova equipe da Virgin Atlantic. Talvez, se tivéssemos tido mais do que os quatro meses que estipulamos, teria sido diferente. No entanto, sentimos que, se quiséssemos sobreviver ao primeiro ano, teríamos que lançá-la em junho para tirar vantagem do alto tráfego de verão e acumular reservas e caixa para nos manter durante os meses fracos de inverno. Era um cronograma quase impossível, e exigia que trabalhássemos a todo vapor. Num momento estávamos escolhendo o modelo do uniforme das aeromoças ou trabalhando no menu, no seguinte estávamos discutindo alguma cláusula jurídica no documento de 96 páginas sobre o *leasing* da aeronave que negociávamos com a Boeing.

O primeiro sinal de problemas sérios veio de David Tait, que Randolph contratou nos Estados Unidos e que seria essencial para nossas chances de sucesso.

– Eu pedi demissão – informou-me. – Desculpe, mas é impossível trabalhar com Randolph.

– Qual o problema? – perguntei. Eu sabia que, sem David vendendo passagens nos Estados Unidos, a Virgin Atlantic morreria antes de começar.

– Nem consigo enumerar tudo – disse David. – É impossível. Desculpe, mas lhe desejo o melhor e espero que seja um enorme sucesso.

Eu percebi que David estava prestes a desligar o telefone, então implorei que viesse a Londres conversar comigo. Ele não tinha dinheiro para comprar a passagem, logo, eu lhe enviei uma e ele veio dois dias depois. Quando chegou ao *Duende*, eu estava segurando Holly, que estava febril e gritando. Joan tinha ido comprar mais remédio. Sorrimos um para o outro por sobre o barulho, enquanto eu abraçava Holly.

– Você pode achar que isto é alto – disse David. – Mas eu garanto que Randolph consegue gritar mais alto ainda. Não posso trabalhar para ele.

A experiência de David confirmou a percepção crescente de que teríamos que colocar Randolph de lado se quiséssemos a companhia aérea operando. David tinha apostado alto ao vir trabalhar na Virgin Atlantic. Tinha levado sua jovem família de Toronto para Miami, e estava morando no último andar da casa do Greenwich Village que Ken Berry comprara. Ele só tinha uma mesa, um telefone e um quarto minúsculo, e tinha que vender passagens para norte-americanos voarem em uma companhia aérea estreante. Como ele não conseguia anunciar a Virgin Atlantic sem uma licença nos Estados Unidos (que só saiu no dia anterior ao nosso voo inaugural), David tentara alertar os nova-iorquinos com anúncios no céu de Manhattan. Em uma tarde de primavera sem nuvens, uma formação de cinco aviões pequenos planejava soltar fumaça vermelha e branca para escrever "WAIT FOR THE ENGLISH VIRGIN" [Aguarde a virgem inglesa] no céu. Infelizmente, quando estavam terminando, uma única nuvem passou e apagou a última letra, de modo que os nova-iorquinos esticaram o pescoço para tentar entender o que significava a enigmática mensagem "WAIT FOR THE ENGLISH VIRGI".

A gota d'água entre David e Randolph foi o sistema de venda de passagens. Randolph queria evitar todos os agentes de viagens, que cobravam dez por cento do valor pelos serviços, e, em vez disso, vender todas as passagens por uma agência de agendamento para teatro chamada Ticketron. David tinha consultado a Ticketron, que cobrava apenas cinco dólares para emitir uma passagem, mas recusou-se a trabalhar com eles.

A equipe do escritório de Woodstock Street também tinha reclamado do comportamento de Randolph. Eles me contaram que ele vivia irrompendo sala adentro e mandando todos saírem para que ele pudesse ter privacidade para telefonar. Percebi que Randolph não era a pessoa certa para administrar a nova companhia aérea. Prometi a David Tait que, se ele ficasse, logo não teria mais problemas com Randolph.

– Ele não vai ficar aqui por muito mais tempo – afirmei. – Você pode tratar diretamente comigo.

Conforme passava o tempo, em abril, depois maio, mais e mais funcionários da companhia aérea tratavam diretamente comigo. Randolph foi cortado da operação. Ficou cada vez mais difícil lidar com ele. Por fim, meus advogados me aconselharam a trocar as chaves do escritório de venda de passagens para que ele não entrasse. Quando o voo inaugural marcado para junho começou a se aproximar, Randolph e eu já estávamos em pé de guerra.

Ainda me pergunto como conseguimos fazer tudo naqueles últimos dias. A tripulação de cabine recém-treinada foi para o escritório da Woodstock Street para atender os telefones, que não paravam de tocar. O leasing com a Boeing estava finalmente fechado, incluindo todo um labirinto de condições jurídicas, mas que em suma nos permitia devolver a aeronave depois de um ano e receber reembolso de pelo menos o custo original. Se o valor da aeronave aumentasse, receberíamos o valor maior. Depois de dois meses de negociação, acho que a Boeing ficou bem surpresa com a nossa tenacidade: "É mais fácil vender uma frota de jumbos para uma companhia aérea norte-americana do que um só para a Virgin", admitiu o negociador deles, depois que terminamos. A negociação contínua de contratos de gravação tinha me sido útil. Em um contrato paralelo ao de *leasing*, tínhamos uma cláusula para nos proteger caso o valor da libra caísse em relação ao dólar (nossa exposição era em dólares).

Em certo momento, levei Boy George para conhecer todos os funcionários do escritório da Woodstock Street. Ele estava usando um dos robes bizarros de sua coleção, cabelos trançados e presos com fitas, e luvas adornadas com imensos anéis de diamante. Por um minuto ele ficou ali parado, observando o completo caos enquanto todos atendiam os telefones, emitiam passagens, informavam nossos horários para passageiros, convidavam celebridades e jornalistas para o voo inaugural e trabalhavam nas provas impressas da revista de bordo. Logo exclamou:

– Ainda bem que tenho os pés bem plantados no chão.

CRIAS DE LAKER

1984

Em 19 de junho de 1984, três dias antes do nosso lançamento, fui até Gatwick para nossa aprovação final do CAA: um teste de voo. O *Maiden Voyager* estava ao lado de um portão de embarque e eu fiquei maravilhado com seu tamanho. Também imaginava o tamanho do logotipo da Virgin na cauda. Era imenso, o maior que já tinha visto. Lembrei do início dos anos 1970, quando Simon e eu pedimos a Trevor Key ajuda com um novo logotipo. Sem ideias, Trevor conversou com o designer gráfico Ray Kyte, da consultoria de design Kyte & Company, que criou o conceito e forneceu o estilo visual para um logotipo característico que podia ser interpretado como meu endosso pessoal, o "V" formando um ticado expressivo. Alguns especialistas em marketing uma vez analisaram o logotipo e escreveram sobre a maneira otimista como ele sobe da esquerda para a direita. Isso, é claro, deve ter passado pela cabeça de Ray enquanto desenvolvia a ideia original. Ver o logo na cauda me fez começar a perceber o que tínhamos começado. Era para valer: nós tínhamos um jumbo.

Toda a tripulação da cabine veio a bordo para a viagem, assim como mais de uma centena de funcionários da Virgin, e eu me sentei no fundo, juntamente com o representante do CAA. O avião havia chegado no dia anterior, vindo de Seattle; até recebermos nossa licença formal do CAA para voar, os motores não tinham seguro. Decolamos, e toda a tripulação começou a comemorar e aplaudir. Eu mal conseguia segurar as lágrimas; estava muito orgulhoso de todos.

Então houve um estrondo alto lá fora. O avião guinou para a esquerda, houve um clarão imenso de chamas e em seguida um longo rastro de fumaça preta começou a sair aos borbotões de um dos motores.

Naquele terrível silêncio atordoado, o representante do CAA passou o braço pelos meus ombros.

– Não se preocupe, Richard – consolou ele. – Essas coisas acontecem.

Tínhamos atravessado um bando de pássaros, e um dos motores tinha sugado um deles e explodido. Precisávamos de um novo com urgência para poder refazer o teste do CAA. Nosso voo inaugural para Nova

York estava marcado para dali a dois dias, com 250 jornalistas e cinegrafistas a bordo.

Roy Gardner estava comigo e chamou no rádio a equipe da British Caledonian que cuidava da nossa manutenção. Quando o *Maiden Voyager* chegou, no dia anterior, Roy havia rejeitado dois dos motores por motivos financeiros e pedido para instalar outros no lugar. Naquele momento ele pediu de volta um dos motores, que haviam sido levados para Heathrow e estavam prestes a embarcar de volta para Seattle.

Assim que pousamos, eu estava parado ao lado do avião tentando pensar em como superar esse problema quando um fotógrafo da imprensa se aproximou de mim com um sorriso largo.

– Sinto muito – desculpei-me. – Não estou disposto agora.

– Eu também sinto muito – respondeu ele. – Vi as chamas e a fumaça saindo do seu motor. Na verdade, tirei uma foto excelente.

Ele olhou para minha expressão atônita e complementou:

– Mas não se preocupe. Sou do *Financial Times*, não somos esse tipo de jornal.

Ele abriu a câmera, tirou o filme e me entregou. Não tive palavras para agradecê-lo. Se aquela foto tivesse aparecido na imprensa, teria sido o fim da Virgin Atlantic antes mesmo de começar.

Infelizmente, como a Virgin Atlantic ainda não tinha a aprovação do CAA, não tínhamos seguro para o motor e tivemos que pagar 600 mil libras por um novo. Depois de vários telefonemas desesperados, percebi que não havia alternativa. Com um sentimento de fracasso, liguei para o Coutts e avisei que um pagamento de 600 mil libras precisaria ser compensado.

– Você está muito perto do seu limite – informou Chris Rashbrook, o gerente da nossa conta.

Nosso limite de saque a descoberto no Coutts era de 3 milhões de libras para todo o Virgin Group.

– Foi um terrível acidente, uma aberração – expliquei. – Um dos nossos motores explodiu, e não podemos fazer o seguro até termos nossa licença. Sem o motor novo, não vamos conseguir a licença. Estamos num impasse.

– Bom, estou só avisando – disse Rashbrook. – Vocês gastaram uma fortuna filmando *Amores eletrônicos* e ainda estamos esperando o cheque da MGM.

O cheque da MGM era referente aos seis milhões de libras que eles pagariam pelos direitos de distribuição de *Amores Eletrônicos* nos Estados Unidos.

– Você pode por favor esperar até passar esse voo inaugural? – pedi. – Vamos resolver isso quando eu chegar em casa. Volto na sexta-feira. Vamos ficar só 300 mil libras acima do nosso limite. Quando o cheque da MGM entrar, vamos cobrir o débito e ainda ficar com uns 3 milhões de libras em conta.

Ele disse que ia pensar no assunto.

No dia anterior ao voo inaugural, o *Maiden Voyager* recebeu outro motor e estava pronto para voar novamente. O representando do CAA veio a bordo e decolamos. Dessa vez não houve explosão e conseguimos nossa licença. Corri de volta para Londres para resolver outra crise relacionada a Randolph Fields. Tínhamos oferecido um milhão de libras por sua saída na empresa, mas ele achou que não era suficiente. Foi até um juiz nos Estados Unidos e pediu um mandado de segurança para impedir o *Maiden Voyager* de decolar. Viramos a noite numa reunião de contenção de danos com David Tait, Roy Gardner e meus advogados para tentar chegar a uma solução que impedisse Randolph de arruinar a companhia aérea. O juiz acabou indeferindo o pedido, mas não antes de lutarmos a noite toda para nos mantermos informados do que ele pretendia fazer. Ao amanhecer, sentíamos que conseguiríamos vencer, e às seis da manhã enchi a banheira e me deitei nela. Estava esgotado. Tentei lavar o rosto, mas meus olhos estavam doloridos e coçando como se tivessem jogado areia neles. David Tait entrou, sentou-se na pia e repassamos a lista final de coisas que precisávamos fazer. Depois, ele saiu para pegar o Concorde e chegar em Nova York antes de nós para organizar a festa de boas-vindas para o voo.

A bordo do voo inaugural, eu estava cercado por familiares e amigos, as pessoas mais importantes para mim e para a Virgin ao longo dos últimos dez anos. Sentei-me ao lado de Joan, com Holly no colo dela. Atrás de nós estavam praticamente todos de todo o Virgin Group. A aeronave estava cheia de jornalistas e fotógrafos, além de vários ilusionistas, apresentadores e Uri Geller. Enquanto o *Maiden Voyager* taxiava na pista, a tela na frente da cabine se acendeu e mostrou as costas dos pilotos e do engenheiro de voo sentados na cabine de comando manejando os controles. Por sobre os ombros deles, tínhamos a vista além do para-brisa. Um anúncio saiu pelos alto-falantes:

– Como este é o nosso primeiro voo, achamos que vocês gostariam de compartilhar da nossa vista da cabine de comando e ver o que realmente acontece quando decolamos.

Podíamos ver a pista se alongando à frente. Logo começamos a acelerar: a pista correndo abaixo do para-brisa aumentou o ritmo até as linhas brancas se transformarem em um borrão. Mas os pilotos pareciam bem relaxados: em vez de olharem com atenção para a frente e pilotarem o avião, começaram a olhar de lado uns para os outros e a sorrir. Um deles tinha cabelo bem comprido por baixo do quepe; o outro era caribenho. Estávamos agora nos movendo rapidamente pela pista, e esses dois pilotos não estavam fazendo nada. Simplesmente não estavam prestando atenção. Todos que olhavam para a tela prenderam a respiração: isso era algum voo suicida louco daquele maluco do Branson. Houve um silêncio mortal. Depois, assim que o nariz do avião se levantou e a pista começou a desaparecer de vista, o caribenho puxou um baseado de trás da orelha e o ofereceu ao copiloto. Antes que alguém pudesse dizer com certeza que era uma brincadeira, o avião decolou e os dois pilotos tiraram os quepes e se voltaram para a câmera: eram Ian Botham e Viv Richards. O engenheiro de voo barbudo era eu. O avião inteiro caiu na risada. Tínhamos filmado aquilo no dia anterior num simulador de voo.

"They must be good — getting suitable stewardesses can't be easy!"

Eles devem ser bons – conseguir aeromoças adequadas não deve ser fácil!

Tínhamos setenta caixas de champanhe a bordo. Esse número se mostrou bem adequado para o que se transformou em uma festa de oito horas. As pessoas dançavam nos corredores enquanto tocávamos "Like a Virgin", novo sucesso de Madonna, além de Culture Club e Phil Collins. Para um intervalo mais sossegado, passamos o filme *Apertem os Cintos, o Piloto Sumiu*, e a tripulação distribuiu sorvete com casquinha de chocolate no meio do filme, começando o que viraria uma tradição da Virgin.

No aeroporto de Newark, em Nova York, percebi que, na empolgação, acabei esquecendo meu passaporte. Quase não me deixaram entrar na festa de recepção no terminal. Por algum engano, a tripulação da cabine jogou fora todos os talheres, então precisaram enfiar os braços até os cotovelos em todos os cestos de lixo para recuperar os talheres para que fossem lavados e devolvidos a bordo. Envergonhei a todos, com exceção do prefeito de Newark, quando fiquei conversando com ele achando, por algum motivo bizarro, que tinha organizado o bufê. Peguei o voo de volta para Gatwick e caí no sono mais longo em muitas semanas. Sonhei com motores explodindo, tripulação oferecendo refeições em pratos tirados do lixo e pilotos fumando maconha. Quando acordei, tinha certeza de que nada mais poderia dar errado. Estava redondamente enganado.

Um táxi me levou de volta a Londres. Quando chegamos em casa, vi um homem sentado nos degraus, parecendo nada à vontade. De início achei que era um jornalista, mas depois percebi que era Christopher Rashbrook, o gerente da minha conta no Coutts. Convidei-o para entrar, e ele se sentou na sala de estar. Eu estava exausto, ele estava inquieto. Demorei um pouco para entender o que ele estava dizendo. No entanto, de repente eu o ouvi dizer que o Coutts não poderia aumentar o limite da Virgin como solicitado e, por isso, lamentavelmente teriam que devolver cheques que ultrapassassem nosso limite de três milhões de libras. Eu raramente perco a calma – na verdade, posso contar nos dedos de uma mão as vezes em que isso aconteceu – mas, quando olhei para esse homem de terno risca-de-giz azul com sua elegante pastinha de couro, senti o sangue ferver. Ele estava ali, com seus sapatos Oxford pretos muito bem engraxados, me dizendo com toda calma que ia tirar a Virgin inteira do mercado. Pensei nas inúmeras vezes desde março em que eu e o pessoal da Virgin Atlantic viramos a noite para resolver um problema; pensei em como a nova tripulação se orgulhava de voar com uma companhia aérea recém-criada; e pensei na nossa demorada negociação com a Boeing. Se esse gerente de banco devolvesse nossos cheques, a Virgin fecharia em poucos dias: ninguém forneceria nada para uma companhia aérea, fosse combustível, comida ou manutenção, se ficassem sabendo que os cheques estavam voltando. E nenhum passageiro voaria conosco.

– Sinto muito – exclamei, enquanto ele ainda estava dando desculpas. – Você não é bem-vindo na minha casa. Saia, por favor.

Peguei-o pelo braço, levei-o até a porta da frente e o empurrei para fora. Fechei a porta em sua cara aturdida, voltei à sala de estar e desabei no sofá em prantos de exaustão, frustração e preocupação. Depois subi, tomei uma ducha e liguei para Ken:

– Temos que conseguir o máximo possível de dinheiro do exterior ainda hoje. E temos que arrumar outro banco.

Nossas subsidiárias de música no exterior nos salvaram aquela semana. Conseguimos juntar dinheiro suficiente na sexta-feira para nos deixar pouco abaixo do limite de três milhões de libras. Demos motivo para o Coutts não devolver nossos cheques, impedindo-os de empurrar as várias empresas Virgin, juntamente com a nova companhia aérea, para a falência imediata. A situação era surreal: a Virgin Music tinha previsão de lucro de doze milhões de libras naquele ano, e de vinte milhões de libras no ano seguinte. Já éramos uma das maiores empresas privadas da Grã-Bretanha, mas o Coutts estava preparado para nos levar à falência – e fazer três mil pessoas perderem o emprego – porque íamos estourar nosso limite em 300 mil libras, mesmo com um cheque de seis milhões de libras para entrar a qualquer momento.

A crise com o Coutts me fez perceber que precisávamos de um financista mais durão no lugar de Nik. Era necessário uma pessoa que pudesse lidar com as finanças da Virgin Atlantic e da Virgin Music e atuar como uma ponte entre as duas. Sobrevivendo de fluxo de caixa e dívidas, todo o Virgin Group estava vivendo perigosamente demais. Em meados da década de 1980, o centro financeiro de Londres estava bombando, e toda empresa parecia capaz de vender suas ações para o público e levantar milhões de libras para investir. Talvez, comecei a pensar, fosse a solução para a Virgin.

Além das nossas quatro operações principais, Virgin Music, as lojas da Virgin Records, Virgin Vision e a nova companhia aérea, Virgin Atlantic, havia agora uma série de novas empresas pequenas operando sob a coordenação da Virgin. Tínhamos a Top Nosh, que entregava comida nas regiões industriais, a Virgin Rags, uma linha de roupas, a Virgin Pubs e a Vanson Property, uma incorporadora que cuidava de nossa crescente coleção de propriedades e, além disso, estava gerando muito dinheiro comprando, desenvolvendo e depois vendendo propriedades. Essa seleção díspar de empresas precisava de alguém para colocar tudo em ordem.

Don Cruickshank nos foi recomendado por David Puttnam, o cineasta inglês. Ele era contador e tinha trabalhado com a consultoria de empresas McKinsey por cinco anos antes de ser gerente-geral do *Sunday Times* e depois da Pearson, onde fora diretor financeiro do *Financial Times*. Robert Devereux, agora casado com minha irmã Vanessa, tinha cruzado com ele ao negociar com a Goldcrest Films, parte da Pearson, mas Simon não sabia nada dele. Don começou a trabalhar nos apertados escritórios de Ladbroke Grove e foi a primeira pessoa na Virgin a usar terno e gravata. Todos ficaram maravilhados com ele. Com Don como diretor executivo, a Virgin começou a se organizar em uma empresa que poderia atrair investidores externos.

Logo Don trouxe Trevor Abbott como diretor financeiro. Trevor havia trabalhado na MAM, Management Agency & Music, uma empresa de entretenimento que tinha gerenciado a carreira de Tom Jones e de Engelbert Humperdinck e criado a própria gravadora para lançar Gilbert O'Sullivan. A MAM havia depois diversificado para publicações musicais, tinha uma cadeia de hotéis, operava uma frota de jatos corporativos, tinha casas noturnas e alugava máquinas de frutas e *jukeboxes*. A MAM e a Virgin tinham muito em comum, mas, quando saiu, Trevor já estava trabalhando na fusão da MAM com a Chrysalis.

Don e Trevor logo estavam fazendo reuniões com bancos e reorganizando nossas finanças e a estrutura interna do Grupo. No total, o volume de negócios da Virgin em 1984 superaria cem milhões de libras. Toda vez que nos encontrávamos, Don e Trevor expressavam seu espanto sobre como as coisas eram administradas. Ficaram horrorizados com a falta de computadores no Grupo e de controle de estoque e com a maneira aparentemente casual com que Simon, Ken, Robert e eu decidíamos como investir nosso dinheiro. Eles vieram nos ver no *Duende* e definiram como propunham reorganizar a Virgin de modo a atrair investidores externos.

A primeira coisa que fizeram foi esmiuçar nossos limites de crédito. O Coutts e sua matriz, o National Westminster Bank, estavam dispostos a nos fechar por exceder um limite de três milhões de libras. Levando o mesmo balanço patrimonial para outro consórcio de bancos, Don e Trevor conseguiram um limite de trinta milhões de libras. Em seguida, eles analisaram a estrutura do Virgin Group e decidiram fechar várias das nossas empresas menores, como a Top Nosh e os pubs. Dividiram o Virgin Group em Music, Retail e Vision, depois agruparam Virgin Atlantic, Virgin Holidays, Heaven, The Roof Garden e a Ilha Necker em uma empresa privada separada. Simon e eu tínhamos 33 anos, assim como Trevor e Ken. Don era um pouco mais velho; Robert, um pouco mais novo. Sentíamos que poderíamos dar conta de qualquer um, e agora estávamos decididos a tornar o Virgin Group público. Estávamos passando do mercado do rock para o mercado de ações.

15.

ERA COMO ESTAR
PRESO À PONTA
DE UMA IMENSA
BROCA PNEUMÁTICA

1984 – 1986

É COMUM ME PERGUNTAREM por que eu encaro o desafio de quebrar recordes com barcos a motor ou balões de ar quente. As pessoas comentam que, com sucesso, dinheiro e uma família feliz, eu deveria parar de me colocar em risco, assim como eles, e aproveitar o que tenho tanta sorte de ter. Isso é uma verdade óbvia, e parte de mim concorda plenamente. Amo a vida, amo a minha família, e me apavora a ideia de acabar morrendo, deixando Joan sem marido e Holly e Sam sem pai. Mas outra parte de mim é atraída para novas aventuras, e eu ainda descubro que quero me levar ao limite.

Se parar para pensar melhor nisso, eu diria que adoro ter o máximo de experiências que puder na vida. As aventuras físicas das quais participei adicionaram uma dimensão especial à minha vida que reforçou o prazer que tenho com os negócios. Se eu tivesse me recusado a experimentar paraquedismo, balonismo ou a travessia do Atlântico num barco, acho que minha vida teria sido um tédio. Nunca acho que vou morrer por acidente, mas, se eu morrer, tudo que posso dizer é que eu estava errado, e que os realistas calejados que mantêm os pés bem plantados no chão estavam certos. Mas pelo menos eu tentei.

Além da adrenalina do evento em si, adoro a fase de preparação. Um senso imenso de camaradagem surge na equipe quando estamos nos preparando para um desafio; se estivermos atrás de um recorde, não há apenas o desafio tecnológico, mas também uma grande sensação de patriotismo quando o público nos incentiva. Antigamente, havia muitos grandes exploradores britânicos, todos na melhor tradição dos escoceses na Antártida, e eu me orgulho de seguir seus passos.

O primeiro desafio que encarei foi tentar reconquistar a Fita Azul para a Grã-Bretanha. Na era vitoriana dos navios a vapor, a embarcação a atravessar o Atlântico em menos tempo recebia a Fita Azul. Em 1893, a companhia britânica Cunard Line detinha a Fita Azul. Depois, o título passou para três embarcações alemãs antes que a Cunard o recuperasse em 1906 com o RMS *Lusitania*, que acabou afundado em 1915 por um submarino alemão. Os alemães a recuperaram depois da Primeira Guerra Mundial, e em 1933 o navio italiano *Rex* levou o título com uma velocidade média de 29 nós na travessia. Para comemorar essa conquista e a competição pela Fita Azul como um todo, o armador e membro do parlamento inglês Harold Hales encomendou um troféu monumental. Desde então, o Troféu Hales é entregue junto com a Fita Azul.

Nas letras miúdas das condições do prêmio, Hales o ofereceu para o barco mais rápido a cruzar o Atlântico, e definiu o Atlântico como o trecho de mar entre o farol flutuante Ambrose, na costa americana, e o farol de Bishop Rock, nas Ilhas Scilly, na Cornualha. Hales não fez menção ao tamanho do barco, desde que transportasse passageiros; naquela época, na verdade, ninguém sequer pensava que um barco pequeno teria alguma chance de competir com as grandes embarcações em segurança.

O próximo navio a ganhar o troféu Hales foi o SS *Normandie*, um navio de passageiros francês que cruzou o Atlântico em sua viagem inaugural a uma velocidade média de trinta nós. Em 1952, antes de a era dos grandes navios de passageiros chegar ao fim, o SS *United States* levou o Troféu Hales com uma travessia que levou três dias, dez horas e quarenta minutos. Assim, o Troféu Hales foi aposentado no Museu da Marinha Mercante Americana. Infelizmente, Harold Hales não viveu para testemunhar a conquista do SS *United States*: por uma terrível ironia, morreu afogado em um acidente de barco no rio Tâmisa. Os gloriosos dias dos navios de passageiros acabaram quando as pessoas começaram a usar a nova forma de transporte, os aeroplanos, e o Troféu Hales caiu no esquecimento.

Em 1980, um construtor de barcos a motor chamado Ted Toleman decidiu reviver a competição pela Fita Azul e tentar recuperar o Troféu Hales para a Grã-Bretanha. Para isso, teria que construir um barco que pudesse cruzar o Atlântico em menos de três dias, dez horas e quarenta minutos. O SS *United States* era um navio realmente impressionante: pesava 52 mil toneladas e precisava de 240 mil cavalos para se mover. O recorde de velocidade que conquistou foi impressionante: uma média de 35,6 nós (equivalentes a 65 quilômetros por hora). Em contraste com essa imensa embarcação de 52 mil toneladas, com piscina e piano de cauda, Ted planejou um catamarã leve.

Navegar em um barco pequeno e rápido pelo meio do oceano é extremamente perigoso. Para começar, você fica muito vulnerável às ondas. Por esse lado, mares violentos são muito mais fáceis de se transpor com um grande barco a vapor, que simplesmente corta as ondas. Os passageiros podem usar a desculpa do ligeiro balanço para se aconchegar nos braços uns dos outros na pista de dança, mas a velocidade do navio não é prejudicada. Com um barco pequeno, qualquer manobra mal calculada a trinta nós pode mergulhar a proa na lateral da onda e fazer o barco todo afundar ou se quebrar ao meio.

Ted Toleman projetou um catamarã de vinte metros e o lançou ao mar em 1984. No lugar dos motores de 240 mil cavalos do SS *United States*, que tinham o tamanho de pequenas catedrais, Ted usou dois motores de 2 mil cavalos que poderiam propelir seu catamarã a quase cinquenta nós em águas calmas. Claro que uma coisa é conseguir atravessar um lago calmo a cinquenta nós, e outra bem diferente é atingir essa velocidade na superfície encrespada do oceano Atlântico, onde as ondas se elevam a seis metros ou mais. Ted sabia que teria sorte se conseguisse atingir uma velocidade de 35 nós. Ainda assim, seria uma travessia de três a quatro dias. O desafio era: seriam três dias e nove horas ou três dias e onze horas?

Ao longo de 1984, o orçamento de Ted para o barco estourou e ele veio falar comigo para patrocinar o custo da viagem; em troca, eu poderia dar nome ao barco e acompanhá-lo no desafio. Ele já havia pedido ajuda a Chay Blyth, o iatista que dera a volta ao mundo. A Virgin Atlantic tinha começado a voar e, embora eu ficasse imediatamente atraído pela ideia de trazer um troféu de volta para a Grã-Bretanha, que não tem tantos troféus assim, também apreciei a chance de promover nossa nova companhia aérea. Uma travessia do Atlântico bem-sucedida atrairia publicidade em Nova York e em Londres, nossos únicos destinos.

– Como está a sua forma física? – perguntou Chay.

– Nada mal – arrisquei.

– Isso não é suficiente – respondeu Chay. – Não temos espaço para passageiros. Você precisa entrar em forma.

E assim eu comecei o mais exaustivo programa de exercícios da minha vida.

– Você vai ser massacrado por três dias inteiros – afirmou Ted, enquanto nos matávamos na academia. – Você tem que ser capaz de aguentar.

Pedimos à Esso para patrocinar a viagem fornecendo o combustível; quando gentilmente concordaram, fomos todos a um almoço comemorativo com todo o conselho administrativo deles.

– Quero agradecer muito a todos vocês – disse eu, com sinceridade. – Será uma grande viagem, e vamos fazer o máximo de propaganda da BP que conseguirmos. – Pensei ter ouvido um murmúrio coletivo de indignação, mas continuei mesmo assim. – Vamos estampar a BP nos navios de reabastecimento, colocar seu logotipo no barco, colocar a B no mapa para valer. Ninguém nunca vai confundir vocês com aquela sua antiga rival...

Nesse momento eu olhei para a parede à minha frente e notei o imenso logotipo da Esso. Percebi meu engano. Os executivos da Esso me olhavam horrorizados, como se eu fosse um fantasma. Eu me joguei no chão e me arrastei para baixo da mesa.

– Sinto muito – falei, e comecei a cuspir e polir os sapatos deles.

O mais incrível é que a Esso manteve a palavra e o patrocínio à viagem.

O barco e a tripulação foram postos à prova por dois meses até estarmos finalmente prontos.

Joan estava quase no oitavo mês da gravidez de nosso segundo filho, e eu esperava desesperadamente fazer a travessia a tempo de voltar para o parto, mas ficamos presos em Nova York por três semanas esperando o tempo melhorar. Durante aquelas três semanas, eu voava para Londres para ficar com Joan, depois voava de volta para Nova York quando me diziam que estávamos prestes a zarpar. Depois de cruzar o Atlântico oito vezes, senti que já sabia bem como queria estar a nove mil metros.

As tempestades se dissiparam e recebemos luz verde. Joan me disse que estava se sentindo bem e que eu deveria ir. Ainda faltavam duas semanas para o bebê nascer. Saímos correndo de Manhattan rumo ao norte.

A outra diferença fundamental entre o *Virgin Atlantic Challenger* e os grandes navios de passageiros era o conforto: enquanto nos anos 1930 os passageiros dançavam ao som de bandas de jazz e jogavam malha no convés, nós estávamos amarrados a bancos de avião, sacolejando sem parar. Com o ruído ensurdecedor dos motores e a reverberação constante, era como estar preso à ponta de uma imensa broca pneumática. Mal conseguíamos falar, quanto mais nos mover; só tínhamos que aguentar uma sequência interminável de batidas, sacolejos e ribombos.

Quase no fim do primeiro dia, recebi uma mensagem pelo rádio.

– Richard. – Era Penni, que estava no centro de controle. – Joan está no hospital e acabou de ter um menino. Rose está com ela, correu tudo bem.

Eu tinha quebrado minha promessa, mas o mais importante era que tínhamos um filho saudável. Todos demos gritos de alegria e Steve Ridgway, outro membro da tripulação, pegou uma garrafa de champanhe para brindar a Joan e a meu filho recém-nascido. Sem eu sequer chacoalhar, a garrafa estourou e espirrou para todo lado. Era impossível beber. O champanhe espumava entre os dentes, a espuma subia e descia na garganta. Agarrado a uma corda de segurança, cambaleei até a beirada e joguei a garrafa pela borda fora; ela balançou na água. Agora eu precisava ter energia para ver Joan, Holly e nosso bebezinho.

A travessia teria quebrado o recorde confortavelmente. Suportamos três dias infernais de tortura mental ao longo de 4,8 mil quilômetros. Fizemos três paradas para reabastecimento, a intervalos de 1,3 mil quilômetros. Esses navios de combustível eram barcos enormes que assomavam acima de nós como arranha-céus. Mesmo com ondas pequenas, a aproximação deles era aterrorizante: nós parávamos a uns trinta metros de distância, eles disparavam um arpão na nossa direção com uma boia na ponta da corda. Trazíamos a boia a bordo e depois puxávamos do navio a enorme mangueira de combustível. Quando ela estava conectada, dávamos o sinal e o combustível era bombeado. O cheiro de combustível e o balanço das ondas faziam todos nós passarmos mal. E, quando nos aproximávamos da borda para vomitar, parecia que corríamos o risco de sermos esmagados pelo imenso paredão preto enferrujado da lateral do navio de abastecimento.

Ao nos aproximarmos da Irlanda, faltando apenas umas poucas centenas de quilômetros, fomos atingidos por uma tempestade feroz. Fomos fustigados o tempo todo por três dias, mas essa era a pior até agora. O barco arremetia para cima e para baixo. Nós nos agarramos aos bancos, sem conseguir ver nada. Ao nos aproximarmos das Ilhas Scilly, faltando apenas 95 quilômetros e com o Troféu Hales quase nas mãos, fomos atingidos por uma onda gigantesca. Um segundo depois, ouvimos um grito de Pete Downie, nosso engenheiro.

– Vamos afundar. O casco se abriu ao meio. Saiam rápido.

– Mayday! Mayday! Mayday! – Num segundo, Chay chegou ao rádio. – *Virgin Challenger* está afundando. Estamos abandonando a embarcação. Repito: estamos abandonando a embarcação. Ei, Ted! – Chay virou-se. – Você é o capitão, tem que ser o último a sair!

Em questão de segundos, o barco começou a afundar. A primeira balsa salva-vidas que inflamos enroscou em alguma coisa e se rasgou. Tínhamos uma balsa reserva, que jogamos borda afora. Puxamos a corda para inflá-la.

– Sem pânico! – gritou Chay. – Não precisam ter pressa! Todos tenham calma!

Quando passávamos pela borda para entrar na balsa salva-vidas, Chay gritou:

– Podem entrar pânico! Vamos afundar. Acelerem!

A balsa salva-vidas era um barquinho inflável com uma cobertura. Nós nos aconchegamos uns nos outros, balançando para cima e para baixo no mar como se estivéssemos num brinquedo maluco de parque de diversões. Eu estava sentado ao lado do rádio e peguei o microfone. Um Nimrod da RAF captou nosso pedido de socorro. Dei nossa posição ao piloto, e ele rapidamente avisou por rádio todas as embarcações na área.

– Certo, tem três embarcações na área indo em sua direção – retornou o piloto. – Sem uma ordem específica, tem o *QE2*, que está indo para Nova York, um helicóptero da RAF das Ilhas Scilly já foi mobilizado, e tem também um Geest a caminho da Jamaica. Por favor, peguem o primeiro que chegar.

– Diga para ele que eu não vou pegar uma merda de um cargueiro de bananas para a Jamaica – reclamou Chay. – Nem vou voltar para Nova York. Quero a droga do helicóptero.

– Isso é ótimo – respondi pelo rádio, decidindo não passar o recado de Chay, visto que, uma vez na vida, eu achei que não estávamos em posição de negociar.

Ted estava arrasado. Sentou-se ali, em silêncio, seu sonho destruído.

Pela pequena escotilha, conseguíamos ver a popa do *Virgin Challenger* destacando-se acima da água. O resto do barco estava submerso. Só se conseguia ver a palavra "Virgin".

– Bom, Richard – comentou Chay, apontando para o logotipo –, como sempre, você teve a última palavra.

Enquanto esperávamos, comecei a cantar o refrão de "We're all going on a summer holiday..." Todos me acompanharam, inclusive Ted.

Acabamos resgatados pelo cargueiro de bananas Geest a caminho do Caribe. Fomos içados um a um e deixamos a balsa girando sozinha.

– Útil, caso alguém mais emborque – comentou Chay.

Era hora do jantar, e os convidados estavam reunidos no alojamento do capitão. Como nos gloriosos dias dos navios a vapor transoceânicos, estavam todos usando smoking e vestidos de noite. Nós éramos um bando desgrenhado em trajes de sobrevivência de nylon ensopados.

– Pobre menino – disse-me uma senhora idosa. – E você ainda nem viu seu filho recém-nascido, não é mesmo?

– Não – respondi. – Infelizmente estamos indo para a Jamaica, então acho que não vou vê-lo por enquanto.

– Bom, tenho esta fotografia dele para você.

Para meu espanto, ela pegou a edição daquele dia do *Evening Standard* de Londres. E ali, na primeira página, estava uma foto do nosso filhinho enrolado em uma manta. Tenho que admitir que escorreu uma lágrima ao vê-lo.

Uma equipe de salvamento nos chamou pelo rádio pedindo permissão para recuperar o barco.

– Claro – respondi, olhando pela escotilha para onde ainda podíamos ver a popa, erguida como uma lápide.

– Seu idiota! – Explodiu Chay. – Você não vai querer ver aquele barco de novo. É só um monte de eletrônicos encharcados que nunca mais vão funcionar. Você nunca vai conseguir um centavo das seguradoras.

– Pensando bem – falei –, será que posso ligar depois?

– Certo – responderam.

Desliguei o rádio, e Chay e eu olhamos para o *Virgin Challenger* ao longe no mar. Enquanto observávamos, ele afundou silenciosamente.

Demorou um mês para meus ouvidos pararem de zunir. Eu estava começando a achar que estava com danos permanentes no cérebro. No entanto, vencer a Fita Azul e o Troféu Hales virou questão de honra. Estávamos determinados a conseguir. Chay e eu sentimos que, depois do que tinha acontecido ao *Challenger*, deveríamos construir um barco de casco único, em vez de um catamarã, porque seria mais resistente. Como Ted Toleman era especialista em catamarãs, ele recusou-se a mudar o desenho e abandonou o projeto. Formamos uma nova equipe com três componentes importantes da tripulação original de Ted Toleman: Chris Witty, Steve Ridgway e Chris Moss, que me perguntou se poderiam vir trabalhar para a Virgin. Chay Blyth continuou no projeto como especialista em navegação e, juntos, projetamos um novo barco.

Em 15 de maio de 1986, o *Virgin Atlantic Challenger II* foi lançado ao mar pela princesa Michael de Kent. O barco tinha 22 metros e um casco único. Estávamos confiantes de que ele conseguiria aguentar os mares bravios muito melhor do que seu antecessor. Mas, quando navegávamos pela costa sul em sua viagem inaugural até Salcombe, acertamos em cheio uma onda imensa que quase virou o barco. Todos foram arremessados pelo convés e um de nossos tripulantes, Pete Downie, quebrou a perna. A agonia em seu rosto foi mais pela percepção de que não estaria conosco do que pela dor na perna. Chay fraturou um dedo do pé e Steve quase foi jogado borda afora. Chegamos a Salcombe parecendo um barco-hospital.

Despachamos o barco para Nova York e, mais uma vez, esperamos pelo tempo bom. Quando zarpamos do porto de Nova York, em uma manhã clara de junho de 1986, seguindo para a Nova Escócia, preparamo-nos uma vez mais para os sacolejos. Não foi tão ruim quanto da primeira vez, e a viagem pela costa leste americana foi muito mais rápida do que esperávamos. Pegamos velocidade e, depois de dezoito horas, chegamos ao primeiro navio de reabastecimento perto da costa de Terra Nova.

Reabastecemos e nos lançamos na escuridão. A noite de verão foi curta e, como estávamos navegando para nordeste, foi mais curta ainda, de modo que tivemos que lidar com apenas cinco horas de escuridão. Confiávamos no radar e tentávamos enxergar alguma coisa com os óculos de visão noturna, mas ainda não fazíamos ideia do que havia à frente. Navegar àquela velocidade à noite era como dirigir com uma venda nos olhos, e quase atingimos uma baleia que vinha à superfície.

No segundo dia, a descarga de adrenalina que nos mantinha ligados começou a diminuir. Agora havia apenas as pancadas, horríveis e implacáveis. Cada onda nos jogava para cima e para baixo, para cima e para baixo, até que já não conseguíamos mais sorrir e aguentar: só nos restava cerrar os dentes e aguentar.

Ao nos aproximarmos do *RV2*, o barco de reabastecimento, na costa do Canadá, também tivemos que prestar atenção intensa aos icebergs. Icebergs grandes apareciam no radar e podiam ser evitados; eram os "pequenos", minúsculas manchas acima da superfície que na verdade pesavam cem toneladas e podiam esmagar o casco, que eram perigosos. Na verdade, até um iceberg do tamanho de um pufe poderia danificar seriamente o casco. A dificuldade era: com o passar das horas e o ronco dos motores nos ensurdecendo, era impossível manter a concentração. Ainda tínhamos mais de duas mil milhas pela frente. Cada minuto de cada hora era de solavancos. E foi aí que apareceu a força da equipe: todos nos unimos para ajudarmos uns aos outros a superar.

Enquanto acenávamos nosso adeus e revertíamos os motores para nos afastarmos do segundo barco de reabastecimento, nossos motores engasgaram, afogaram e apagaram. Eckie Rastig, nosso novo engenheiro, desceu para investigar e logo voltou apavorado: os filtros de combustível estavam cheios de água. Era um desastre. Ele testou com a vareta e calculou que, para cada doze toneladas de combustível a bordo, tínhamos recebido também cerca de quatro toneladas de água. Como a água acabou misturada ao combustível era um completo mistério, mas não tínhamos tempo para nos preocupar com isso. Talvez fosse a vingança dos diretores da Esso pela minha gafe falando sobre a BP! O diesel e a água estavam emulsificados juntos, o que significava que era impossível separá-los. Precisávamos drenar todos os quatro tanques de combustível e começar de novo. O barco da Esso voltou a se emparelhar conosco e enchemos os tanques novamente, o que nos tomou mais três preciosas horas.

Religamos os motores, mas eles morreram mais uma vez. Já eram onze da noite, e tínhamos gastado sete horas subindo e descendo ao lado do barco de reabastecimento no meio do oceano congelante. A corrida estava fugindo pelo meio dos dedos. As ondas ficavam cada vez piores.

– A tempestade está nos alcançando – disse Chay. – Não vai ser nada divertido.

A tempestade, que vinha seguindo o tempo maravilhoso que pegamos no primeiro dia, não foi abrupta nem feroz; foi apenas um longo período de clima horrível, nosso pior pesadelo. Logo o barco pegava ondas que chegavam a quinze metros. Não tínhamos coragem de ficar

ERA COMO ESTAR PRESO À PONTA DE UMA IMENSA BROCA PNEUMÁTICA

RELIGAMOS OS MOTORES, MAS ELES MORRERAM MAIS UMA VEZ. JÁ ERAM ONZE DA NOITE, E TÍNHAMOS GASTADO SETE HORAS SUBINDO E DESCENDO AO LADO DO BARCO DE REABASTECIMENTO NO MEIO DO OCEANO CONGELANTE.

no convés porque num momento estávamos muito abaixo do imenso navio da Esso, a ponto de parecer que ele ia tombar em cima de nós, e no momento seguinte éramos jogados para cima, muito acima dele, e não acreditávamos que não íamos deslizar pela onda e colidir. A esta altura, todos passávamos mal com o sufocante cheiro de combustível, com ânsia, vomitando e nos contorcendo de dor. Nossos trajes de sobrevivência estavam encharcados de água salgada e sujos de vômito; os rostos, brancos e verdes; os cabelos, congelados.

– Não vale a pena continuar – gritou Chay no meu ouvido. – Todos já falamos, e todos estamos arrasados. Acabou. Sinto muito, Richard.

Eu sabia que, se fracassássemos naquela tentativa, não haveria uma terceira. Tínhamos que tentar. Eu tinha que persuadi-los.

– Vamos só tentar ligar os motores e ver até onde chegamos – argumentei. – Poxa, precisamos pelo menos tentar.

Eu conhecia um especialista em motores chamado Steve Lawes que estava no barco da Esso. Pedi que viesse a bordo nos ajudar. Eles prepararam o guincho e o içaram por sobre a lateral do barco. Com os dois barcos subindo e descendo nas ondas gigantes, fiquei espantado com a coragem dele em tentar. Com *timing* perfeito, eles o baixaram em nosso convés e ele se soltou do arnês antes que fosse levantado novamente quando outra onda nos jogou para baixo e o barco da Esso, para cima. Steve desceu para ajudar Eckie na casa de máquinas. Havia um espaço ínfimo entre os motores e, juntos, eles drenaram os tanques e colocaram mais combustível. Desci para vê-los, mas não cabia mais ninguém ali.

Não tive que implorar para Steve ficar conosco.

– Vou ficar só pelo prazer do passeio – disse ele, o rosto já coberto de manchas de óleo.

De repente senti que tínhamos uma chance.

– Ainda tem água no combustível – disse Eckie. – Mas podemos filtrar pelo caminho. Vamos ter que fazer isso a cada poucas horas.

Subi e encontrei Chay, quem diria, vomitando pela borda do barco. Puxei-o pelo ombro.

– Steve vai ficar – gritei no ouvido dele. – Podemos continuar.

– Acabou, Richard – gritou Chay. – Acabou mesmo, porra. Este barco já era.

– Temos que continuar – berrei.

Por um momento ficamos ali, olho no olho, agarrados um ao outro como dois velhos bêbados. Nossas barbas estavam sujas de vômito, nossos olhos estavam vermelhos e injetados por causa do sal e dos vapores, nosso rosto não tinha cor, e nossas mãos estavam machucadas e sangrando. Com outro balanço do mar, cambaleamos um contra o outro, completamente esgotados. Odiávamos aquele barco; odiávamos aquela viagem; odiávamos o mar; odiávamos o clima, e – naquele momento – certamente odiávamos um ao outro.

– Temos que continuar e ir até o fim – repeti, feito um louco. – Temos que ir até o fim. É o único jeito. O que você está sugerindo? Voltarmos para casa rebocados?

– Meu Deus, você é pior que eu – disse Chay. – Tudo bem. Vamos fazer uma última tentativa.

Eu o abracei e ambos caímos contra o gradil.

– Certo! – Chay gritou para a tripulação. – Vamos desamarrar os cabos.

Todos juntamos nossas forças e entramos em ação. Soltamos os cabos do barco de reabastecimento e, com o ajuste fino de Eckie e Steve, os motores voltaram a roncar. Estavam engasgando e crepitando e quase pifando, mas pelo menos funcionavam e não tínhamos que apelar para os remos. Acenamos para o barco da Esso e partimos para uma luz cinzenta. Nós nos sentíamos melhor, depois de nos afastarmos do cheiro de óleo, mas estávamos todos exaustos. Parecia que meu estômago tinha sido socado sem dó por um boxeador profissional. Cada um agora estava no próprio mundo, lutando para atravessar cada hora. Eu só ficava repetindo para mim mesmo que precisávamos continuar. Além de lutar contra o clima e o combustível, estávamos todos imersos em uma luta interna para não desabar.

A cada quatro horas, os filtros de combustível ficavam tão entupidos que precisavam ser trocados. Desligávamos os motores, Steve e Eckie trocavam os filtros, e continuávamos. Conforme passavam-se as horas, ficou claro que não teríamos filtros suficientes para fazer a última parada de reabastecimento. Os filtros acabariam, e os motores quebrariam. Ficaríamos à deriva. Eu estava em contato com um Nimrod que passava (claro que estava!) e que cuidava de nós. Esses aviões passam horas e horas sobrevoando o Atlântico à procura de submarinos, e nós éramos uma distração bem-vinda. O piloto sugeriu que outro Nimrod poderia trazer e soltar uma carga de filtros, mas para isso precisariam de autorização dos superiores. Chamei Tim Powell, que estava no centro de controle instalado na megastore de Oxford Street.

– Tim, precisamos de ajuda. Precisamos que nos tragam alguns filtros de combustível. O Nimrod se ofereceu para fazer isso, mas precisam de autorização dos superiores mais superiores.

Em menos de uma hora, Tim conversou com as pessoas certas em Downing Street, e um Nimrod da RAF pegou os filtros em Southampton e veio nos encontrar.

Não ouvimos o avião chegando. Ele só sobrevoou baixo, saindo de uma nuvem cinza bem atrás de nós. Era enorme e, apesar de não fazer sol, parecia que o avião sugava toda a luz e nos deixava na sombra. O Nimrod rugiu acima de nós, com um ronco que fez o barco tremer, e largou um pequeno tambor preso a uma boia em nosso caminho. Todos dançamos e gritamos de alegria. Chay desligou os motores e direcionou o barco para o pequeno marcador vermelho. Steve o pegou com um gancho longo e o puxamos para o barco: era um tambor de aço cheio de filtros. Em cima dos filtros havia algumas barras de chocolate e um bilhetinho manuscrito que dizia: "Boa sorte!"

Chamamos o piloto pelo rádio e agradecemos.

– Estou com uma equipe de TV a bordo – informou ele. – O país inteiro está acompanhando com ansiedade. Boa sorte.

Chegamos ao terceiro navio da Esso e, com outro conjunto de tanques cheios e um pouco de ensopado irlandês, nossa primeira refeição quente em dois dias, nos aproximamos do último trecho da travessia com determinação crescente. Calculamos que, se quiséssemos quebrar o recorde, teríamos que viajar a uma velocidade média de 39 ou 40 nós nas doze horas finais. Com os motores no estado em que estavam, seria puxado. Enfrentamos mais tempo ruim, incapazes de ir a mais de trinta nós por três horas, depois o sol saiu e o mar se acalmou. Steve e Eckie trocaram os filtros pela última vez, aceleramos e avançamos pelo mar, movendo-nos rapidamente por sobre as ondas em direção às Ilhas Scilly.

Quando passamos pelo ponto em que tínhamos afundado na tentativa anterior, todos comemoramos e subitamente soubemos que podíamos conseguir. A cinco milhas das Scillies, uma companhia de helicópteros veio nos encontrar, depois centenas de barcos de todos os tipos vieram nos dar as boas-vindas. Passamos rapidamente pelo farol de Bishop Rock às 19h30min. Eckie e Steve subiram da casa de máquinas. Eles foram os heróis que suportaram três dias de sacolejo em uma casa de máquinas quente e apertada, até os tornozelos de óleo, enquanto lutavam para manter os motores funcionando. Dag Pike desligou o sistema de navegação e todos nos abraçamos. Tínhamos conseguido. Nossa jornada tinha durado um total de três dias, oito horas e trinta e um minutos; em uma viagem de mais de três mil milhas, tínhamos batido o recorde da Fita Azul por meras duas horas e nove minutos.

16.

O MAIOR BALÃO DO MUNDO

1986 - 1987

"Depois da explosão, que tal um estalinho?"
Em 1986, todos se voltavam para o mercado financeiro. Quem havia comprado ações da British Telecom tinha duplicado o dinheiro.

Nunca vou esquecer de quando fui até o centro financeiro de Londres para ver as filas de pessoas querendo comprar ações da Virgin. Mais de setenta mil pessoas haviam declarado, pelo correio, interesse em comprar ações da Virgin, mas aquelas tinham deixado para o último dia, 13 de novembro de 1986. Eu andei para cima e para baixo pela fila agradecendo às pessoas pela confiança, e algumas das respostas ficaram na minha cabeça:

"Não vamos sair de férias este ano; estamos aplicando nossas economias na Virgin."

"Vai lá, Richard, mostre que estamos certos."

"Estamos confiando em você, Richard."

Em determinado momento, percebi que os fotógrafos da imprensa estavam tirando fotos dos meus pés, mas não entendia por quê. Então olhei para baixo e percebi, chocado, que, na pressa de me vestir, tinha calçado um pé de cada sapato.

O financiamento da Virgin atraiu mais aplicações do público do que qualquer outra venda inicial de ações na bolsa, se não considerarmos as grandes privatizações. Mais de cem mil pessoas se registraram para comprar nossas ações, e a agência dos correios recrutou vinte novos funcionários para lidar com os malotes. Naquele dia ficamos sabendo que o Human League tinha chegado a número um nos Estados Unidos. Apesar da euforia, ficamos preocupados em saber que apenas um pequeno número de instituições financeiras tinha se disposto a comprar nossas ações. Era o primeiro sinal da dificuldade que teríamos com o mercado financeiro.

Em 1986, a Virgin tinha se tornado uma das maiores empresas privadas da Grã-Bretanha, com cerca de quatro mil funcionários. No ano encerrado em julho de 1986, a Virgin registrara vendas de 189 milhões de libras, que em comparação com as 119 milhões de libras no ano anterior demonstrava um aumento de cerca de sessenta por cento. Nosso lucro bruto foi de dezenove milhões de libras contra quinze milhões no ano anterior. Embora fôssemos uma empresa grande, tínhamos pouca flexibilidade para crescer: tudo o que podíamos fazer era usar o dinheiro que tínhamos ganho ou pedir um limite maior ao banco. Eu observava diversas outras empresas privadas venderem ações na bolsa: Body Shop, TSB, Sock Shop, Our Price, Reuters, Atlantic Computers... Era uma empresa nova praticamente toda semana, e a bolsa teve que criar um sistema de fila para que, entre as privatizações maciças da British Telecom, da British Airways e da BP, houvesse uma sequência organizada.

Quando voltamos da travessia do Atlântico, o país inteiro parecia ter gostado do desafio. Margaret Thatcher expressou interesse em ver o barco, e eu lhe ofereci um passeio pelo rio Tâmisa. Conseguimos autorização para exceder o limite de velocidade de oito quilômetros por hora no Tâmisa, e a Ponte da Torre abriu seus portões enquanto o *Atlantic Challenger* passava zunindo. Buscamos Thatcher e, junto com Bob Geldof e Sting, demos uma volta de honra até as Casas do Parlamento e voltamos; outros barcos no rio soavam as buzinas, e o corpo de bombeiros bombeava imensos jatos de água no ar em saudação. Thatcher, a "Dama de Ferro", ficou no convés ao meu lado, voltada para o vento intenso.

– Tenho que admitir – disse ela enquanto acelerávamos rio acima –, eu gosto de velocidade. Adoro barcos potentes.

Olhei para ela. Estava mesmo se divertindo. Seu perfil cortava o vento como uma vela, sem um único fio de cabelo fora do lugar.

Apesar de termos captado trinta milhões de libras com a operação na bolsa, logo comecei a sentir que tínhamos tomado a decisão errada. Logo depois do nosso IPO em novembro, nosso gestor de investimentos no Morgan Grenfell, Roger Seelig, foi investigado pelo Departamento de Comércio e Indústria por seu papel na aquisição da Distillers pela Guinness, que ele havia orquestrado em janeiro. Roger pediu demissão do Morgan Grenfell e, embora o caso contra ele tenha sido depois abandonado, sua carreira foi arruinada. Sem poder usar Roger como parâmetro, comecei a perder a fé no mercado financeiro e nas pesadas exigências que nos impunha.

Primeiro, tinham insistido que a Virgin nomeasse diretores não executivos. Recomendaram-nos Sir Phil Harris, que veio do nada e fez fortuna vendendo tapetes. Também nomeamos Cob Stenham, diretor financeiro da Unilever e banqueiro respeitado. Eu achava difícil cumprir com toda a formalidade que o mercado financeiro insistia para adotarmos. Eu estava acostumado a conversar com Simon e Ken sobre quais bandas contratar, depois deixá-los seguir com o processo. As reuniões da diretoria da Virgin sempre foram eventos altamente informais. Nós nos reuníamos no *Duende*, ou na minha casa em Oxford Gardens, ou quando estivéssemos passando o fim de semana juntos. Descobri que nossos negócios não podiam ser enquadrados em um cronograma rígido de reuniões. Tínhamos que tomar decisões rápidas, de improviso: se tivéssemos que esperar pela próxima reunião antes de autorizar Simon a assinar com o UB40, provavelmente perderíamos a chance.

Também tive diversos desacordos com Don, em especial sobre dividendos. Eu relutava muito em seguir a tradição britânica de pagar grandes dividendos; preferia a tradição americana ou japonesa na qual uma empresa se concentra em reinvestir seus lucros para crescer e aumentar o valor de suas ações. Para mim, grandes dividendos representavam a perda de um dinheiro que seria mais bem empregado na Virgin, não pagando investidores. Parecia-me que nossos acionistas externos tinham confiado seu dinheiro à Virgin para que o fizéssemos crescer, não para devolvermos de bandeja cinco por cento dele – que seriam tributados como renda e, assim, perderiam de cara quarenta por cento do valor.

Isso pode soar como um argumento mesquinho, mas ilustra a perda geral de controle que eu sentia. A maioria acha que ter cinquenta por cento de uma empresa de capital aberto é a chave para controlá-la. Embora em teoria seja verdade, em grande medida você já perde controle ao nomear diretores não executivos e, de modo geral, ao perder tempo para satisfazer a Bolsa. Antes, eu sempre tinha confiança nas decisões que tomávamos, mas agora que a Virgin era registrada em bolsa, comecei a perder a fé em mim. Não me sentia à vontade tomando as decisões rápidas como sempre fizera, e me perguntava se cada decisão devia ser formalmente ratificada e incluída na ata de uma reunião de conselho. De muitas maneiras, 1987, nosso ano como empresa de capital aberto, foi o menos criativo da Virgin. Gastávamos pelo menos metade do nosso tempo indo até o centro financeiro para explicar o que estávamos fazendo para gestores de fundos, consultores financeiros e empresas de RP da Bolsa em vez de só fazer o que precisávamos.

Eu também me sentia muito responsável pelas pessoas que tinham investido em ações da Virgin. Phil Collins, Mike Oldfield e Bryan Ferry tinham comprado ações; Peter e Ceris, meus vizinhos e amigos em Mill End, tinham investido parte de suas economias na Virgin; minha família, meus primos e muitas pessoas que conheci ao longo da vida, todos tinham comprado ações. Trevor Abbott me pediu um empréstimo de 250 mil libras para comprar ações da Virgin. Embora ele conhecesse os números até melhor do que eu, eu me sentia responsável por uma eventual queda no valor das ações.

Eu não teria me importado se os analistas financeiros estivessem corretos na avaliação de que a Virgin estava indo mal, ou que a administração era incompetente. O que começou a me deixar furioso era que, não importava o quanto Simon, Ken ou eu tentássemos explicar que mais de trinta por cento de nosso faturamento vinha de royalties do catálogo prévio, e que mesmo que não conseguíssemos lançar outro disco ainda teríamos um fluxo de rendimentos, ou que quarenta por cento de nossos rendimentos na França vinham de cantores franceses, não de Boy George ou do Phil Collins, o que nos proporcionava uma renda local estável, o mercado financeiro continuava simplificando demais como a Virgin trabalhava. Os analistas ainda presumiam que a Virgin dependia totalmente de mim e de Boy George. Simon e Ken começaram a levar discos para as reuniões com os analistas financeiros e tocavam UB40, Human League e Simple Minds, mas ainda assim eles não se impressionavam. As ações da Virgin, que inicialmente eram negociadas a 140 centavos, logo caíram para 120 centavos. A fé que as pessoas na fila tinham colocado em mim, e a fé que os artistas e funcionários da Virgin colocaram em mim, gastando o próprio dinheiro para comprar ações da Virgin, começou a me sufocar.

Durante 1987, o preço das ações da Virgin voltou a ficar em cerca de 140 centavos, mas nunca deslanchou. Começamos a usar o dinheiro que captamos com a abertura de capital para fazer dois investimentos: o primeiro foi abrir uma subsidiária propriamente dita da Virgin nos Estados Unidos; o segundo foi começar a espreitar a Thorn EMI a fim de fazer uma oferta de compra da empresa. A Virgin Records America Inc. não foi um investimento barato. Aprendemos do jeito mais difícil antes, e desta vez investimos pesado. Ao longo de 1987, conseguimos lançar quatro singles que ficaram entre os vinte melhores, além de um disco de ouro nos Estados Unidos. Embora tenhamos perdido dinheiro com a Virgin America em 1987, ela era um investimento de longo prazo. Tínhamos certeza de que acabaríamos ganhando muito mais dinheiro tendo nossa própria gravadora lá do que licenciando nossos melhores artistas para empresas estadunidenses.

O segundo desafio, espreitar a Thorn EMI, tinha que ser levado com cuidado. Sentíamos que a administração da EMI era meio preguiçosa e que o incrível catálogo prévio dela, que incluía os Beatles, podia ser explorado de modo a gerar muito mais lucro. O Thorn EMI Group como um todo estava avaliado em cerca de 750 milhões de libras, o triplo da Virgin.

Por fim, achei que o melhor a fazer era ir conversar com Sir Colin Southgate, o diretor executivo da Thorn EMI, e perguntar amigavelmente se ele gostaria de nos vender a EMI Music.

– Devemos ir também? – perguntaram Simon e Ken.

– Pode ser um pouco demais – respondi. – Eu vou até lá, converso cara a cara e, se ele estiver interessado, podemos todos nos reunir.

Liguei para Sir Colin e marquei uma reunião no escritório dele, em Manchester Square. Fui levado até o último andar do edifício de escritórios e acompanhado a uma sala. Fez-se silêncio. Estava diante de pelo menos vinte rostos sérios. Estavam todos de um lado da mesa, uma fileira de ternos risca-de-giz formando uma parede impenetrável. Sir Colin apertou minha mão e olhou por cima de meu ombro para ver se tinha mais alguém.

– Sou só eu – afirmei. – Onde devo me sentar?

Um lado da longa mesa de mogno reluzente estava vazio; havia dez ou quinze blocos de anotações e lápis apontados. Eu me sentei e olhei para o mar de rostos do outro lado.

– Bom, deixe-me apresentá-los – começou Sir Colin. Ele falou rapidamente o nome dos banqueiros, advogados, contadores e consultores administrativos.

– Eu sou Richard Branson – apresentei-me com uma risada nervosa. – E o motivo de eu estar aqui é que eu estava imaginando se o senhor gostaria de... poderia querer... – Fiz uma pausa. Todos os pescoços do outro lado se viraram na minha direção. – Talvez queira vender sua subsidiária EMI – continuei. – Parece-me que a Thorn EMI é um grupo grande e que a EMI Music talvez não seja sua maior prioridade. Vocês têm muito com que lidar. É só isso.

Fez-se um silêncio abafado.

– Estamos bem satisfeitos com a EMI – respondeu Sir Colin. – Estamos tomando todas as providências para que seja administrada como parte importante do Thorn EMI Group.

– Ah, bem – falei. – Achei que valia a tentativa.

E, com isso, eu me levantei e saí da sala.

Fui direto para Vernon Yard ver Simon e Ken.

– Eles são sérios – comentei. – Estão em estado de emergência, acharam que eu ia fazer uma oferta. Estavam praticamente com as baionetas preparadas. Se Sir Colin está preocupado a ponto de trazer os pesos-pesados, então estão claramente vulneráveis. Acho que devemos tentar.

Simon e Ken concordaram comigo. Trevor conseguiu uma reunião com Samuel Montagu, outro banco de investimentos. Samuel Montagu nos apresentou à Mountleigh, um grupo de investimentos, e sugeriu fazermos uma oferta conjunta. Como Sir Colin não venderia a EMI separadamente para nós, poderíamos fazer uma oferta pelo grupo inteiro com a Mountleigh e depois dividi-lo: em suma, a Mountleigh ficaria com a cadeia nacional de lojas de locação de televisores, e nós ficaríamos com a EMI Music.

Sabíamos que nossos lucros no primeiro ano de capital aberto estavam a caminho de mais que dobrar, com mais de trinta milhões de libras (apesar do custo para nos estabelecermos nos Estados Unidos), assim, planejamos divulgar esses resultados em outubro, no momento em que anunciássemos nossa oferta pela Thorn EMI.

Ao longo do verão, Trevor conseguiu um empréstimo de cem milhões de libras com o Bank of Nova Scotia e, lentamente, começamos a comprar ações da Thorn EMI, pagando cerca de sete libras por ação e acumulando uma participação que poderíamos usar como base para a oferta. Quando o mercado de ações começou a subir mais durante os meses de verão e começaram a circular rumores de que a Thorn EMI estava vulnerável a uma oferta de compra, comecei a me preocupar: se esperássemos até outubro, poderia ser tarde demais. Não havia muito o que eu pudesse fazer com relação a isso, porque estava determinado a partir para um desafio que muitos achavam que seria o meu fim. Um desafio assustador e ousado como nenhum outro no mundo dos negócios: Per Lindstrand e eu planejávamos cruzar o oceano Atlântico em um balão de ar quente. Até eu voltar são e salvo, ninguém levaria muito a sério a ideia de a Virgin comprar a Thorn EMI.

Tudo começou com um telefonema que recebi no primeiro dia no escritório depois da travessia com o *Atlantic Challenger*.

– É alguém chamado Per Lindstrand – anunciou Penni. – Diz que tem uma proposta incrível.

Peguei o telefone.

– Se você achou impressionante atravessar o Atlântico de barco – disse uma pomposa voz sueca –, é melhor repensar seus conceitos. Estou projetando o maior balão de ar quente do mundo, e estou planejando voar com ele na corrente de jato a 30.000 pés. Acredito que possa cruzar o Atlântico.

Eu tinha ouvido falar vagamente de Per Lindstrand. Sabia que era um especialista em balonismo mundialmente famoso e detinha vários recordes, incluindo um por atingir a maior altitude. Per me explicou que ninguém tinha voado em um balão de ar quente por mais de 965 quilômetros, e que ninguém tinha conseguido manter um balão de ar quente no ar por mais de 27 horas. Para cruzar o Atlântico, um balão teria que voar mais de 4.800 quilômetros, cinco vezes mais do que alguém já tinha conseguido antes, e passar três vezes mais tempo no ar.

Um balão cheio de hélio, como os antigos dirigíveis, pode se manter no ar por vários dias. No balão de ar quente, o ar aquecido dentro do envelope sobe acima do ar frio à sua volta, levando o balão consigo, mas a perda de calor pelo envelope do balão é rápida e, para aquecer o ar, os balonistas queimam propano. Até o voo proposto por Per, balões de ar quente eram prejudicados pelo inviável peso de combustível necessário para mantê-los flutuando.

Per achou que conseguiria quebrar o recorde colocando em prática três teorias. A primeira era levar o balão a uma altitude de cerca de 30.000 pés e voar pelos ventos rápidos, as correntes de jato que se movem a velocidades de até 320 quilômetros por hora. Antes, isso era considerado impossível, pois a força do vento e a turbulência poderiam destruir qualquer balão. A segunda era usar energia solar para aquecer o ar do balão durante o dia, economizando combustível. Isso, ninguém havia tentado. A terceira era, uma vez que o balão estaria voando a 30.000 pés, ter os pilotos em uma cápsula pressurizada, não na tradicional cesta de vime.

Conforme estudava a proposta de Per, percebi com espanto que esse imenso balão, uma coisa enorme e nada graciosa que poderia engolir o Royal Albert Hall sem se deformar, fora projetado para cruzar o oceano Atlântico em muito menos tempo do que o nosso barco *Atlantic Challenger* com seu motor de quatro mil cavalos. Per considerava um tempo de voo de menos de dois dias, com uma velocidade média de noventa nós (aproximadamente 160 quilômetros por hora), enquanto a velocidade do barco era de pouco menos de quarenta nós (cerca de 74 quilômetros por hora). Seria mais ou menos como dirigir pela pista expressa da rodovia, apenas para ser ultrapassado pelo Royal Albert Hall viajando duas vezes mais rápido.

Depois de lutar com a parte científica e os cálculos acadêmicos sobre inércia e velocidade dos ventos, pedi para Per vir conversar comigo. Quando nos encontramos, coloquei a mão na pilha de cálculos teóricos.

– Nunca vou entender toda a ciência e a teoria – afirmei –, mas vou com você se me responder uma única pergunta.

– Claro – respondeu Per, endireitando as costas e se preparando para alguma pergunta incrivelmente difícil.

– Você tem filhos?

– Sim, tenho dois.

– Tudo bem, então. – Eu me levantei e apertei sua mão. – Eu vou. Mas antes é melhor eu aprender a voar numa coisa dessas.

Só depois eu descobri que sete pessoas já tinham tentado ser a primeira a cruzar o Atlântico, e que cinco delas haviam perecido.

Per me levou para um curso-relâmpago de balonismo com duração de uma semana na Espanha. Descobri que balonismo é uma das coisas mais emocionantes que já tinha feito. Fui imediatamente seduzido pela combinação de sobrevoar o mundo com o silêncio quando os queimadores estão desligados, a sensação de flutuar e as vistas panorâmicas de tirar o fôlego. Depois de uma semana sob os gritos de meu instrutor Robin Batchelor, que parecia meu sósia, consegui minha licença de balonista. Eu estava pronto.

Como as principais correntes de jato fluem de oeste para leste, encontramos um local de lançamento no Maine, perto de Boston, a cerca de 160 quilômetros do litoral, para evitar o efeito das brisas marítimas. Per calculou que, quando passássemos pela costa, já estaríamos na corrente de jato e acima do clima local. Nossos dois principais mentores eram Tom Barrow, que chefiava a equipe de engenharia, e Bob Rice, meteorologista experiente. A autoridade dos dois era tão clara que eu depositei minha confiança neles sem reservas. A corrente de jato se divide sobre o Atlântico; um ramo sobe para o Ártico, outro desvia para os Açores e volta para o meio do oceano. Bob Rice nos disse que pegar a rota certa era como "passar um rolamento entre dois ímãs". Em caso de falta de combustível ou congelamento, teríamos que abandonar o balão no mar.

— A cápsula tem anéis de flutuação que vão mantê-la boiando — afirmou Tom Barrow.

— E se eles não funcionarem? — perguntei.

— Você recebe o seu dinheiro de volta — respondeu ele. — Ou melhor, nós recebemos o dinheiro de volta por você.

Em nossa última reunião com Tom em Sugarloaf Mountain, no Maine, um dia antes de o balão subir, ele repassou os últimos treinamentos para emergências:

— Pousar essa coisa vai ser como pilotar um tanque Sherman em ponto morto e sem freios. Vai ser uma pancada.

Seu último aviso foi o mais revelador:

— Mesmo que já estejamos aqui, ainda posso cancelar este projeto se eu achar que é perigoso demais ou se você tiver algum problema de saúde.

– Isso inclui problemas de saúde mental? – brinquei.

– Não – respondeu Tom. – Isso é pré-requisito para fazer esse voo. Se você não estiver completamente maluco e morrendo de medo, não deveria nem subir a bordo.

Eu estava morrendo de medo, sem sombra de dúvida.

EU QUASE CERTAMENTE MORRERIA

1987 – 1988

Per e eu tomamos remédio para dormir na noite anterior ao lançamento. Estava um breu quando nos acordaram às duas da manhã, mas, quando nos levaram ao local do lançamento, vimos o vasto balão iluminado por holofotes erguendo-se acima das árvores. A aparência era surpreendente: laterais prateadas, domo preto. Era monumental. O balão estava completamente inflado, forçando as âncoras. Nossa preocupação era que uma lufada de vento pudesse virá-lo, por isso subimos na cápsula e a equipe de terra começou as verificações finais.

Dentro da cápsula, não tínhamos consciência do acidente que na verdade nos catapultou para cima. Um cabo se prendeu em dois dos tanques de propano e, com a força exercida pelo balão para cima e para baixo, soltou os tanques. Sem o peso, o balou disparou para cima, ainda puxando alguns cabos com sacos de areia. Conforme ganhávamos altitude e sobrevoávamos a floresta do Maine em direção ao mar, Per saiu da cápsula e cortou os dois últimos cabos. Avançamos rápido na direção do pôr do sol brilhante, disparando na corrente de jato a 85 nós – pouco menos de 160 quilômetros por hora. Depois de dez horas, tínhamos voado mais de 1.400 quilômetros e quebrado facilmente o recorde de maior distância percorrida por um balão de ar quente. Pelo rádio, Bob Rice nos disse para ficarmos a 27.000 pés, não importava o que acontecesse, porque era onde estavam os ventos rápidos.

Naquela primeira noite encontramos uma tempestade e descemos para condições climáticas mais calmas, e imediatamente perdemos a velocidade da corrente de jato.

– Precisamos voltar lá para cima – disse Per. Ele acendeu os queimadores, e nós subimos novamente para o mau tempo. O balão foi fustigado sem dó pela tempestade; a cápsula era lançada de um lado para o outro. E bem quando nos perguntávamos se devíamos descer outra vez, conseguimos sair para tempo limpo e atingimos a velocidade de 140 nós – mais de 250 quilômetros por hora. Na manhã seguinte, o 747 da Virgin, *Maiden Voyager*, chegou e percorreu um oito à nossa volta. A voz da minha mãe crepitou no rádio:

– Mais rápido, Richard, mais rápido! Vamos apostar corrida com vocês.
– Estou fazendo o melhor que posso, mãe. Por favor, agradeça à tripulação e aos passageiros por saírem da rota para nos cumprimentar – pedi.

Na verdade, nós aceleramos e cruzamos a costa da Irlanda às 2h30min daquela tarde de sexta-feira, 3 de julho. A travessia foi um sonho, comparada à do barco. Estávamos no ar há apenas 29 horas.

A incrível velocidade do nosso voo nos trouxe um problema inesperado: ainda tínhamos três tanques cheios de combustível presos à cápsula, e eles poderiam explodir na aterrissagem. Decidimos descer a uma altitude bem baixa e soltar os tanques de combustível em um campo vazio, depois descer uma segunda vez para uma aterrissagem controlada. Per parou de queimar propano e desceu o balão até podermos ver onde poderíamos alijar os tanques extras com segurança. Enquanto descíamos, o vento subitamente girou à nossa volta com muito mais força do que esperávamos. O chão subiu rapidamente para nos encontrar. Viajando a uma velocidade de quase trinta nós, 55 quilômetros por hora, nossa velocidade em relação ao solo não era tão problemática quanto nossa súbita descida. Atingimos o solo e quicamos por um campo. Todos os nossos tanques de combustível foram arrancados no impacto, assim como as antenas de rádio. Sem o peso dos tanques, voltamos a subir violentamente. Não cheguei a ver, mas quase atingimos uma casa e uma torre de transmissão. Tocamos o solo em Limavady, um pequeno vilarejo irlandês.

Sem tanques de combustível, estávamos completamente fora de controle. A menos que conseguíssemos aquecer o ar, quando chegássemos à altitude máxima nós cairíamos rápido, aumentando a velocidade como alguém com um paraquedas fechado. Tínhamos um pequeno tanque reserva conosco dentro da cápsula, e Per rapidamente o conectou aos queimadores.

– Está enroscado – disse Per. – Os cabos estão enroscados.

O balão estava subindo feito um foguete. A parte superior do domo era forçada para baixo pela pressão, e o cabo que descia pelo meio do balão se prendeu em alguma coisa e começou a nos girar num nó. O balão inteiro estava se enrolando em torno de si mesmo como um saca-rolhas, fechando a boca, de modo que não havia como aquecer o ar dentro dele. Quando começamos a descer, eu abri a escotilha da cápsula e subi. Peguei minha faca e comecei a cortar o cabo torcido.

– Depressa! – gritou Per. – Estamos caindo rápido.

Finalmente consegui cortar o cabo, e o balão chicoteou. O domo se endireitou, e o buraco na parte inferior do envelope se abriu.

– Entre! – gritou Per.

Enquanto eu caía pela escotilha, ele acionava os queimadores com força total. Estávamos a menos de cem metros do chão, mas a onda de calor estabilizou nossa descida e subimos mais uma vez. Testei alguns botões, mas a cápsula estava sem energia.

– Droga – falei. – Não temos luzes, nem rádio, nem medidor de combustível. Só o altímetro está funcionando.

– Vamos tentar descer na praia – sugeriu Per. – Não podemos arriscar descer terra adentro.

Vesti o colete salva-vidas e o paraquedas, e prendi a balsa salva-vidas ao meu cinto. Vimos o litoral se aproximando e Per soltou ar quente pelo alto do balão para reduzir nossa altitude. Mas, outra vez, o vento no solo estava consideravelmente mais forte do que esperávamos e nos empurrou para o mar. Estávamos indo para nordeste e, sem rádio nem eletricidade na cápsula, estávamos mais do que nunca à mercê do vento.

– Segure firme – mandou Per.

Ele soltou mais ar, alternando com a queima de propano, para tentar reduzir a velocidade de nossa descida pela espessa nuvem cinzenta. Quando finalmente saímos da névoa, vi o mar espumante vindo ao nosso encontro. Tínhamos passado da praia. Estávamos indo rápido demais. Percebi a verdade das palavras de Tom Barrow: era como tentar parar um tanque Sherman sem freios. Horrorizado, observei o oceano correr na nossa direção.

Atingimos o mar, e fui jogado para cima de Per. Estávamos inclinados em um ângulo maluco, incapazes de ficar na vertical. O balão começou a nos arrastar pela superfície do oceano. Éramos jogados de onda em onda.

– As travas! – gritou Per.

Ele agarrou a cadeira e deu impulso para cima. Tentei ajudá-lo a ficar em pé, mas a cápsula estava balançando forte para cima e para baixo; cada vez que eu tentava me levantar, era derrubado. Observei Per esticar o braço, segurar a alavanca vermelha e puxá-la para baixo. Isso deveria acionar as travas explosivas, que soltariam os cabos que conectavam a cápsula ao balão. Em tese, o balão se afastaria e afundaria no mar, deixando a cápsula flutuar na água.

Mas nada aconteceu. Per puxava e empurrava a alavanca, mas as travas não eram acionadas.

– Mas que droga! – gritou Per. – As travas pifaram.

O balão agora nos jogava pelo mar da Irlanda como uma monstruosa bola de praia. Fui jogado de lado outra vez e atingi a borda virada da cabine do piloto.

– Saia! – gritou Per. – Richard, precisamos sair.

Per apoiou-se na escotilha, baixou as alavancas com força e empurrou a porta. O balão acalmou-se por um instante enquanto a cápsula afundava na água, e Per se levantou e subiu pela escotilha. Quando vi as costas de Per se espremerem pela escotilha e desaparecerem de vista, disparei atrás dele e o segui degraus acima. Percebi que Per ainda estava com o paraquedas. Ele se agarrou às espias de aço e tentou se equilibrar na cápsula inclinada.

– Cadê seu colete salva-vidas? – gritei.

Per parecia não me ouvir. O vento e o rugido do mar devolviam as palavras na minha cara. O balão estava balançando inclinado, um lado dele abrindo caminho pelo mar cinzento sem dar sinais de que ia desacelerar. Atrás de nós, um rastro de espuma branca. Uma rajada de vento nos pegou e levantou o balão da superfície.

Per se atirou do alto da cápsula nas escuras águas geladas. A queda parecia ter pelo menos trinta metros. Eu tive a certeza de que ele tinha se matado.

Hesitei. Logo percebi, horrorizado, que era tarde demais. Sem o peso de Per, o imenso balão subiu. Quase caí de costas pela beira da cápsula quando ela balançou sob o balão como um pêndulo. Eu me abaixei, segurei a grade e observei o mar cinzento se afastar abaixo. Eu subia rápido e não conseguia ver Per. Como naquele momento o balão estava ao sabor do vento, sem arrastar a cápsula pela água, estava muito mais silencioso. Observei com pânico crescente enquanto subia rapidamente em direção a uma nuvem espessa até não conseguir ver mais nada.

Estava agora sozinho, voando no maior balão já construído, indo em direção à Escócia. O vento estava congelante, o mar abaixo estava um gelo e eu estava no meio de uma névoa intensa. E só tinha o minúsculo tanque de combustível de emergência.

Voltei a entrar na cápsula. Ela agora estava com o lado certo para cima, e me tranquilizei ao ver as telas e controles como estiveram durante a travessia do Atlântico. Repassei minhas opções: eu poderia saltar de paraquedas no mar, onde provavelmente ninguém me encontraria e eu poderia me afogar, ou poderia continuar no céu cada vez mais escuro e tentar um pouso noturno, se tivesse sorte de chegar à terra. Peguei o microfone, mas o rádio ainda não funcionava. Eu estava sem contato com o mundo externo.

O altímetro baixou, então instintivamente acionei o propano. Para minha alegria, a chama subiu pelo interior do balão e o estabilizou. Eu tinha presumido que a água do mar havia estragado os queimadores. Deixei queimar por algum tempo e o balão começou a subir novamente. Eu estava com dificuldade para respirar, por isso coloquei a máscara de oxigênio. Verifiquei o altímetro: 12.000 pés. A espessa nuvem branca me pressionava por todos os lados. Eu não fazia ideia de onde estava, só sabia que o mar cinzento e espumante me esperava lá embaixo. Antes de abandonar o balão, Per havia dito que era improvável termos combustível suficiente para chegar à Escócia antes de escurecer. O tanque de combustível restante apenas me daria cerca de uma hora de voo. Cedo ou tarde eu teria que encarar o mar da Irlanda de novo.

Pensei nas travas explosivas. Talvez tivessem cortado um, dois, três ou até quatro dos cinco cabos que prendiam a cápsula ao balão. Talvez agora mesmo o último cabo estivesse sobrecarregado, desfiando sob o peso e prestes a ceder. Se isso acontecesse, a cápsula despencaria no mar e eu morreria no impacto. Foi esse medo que fez Per pular. A escotilha da cápsula ainda estava aberta, e eu acionei o propano longamente antes de subir mais uma vez até o alto da cápsula para dar uma olhada nos cabos. Agora fazia um completo silêncio. Eu não conseguia ver os cabos sem me debruçar para fora do gradil da cápsula. Ali, em pé, em meio à nuvem branca rodopiante, eu senti uma esmagadora sensação de solidão. Os cabos pareciam intactos, então me espremi escotilha adentro.

O que eu fizesse nos próximos dez minutos poderia resultar na minha morte ou sobrevivência. Eu estava por conta própria. Tínhamos quebrado o recorde, mas eu quase certamente morreria. Per, sem traje de sobrevivência, ou estava morto, ou tentando nadar. Eu precisava arrumar alguém para procurá-lo. Eu tinha que sobreviver. Botei a cabeça no lugar e me concentrei nas opções disponíveis. Não dormia há mais de 24 horas e não conseguia pensar direito. Decidi fazer o balão subir o suficiente para poder saltar de paraquedas. Abri os queimadores ao máximo, depois peguei meu caderno e rabisquei na primeira página "Joan, Holly, Sam, amo vocês". Esperei até o altímetro mostrar 8.000 pés e saí.

Estava sozinho na nuvem. Agachei-me junto ao gradil e olhei para baixo. Ainda estava analisando as possibilidades. Se eu saltasse, provavelmente teria só mais dois minutos de vida. Mesmo se conseguisse abrir o paraquedas, ainda acabaria no mar, onde provavelmente me afogaria. Levei a mão ao liberador do paraquedas e me perguntei se era o certo. Talvez por causa da dislexia, eu tenho um bloqueio mental entre direita e esquerda, especialmente com paraquedas. Na última vez em que fiz queda livre, puxei a cordinha errada e mandei embora o paraquedas. Felizmente eu estava com vários outros paraquedistas, e eles acionaram meu paraquedas reserva. Mas agora eu estava sozinho a 8.000 pés. Dei um tapa forte no meu rosto para me concentrar. Tinha que haver um jeito melhor.

– Espere mais um pouco – falei em voz alta. – Vamos lá.

Agachado no alto da cápsula, olhei para o imenso balão acima de mim. Percebi então que estava logo abaixo do maior paraquedas do mundo. Se eu fizesse o balão descer, talvez conseguisse pular no mar no último segundo antes de cairmos. Eu já sabia que tinha combustível suficiente para mais trinta minutos. Era melhor continuar vivo por trinta minutos do que saltar com o paraquedas e talvez viver por só mais dois minutos.

– Enquanto eu estiver vivo, posso fazer alguma coisa – falei. – Algo pode acontecer.

Voltei para dentro e tirei o paraquedas. Eu estava decidido. Faria qualquer coisa por aqueles minutos extras. Coloquei um pouco de chocolate no bolso do casaco, fechei o zíper e verifiquei se minha lanterna ainda estava ali.

Espiando lá fora, pela névoa abaixo de mim, tentei calcular quando deveria desligar os queimadores, quando deveria abrir a ventilação e quando deveria abandonar os controles e subir para o alto da cápsula para meu salto final. Sabia que precisava decidir a última queima com exatidão, para que o balão atingisse o mar com a menor velocidade possível. Apesar de termos perdido todos os tanques de combustível, o balão ainda levava um peso de cerca de três toneladas.

Quando saí por baixo das nuvens, vi o mar cinzento abaixo de mim. Vi também um helicóptero da RAF. Queimei o propano uma última vez para desacelerar minha descida, depois deixei o balão descer espontaneamente. Peguei um trapo vermelho e saí pela escotilha. Eu me agachei no alto da cápsula e agitei o trapo para o piloto do helicóptero. Ele acenou de volta casualmente, parecendo ignorar o meu pânico.

Espiei pela borda e vi o mar se aproximando. Andei pela cápsula tentando descobrir de onde o vento soprava. Era difícil ter certeza, a ventania parecia vir de todas as direções. Finalmente escolhi o lado contra o vento e olhei para baixo. Eu estava a quinze metros, a altura de uma casa, e o mar subia correndo para me acertar. Verifiquei meu colete salva-vidas e me agarrei ao gradil. Sem meu peso, esperava que o balão subisse novamente em vez de cair em cima de mim. Esperei até estar logo acima do mar antes de puxar o cordão para inflar meu colete e me arremessar para longe da cápsula.

O mar estava congelante. Mergulhei fundo nele e senti meu couro cabeludo congelar com a água, e então meu colete salva-vidas me puxou de volta para a superfície. Era um milagre: eu estava vivo. Eu me virei e observei o balão. Sem meu peso, ele subiu calmamente pela nuvem como uma magnífica nave alienígena, sumindo de vista.

O helicóptero sobrevoou e baixou um arnês para mim. Eu me sentei no arnês como em um balanço, mas, toda vez que ele tentava me içar, eu acabava novamente submerso. Eu não entendia o que estava errado, e estava fraco demais para me segurar por muito mais tempo. Por fim, conseguiram me levantar e alguém me alcançou e me puxou para dentro.

– Você devia ter passado o arnês por baixo dos braços – explicou uma voz escocesa.

– Cadê o Per? – perguntei. – Já pegaram o Per?

– Ele não está no balão? – perguntou o homem da RAF.

– Vocês não o pegaram? Ele está na água, está lá desde que eu voltei a subir. Uns quarenta minutos atrás.

O piloto fez uma careta. Falou com alguém pelo rádio, mas era difícil entender o que dizia. O helicóptero girou em seu eixo e começou a se afastar.

– Estamos levando você para o nosso barco – disse o piloto.

– Quero procurar pelo Per – respondi. – Estou bem.

Se tivesse sobrevivido à queda, Per ainda estaria nadando – ou, mais provável, se afogando – no mar da Irlanda. A noite estava chegando e, do ar, apenas sua cabeça estaria visível. Era como procurar uma bola de futebol – uma bola cinza em um mar tempestuoso cinza. O piloto ignorou meus argumentos. Em dois minutos tínhamos pousado em um navio e eu fui levado a bordo. Sem parar para respirar, o piloto partiu imediatamente e voltou para o mar. Fui levado pelo convés e colocado em um banho quente. Depois subi à ponte de comando para ver como andava a busca.

Por dez minutos, quinze minutos, trinta minutos, não houve nada. E então o rádio estalou.

– Nós o achamos – disse o piloto. – E ele ainda está nadando. Está vivo.

Os problemas de Per ainda não tinham acabado. O guincho que me içara emperrou, então tiveram que chamar um bote para resgatá-lo. Quando o bote chegou, Per estava quase morto. Estava na água havia duas horas, nadando com o máximo de vigor possível para manter a circulação, mas sem conseguir avançar contra a maré. Estava sem colete salva-vidas e, quando foi resgatado, já estava completamente congelado e exausto. Era extraordinário que tivesse sobrevivido, e ele depois atribuiu isso às experiências da infância, sendo forçado pelo pai a nadar todos os dias nos lagos gelados da Suécia.

Ele se juntou a mim no navio, e caímos nos braços um do outro. Tinham tirado a roupa de Per, e ele estava enrolado num cobertor de sobrevivência. Seu rosto parecia mármore branco. Ele estava azul de frio e não conseguia parar de bater os dentes.

Apesar de tudo, tínhamos sido os primeiros a cruzar o Atlântico em um balão de ar quente. E, mais importante, estávamos vivos. Não conseguíamos acreditar que ambos tínhamos sobrevivido.

Durante o verão de 1987, a British Caledonian tinha lutado para não fechar. Lançaram uma série de anúncios que mostravam executivos cantando do *I wish they all could be Caledonian girls* [Queria que elas todas fossem garotas caledonianas] com a melodia de "California Girls", dos Beach Boys, e faziam uma ótima brincadeira com o tartã da tripulação. Mas não adiantou: a British Caledonian estava perdendo dinheiro e, em agosto, anunciaram que tinham concordado com os termos para a British Airways assumir a empresa.

Parecia-me que essa aquisição contrariava claramente as restrições da Comissão de Monopólios e Fusões, uma vez que a maior empresa de transporte do Reino Unido se uniria à segunda maior para formar uma empresa com participação de mais de cinquenta por cento no mercado transatlântico. Reclamamos à Comissão que esse acordo aumentaria a participação da BA de cerca de 45 por cento para 80 por cento em diversas rotas transatlânticas, mas ainda assim o acordo recebeu aprovação em setembro. A BA e a B-Cal fizeram uma ótima jogada: a B-Cal continuaria com administração independente e sua tripulação continuaria a usar os uniformes de tartã e manteria a independência. Sem a concorrência da B-Cal, a BA agora poderia voltar toda sua atenção para eliminar os últimos concorrentes britânicos – nós – e depois se concentraria em dominar as rotas do Atlântico.

Quando o acordo BA/B-Cal prosseguiu, percebemos que, além da ameaça que uma BA maior representaria, essa aquisição poderia conter uma oportunidade oculta para nós. Já tínhamos usado o valor maior do nosso primeiro jumbo, que tinha aumentado cerca de dez milhões de dólares, para alavancar o leasing de um segundo avião, que começou a voar para Miami. Queríamos expandir ainda mais. Pelos termos do Acordo de Bermudas, que rege o tráfego aéreo internacional entre a América e a Grã--Bretanha, existe a exigência de duas companhias aéreas britânicas entre os dois continentes. Nossos advogados também descobriram que o acordo intergovernamental com o Japão especificava a exigência de duas companhias britânicas e japonesas para o Japão. Com a B-Cal fora de cena, a Virgin Atlantic ficava livre para se candidatar a essas rotas como a segunda companhia aérea.

Da mesma maneira que Mike Oldfield e os Sex Pistols foram pontos de virada para a Virgin Music, a aquisição da B-Cal pela BA foi um ponto de virada para a Virgin Atlantic. Antes da fusão, voávamos apenas para Miami e para o aeroporto de Newark, perto de Nova York. Agora, como a segunda companhia britânica de longa distância, a Virgin Atlantic tinha o direito de se candidatar às rotas atendidas pela B-Cal e que foram duplicadas pela aliança BA/B-Cal. Nossas principais metas eram voar para o JFK, o principal aeroporto de Nova York, para Los Angeles e para Tóquio. Além delas, listamos três outros destinos antes operados pela B-Cal: São Francisco, Boston e Hong Kong. Em 1987, tínhamos apenas duas aeronaves. Para voar para Los Angeles e Tóquio, precisaríamos adquirir mais duas aeronaves e dobrar o tamanho de nossa tripulação.

Ao mesmo tempo em que espreitávamos as rotas da B-Cal, continuávamos a espreitar a Thorn EMI. Na última semana de setembro, Trevor finalizou nosso empréstimo de cem milhões de libras com o Bank of Nova Scotia. Apesar do mercado de ações em alta durante todo o verão, sentimos que a Thorn EMI continuava subvalorizada. Com cem milhões de libras à nossa disposição, começamos a comprar em 25 de setembro de 1987. Nada intimidados pelo tamanho da EMI, começamos a fazer ordens de compra de cem mil ações por vez. Decidimos comprar até cinco por cento da empresa antes de anunciar nossa oferta de compra por ela. Mesmo se a oferta fosse recusada, sabíamos que, a longo prazo, a participação de cinco por cento aumentaria em valor.

Imediatamente começaram a correr boatos no mercado de que a Thorn EMI receberia uma oferta. Às vezes comprávamos 250 mil ações, e elas nos custavam 1,75 milhão de libras, às vezes gastávamos 5 milhões de libras. Às vezes vendíamos ações para manter o suspense. Estávamos pondo lenha na fogueira e garantindo a negociação de um número alto de ações da Thorn EMI, o que alimentava os boatos de oferta. Na segunda semana de outubro, nossa participação já somava trinta milhões de libras.

Na noite de quinta-feira, 15 de outubro de 1987, um furacão atingiu a Grã-Bretanha. Eu me lembro de andar de Oxford Gardens até o *Duende* e olhar para as ruas verdes pelo tapete de folhas. Como muito poucas pessoas conseguiram ir trabalhar no dia seguinte, o mercado de ações ficou fechado na sexta-feira. Mas, nos Estados Unidos, a venda de ações que tinha começado na quarta-feira virou uma debandada. Na sexta-feira à noite eu observei espantado o Dow Jones cair 95 pontos, a maior queda em um único dia até então. O completo significado do colapso de Wall Street só atingiu de verdade Londres e o restante do mundo na segunda-feira. Os jornais de domingo estavam cheios de notas otimistas, até encorajando seus leitores a comprar tantas ações da BP quanto conseguissem. Na segunda-feira, o mercado australiano foi o primeiro a abrir e cair vinte por cento; Tóquio caiu 1.500 pontos. Achei que essa era uma ótima oportunidade de comprar mais ações da Thorn EMI, por isso liguei para nosso corretor e pedi que comprasse cinco milhões de libras em ações da Thorn EMI assim que o mercado abrisse. Eu queria fazer isso antes de todo mundo e me preocupava alguém mais ter aproveitado a oportunidade. Mas eu não precisava ter me preocupado. Eu acho que ninguém acreditaria na sorte de haver um comprador no mercado. O corretor fez o pedido em vinte segundos e me perguntou se eu queria comprar mais.

– Tem mais um monte de onde vieram essas – disse ele.

Finalmente percebendo uma crise, pausei. Enquanto eu pensava no assunto, o mercado de ações de Londres caiu cem pontos, depois mais cem pontos, depois mais cinquenta, totalizando uma queda de 250 pontos no dia. Naquela tarde, o Dow Jones despencou mais quinhentos pontos. Num período de três dias, o mercado de ações mundial perdeu cerca de um quarto do valor.

Trevor e eu nos reunimos. Para mim, o prejuízo imediato foi o preço das ações da Virgin terem caído quase pela metade, de 160 centavos para 90 centavos. Alguém calculou que eu tinha perdido 41 milhões de libras com as minhas ações na Virgin Group plc, mas a realidade era muito pior que isso. O preço das ações da Thorn EMI tinha caído de 7,30 libras para 5,80 libras, uma queda de mais de vinte por cento, e o valor da nossa participação tinha despencado para 18 milhões de libras.

O Bank of Nova Scotia não gostou nem um pouco. Com a queda nos preços das ações, eles pediram um pagamento imediato de cinco milhões de libras. Por incrível que pareça, eu ainda estava bem confiante com relação à compra da Thorn EMI. Eu não me sentia afetado pela queda violenta no preço das ações da própria Virgin porque não ia vender as minhas ações, de qualquer modo, e tinha certeza de que o preço das ações estava seriamente subvalorizado. E, como estava me concentrando mais nos lucros e no fluxo de caixa da EMI, comecei a ver o colapso do mercado de ações como uma oportunidade de ouro para comprar a empresa. No entanto, a Mountleigh foi arrasada pelo colapso – o preço das ações deles despencou sessenta por cento e não conseguiam mais pegar empréstimos para comprar ações da Thorn EMI nem de mais ninguém.

Naquela semana eu tive uma discussão furiosa com os dois diretores não executivos que tínhamos trazido para representar os interesses dos acionistas externos quando a Virgin abriu seu capital. Sir Phil Harris e Cob Stenham se opuseram com veemência a continuar o cerco à Thorn EMI e anunciar uma oferta quando divulgássemos nossos resultados em outubro.

– Mas é uma oportunidade única de compra – argumentei. – Não pode ser verdade que a Thorn agora valha apenas dois terços do que valia sexta-feira. Sabemos o dinheiro que podemos ganhar com o catálogo prévio deles, então, em termos de caixa, é uma pechincha para nós.

– As coisas podem ficar bem difíceis em breve – avisaram. – Esse colapso mudou tudo.

– Mas as pessoas que compram discos não vão parar de comprar – respondi. – Além disso, a maioria das pessoas nem tem ações. Elas vão continuar comprando discos dos Beatles e do Phil Collins.

Mas todos discordaram de mim. Queriam ver o que aconteceria com o mercado de ações. O preço das ações da Thorn EMI continuou a cair até chegar a 5,30 libras. Eu tinha certeza de que, se nos uníssemos, poderíamos levantar o dinheiro para comprar a Thorn EMI por uma pechincha. Argumentei que não havia um bom motivo para a queda e que logo os preços das ações se recuperariam. Disse-lhes que nunca mais teríamos uma oportunidade tão maravilhosa. Mas todos discordaram e, como não consegui dissuadi-los, tive que deixar o assunto morrer. Eu esperava que o preço das ações da Virgin disparasse quando divulgássemos nossos resultados. E assim, quando divulgamos os lucros da Virgin para o ano que se encerrara em julho de 1987, mais do que duplicando e passando de catorze milhões de libras para 32 milhões de libras, não fizemos menção à Thorn EMI. Por incrível que pareça, o preço de nossas ações não subiu. Muito pelo contrário. Era difícil entender como a Virgin tinha entrado na Bolsa com ações a 140 centavos no ano anterior, depois o preço de nossas ações cair pela metade enquanto dobrávamos nossos lucros.

O colapso do mercado de ações foi o prego que faltava no caixão da Virgin como empresa de capital aberto. Eu sabia que Don se oporia a uma mudança de direção, mas Trevor e eu conversamos calmamente sobre a logística de voltar a fechar o capital, e Trevor começou a trabalhar nas finanças envolvidas em tamanha recompra.

Em julho de 1988, anunciamos que a administração da Virgin conduziria uma compra administrativa da Virgin Group plc. Nós provavelmente poderíamos ter pagado menos que o valor original de 140 centavos por ação, mas decidimos que ofereceríamos o mesmo preço pelo qual tínhamos vendido o Grupo no mercado de ações, uma imensa valorização sobre os setenta centavos pelos quais as ações estavam mudando de mãos pouco antes do nosso anúncio. Isso significava que ninguém que tinha investido na Virgin quando abrimos o capital – todas aquelas pessoas na fila na porta do banco que me desejaram boa sorte – perderia dinheiro. Nossa reputação continuaria intacta.

Trevor renegociou toda a estrutura financeira do Virgin Group e pôs em marcha a mecânica para fechar o capital no fim de novembro de 1988. Era uma tarefa colossal que só complicou quando Samuel Montagu, que nos prestava consultoria, pediu à sua matriz, o Midland Bank, para entrarem para o consórcio de bancos que nos oferecia crédito, mas o pedido foi categoricamente recusado.

Trevor decidiu dispensar os serviços do Samuel Montagu na prática, mas não no nome. Em vez de montar um consórcio de bancos que teria um banco de crédito como ponto de contato e principal negociador, ele começou a reunir um grupo de bancos, abordando diretamente cada um deles. Isso significava um esforço muito maior para ele, por conversar com cada um individualmente, mas também significava que ele poderia jogar cada um deles contra os outros. No fim, conseguiu linhas de crédito com vinte bancos diferentes, totalizando um limite de trezentos milhões de libras. Compramos as ações dos acionistas externos, refinanciamos a dívida que havia sido garantida com nossas ações da Virgin Group plc, e da mesma maneira para a Virgin Atlantic.

Com uma dívida de mais de trezentos milhões de libras, havíamos contraído tantos empréstimos que sabíamos que tínhamos que agir rápido se quiséssemos sobreviver. Tivemos que desistir da ideia de comprar a Thorn EMI, então vendemos nossas ações e nos concentramos nos nossos próprios problemas. Sempre senti que a Bolsa subestimou a Virgin Music, e agora teríamos que ver qual seu real valor. Don Cruickshank, Sir Phil Harris e Cob Stenham deixaram a Virgin. Don havia feito um trabalho esplêndido remodelando a empresa de modo a demonstrar linhas administrativas claras. Trevor assumiu o lugar de Don como diretor executivo.

Trevor e eu começamos a procurar outras empresas que talvez estivessem interessadas em empreendimentos conjuntos em uma das subsidiárias da Virgin. Queríamos substituir os acionistas do mercado financeiro por um ou dois parceiros-chave em várias subsidiárias da Virgin. A estrutura do Virgin Group estava prestes a ficar extremamente complicada.

18.

TUDO ESTAVA
À VENDA

1988 – 1989

Quando recomprei os quarenta por cento de participação de Nik, consegui cobrir meu saque a descoberto de um milhão de libras porque a Virgin subitamente lançou uma série de sucessos, começando com Phil Collins. Na época, eu sabia que estava no fio da navalha. Agora os valores eram muito mais assustadores: nossa montanha de dívidas somava mais de trezentos milhões de libras, e tínhamos que reduzi-la em duzentos milhões de libras no primeiro ano. Essa pressão significava que tudo agora estava à venda. Sem exceção. Se recebêssemos uma boa oferta por uma parte de qualquer empresa da Virgin, aceitaríamos. Trevor, Ken e eu começamos a montar propostas para testar o nível de interesse do mercado. Uma das primeiras áreas a receber nossa atenção foi a Virgin Retail.

Trevor e eu dividimos a Virgin Retail em três grupos distintos: o primeiro incluía o restante das lojas de discos que tínhamos mantido depois de vender para a WH Smith, as típicas lojas de rua, juntamente com a megastore da Oxford Street; o segundo era formado pela megastore de Paris proposta por Patrick Zelnick na Champs Elysées, onde ele montaria uma subsidiária francesa para investir na loja; o terceiro era composto pelos planos que tínhamos para Ian Duffell, o homem que havia projetado e montado a loja de discos HMV na Oxford Street e que tínhamos conseguido trazer para a Virgin.

Nós lhe oferecemos a chance de montar Virgin Megastores em qualquer lugar do mundo e prometemos apoiar suas decisões e permitir que tivesse participação direta nas megastores. Ian era um dos melhores varejistas de discos do mercado: tinha excelentes planos para as lojas de discos e, pela primeira vez desde que abrimos nosso primeiro lote de lojas da Virgin, eu sentia que poderíamos voltar ao mapa. Ele tinha interesse em abrir uma série de Virgin Megastores no exterior.

Pensamos em abrir nos Estados Unidos, mas o preço do aluguel na época era astronômico e a concorrência era grande. Em vez disso, preferimos abrir a primeira em Sydney, que era um mercado tranquilo e sem muita concorrência. Lá, poderíamos abrir uma megastore e fazer algumas experiências com diferentes fórmulas sem perder muito dinheiro.

Enquanto isso, a megastore de Paris foi a primeira loja no exterior a se concretizar. Patrick havia encontrado um velho banco grandioso do fim do século 19. Tinha piso de mármore, pé-direito muito alto e uma escadaria espetacular. Isso capturou minha imaginação. Sabíamos que lojas de discos pequenas não davam dinheiro suficiente; só atraíam transeuntes que acabavam decepcionados com a falta de diversidade do estoque. Com o fim década de 1970 e das almofadas espalhadas pelo chão, as tradicionais lojas da Virgin pareciam ter perdido a identidade e a fidelidade dos clientes. Tínhamos que tentar algo maior, onde pudéssemos oferecer a maior variedade de produtos no mundo.

A megastore de Patrick em Paris fez um sucesso incrível. Desde a inauguração, ela estourou suas previsões de vendas e se tornou a loja mais famosa de Paris. Na verdade, tornou-se muito mais que uma loja: virou um marco e um ponto turístico. Depois de alguns meses, a megastore de Paris atraía tantos visitantes quanto o Louvre. Quando este livro foi escrito,[2] ainda gerava duas vezes mais vendas por metro quadrado do que qualquer outra loja de discos no mundo. Parece que todo turista adolescente japonês ou alemão faz uma peregrinação à loja e compra um número imenso de CDs, e mesmo o café no andar superior se tornou um ponto de encontro elegante para executivos franceses. Fiquei muito contente por Patrick, mas ainda não fazia ideia do que fazer com as lojas de discos britânicas.

Decidimos que era hora de trazer outras pessoas para renovar a Virgin Retail. Dispensar pessoas sempre me parte o coração; odeio fazer isso. Detesto confrontos e detesto decepcionar as pessoas. Sempre tento lhes dar outra chance. No entanto, estava claro que essa equipe não sabia bem o

---

2 A loja foi fechada em 2013. (N da E.)

que estava fazendo. Estavam perdendo dinheiro sem nenhuma esperança de recuperar a empresa. A gota d'água foi quando, ao final do ano fiscal, admitiram que a Virgin Retail teria perdas de dois milhões de libras acima do previsto. Por deixarmos para a última hora, ficamos sem saída.

Pedimos que alguns *headhunters* fizessem uma pequena lista de bons candidatos, mas o que mais me intrigou foi Simon Burke ter se candidatado à vaga de executivo-chefe. Simon viera para a Virgin alguns anos antes como gerente de desenvolvimento. Sua função era examinar todas as propostas comerciais que recebíamos e ver se alguma delas nos interessava.

Uma das coisas que sempre tento, na Virgin, é fazer as pessoas se reinventarem. Acredito piamente que tudo é possível e, apesar de Simon não ter qualificações óbvias para transformar uma cadeia de lojas de discos malsucedidas em uma cadeia de lojas de sucesso, eu estava certo de que, se alguém poderia conseguir, era ele. E, como era de se esperar, assim que Simon começou a trabalhar na Virgin Retail em agosto de 1988, as coisas passaram a mudar, visto que ele começou a cortar tudo que não precisávamos ou que estivesse perdendo dinheiro.

A estratégia dele começou a valer a pena e, em junho de 1989, a Virgin Retail deu lucro pela primeira vez. Em sua primeira apresentação para a diretoria da Virgin, ele nos mostrou alguns slides e pediu dez milhões de libras para investir em novas lojas. Destacou que a Virgin Retail estava desmoronando e nos mostrou algumas fotos das lojas com painéis pendurados no teto e fiação se desintegrando. Sugeriu que, se algum passageiro da companhia aérea visse aquilo, ficaria preocupado com o estado da aeronave. Infelizmente para Simon, Patrick Zelnick também estava pedindo dez milhões de libras para desenvolver megastores da Virgin em Bordeaux e Marselha. Empolgado com o recente sucesso da megastore de Paris, eu estava mais inclinado a direcionar os fundos para a França do que para o Reino Unido. Simon não deve ter gostado nada. Enquanto isso, a megastore de Sydney estava pronta para a inauguração, e Ian e Mike estavam de olho no Japão.

Para criar o investimento nas lojas do Reino Unido e ajudar a pagar as dívidas gerais, começamos outro empreendimento conjunto. Idealmente, gostaríamos que um investidor financeiro ficasse com trinta por cento de participação; no entanto, com as altas taxas de juros e a sensação de que o varejo de rua estava fadado à recessão, ninguém se interessou. Começamos a conversar com a Kingfisher, proprietária da Woolworth's. Conforme essas conversas se arrastavam, a WH Smith ficou sabendo e me ligou para ver se poderia fazer uma oferta. E assim, bem quando Simon Burke estava começando a se acertar com a tarefa de organizar a Virgin Retail para a Virgin, ele de repente se viu com um novo chefe: uma criatura de duas cabeças composta pela Virgin e pela WH Smith. A WH Smith comprou uma participação de cinquenta por cento de nossas dez megastores no Reino Unido, que, ao contrário das outras lojas que havíamos vendido para eles, continuaram a usar o nome Virgin. As vendas aumentaram doze milhões de libras, que imediatamente usamos para pagar empréstimos na Virgin Atlantic. Era outro caso de malabarismo frenético para nos mantermos um passo à frente dos bancos.

Enquanto o braço de varejo no Reino Unido virou um empreendimento conjunto com a WH Smith e o lado de varejo europeu começava a se expandir de Paris para Bordeaux, Marselha e depois Alemanha, várias empresas da Virgin voltaram sua atenção para o Japão.

Embora muitas empresas britânicas reclamassem da dificuldade de fazer negócios no Japão, a Virgin sempre teve uma excelente afinidade com os japoneses. Eu credito isso ao sucesso da minha primeira viagem a Tóquio. Eu visitara o país com vinte e poucos anos, antes de me casar com Kristen, e muito ambiciosamente consegui algumas reuniões com pessoas do mundo do entretenimento e da mídia para ver se poderíamos fazer algum tipo de empreendimento conjunto para distribuir discos.

Acho que foi antes de começarmos a Virgin Music, então eu nem tinha Mike Oldfield para lhes vender. Eu era jovem, pobre e tinha muito pouco a oferecer. Consegui algumas reuniões nas quais gueixas imaculadas serviam chá, e eu me sentava, vestindo jeans e suéter, e falava entusiasmado sobre negócios com grupos de executivos japoneses gentis e pacientes. Nenhum desses negócios foi para a frente, mas o maior sucesso foi no meu hotel.

Quando cheguei ao aeroporto e peguei um trem para Tóquio, percebi que não poderia pagar a estadia em nenhum dos hotéis na lista sugerida pela central de atendimento ao turista, então peguei um táxi e perguntei se o motorista conhecia um hotel barato. O hotel parecia completamente anônimo do lado de fora, apenas um pequeno edifício de concreto simples, e meu quarto era muito pequeno. Mas, à noite, entediado e sozinho, eu vi que o serviço de quarto oferecia massagem. Duas lindas moças japonesas vieram ao meu quarto, onde me pediram para me deitar na banheira e me deram a massagem mais erótica da minha vida. Acabamos todos dentro da banheira. Quando, na noite seguinte, pedi sem fôlego uma massagem para repetir a experiência, fui confrontado por duas mulheres imensas em aventais austeros que explicaram que as outras duas moças estavam de folga. Elas me fizeram uma massagem que mais parecia golpes de caratê e me golpearam até eu achar que ia morrer. Hoje em dia eu me hospedo em hotéis imensos que são muito bons, mas nada se compara àquela primeira viagem.

Em 1988, a Virgin tinha se tornado um nome bem conhecido no Japão. Vários de nossos artistas vendiam bem lá, especialmente Boy George, Human League, Simple Minds e Phil Collins. Depois da aquisição da British Caledonian pela British Airways, conseguimos o direito de voar para Tóquio. Quando procuramos maneiras de reduzir nossa montanha de dívidas com os bancos, percebemos que teríamos que vender participação da Virgin Atlantic e da Virgin Music.

Nosso primeiro acordo foi vender dez por cento da companhia aérea para a Seibu-Saison, um grande grupo de viagens japonês. A Virgin

Atlantic tinha acabado de anunciar a duplicação dos lucros brutos, no valor de dez milhões de libras, e a Seibu-Saison comprou a participação de dez por cento por 36 milhões de libras. Ao mesmo tempo em que esse acordo se desenrolava, Robert Devereux assinava um contrato de longo prazo com a Sega para a Virgin Communications distribuir os jogos da empresa. Estava ficando claro que as empresas japonesas tinham filosofia parecida com a da Virgin.

Como nós, eles tendem a operar com objetivos de longo prazo. Além das restrições de precisar prestar contas a diretores não executivos e acionistas, uma das minhas maiores frustrações em ser uma empresa com ações na Bolsa era a miopia dos investidores. Ficávamos sob pressão para produzir resultados instantâneos e, a menos que pagássemos dividendos altos, o preço das nossas ações sofreria um impacto. Os japoneses não investiam pensando no pagamento de dividendos; eles olhavam quase que exclusivamente para o crescimento do capital. E, considerando que pode demorar bastante para que os investimentos se paguem, o preço das ações japonesas é muito alto em comparação com os ganhos da empresa. Por isso, a relação preço-ganhos das empresas japonesas costuma ser três vezes maior do que a das britânicas. Uma vez ouvi falar de uma empresa japonesa que trabalhava segundo um plano de negócios de duzentos anos! Isso me lembrou do comentário de Deng Xiaoping, nos anos 1980, quando lhe perguntaram quais eram, na opinião dele, as implicações da Revolução Francesa de 1789. "Ainda é cedo para dizer" foi a resposta dele.

A próxima parte do Virgin Group a admitir um sócio japonês foi a Virgin Music. Essa era a venda mais importante. Para fazer valer a pena termos recomprado a Virgin Group plc, teríamos que conseguir um bom dinheiro com a Virgin Music. Simon, Trevor e eu conversamos com várias empresas estadunidenses sobre terem uma participação na Virgin Music. Uma delas ofereceu o maior valor, mas não estava preparada para assumir o papel de investidor passivo de longo prazo. Todos gravitamos em direção à Fujisankei, uma empresa de mídia japonesa. Acho que me decidi em uma reunião com sr. Agichi, da Fujisankei, no jardim de nossa casa, no número 11da Holland Park.

– Senhor Branson – perguntou ele, calmamente. – O senhor preferiria uma esposa americana ou uma esposa japonesa? Esposas americanas são muito difíceis, é muito litígio e pensão alimentícia. As esposas japonesas são muito boas e tranquilas.

19.

PREPARADO PARA PULAR

1989 – 1990

Ao vendermos 25 por cento da Virgin Music por 150 milhões de dólares – cem milhões de libras –, nós confirmamos nosso argumento de que a Bolsa tinha subestimado a Virgin. A venda foi um sinal claro de que só aquela empresa valia pelo menos quatrocentos milhões de libras, isso sem contar os valores estimados das várias outras empresas, como a Retail, que fizeram parte do Grupo de capital aberto. O valor estava muito acima dos 180 milhões de libras da avaliação da Bolsa antes da nossa oferta de recompra da empresa, e ainda muito maior que o preço de 240 milhões de libras que acabamos pagando para fechar o capital novamente.

Com sócios japoneses em dois de nossos principais negócios, na música e na companhia aérea, nós nos voltamos para nosso terceiro negócio e decidimos expandir o varejo no Japão também. Ian Duffell e Mike Inman, juntamente com Shu Ueyama, nosso consultor japonês, já haviam começado a pesquisar. Mike começara a aprender japonês em Sydney porque seu irmão se casou com uma moça japonesa. Ian o mandou para Tóquio e ele mesmo foi para Los Angeles, onde começou a procurar um local para instalar uma megastore no Sunset Boulevard.

Mike informou que seria impossível montarmos uma megastore em Tóquio sozinhos: Tóquio é uma cidade enorme com poucas regiões distinguíveis, de modo que é extremamente difícil para estrangeiros identificarem as áreas principais. Propriedades residenciais, comerciais e de varejo estão todas misturadas, ao contrário de Londres, que tem regiões comerciais de fácil distinção – como Oxford Street, Knightsbridge e Kensington High Street – e onde é relativamente fácil saber onde fica o quê. Tóquio inteira tem a mesma cara. As propriedades são extremamente caras; para alugar uma loja, você precisa fazer um depósito imenso conhecido como "valor da chave". Trevor, Ian e Shu se encontraram com muitos possíveis parceiros japoneses e acabaram escolhendo um varejista de moda chamado Marui. Trevor fechou uma parceria 50/50 que seria o início das Virgin Megastores no Japão.

A dificuldade com uma loja de discos é que você está tentando vender um produto idêntico ao de todas as outras lojas de discos. A Virgin não tinha nada que pudéssemos chamar de nosso ou que só estivesse disponível nas lojas Virgin. Sabíamos que os nossos concorrentes estavam perdendo muito dinheiro em Tóquio, em parte porque tinham precisado pagar valores muito altos de caução, mas também porque não tinham estabelecido a fidelidade dos clientes e, portanto, não recebiam as tão vitais visitas de retorno.

"I was going to pinch Kate Bush's new album but I think I'll forget it."

Eu ia pegar o novo álbum da Kate Bush, mas acho que vou deixar para lá.

Para evitar essas ciladas, optamos pelo empreendimento conjunto com a Marui. Eles foram a primeira rede de varejo a entender de verdade a importância das estações de trem. Posicionaram as lojas o mais perto possível das grandes estações de trem, garantindo assim uma multidão de pedestres passando em sua porta. As roupas da Marui tinham como público-alvo a geração jovem e cada vez mais abastada; também tinham sido pioneiros no uso de um popular cartão de crédito próprio. A Marui nos conseguiu um local fabuloso em Shinjuku, uma área comercial de primeira linha no centro de Tóquio, e ficamos com 930 metros quadrados. A Marui era proprietária do local, e concordamos com um sistema pelo qual pagaríamos determinado percentual de nossas vendas em vez de um aluguel fixo por mês. Dessa maneira, evitamos pagar o desastroso depósito de caução e, embora a metragem fosse pequena para os padrões europeus, ainda era maior que qualquer outra loja de discos em Tóquio. Era a loja-conceito que eu queria.

Para nos diferenciar da concorrência e atrair clientes, instalamos aparelhos para ouvir música e contratamos um DJ. Ele não ficava ali apenas para entreter: ao tocar ótimas músicas, logo gerava vendas que cobriam os custos de sua contratação. A Virgin Megastore de Tóquio logo adquiriu o mesmo tipo de status cult das primeiras lojas de Oxford Street e Notting Hill. Ela virou o ponto de encontro dos adolescentes da cidade toda. Tóquio é uma cidade cara, então os adolescentes gostavam de poder passar a tarde ouvindo música, conversando e comprando discos sem gastar muito. O tempo médio gasto nas nossas megastores de Tóquio era de quarenta minutos, consideravelmente maior do que o das pessoas comendo no McDonald's. Era quase uma extensão da nossa filosofia de varejo original da década de 1970. Com dez mil clientes por dia, a loja fazia ainda mais sucesso do que previramos.

Com Ian em Los Angeles, Mike estava por conta própria. No devido tempo, ele seguiu os passos do irmão e se apaixonou por uma moça japonesa. Eles se casaram na Ilha Necker.

No período de dois anos, entre 1988 e 1990, cada subsidiária da Virgin tinha estabelecido um acordo com uma empresa japonesa. Com Sega, Marui, Seibu-Saison e Fujisankei, estávamos em uma posição única para começar a expansão no Japão. Eu também estava prestes a me envolver em um empreendimento muito diferente no país: Per e eu planejávamos decolar do Japão e cruzar o Pacífico até os Estados Unidos em nossa segunda aventura em um balão de ar quente.

Per me contou seu maior medo quando era tarde demais. Estávamos no avião, a caminho do Japão, quando ele confessou que não tinha conseguido testar a cápsula em uma câmara de pressão e, portanto, não tinha cem por cento de certeza de que ela aguentaria a 12.200 metros. Se uma janela arrebentasse àquela altitude, teríamos entre sete e oito segundos para colocar a máscara de oxigênio.

— Vamos precisar deixar as máscaras à mão — disse Per, em seu jeito contido de sempre. — E, claro, se a outra pessoa estiver dormindo, vai ser preciso colocar a máscara e fazê-la funcionar em três segundos, depois colocar na outra pessoa em três segundos, deixando dois segundos de margem para se atrapalhar.

Eu não queria me atrapalhar com Per, nem mesmo por dois segundos, e jurei que não dormiria durante o voo.

— Teremos algum aviso prévio disso? — perguntei.

— Se a cápsula descomprimir, você vai perceber uma névoa de repente. A cápsula vai parecer cheia de neblina. Você vai ouvir um grito nos ouvidos e ter a sensação de que seus pulmões estão sendo arrancados do peito e saindo pela boca.

Quando um jornalista me perguntou sobre os perigos do voo, repeti as palavras de Per.

– Veja, é essencial um de nós ficar acordado durante o voo – falei ao jornalista. – Então, em vez de usar as poltronas confortáveis da Virgin que usamos para cruzar o Atlântico, pedimos à British Airways duas poltronas deles.

Estávamos tentando fazer o voo em novembro, quando a corrente de jato que atravessa o Pacífico está mais forte. No entanto, nessa época do ano o mar também fica tempestuoso demais. Decolaríamos do Japão e, quase imediatamente, estaríamos sobre o mar. Assim, teríamos que mais do que dobrar nosso recorde de 4.800 quilômetros da travessia do Atlântico para chegar aos Estados Unidos.

A equipe de Per tinha levado o balão e a cápsula para o local de lançamento em Miyakonojo, uma cidadezinha no sul do Japão que, segundo seus cálculos, ficava bem abaixo da corrente de jato. Na minha primeira noite lá, recebi uma ligação de Tom Barrow, que estava brigado com Per desde a travessia do Atlântico. Mike Kendrick ocupou seu lugar na equipe, mas Tom vinha acompanhando o progresso de Per e estava extremamente preocupado.

– Vocês vão acabar na água – disse ele. – A prioridade é estarem preparados para um pouso seguro no mar, para que tenham chance de sobreviver. Se, apesar de tudo, vocês chegarem à terra firme, terão sessenta por cento de chance de estar escuro. Em novembro fica escuro por quinze horas por dia na América do Norte, e piora quanto mais ao norte você estiver. Vocês não podem pousar no escuro, então podem ter que voar por mais quinze horas. Mesmo a cinquenta quilômetros por hora, isso vai levar vocês 1.600 quilômetros continente adentro, o que pode causar problemas. Vocês precisam pressupor que vai haver tempestades – vai ser muito difícil conseguir um dia calmo e tranquilo. Lá no norte, as pessoas ficam presas em cabanas esperando o tempo limpar, então pelo amor de Deus tenham uma equipe de busca e resgate de prontidão. Não dependam de tempo calmo para o pouso. Verifiquem todos os sistemas antes de decolar. Não se apressem para decolar. Mesmo se tudo estiver bem construído e funcionando, o voo ainda vai ser terrivelmente perigoso.

Agradeci os conselhos.

– Só quero dizer mais uma coisa – continuou ele. – A travessia do Atlântico foi um voo fora de controle que deu certo. Todos sabemos disso. Estava totalmente fora de controle no final, mas vocês dois sobreviveram. Vocês dois aprenderam sozinhos a voar naquele balão durante a viagem. No Atlântico, é possível fazer um pouso forçado perto de um barco. No Pacífico, você morre. Então, ou vocês vão pousar a cápsula no mar e morrer, ou vão chegar à terra no escuro e vai ser por um triz.

Desliguei. Estava suando. Mal tinha acabado de rabiscar o que ele tinha me dito quando o telefone tocou de novo. Era Joan. Holly estava completando oito anos. Ela entrou na linha:

– Estou fazendo um diário, papai – contou. – Podemos trocar os diários quando você voltar para casa.

– Sim, querida – respondi, engolindo em seco.

Quando comentei com Per a improbabilidade de sobrevivermos se pousássemos no mar, ele concordou.

– Nem precisamos nos preocupar com seguro-saúde – disse ele, casualmente. – Só vale a pena fazer seguro de vida.

Enquanto a equipe de Per montava os sistemas elétricos na cápsula, ele e eu nos sentamos para repassar as operações de voo. Era difícil acreditar que ficaríamos mais uma vez encarcerados nessa cápsula minúscula, cercados por todos esses aparelhos que eram nosso único meio de comunicação com o mundo externo.

– Veja – peguei-me falando para um repórter que estava listando tudo que poderia dar errado –, ou vai ser moleza, ou não vai.

A corrente de jato acima do Pacífico tem um formato diferente daquela do Atlântico. A do Atlântico é uma corrente de jato polar em forma de V, como um Toblerone de cabeça para baixo. Conforme você sabe, a corrente de jato fica mais larga e o vento, mais veloz, por isso você gradualmente aumenta sua velocidade em relação ao solo. A 10.000 pés, a corrente de ar pode ter cinquenta nós; a 27.000 pés, terá cem nós, e assim por diante. Um balão pode entrar nela com facilidade sem ser fustigado. A corrente de jato do Pacífico é uma fera completamente diferente. É uma corrente subtropical na forma de um cabo oco. A 20.000 pés, a corrente de ar pode estar completamente parada. A mesma coisa a 25.000 pés. E, de repente, a 27.000 pés você atinge a corrente de jato, que está se movendo a uma velocidade de cem a duzentos nós. Ninguém nunca voou com um balão na corrente do Pacífico, e sabíamos que havia um perigo de o alto do nosso balão atingir a corrente e ser arrancado da cápsula suspensa logo abaixo. Se isso não acontecesse, seríamos fustigados com força. Com a cápsula viajando a cinco nós e o balão a duzentos nós, no início seria como ser puxado por mil cavalos.

Se conseguíssemos entrar na corrente de jato, sabíamos que ela teria um núcleo com cerca de 4.000 pés, pouco mais de um quilômetro, de diâmetro. Para nos mantermos dentro desse tubo, precisávamos monitorar constantemente o altímetro e tomar cuidado com solavancos que indicassem que o balão e a cápsula estavam em correntes diferentes.

A atmosfera em Miyakonojo era quase de festival. Um sacerdote xintoísta até veio abençoar o local. Meus pais já tinham chegado, mas Joan preferiu ficar em casa até o balão subir e depois pegar um avião com as crianças para Los Angeles, para que pudessem se encontrar comigo no fim do voo. No domingo à noite, nosso meteorologista, Bob Rice, estava prevendo condições perfeitas para terça-feira, mas na segunda-feira o tempo bom já tinha passado para quarta-feira. Per e eu passamos outro dia na cápsula revendo muitas e muitas vezes tudo que poderia dar errado.

"Mantenha o fogo aceso, é só isso que importa" – escrevi numa folha do meu caderno depois de uma sessão de três horas sobre todos os possíveis desfechos do nosso voo.

O atraso me deu a chance de rever as fileiras de mostradores, medidores e botões instalados nas paredes da cápsula. Também me deu tempo de confirmar que lembrava a diferença entre os botões que soltavam os tanques de combustível vazios e os que separavam o balão da cápsula!

– Estamos em código amarelo – anunciou Bob Rice. – Esperem luz verde às 21h de 23 de novembro.

– O oceano Pacífico é o maior do mundo? – perguntou Holly pelo telefone. – Quantos quilômetros ele tem? E quanto tempo você ia levar para voar em volta do mundo todo?

Era hora de dormir. Eu me deitei na cama no hotel, mas não consegui pregar os olhos, então comecei a escrever no meu diário:

Tentando descansar por algumas horas. Sem chance. Acabei de ver pela janela o fim de um belo dia. A fumaça do vulcão parece uma nuvem fina no céu. Carros com alto-falantes percorrendo as ruas e anunciando a hora da nossa partida. Fogos de artifício oficiais planejados para 2h30min da manhã, caso alguém na cidade ainda não tenha acordado. Imagine uma prefeitura de cidade inglesa fazendo isso! Ainda não estou nervoso. Exultante, animado, mas não nervoso. Tudo parece ter ido muito bem. Bob acha que as condições de travessia e pouso são quase tão boas quanto esperávamos. Ainda meio tenso com a inflação. Em duas horas preciso voltar ao local de lançamento para uma entrevista ao vivo para o *News at One*.

Quando voltei ao local de lançamento, pressenti problemas. O envelope do balão ainda estava estirado no chão; não tinham começado a inflá-lo. A equipe de Per lotava a sala de operações: "Vento demais, arriscado demais, vento a favor demais". Decidiram deixar o envelope no chão, torcendo para o vento perder força até a noite seguinte. Com o balão de setenta toneladas parado, uma rajada de vento poderia rasgar o tecido. Saí da sala e perguntei pela nossa intérprete. Alguém me deu um microfone e eu pedi desculpas à imensa multidão amontoada na colina acima do local de lançamento. Prometemos tentar amanhã.

O dia seguinte foi longo e indiferente. A corrente de jato parecia apresentar um comportamento peculiar, e Bob Rice estava lutando para descobrir se pousaríamos na Califórnia ou em Yukon.

– Ah, dane-se o clima – disse por fim o mais renomado e sofisticado meteorologista dos Estados Unidos. – Vão de uma vez!

Voltei para o hotel para uma última soneca, e mais uma vez acabei encarando o vulcão pela janela. Ouvi os tambores começando na cidade. Em seguida alguém empurrou um fax por baixo da porta. Em letras inclinadas e irregulares, Holly tinha escrito:

> *Espero que você não pouse na água nem tenha um pouso ruim. Espero que tenha um bom pouso e em terra firme, e a senhorita Salavesen desejou um bom pouso também. Estou torcendo para você fazer uma boa viagem.*
> *Amor da Holly.*
> *PS. Boa sorte e também te amo.*

Tomei um remédio para dormir e caí na cama.

Algumas horas depois, Per me acordou e fomos até o local de lançamento. Uma multidão de umas cinco mil pessoas tinha saído para assistir ao lançamento no frio congelante. Havia famílias, senhoras idosas, bebês pequenos. Ouvi aplausos quando o balão saiu do chão e se elevou acima da cápsula. Os queimadores agora rugiam para aquecer o ar. Havia pouco vento, mas precisávamos decolar o mais rápido possível, antes que alguma rajada nos pegasse no chão. Centenas de braseiros tinham sido trazidos para a encosta. A fumaça deles subia direto para a noite estrelada, uma prova clara de que não havia absolutamente vento nenhum.

Eu estava com meus pais admirando a magnificência do balão quando uma tira do tecido de repente se soltou do envelope e ficou pendurada.

– O que é aquilo? – perguntou-me papai.

Corri para encontrar Per.

– O que está acontecendo?

– Nada com que se preocupar – respondeu Per. – Só uma pequena perda de calor. O balão é grande, não vai ser um problema.

Levei Per para a sala de operações e papai segurou seu braço:

– O que é aquilo balançando no meio do envelope? – perguntou.

– É ar saindo pela lateral do balão explicou Per.

Papai não parecia convencido.

Per e eu saímos e paramos embaixo do balão. Ele tinha mesmo um buraco onde a laminação tinha se soltado. Voltamos para a sala de controle e encontrei papai.

– Papai, não conte para a mamãe, mas temos um buraco. Per ainda acha que conseguimos chegar aos Estados Unidos.

– Você não pode voar naquela coisa – retrucou papai.

Um minuto depois, mais tiras da laminação começaram a cair.

– Richard, sinto muito, mas acho que vamos ter que abortar o voo – disse Per. – Se decolarmos, vamos acabar no Pacífico.

Olhei para a encosta lotada. Eu teria que decepcionar todas aquelas pessoas. Com as mãos trêmulas de frio e amarga decepção, mais uma vez peguei o microfone.

– Sinto muito – falei, tentando não ficar com a voz embargada. – A laminação do balão se rasgou. Achamos que foi porque deixamos o balão fora a noite passada e o gelo o afetou...

Enquanto a intérprete repetia as minhas palavras, um lamento subiu da multidão. Em seguida houve um murmúrio e eu olhei para cima para ver três ou quatro pedaços enorme de tecido se soltarem do envelope e caírem nos queimadores. Alguém os arrancou, mas o balão inteiro estava se desintegrando diante de nossos olhos.

– Desliguem os queimadores! – gritei. – Saiam daí.

Sem os queimadores, o balão murchou e tombou para o lado, o ar quente escapando pelos buracos.

– Voltaremos ano que vem – prometi. – Por favor, tenham fé em nós.

– Bom, Richard – comentou papai enquanto voltávamos de carro para o hotel –, férias com você nunca são chatas.

Joan estava há duas horas no voo para Los Angeles quando soube das notícias.

– Excelente! – exclamou. – Champanhe para todos, por favor!

PREPARADO PARA PULAR

O piloto puxou o manete e o helicóptero subiu ainda mais. O mar azul pálido cintilava e reluzia abaixo de nós. Observei enquanto nos aproximávamos de Necker: o recife de corais branco, depois a faixa clara de praia, as palmeiras inclinadas e o telhado pontudo da casa balinesa, o verde profundo da floresta da ilha. Sobrevoamos em círculos e vi nossa família e amigos em pé na praia. A maioria vestia branco e usava chapéu de aba larga. Havia um toque de cor em algumas camisas tropicais. Reconheci Vanessa e Robert; Lindi e seu marido Robin; todas as crianças; Peter e Ceris, meus amigos e vizinhos em Mill End; Ken e sua esposa Nancy; Simon e sua esposa Françoise. Todos olhavam para cima; acenei para eles. No meio do grupo eu vi Joan em seu deslumbrante vestido branco, ao lado de Holly e Sam, sua irmã Rose, seu irmão John e sua mãe. Vovó estava junto de mamãe e papai, acenando para mim alegremente.

Dei um tapinha no ombro do piloto, e ele deu mais uma volta com o helicóptero.

Peguei a caixa de Milk Tray e a segurei com os dentes. Estava tudo pronto. Eu me agachei e fiz uma pausa junto à porta aberta. O vento batia forte e quente no meu rosto, a praia e o mar azul-prateado girando loucamente enquanto eu olhava para baixo. Estávamos pairando acima da piscina. Segurei a lateral da porta e olhei para o piloto.

– Tudo porque a moça adora Milk Tray! – gritou ele.

Tirei a caixa da boca por um momento.

– As crianças também adoram! – gritei em resposta.

Levantei o polegar em sinal de positivo, dei uma última olhada para a piscina diretamente abaixo de mim, depois saí, me segurei nos suportes e me balancei neles. Joan e eu finalmente nos casaríamos e eu não queria que o Milk Tray derretesse. Eu me preparei para pular.

20.

QUEM DIABOS RICHARD BRANSON PENSA QUE É?

Agosto-
outubro
de 1990

Fui acordado por um chute forte nas costas, depois de ter sido socado e cutucado a noite toda. Como já eram 5h30min, saí da cama de fininho e vesti meu roupão. Observei Sam se aconchegar no meu travesseiro quentinho, que ele passara a noite toda tentando ocupar. Ele e Holly ainda dormiam na nossa cama com frequência. Liguei a CNN e aproximei a cabeça da tela para ouvir as notícias. Não precisei de muito som para perceber que eram bem ruins. O Iraque tinha invadido o Kuwait na semana anterior, e o mundo estava em parafuso. O preço do barril de petróleo bruto tinha subido de 19 dólares, antes da invasão, para 36 dólares. O preço do combustível de aviação tinha disparado de 0,75 dólares para 1,50 dólares o galão, um aumento ainda mais acentuado do que o do petróleo bruto, porque as Forças Aliadas haviam começado a estocar combustível em preparação para um ataque aéreo ao Iraque.

Dois dos principais ingredientes para a lucratividade de uma companhia aérea eram o número de passageiros e o custo do combustível de aviação. Todas as companhias aéreas independentes agora estavam na iminência do desastre: precisávamos operar quando o preço do combustível – que representa vinte por cento das nossas despesas totais – tinha mais que dobrado e o número de passageiros voando tinha minguado. Na primeira semana após a invasão, a Virgin Atlantic recebeu três mil cancelamentos. Tínhamos acabado de estourar nosso limite de 25 milhões de libras com o Lloyds Bank. Fiquei imaginando até quando o Lloyds esperaria para nos pedir para dar um jeito naquilo. Deixei a preocupação de lado.

Imaginei quantos passageiros mais cancelariam hoje. As grandes companhias aéreas estatais estavam em situação ainda pior, pois ninguém queria correr o risco de voar em um avião com a bandeira de um país devido à chance de ataque terrorista. Como Thatcher tinha permitido que jatos estadunidenses reabastecessem na Grã-Bretanha nas incursões à Líbia, as empresas mais alinhadas ao governo estavam vulneráveis a retaliação terrorista. A bomba no jumbo da PanAm sobre Lockerbie tinha mostrado como essas retaliações podiam ser devastadoras. Apesar de ser uma empresa normal de capital aberto, a British Airways ainda se proclamava a companhia aérea da Grã-Bretanha e, pela primeira vez, essa reputação nos dava uma vantagem. Depois da primeira semana de voos vazios, comecei a sentir um fio de esperança de que os passageiros estivessem voltando aos poucos; tínhamos percebido uma leve preferência pela Virgin Atlantic em vez de qualquer companhia aérea estadunidense ou da British Airways.

Em meados de 1990, a Virgin Atlantic ainda era uma companhia aérea minúscula. Voávamos para apenas quatro cidades em dois países. Todo dia examinávamos as reservas para essas quatro rotas para ver se havia algum sinal de que estávamos reconquistando passageiros. Nossa rota para Tóquio foi a que sofreu o maior baque. Podíamos voar apenas quatro vezes por semana – e nunca aos domingos, que é quando os empresários preferem viajar –, então a rota estava perdendo dinheiro mesmo antes de o Iraque invadir o Kuwait. Durante todo o verão fizemos lobby para conseguir os dois voos extras para Tóquio que estavam prestes a ser liberados, mas, como sempre, estávamos concorrendo com a British Airways. Nossos voos para Newark e Los Angeles tinham perdido passageiros desde a primeira semana após a invasão, mas agora detectamos uma migração da preferência das empresas estadunidenses para a Virgin. A melhor notícia era que nossos voos de férias para Miami e Orlando não pareciam muito afetados.

Tínhamos comemorado meu aniversário de quarenta anos no mês anterior e, embora Joan tivesse organizado uma festa maravilhosa em Necker, eu estava me sentindo deprimido, e isso não era do meu feitio. Eu sentia que Simon tinha perdido o interesse na Virgin Music, e eu o entendia. Todo contrato era uma negociação extenuante e, às vezes, era bastante repetitivo repassar os mesmos pontos muitas e muitas vezes. Embora tivéssemos transformado a Virgin Music em uma das principais gravadoras independentes, os bens de Simon estavam atrelados a uma única empresa, e eu sabia que ele tinha medo de que eu pusesse tudo em jogo com algum novo empreendimento arriscado. Simon não se interessava pelos outros projetos que eu mencionava e só via a Virgin Atlantic como um grande risco para o resto do Virgin Group: uma empresa que poderia ir para o buraco por causa da British Airways ou de algo repentino – algo como uma guerra no Golfo.

Completar quarenta anos também me fez pensar no que eu estava fazendo da vida. Depois do grande salto de montar a Virgin Atlantic, eu agora descobria que era difícil desenvolver a companhia aérea com a rapidez que queria. Embora nosso ano tivesse sido maravilhoso e a Virgin Atlantic tivesse sido eleita Melhor Companhia Aérea de Classe Executiva, ela estava confinada a operar do aeroporto de Gatwick. Por ter apenas uma pista curta, sem voos de conexão, Gatwick era menos rentável, tanto para carga quanto para passageiros, do que Heathrow. Estávamos lutando para ganhar dinheiro. Além de tudo isso, tínhamos entrado em um litígio com a British Airways por causa de uma manutenção que continuava sendo um grande ponto de atrito.

Dada a gradual perda de interesse de Simon e a nossa luta interminável para manter a Virgin Atlantic no azul, comecei a questionar se eu deveria começar a fazer algo completamente diferente. Pensei até ir para a universidade estudar história: seria legal ter tempo para ler. Quando mencionei isso para Joan, ela encerrou o assunto sem rodeios dizendo que era, na verdade, só uma desculpa para conhecer um monte de moças bonitas longe de casa. Ruminei a ideia de me estabelecer como ativista político em tempo integral. Pensei em estudar alguns dos principais problemas, como saúde e falta de moradia, entender quais eram as melhores soluções e depois lutar com afinco pelas mudanças políticas para implementá-las.

Mas a invasão do Kuwait por Saddam Hussein me fez abandonar todas essas ideias. Tínhamos uma crise de grandes proporções na companhia aérea, e eu me peguei envolvido na Guerra do Golfo de uma maneira extraordinariamente pessoal.

– Papai, você me ajuda a achar meus sapatos?

Era Holly.

– Quais?

– Você sabe, meus tênis novos.

Enquanto o mundo na televisão continuava a se desintegrar em guerra e nosso 747 *Maiden Voyager* atravessava o Atlântico meio vazio em direção ao nascer do sol em Gatwick, minha família se reunia na cama para tomar café da manhã. Joan trouxe uma bandeja enorme com ovos fritos, pão frito, bacon e *baked beans*. Enquanto comíamos, alguns funcionários da Virgin entraram pela porta da frente. Ouvi Penni ligar a copiadora no andar de baixo. Will Whitehorn, nosso novo secretário de imprensa, subiu para seu escritório. Will era um dínamo de alegria perpétua e já tinha se provado uma excelente aquisição.

Aprontar Holly e Sam para a escola era sempre um tipo de teste de iniciativa maluca. Sapatos, meias, coletes, camisas, blazers e boinas tinham que ser encontrados sabe-se lá onde tivessem inexplicavelmente se escondido durante a noite. Para encontrá-los era preciso o mais inspirado pensamento criativo.

– Aqui estão! – Joan tinha por acaso pensado em procurar os sapatos de Holly dentro da grande casa de bonecas, que não era usada por ninguém há mais tempo do que eu conseguia lembrar.

– O que eles estavam fazendo ali? – perguntei.

– Não faço ideia – respondeu Holly, e os colocou na mochila da escola sem mais explicações.

– Sam, vamos sair em *dois* minutos – ameaçou Joan.

Sam tinha começado a montar o carrinho Scalextric novamente.

Quando por fim conseguiram juntar todas as tralhas e foram para a porta, o telefone tocou. Era a rainha Noor da Jordânia.

Minha amizade com a rainha Noor era uma das consequências improváveis da travessia do Atlântico de balão com Per. A rainha Noor era a Grace Kelly da Jordânia. Era estadunidense e no passado trabalhara como aeromoça. Alta, loira e totalmente fascinante, hoje vivia em um palácio murado com segurança pesada em Amã. A rainha tinha ouvido falar do nosso voo de balão e me telefonado para perguntar se ela e a família podiam aprender comigo a pilotar um balão. Fui para a Jordânia com Tom Barrow e passei uma semana no palácio do rei Hussein ensinando a família real a voar num balão de ar quente.

Sobrevoamos Amã, pairando sobre os telhados e olhando lá de cima a antiga cidade com seus minaretes, paredes caiadas e telhados de um laranja desbotado. Ninguém em Amã tinha visto um balão de ar quente antes, e eles olhavam para cima maravilhados quando assomávamos lá no alto. Ao perceberem que o rei e a rainha estavam no cesto de vime, vibravam e corriam abaixo do balão, acenando para nós. Quando acionávamos os queimadores a gás, todos os cachorros da cidade começavam a latir. Com os latidos, os gritos e os chamados dos muezins, a cidade virou um completo pandemônio. O rei Hussein, a rainha Noor e os príncipes reais acenavam para as pessoas lá embaixo enquanto o balão voava um metro acima dos telhados. Acho que as únicas pessoas que não gostaram do passeio foram os guarda-costas do rei Hussein, que o tinham protegido de nove tentativas de assassinato, mas não podiam fazer nada para protegê-lo enquanto ele flutuava pela cidade num cesto de vime.

Quando Saddam Hussein invadiu o Kuwait, o rei Hussein da Jordânia foi um dos poucos líderes do mundo a se recusar a condená-lo de imediato. O rei Hussein destacou que o Kuwait tinha prometido ao Iraque vários poços de petróleo como parte de sua contribuição para a longa guerra contra o Irã. Contudo, o Kuwait tinha continuamente voltado atrás nessa promessa, além de fraudar suas cotas na OPEP.

Em meio a todo o caos que se seguiu à invasão, um grande número de trabalhadores estrangeiros fugiu do Iraque para a Jordânia. Havia cerca de 150 mil refugiados reunidos em um acampamento improvisado sem água nem cobertores. Era extremamente quente durante o dia, quando não tinham nenhuma sombra, e congelante à noite, quando não tinham com que se aquecer. Um cobertor poderia ser usado para fazer sombra e enrolado ao corpo para aquecer. Assim que fiquei sabendo desse problema, entrei em contato com o rei Hussein e com a rainha Noor oferecendo-me para ajudar no que pudesse. A rainha agora me ligava para dizer que, embora a Cruz Vermelha estivesse providenciando um sistema de distribuição de água, ainda havia a tarefa de tentar conseguir cem mil cobertores.

– Já tivemos a morte de algumas crianças bem pequenas – disse a rainha Noor –, mas ainda não é uma catástrofe de larga escala. Acho que temos apenas dois ou três dias antes de começarmos a perder centenas de refugiados.

Naquele dia eu fui até Crawley e conversei com alguns funcionários da Virgin Atlantic sobre como poderíamos conseguir e depois transportar cem mil cobertores para Amã. Todos na Virgin se mobilizaram. Durante o dia falamos com a Cruz Vermelha, com William Waldegrave no Ministério das Relações Exteriores e com Lynda Chalker no Departamento de Desenvolvimento Internacional, e conseguimos garantir trinta mil cobertores, com a promessa de chegarem mais da Unicef em Copenhague. Depois de termos oferecido o avião, a Cruz Vermelha fez um apelo nacional na rádio e, a partir daquela noite, um depósito em Gatwick começou a se encher de cobertores. Além disso, David Sainsbury me prometeu que forneceria várias toneladas de arroz.

Dois dias depois, todas as poltronas foram removidas de um de nossos 747 e substituídas por mais de quarenta mil cobertores, várias toneladas de arroz e suprimentos médicos. O 747 então voou para Amã. Os cobertores foram carregados em uma série de caminhões que esperavam no aeroporto, e voltamos com vários cidadãos britânicos que estavam isolados na Jordânia e queriam ir para casa.

Quando voltei à Grã-Bretanha, William Waldegrave me disse que tinha recebido uma ligação de lorde King, presidente da British Airways, que ficara surpreso em ver o voo da Virgin Atlantic para a Jordânia no *News at Ten*.

– Nós devíamos estar fazendo isso – dissera lorde King para Waldegrave.

William Waldegrave respondeu que eu apenas tinha oferecido ajuda e que, por acaso, a Virgin Atlantic tinha uma aeronave disponível. Na semana seguinte, a British Airways transportou suprimentos para a Jordânia e trouxe de volta mais alguns cidadãos. A Christian Aid nos contou que ficaram maravilhados: há muitos anos eles pediam em vão ajuda à British Airways, mas, desde o voo da Virgin Atlantic para Amã, a BA estava praticamente sufocando-os com ofertas de ajuda. Às vezes, uma concorrência saudável beneficia até a filantropia.

Como fiquei sabendo que algumas de nossas remessas originais não haviam chegado aos acampamentos de refugiados, decidi ficar em Amã por alguns dias para observar a próxima entrega de suprimentos até ela finalmente chegar aos acampamentos. Mais uma vez, fiquei no palácio com o rei Hussein e a rainha Noor. Tive discussões ferozes com o ministro do interior sobre a necessidade de uma prestação de contas rígida com relação a esses suprimentos, para que as pessoas que os forneceram tivessem a certeza de que chegaram aos acampamentos. Tive também várias conversas longas com o rei Hussein sobre a crise no Golfo. Ele tinha certeza de que a guerra poderia ser evitada, mas sua preocupação era o Ocidente querer o fracasso da diplomacia para que pudessem defender o Kuwait e proteger seu suprimento de petróleo. Quando voltei para casa, estava claro que não haveria uma crise de refugiados de grandes proporções na Jordânia. A rainha Noor me disse que não havia mais mortes por disenteria ou desidratação. Com o tempo, os 150 mil refugiados lentamente se dispersaram.

Alguns dias depois, eu estava assistindo ao noticiário quando vi a extraordinária cena de Saddam Hussein cercado pelos cidadãos britânicos que tinham sido detidos em Bagdá. Em uma das cenas mais arrepiantes que já vi na televisão, ele se sentou e fez um sinal para um menino se aproximar. Colocou a mão na cabeça do menino, depois continuou se dirigindo à câmera enquanto dava tapinhas suaves no ombro da criança. O menino tinha mais ou menos a idade de Sam. Eu sabia que precisava fazer alguma coisa para ajudar aquelas pessoas. Se aquele menino fosse meu filho, eu teria movido céu e terra para trazê-lo para casa. Os repórteres estavam esperando que os reféns fossem usados como "escudos humanos" e encarcerados dentro dos principais alvos dos aliados.

Eu não fazia ideia de como poderia ajudar a trazer esses reféns para casa, mas sabia que a Virgin Atlantic tinha uma aeronave e que, se de algum modo conseguíssemos permissão para ir pra Bagdá, poderíamos pegar os reféns que Saddam Hussein concordasse em libertar. Eu me dei conta de que, da mesma maneira que tinha conseguido ajudar na crise na Jordânia, talvez conseguisse fornecer o veículo para a libertação daqueles reféns.

No dia seguinte, recebi uma ligação de Frank Hessey. Sua irmã Maureen e seu cunhado Tony eram reféns em Bagdá. Tony tinha câncer de pulmão grave e precisava de cuidados médicos urgentes. Ele já tinha telefonado para todos os departamentos do Ministério das Relações Exteriores, para os embaixadores do Iraque na Europa e até para o governo iraquiano em Bagdá, mas parecia que ninguém podia fazer nada. Frank pediu minha ajuda.

Além de estar em contato com o Ministério das Relações Exteriores por causa do envio dos cobertores para a Jordânia, eu ainda tinha amizade com o rei Hussein e com a rainha Noor. O rei Hussein era um dos poucos pontos de contato dos governos do Ocidente com o Iraque. Eu tinha ouvido falar que o Iraque estava com falta de suprimentos médicos, e me perguntei se haveria possibilidade de um acordo no qual, se levássemos suprimentos médicos, o Iraque libertaria alguns estrangeiros detidos. Liguei para a rainha Noor e perguntei se ela poderia me ajudar. Quando descrevi minha proposta, ela sugeriu que eu voltasse a Amã e a discutisse com o rei Hussein.

Os três dias seguintes, que eu passei em Amã com o rei Hussein e a rainha Noor, me deram uma noção de como um empresário pode ajudar em momentos de crise. À primeira vista, tudo que eu tinha para ser recomendado a Saddam Hussein era ter levado o rei Hussein e a rainha Noor para passear num balão de ar quente e ser dono de uma minúscula companhia aérea que operava quatro Boeings 747. Embora ninguém mais tivesse levado o rei Hussein para passear de balão, muitos empresários possuíam grandes aeronaves. Mas essas duas qualificações tinham me colocado em uma situação peculiar: eu era um dos poucos ocidentais nos quais o rei Hussein estava preparado para confiar e, portanto, eu tinha acesso quase direto a Saddam Hussein.

Comecei a rascunhar uma carta para Saddam Hussein. Disse-lhe que estava em Amã ajudando com a repatriação de imigrantes e organizando suprimentos médicos e alimentícios. Perguntei se ele consideraria libertar estrangeiros que foram detidos em Bagdá, principalmente mulheres, crianças e pessoas doentes. Como gesto de boa vontade, ofereci levar alguns suprimentos médicos de que o Iraque precisasse. Mencionei o cunhado de Frank Hessey e seu câncer de pulmão. Assinei "Respeitosamente, Richard Branson".

Depois fui para a sala de estar e o rei Hussein falou por uma hora sobre os problemas no Oriente Médio. Sentado ali, ouvindo, olhei em volta e vi uma foto autografada de Margaret Thatcher ao lado de uma de Saddam Hussein. O rei Hussein me explicou por que não apoiou automaticamente a posição do Kuwait contra o Iraque:

– As pessoas no Kuwait se dividem em três categorias – disse ele. – Há quatrocentos mil kuwaitianos que são muito ricos ou muito, muito ricos, e há dois milhões de trabalhadores imigrantes pobres cuidando deles.

Ele destacou que não havia imprensa livre nem eleições livres no Kuwait; não era bem a "democracia" que o Ocidente alegava estar defendendo.

– Os kuwaitianos não fazem nada pelo mundo árabe – continuou. – O dinheiro deles está todo em bancos suíços, não na Arábia. Perguntei a vários líderes mundiais se o Ocidente teria vindo nos ajudar se o Iraque tivesse invadido a Jordânia, um país sem petróleo. A resposta era sempre o silêncio. Duvido que viessem. – Depois riu. – Mas eu sei que o senhor viria! Sim, o senhor viria flutuando pelo horizonte no seu balão, com os aviões da Virgin bem atrás!

"Não, sério – disse ele –, esta é a chance de resolver toda a questão do Oriente Médio. O Kuwait prometeu a Saddam Hussein que pagaria sua parte dos custos da guerra contra o Irã, na qual o Iraque lutou por eles. Depois, voltou atrás na promessa. Originalmente, Saddam só planejava tomar os campos de petróleo disputados que considerava serem seus por direito. Ele só ocupou o país inteiro porque ouviu dizer que os kuwaitianos estavam preparando as pistas de aterrissagem para que os americanos viessem defendê-los. Ele certamente não está interessado em invadir a Arábia Saudita.

Pelo plano de paz do rei Hussein, o Iraque recuaria para a fronteira, mas manteria a faixa de terra disputada que ele achava que o Kuwait devia ao Iraque. Depois, em três anos, haveria uma eleição no Kuwait para ver se essas pessoas da fronteira queriam fazer parte do Kuwait ou do Iraque. Ele me disse que o Ocidente não fazia ideia dos meses de negociação que se desenrolaram entre o Iraque e o Kuwait, e como os kuwaitianos deixaram de cumprir suas promessas. Além de tudo, os kuwaitianos não haviam perdoado as dívidas contraídas pelo Iraque por causa da guerra contra o Irã, e continuaram a trapacear todos os Estados Árabes, produzindo petróleo além da cota e vendendo-o muito mais barato.

Ao fim do jantar, o rei Hussein levou minha carta para seu gabinete e a traduziu para o árabe. Ele escreveu uma carta de apresentação para Saddam Hussein e a despachou por mensageiro especial para Bagdá. Antes de irmos dormir, ele mencionou algo que seu irmão havia dito: "Por que as sinetas das ovelhas das Ilhas Falkland soam mais alto do que os sinos das igrejas de Jerusalém?"

De volta a Londres, comecei a conversar com o Ministério das Relações Exteriores. Tentei conseguir o histórico médico de todas aquelas pessoas presas em Bagdá, para que pudéssemos "provar" que estavam doentes. Depois liguei para embaixadas de outros países para avisá-los de que talvez houvesse um voo de resgate indo para Bagdá e que deveriam apresentar "provas" da doença de seus cidadãos, para tentar colocar alguns deles a bordo.

Duas noites depois da minha volta à Inglaterra, recebemos uma resposta de Saddam Hussein. Ele nos prometeu que libertaria as mulheres, as crianças e os reféns doentes, mas queria que alguém de estatura fosse até lhe fazer o pedido publicamente. Telefonei para Edward Heath, o ex-primeiro-ministro britânico do Partido Conservador, e perguntei se ele faria isso. Ele concordou. O rei Hussein entrou em contato com Saddam Hussein e deu o nome de Ted Heath. Saddam Hussein aceitou. No dia seguinte, levamos Edward Heath para Amã, onde o rei Hussein providenciou sua ida para Bagdá.

Um dia depois, o rei Hussein me ligou:

– Tenho boas notícias para o senhor – disse. Ele tinha uma educação impecável e sempre se dirigia às pessoas como "senhor" ou "senhora", assim como seus filhos. – O senhor pode partir para Bagdá. Saddam me deu sua palavra de que o senhor estará seguro.

Tínhamos passado os últimos dias nos preparando para essa ligação; eu já tinha encontrado uma corajosa equipe de voluntários, e gostaria de citar o nome de todos: Les Millgate, Geoff New, Paul Green, Ray Maidment, Peter Johnson, Jane-Ann Riley, Sam Rasheed, Anita Sinclair, Caroline Spencer, Ralph Mutton, Peter Marnick, Paul Keithly, Helen Burn, Nicola Collins, Janine Swift e Stephen Leitch. Havíamos prevenido os passageiros de que poderia haver atrasos na Virgin Atlantic e que talvez precisássemos transferi-los para outra companhia aérea.

Quando eu disse para os outros diretores da companhia aérea que tínhamos permissão para voar, eles ficaram compreensivelmente preocupados. Sabiam que, se o avião ficasse em Bagdá por mais do que poucos dias, poderíamos quebrar.

– O governo confirmou que vão garantir nossa seguradora se o avião for destruído – confirmou Nigel Primrose, diretor financeiro da Virgin Atlantic. – Mas ninguém vai nos pagar seguro de perda de negócios se o avião for sequestrado e mantido em Bagdá. Lembre-se de que a BA já teve um 747 destruído no Kuwait.

Fez-se silêncio ao redor da mesa enquanto eles digeriam a informação.

– Tem um lado positivo – disse David Tait, com expressão séria. – Eles vão segurar Richard lá também e nos poupar de outros dos esquemas impulsivos dele!

Todos riram.

Embora soubesse que estava arriscando tudo nesse voo, eu também sabia que agora não tinha como voltar atrás.

Decolamos de Gatwick às onze da manhã de 23 de outubro de 1990 rumo a leste, para sobrevoar a Europa. Nós nos sentamos juntos na frente do avião, um estranho conjunto de parentes de reféns, médicos, enfermeiros, tripulação de cabine da Virgin e um jornalista para representar a imprensa. As outras quatrocentas poltronas atrás de nós estavam vazias. Era bem assustador. Após algumas horas, todos percorríamos os corredores para fazer um pouco de exercício.

A luz do dia esvaiu-se rapidamente e, quando entramos no espaço aéreo iraquiano, já estava escuro. Olhei para a noite lá fora e me perguntei onde estava o exército iraquiano. Imaginei o radar nos monitorando a caminho de Bagdá. Seríamos um único ponto verde brilhante se movendo devagar nas telas escuras deles. Eu meio que esperava ver um par de caças vindo nos escoltar, mas tudo continuou inquietantemente tranquilo. O avião zumbiu e estremeceu a caminho de Bagdá; o primeiro avião em doze meses a fazer isso. Todos pararam de falar. Estávamos entrando no espaço aéreo mais perigoso do mundo, no alvo concentrado do ataque planejado pelas Forças Aliadas. Eu me perguntava quando começaria o ataque.

Entrei na cabine de comando e me sentei atrás do comandante Les Millgate e dos dois primeiros oficiais, Geoff New e Paul Green. Estavam falando com o controle de tráfego aéreo pelo rádio, mas esse era o único sinal de que Bagdá estava lá fora. À nossa frente, através do para-brisa, não havia nada. O Iraque sofrera um blecaute total. Imaginei quem vivia lá embaixo, se podiam nos ouvir sobrevoando e se achavam que éramos o primeiro bombardeiro dos Aliados. Parecia que éramos o único avião no céu.

– Estamos nos aproximando da cidade – anunciou Les Millgate.

Examinei as telas à nossa frente e observei os altímetros caírem à medida que descíamos. Viagens longas enganam. Na maior parte do tempo no ar, você está acima das nuvens, naquele mundo mágico da corrente de jato, e mal percebe que está se movendo. Então, quando o avião começa a descer, você de repente percebe que está voando em um imenso pedaço de metal a mais de seiscentos quilômetros por hora e que ele precisa parar. Descemos mais um pouco, o avião movendo-se pesadamente pela escuridão. Um aeroporto costuma ser um esplendor de luzes laranja e prateadas, e é difícil distinguir as luzes da pista entre elas. Pistas, rampas, aviões e torre de controle são todos brilhantes, com luzes halógenas e fluorescentes. Mas, pela primeira vez, estávamos sobrevoando uma região tão escura que parecia que voávamos sobre o mar.

Geoff New estava sendo guiado pelo controle de tráfego aéreo em Bagdá. Ele abriu os flaps das asas e baixou o trem de pouso. Observei enquanto descíamos mais e mais. Agora estávamos a apenas seiscentos pés de altitude, depois 500 pés. A voz desencarnada do controlador de tráfego aéreo começou a contagem regressiva da nossa altitude. De repente, duas linhas de luzes de aterrissagem se acenderam na escuridão abaixo de nós. Miramos bem no meio; o avião tocou o chão e correu pela pista. Mais algumas luzes apareceram para nos guiar, e taxiamos até os portões de carga. Eu conseguia distinguir vagamente homens com metralhadoras em pé ao lado de uma escada. Jane-Ann Riley, nossa supervisora de bordo, sinalizou que a porta estava pronta para ser aberta, e eu olhei para fora. Fazia um frio congelante.

A escada estava sendo manobrada em nossa direção. Desci primeiro até a pista iraquiana. Duas fileiras de soldados se posicionaram num semicírculo à nossa volta. Alguns altos oficiais do governo usando casacos marrons de pelo de camelo nos cumprimentaram e indicaram que os parentes deveriam continuar a bordo. O aeroporto de Bagdá é maior do que Heathrow, mas estava completamente deserto: nossa aeronave era a única ali. Olhei para trás, para a visão incongruente da tripulação de cabine da Virgin, com suas minissaias vermelhas e sapatos de salto vermelhos, passando pelo grupo de soldados iraquianos no imenso aeroporto vazio. O clec-clec dos saltos era alto em meio ao silêncio. Todos sorrimos. De início os soldados estavam um pouco tímidos, mas depois sorriram de volta. Sem nenhum outro avião na pista, o nosso parecia muito maior do que o normal.

Fomos levados até um saguão de embarque vazio, do qual haviam removido toda a tecnologia: terminais de computador, telefones e até luminárias. Isso deve ter tomado tempo, e indicava que os iraquianos estavam esperando ser bombardeados e já tinham salvado tudo que queriam do aeroporto. Entregamos alguns presentes que havíamos trazido: caixas de chocolates para os oficiais e muitos kits de bordo infantis da Virgin para os soldados enviarem para a família. Em seguida ouvi um movimento lá fora e Ted Heath entrou pelas portas de vidro à frente de uma grande multidão de homens, mulheres e crianças. Eles pareciam pálidos sob as luzes fluorescentes. Assim que nos viram, eles começaram a aplaudir e correram para nos abraçar. Ted estava sorrindo e rindo e apertando a mão de todos.

Logo percebi que não levaríamos todas aquelas pessoas de volta conosco. Todos estavam rindo e abraçando uns aos outros, lágrimas correndo pelo rosto. Lá fora, os soldados descarregavam os suprimentos médicos que tínhamos trazido. Abrimos garrafas de champanhe e brindamos a nós e aos que ficariam para trás. Encontrei o cunhado de Frank Hessey e nos abraçamos. Uma gestante filipina que estava deixando o marido para trás veio até mim. Estava em prantos. Outro homem teve que entregar sua filha de três anos para a babá e dizer-lhe adeus. Eu só o abracei. Não havia nada mais que eu pudesse fazer. Ambos tínhamos lágrimas nos olhos. Eu também era pai.

Depois de uma hora os iraquianos nos disseram para voltar para o avião. Conforme cruzávamos a pista congelante, apertei a mão dos soldados e lhes dei mais kits infantis para seus filhos. Desejamos o melhor uns para os outros. Era perturbador pensar que, quando fôssemos embora, esses soldados assustados de aparência frágil usando botas desconfortáveis e calças verde-oliva ainda estariam agarrando suas armas e montando guarda no que provavelmente seria o primeiro alvo a ser bombardeado e feito em pedacinhos.

A maioria dos reféns caminhava de braços dados pela pista, para se manterem aquecidos e para apoiarem uns aos outros. Pareciam fantasmas. O 747 solitário os apequenou ainda mais. Todas as luzes tinham sido mais uma vez desligadas, com exceção de um único holofote iluminando os degraus. Subi a escada e me virei para acenar em despedida.

– Você está sempre atrasado! – disse uma voz rude. Era Frank Hessey. Ele tinha ficado a bordo para surpreender a irmã e o cunhado. Quando se viram, irromperam em lágrimas e se abraçaram.

A última coisa que vi foram os soldados iraquianos se reunindo e começando a abrir os kits vermelhos da Virgin que havíamos lhes dado. Talvez tivéssemos sido os primeiros ocidentais que conheceram. Sabiam que a segunda turma logo chegaria, rugindo lá no alto e disparando mísseis. Will Whitehorn estava verificando todas as bolsas que os reféns tinham trazido consigo. No último minuto, encontrou uma bolsa com um rádio transistor que parecia não ter dono. Quando a porta do avião estava prestes a se fechar, ele correu até ela e jogou a bolsa no chão de concreto. Os soldados ficaram surpresos demais para fazer alguma coisa. A bolsa ficou lá jogada enquanto as portas se fechavam e o avião se libertava dos blocos.

Dentro do avião houve uma grande comemoração, com os parentes aglomerados nos corredores se abraçando. Colocamos os cintos de segurança para a decolagem, mas, assim que o avião nivelou, a festa começou. Tínhamos conseguido. Estávamos circulando com taças de champanhe e contando histórias quando o piloto anunciou que tínhamos saído do espaço aéreo iraquiano. Houve aplausos.

Peguei o microfone e, para provocar Ted Heath, anunciei: "E acabei de saber que Thatcher está *absolutamente* encantada com a volta de Ted são e salvo!". Sua ovelha negra estava indo para casa.

Frank Hessey, sua irmã Maureen e o cunhado Tony estavam de mãos dadas em um estado de descrença: não conseguiam acreditar que estavam juntos e fora de Bagdá. Outras pessoas no avião estavam chorando – estavam contentes por estarem livres, mas confusas por causa de quem tinham deixado para trás. Dois meses depois, Tony morreria de câncer de pulmão e o aeroporto de Bagdá seria reduzido a cascalho pela maior concentração de poder de fogo já usada por uma força militar. Eu espero que os soldados iraquianos com seus uniformes malfeitos tenham encontrado algum modo de conseguir escapar.

Trinta pessoas pediram para voltar para Bagdá!

– Quem diabos Richard Branson pensa que é? – intimou lorde King de William Waldegrave em seu segundo telefonema. – Parte da porcaria do Ministério das Relações Exteriores?

A indignação de lorde King foi ecoada por alguns jornais, que sugeriram que eu estava fazendo aquilo só pela glória pessoal. Atingido por essa crítica, enquanto estava com o rei Hussein eu tentei analisar os meus motivos no meu diário:

Estou me sentindo completamente arrasado. Tenho me desgastado demais. Durante uma entrevista para a ITN sobre as várias pessoas que vi, minha voz ficou embargada. Contando a história do pai britânico que teve que entregar a filha de três anos para a babá no aeroporto de Bagdá para que a tirasse do país, e da mulher das Filipinas que tinha saído do país naquele dia para ter o segundo bebê. Eu só consegui chegar na metade das histórias.

Quais são os motivos para fazer coisas? As zombarias têm um fundo de verdade? Um mês atrás eu estava dando uma entrevista para a *Vanity Fair* e estava me sentindo péssimo como nunca. Parecia não ter mais nenhum propósito na vida. Eu já tinha me provado para mim mesmo em muitas áreas. Acabei de fazer quarenta anos. Estava procurando um novo desafio. Pensei até em vender tudo, exceto a companhia aérea. Diminuir de tamanho. Conseguir me concentrar no empreendimento comercial que amava. Mas também ter tempo para tentar usar minhas habilidades comerciais para enfrentar questões nas quais eu achava que poderia ajudar, como atacar fabricantes de cigarros, o câncer cervical etc.

Senti que conseguiria mais satisfação pessoal assim e não gastaria os próximos quarenta anos da minha vida só administrando empresas, crescendo – uma repetição dos primeiros quarenta anos.

Preciso de reconhecimento por isso? Não, acho que não. O dilema é que, para fazer campanha para muitas questões, você precisa se usar publicamente para agitar as pessoas. A televisão é uma mídia muito poderosa. Quando falei na TV, as toneladas de remédios, alimentos e cobertores e barracas chegaram aos refugiados. Os dois milhões de libras do governo de Thatcher passaram. Uma reunião de emergência havia ocorrido entre as cinco principais instituições de caridade. A BBC e a ITV começariam a ter publicidade gratuita. Acredito que a ação rápida tenha evitado um grande desastre neste caso. Mas, se não tivesse falado, não teria sido.

O dilema é a frequência com que alguém pode usar a imprensa desta maneira em um país pequeno como a Inglaterra sem perder o apelo para o público. Se houver qualquer insinuação de que estou fazendo isso por glória pessoal, não conseguirei fazer nada.

Ao voar para Bagdá e resgatar os reféns, a Virgin tinha mais uma vez usurpado o papel tradicional da British Airways. Naquela época eu não fazia ideia de que o voo da Virgin para Bagdá irritaria tanto lorde King. Eu estava tentando ajudar – tinha uma aeronave à disposição e pude agir rápido. Embora esse avião fosse um de apenas quatro aviões operados pela Virgin Atlantic, de repente parecíamos uma companhia aérea muito maior. Tínhamos conseguido negociar com Saddam Hussein, transportado suprimentos médicos e trazido os reféns de volta. Mal sabia eu que aquela reação indignada de lorde King era o início de toda uma campanha da British Airways para tentar tirar a Virgin Atlantic do ramo.

TERÍAMOS CERCA DE DOIS SEGUNDOS PARA UMA ÚLTIMA ORAÇÃO

Novembro de 1990 – janeiro de 1991

DESDE QUE TÍNHAMOS abandonado nossa tentativa em dezembro do ano anterior, Per vinha construindo o novo envelope para o balão que tentaria nos levar através do oceano Pacífico. No início de dezembro ele tinha sido despachado para Miyakonojo para se unir à cápsula e esperar uma boa corrente de jato.

Fumio Niwa, um balonista japonês, estava nos desafiando querendo ser o primeiro a cruzar o Pacífico, e planejava voar em um balão de hélio. Per, eu, nossas famílias e a equipe do balão chegamos a Miyakonojo, e Fumio e eu conversávamos e fazíamos piadas pelo rádio durante os preparativos. Ele também não podia decolar por causa da corrente de jato lenta, incomum para a época do ano, que, segundo nossas cartas meteorológicas, nos deixaria abandonados em algum lugar no Pacífico. Nós esperamos e praticamos procedimentos de segurança. Também assistíamos à crescente tensão no Golfo pela CNN. Tínhamos certeza de que o ataque dos Aliados aconteceria logo depois do natal. Per e eu combinamos que, se as Forças Aliadas declarassem guerra ao Iraque, nós cancelaríamos a viagem pela segunda vez e voltaríamos para casa.

Conforme o natal se aproximava, ainda não havia guerra no Golfo, mas também não havia sinal de uma corrente de jato forte o suficiente para nos fazer atravessar o Pacífico. Bob Rice nos disse que talvez ainda levasse pelo menos uma semana antes de uma melhora. Per voltou à Inglaterra para o natal. Joan e eu levamos nossa família para Ishigaki, uma ilha na costa sul do Japão.

A ilha era muito sossegada e tinha a paisagem clássica japonesa com montanhas e o mar. Passei um tempo com minha mãe e meu pai, e observamos os pescadores com cormorão em suas canoas. Esses pescadores estavam continuando uma tradição milenar: perfilavam seis ou sete pássaros na beirada do barco e, um a um, os cormorões mergulhavam atrás de peixes. Os pássaros então os traziam de volta para o barco e abriam o bico para os pescadores removerem o peixe. Para não engolirem os peixes, tinham argolas ao redor do pescoço.

Eu teria adorado conversar com aqueles pescadores. Provavelmente eram tão estressados com dinheiro e família quanto qualquer outra pessoa, mas a vida deles parecia tão tranquila e arraigada em tradições tão antigas que senti que deviam ter feito as pazes com o tempo de uma maneira que eu jamais conseguira. Imagino como teriam encarado minha correria constante, meu desejo de abrir novas empresas, de me desafiar e de voar pelo Pacífico a trinta mil pés em um balão de ar quente.

Ao fim das nossas férias, Joan levou as crianças de volta a Londres por causa da escola. Joan não gosta – compreensivelmente – da ideia de eu voar de balão, e gosta ainda menos da ideia de me ver decolar. Eu me despedi de todos com abraços no aeroporto de Narita, em Tóquio, depois me preparei para a viagem. Enquanto andávamos pelo aeroporto, meus pais e eu, para pegar um voo doméstico para Miyakonojo, vi uma televisão. Uma imagem muito trêmula no noticiário mostrava um helicóptero pairando sobre o mar e içando um corpo a bordo. Pelo tom respeitoso do repórter, de imediato eu soube que aquele era Fumio, e que ele estava morto.

Estávamos todos muito empolgados, mas isso colocou em perspectiva nossa vida e os riscos que eu estava correndo: podia ser um de nós. Encontramos alguém que falava um pouco de inglês. A pessoa explicou que Fumio tinha decolado na manhã do dia anterior, mas tinha caído no oceano pouco depois de se afastar da costa. Ele tinha pedido ajuda pelo rádio da cápsula, mas já estava morto quando o helicóptero de resgate chegou. Ele tinha morrido por exposição.

A visão do corpo de Fumio sendo içado do oceano congelante matou boa parte do meu entusiasmo pelo voo. Senti um pressentimento forte, mas era igualmente inútil desistir. Se as condições meteorológicas estivessem certas, nós entraríamos na cápsula e decolaríamos. Eu me resignei ao destino e me forcei a aproveitar o melhor que pudesse.

Depois descobrimos exatamente o que acontecera a Fumio. Ele tinha decolado um dia antes do nosso retorno previsto, torcendo para conseguir uma vantagem sobre nós. Os ventos fortes rasgaram o envelope de seu balão, forçando-o a fazer um pouso forçado no Pacífico. No entanto, o oceano estava tão bravio que quando o hidroavião chegou não foi possível resgatá-lo, e assim chamou um helicóptero. Houve um atraso enquanto os serviços de resgate selecionavam qual aeronave deveria ir – e quando ela chegou, Fumio estava morto. Ele percorrera apenas cerca de dezesseis quilômetros dos quase treze mil da jornada. Foi um aviso salutar.

Per e eu planejávamos lançar o balão no domingo, 13 de janeiro. As Forças Aliadas tinham dado o prazo de 15 de janeiro para Saddam Hussein sair do Kuwait, e tínhamos certeza de que o ataque ocorreria logo depois daquela data. Infelizmente ventava demais para inflarmos o balão no domingo, então adiamos para segunda-feira. A corrente de jato agora estava pegando velocidade e, na segunda-feira, 14 de janeiro, parecia que o voo seria possível. À noite o tempo limpou e começamos a inflar o balão.

Depois de tomarmos remédio para dormir naquela tarde, Per e eu fomos acordados às 2h30min para irmos para o local de lançamento. Abrimos caminho por entre as milhares de pessoas que tinham vindo assistir, apesar do frio. Caminhávamos atrás de um carro da polícia que avançava centímetro a centímetro. As crianças japonesas seguravam velas, acenavam para nós com bandeiras do Reino Unido e cantavam "God Save the Queen" com pronúncia perfeita. Mais uma vez as pessoas tinham montado braseiros e faziam churrasco de peixe e milho verde.

– Não coma nada – avisei Per, que já ia aceitar um pouco de peixe. – A última coisa de que preciso é você com uma intoxicação alimentar lá em cima.

À nossa frente, atraindo toda a atenção, o balão estava puxando suas espias de aço, erguendo-se acima de todos. Desta vez, era grande o bastante para engolir o domo da catedral de St Paul. Havia sido aquecido a uma alta temperatura e estava pronto para subir assim que os cabos fossem cortados.

Agradecemos ao povo de Miyakonojo pela hospitalidade e soltamos alguns pombos brancos em um gesto de paz deveras fútil. Pouco antes de subir os degraus da cápsula, pedi que alguém fosse buscar os meus pais. Todos estavam muito nervosos agora, olhando para cima, para o balão que se esforçava para subir. Meus pais abriram caminho pelas barreiras e pela polícia e só nos abraçamos. Minha mãe me deu uma carta, que eu guardei num bolso da calça e fechei o zíper.

– Hora de ir! – gritou Per.

Quando nos viramos, vimos Alex, nosso projetista e engenheiro, emergir da cápsula com a maior chave inglesa que já tínhamos visto.

– Acho que agora vai ficar tudo bem – disse ele.

Subimos os degraus e entramos na cápsula.

Enquanto a equipe de terra se afastava, começamos a acionar os queimadores. A pressão para subir ficou maior e maior. Per então acionou as travas que soltavam as espias de aço e disparamos para o alto. Os primeiros minutos foram emocionantes; só nos maravilhávamos com nossa velocidade silenciosa. O balão então subiu acima da cobertura escura das nuvens e vimos o amanhecer prateado no horizonte. Peguei o rádio e fiz contato com a equipe de terra.

– Vocês estão voando! – gritou Will Whitehorn. – A multidão aqui embaixo está comemorando feito doida. Parece incrível. Vocês estão subindo rápido.

Em cinco minutos estávamos fora da vista de Miyakonojo, subindo para a corrente de jato. Em meia hora já estávamos bem sobre o oceano Pacífico. Depois, a 23 mil pés, atingimos a base da corrente de jato. Foi como se tivéssemos acertado um teto de vidro. Por mais que queimássemos combustível, o balão se recusava a entrar na corrente. Os ventos eram fortes demais e estavam empurrando para baixo o domo chato do balão. Continuamos forçando, e continuamos sendo empurrados de volta. Vestimos os paraquedas e nos prendemos às balsas salva-vidas, para o caso de o balão sofrer um rasgo catastrófico. Por fim, o balão começou a entrar na corrente de jato.

O alto do balão partiu antes de nós, e eu o vi correndo à frente e até abaixo da cápsula. Fomos jogados de lado. De repente, de vinte nós passamos a viajar a cem nós (de 37 quilômetros por hora para 185 quilômetros por hora). Por um momento achei que seríamos despedaçados, e me lembrei da minha imagem dos mil cavalos nos rasgando em pedaços, mas então a cápsula entrou no jato junto com o balão e fomos endireitados. O balão voltou a ficar acima de nós e estávamos acomodados no jato em segurança. O alívio de Per não me deu lá muita confiança:

– Ninguém nunca fez isso antes – disse ele. – Estamos em território desconhecido.

Sete horas depois, chegava o momento de descartar um tanque de combustível vazio. Tínhamos seis tanques de propano presos à cápsula. A ideia era trocar o tanque de combustível quando um deles esvaziasse, alijar o peso morto e, com isso, voar mais rápido. Decidimos descer da corrente de jato ao descartar o tanque, para o caso de algo dar errado.

Tínhamos uma câmera de vídeo embaixo da cápsula direcionada para baixo num ângulo vertical, fazendo as vezes de uma janela extra para nós. O mar abaixo de nós parecia perigoso: estava com ondas enormes e, embora estivéssemos 25.000 pés acima dele, conseguíamos ver claramente as cristas brancas e as sombras escuras entre elas.

Olhei para o monitor de vídeo enquanto Per apertava o botão para soltar o tanque de combustível vazio. Antes que eu pudesse ver o que tinha acontecido, a cápsula sacudiu lateralmente. Fui jogado para o outro lado da cápsula e caí em cima de Per.

– O que aconteceu? – gritei.

– Não faço a menor ideia.

Engatinhei pelo piso inclinado da cápsula até o meu assento. Estávamos suspensos a um ângulo de uns 25 graus acima da horizontal. Per verificou todos os controles para ver se conseguia descobrir o que tinha dado errado. Não fazíamos ideia se estávamos pendurados por apenas um cabo de aço e a cápsula estava prestes a se separar do balão e despencar no mar. Voltei o vídeo e vi o que aconteceu quando os tanques de combustível caíram. Para meu horror, vi três tanques caindo no mar em vez de só um.

– Per, veja isto.

Assistimos outra vez em silêncio.

– Mas que inferno! – exclamou Per. – Todos os tanques de um lado da cápsula foram embora.

Em vez de alijar um tanque vazio, na verdade alijamos um tanque vazio e dois cheios. As implicações eram terríveis. Tínhamos voado apenas cerca de 1.600 quilômetros e agora tínhamos só metade do combustível inicial. Tínhamos três tanques de propano, em vez de cinco, para atravessar a parte mais perigosa e remota do oceano Pacífico.

– Cuidado! – avisou Per. – Estamos subindo.

Olhei para o altímetro. Sem o peso dos dois tanques cheios de combustível, o balão estava ganhando altitude. Fomos mais uma vez fustigados quando entramos na corrente de jato, mas a atingimos com tanta velocidade que continuamos subindo. O altímetro continuava marcando nossa subida de 31.000 pés para 34.000 pés.

– Vou soltar ar – disse Per. – Temos que descer.

Olhei fixamente para o altímetro, desejando que diminuísse a velocidade: 35.000, 36.000, 11.200, 11.500 metros. Não fazíamos ideia do quanto a cápsula poderia resistir. Sabíamos que o domo de vidro poderia suportar a pressão de até cerca de 42.000 pés, e mesmo isso era um palpite. Se chegássemos a 43.000 pés, o domo de vidro explodiria. Teríamos cerca de dois segundos para uma última oração, tempo suficiente para ver nossos pulmões serem sugados do peito. Depois disso, nossos olhos seriam arrancados das órbitas. Viraríamos destroços espalhados em algum lugar do Pacífico.

Per abriu o respiradouro no alto do balão, mas ele continuou subindo. O peso dos três tanques de combustível que tínhamos soltado e a quantidade de ar quente que precisávamos para sustentá-los era o problema. Era uma corrida entre o tempo e o altímetro. Ainda bem que tínhamos descido da corrente de jato antes de soltarmos os tanques.

– Está diminuindo – disse eu, com otimismo inútil. – Tenho certeza de que está diminuindo.

O altímetro continuava subindo: 39.000, 39.500, 40.000, 40.500, 41.000 pés.

Estávamos agora do reino no desconhecido. Nenhum dos nossos equipamentos tinha sido testado a essa altitude e qualquer coisa podia dar errado.

A 42.500 pés, o altímetro por fim parou de subir. Pensei, friamente, se isso acontecera porque tinha quebrado ou só não conseguia registrar altitudes maiores. Nenhum passageiro de jato, exceto os do Concorde, voara a tamanha altitude. E então o altímetro baixou 500 pés. Depois um pouco mais.

– Não queremos descer rápido demais – disse Per. – Só temos que queimar combustível para subir de novo.

Ele fechou o respiradouro e o balão continuou a cair, descendo para 35.000 pés. Tivemos então que começar a acionar os queimadores para continuarmos na corrente de jato.

Enfim podíamos encarar o problema dos tanques de combustível perdidos. Nosso contato com o centro de voo de San José via rádio continuava bom, e eles claramente ficaram tão arrasados quanto nós com a perda dos tanques. Fizeram alguns cálculos rápidos. Se quiséssemos chegar à terra no tempo disponível antes que acabasse o combustível, tínhamos que voar a uma velocidade média de 273 quilômetros por hora, duas vezes mais do que qualquer balão de ar quente já voara antes. As chances contra nós eram aterradoras.

– E o Havaí? – perguntei. – Podemos tentar pousar por ali?

– É uma agulha num palheiro – respondeu Per. – Nunca vamos conseguir chegar nem perto.

– Será que nos Estados Unidos seria possível? – suspirei.

– Claro que é possível – respondeu ele. – A questão é conseguirmos chegar lá.

A lógica de Per é precisa, quando ele quer.

Perguntei pelo rádio como estavam as condições abaixo de nós. Mike Kendrick, o gerente do projeto, respondeu alto e agitado:

– Acabei de falar com um navio de carga que está na área. Disseram que estão com vento forte e ondas altas. "Atroz" foi a palavra que ele usou.

Per se inclinou e perguntou educadamente:

– O que você quis dizer com "atroz"? Câmbio.

– Eu quis dizer atroz mesmo, cacete. Vocês não vão pousar lá. Barco nenhum vai fazer a volta para pegar vocês. Tem ondas de quinze metros.

O barco mais próximo diz que o mar está tão bravio que o barco deles arrebentaria ao meio se tentassem virar. Vocês entenderam? Câmbio.

– Continuem na sua altitude atual – entrou Bob Rice. – A corrente está razoavelmente forte.

Então, de repente, o rádio ficou mudo.

Nas seis horas seguintes, nós ficamos sem contato com o mundo externo. Por causa do tempo horroroso à nossa volta, estávamos num ponto cego de alta frequência. Estávamos em algum lugar sobre o Pacífico, pendurados por algumas espias de aço a um imenso balão, os tanques de combustível restantes pendendo da lateral da cápsula como um colar, e não podíamos fazer contato com ninguém. Mal e mal conseguíamos controlar para onde íamos ou com que velocidade chegaríamos lá e quase nem ousávamos nos mover dentro da cápsula. Nossos três principais pontos de referência eram o sistema de posicionamento global, nossos relógios e o altímetro. A cada dez ou quinze minutos, fazíamos uma leitura do GPS e calculávamos nossa velocidade em relação ao solo.

Com o tempo, Per começou a dar sinais de pura exaustão.

– Vou descansar um pouco – murmurou, deitando-se no chão.

Eu estava sozinho. Ao contrário da travessia do Atlântico, quando eu fora mais passageiro que piloto, agora eu realmente entendia o que estava acontecendo. Se quiséssemos chegar à terra, nossa única chance era manter o balão absolutamente no centro da corrente de jato. Ali, o fluxo de vento tinha cem metros de largura, apenas quatro vezes a largura do balão em si. Mas ficar ali era nossa única esperança.

À nossa volta o céu estava um breu. Eu quase não olhava para fora da cápsula e tentava me concentrar nos instrumentos. Ali, sentado, com Per em estado quase comatoso no chão, parecia claro que ambos morreríamos. Com apenas três tanques, poderíamos ficar sem combustível a mais de mil quilômetros da costa dos Estados Unidos e teríamos que pousar no mar. E poderia acontecer à noite; Mike nos disse que o tempo lá embaixo estava atroz – atroz mesmo, cacete – e ninguém conseguiria nos achar. Teríamos que manter este balão no ar por mais trinta horas se quiséssemos viver. Eu sabia que a nossa única chance de sobrevivência era eu manter o balão bem no centro da corrente de jato. Afastei todos os pensamentos relacionados a morte e, nas dez horas seguintes, concentrei minha atenção nos mostradores.

Não acredito em Deus, mas, sentado ali na cápsula danificada, totalmente vulnerável à menor falha mecânica ou mudança climática, eu não acreditava nos meus olhos. Era como se um espírito tivesse entrado na cápsula e estivesse nos ajudando. Conforme eu observava os instrumentos e calculava nossa velocidade em relação ao solo, ficou claro que estávamos começando a voar muito rápido, perto dos 273 quilômetros por hora de que precisávamos. Antes de soltarmos os tanques de combustível, estávamos viajando a cerca de 130 quilômetros por hora, o que era um avanço considerável. Isso era um milagre.

Dei um tapa no meu próprio rosto para ter certeza de que não estava alucinando, mas a cada quinze minutos a velocidade aumentava: 260 quilômetros por hora, 290, 320 e até 380. Era espantoso. Eu tentava não imaginar o tamanho do balão acima de mim: só olhava para os mostradores e fazia de conta que estava dirigindo algum tipo de carro sem peso que eu precisava manter em uma pista da estrada. Sempre que a velocidade diminuía, eu presumia que tínhamos saído do centro da corrente de jato e queimava um pouco de gás – o mínimo possível – e, em geral, voltávamos a acelerar.

Mesmo nessa velocidade surpreendente, ainda se leva uma hora para percorrer 320 quilômetros, e tínhamos que voar 9.600 deles. Tentei não ficar intimidado pela extensão da jornada à frente, mas me concentrar em cada período de quinze minutos. Eu tentava desesperadamente não cair no sono. Minha cabeça tombava para a frente toda hora, e eu me beliscava para continuar acordado. De repente eu vi uma luz misteriosa no domo de vidro acima de nós. Olhei para cima, maravilhado: era branca e laranja e tremulante. Então gritei: era fogo. Apertei os olhos para enxergar melhor e percebi que bolas brancas de propano ardente estavam caindo em volta do domo de vidro, por pouco não o atingindo.

– Per! – gritei. – Estamos pegando fogo.

Per acordou bruscamente e olhou para cima. Incrível como as reações dele são rápidas. Apesar da exaustão, ele levou uma fração de segundo para decidir o que fazer:

– Faça o balão subir – disse. – Precisamos chegar a 40.000 pés, onde não há oxigênio. Aí o fogo vai apagar.

Acionei os queimadores e o balão começou a subir. Parecia subir muito devagar, e as bolas de propano continuavam a cair ao redor do domo de vidro. Com a temperatura externa a menos setenta graus celsius e o calor das bolas de fogo, bastaria uma delas acertar o vidro para explodi-lo.

Subimos a 36 mil pés, 38 mil pés, e colocamos nossas máscaras de oxigênio. O conforto oferecido por elas era pequeno. Se o domo de vidro rachasse ou derretesse, morreríamos em segundos por falta de pressão atmosférica. Estávamos em um impasse: a falta de oxigênio a 40 mil pés apagaria as chamas no domo de vidro, mas também poderia apagar os queimadores. Se os queimadores desligassem antes das bolas de fogo de propano, desceríamos para 36 mil pés antes de poder religar os queimadores e o fogo do propano continuaria a ameaçar o vidro.

Subimos para 43 mil pés. Por fim os queimadores cuspiram e o fogo apagou. Per abriu o respiradouro no alto do balão e começamos a descer. Além de arriscar uma explosão da cápsula a 43 mil pés, havíamos desperdiçado combustível precioso.

Voamos sem comunicação pelo rádio por mais uma hora. Eu segurei as pontas falando para a câmera de vídeo. Imaginava que estava conversando com Joan, Holly e Sam e ficava falando, contando o quanto eu os amava e que estávamos voltando para pousar nos Estados Unidos. O balão se manteve a 29.000 pés e continuou indo para nordeste, em direção à costa oeste dos Estados Unidos. Estávamos em uma minúscula cápsula de metal balançando na estratosfera acima de um oceano escuro. Eu estava assustado demais para comer qualquer coisa além de maçãs e um pouco de chocolate. Escrevi no meu diário de bordo:

Estamos voando há dezessete horas e quatro minutos. Parece uma eternidade. Estamos nos aproximando da data estipulada. Quando cruzarmos essa data, bateremos nosso recorde mundial com balão de ar quente. Mas, neste momento, estamos mais longe da ajuda do qualquer um já esteve, sentados em uma cápsula inclinada depois de perder metade do combustível, morrendo de medo de nos mexermos e o restante cair. Não sabemos se a guerra já começou porque estamos sem comunicação nenhuma com o mundo externo. É provável que não cheguemos à costa. Mas o moral está bom, e a nossa velocidade é surpreendente.

Como permanecíamos sem contato com San José, escrevi: "As coisas parecem bem desesperadoras. Neste momento, não sei ao certo se vamos chegar em casa".

Então, da mesma maneira abrupta que perdemos contato, ele foi retomado. Ouvi vozes no rádio. Já estávamos sem contato por rádio há seis horas e dez minutos. Mike achou que tinha nos perdido; dois dos navios que ele tinha colocado em nosso encalço tinham avistado destroços.

– Mike, é você?

– Richard! Onde vocês estão?

– Sentados numa lata sobrevoando o Pacífico.

Quase choramos de alívio.

– Achamos que vocês tinham feito um pouso forçado. Nossa, praticamente mobilizamos a força aérea e a marinha.

– Estamos bem – menti. – Tivemos um incêndio na cápsula por causa do propano, mas já apagou.

Passei nossa posição para eles.

– Algum outro problema, além de não terem combustível suficiente para chegar em casa? – quis saber Mike.

– Não. Ainda estamos inclinados. Com certeza não vamos soltar mais nenhum tanque de combustível.

– A guerra começou no Golfo – disse uma voz feminina. Era Penni, que estava na sala de controle com eles. – Os americanos estão bombardeando Bagdá.

Pensei nos soldados que conheci no aeroporto de Bagdá. O início da Guerra do Golfo significava que, se tivéssemos que fazer um pouso forçado, seríamos a última prioridade de todos, e por um bom motivo.

– Graças a Deus conseguimos falar com vocês – disse Bob Rice. – Eu calculei a sua rota. Vocês precisam descer imediatamente. Sua corrente de jato logo vai começar a virar de volta para o Japão. Vocês vão acabar perdidos sobre o Pacífico. Se descerem de 30 mil pés para 18 mil pés, talvez consigam pegar a corrente que vai para o norte. Ela está se dirigindo para o Ártico, mas pelo menos é por terra.

– Caramba! – exclamou Mike. – Mais meia hora e vocês estariam de novo se afastando de nós.

Desligamos os queimadores e começamos a descer. Depois de cinco horas, Bob nos disse para subir novamente. Voltamos para 30 mil pés e, como previsto, começamos a ir para noroeste. Nosso voo agora era constante, hora após hora. Continuamos na corrente de jato, queimando o mínimo possível de combustível. Ainda estávamos sobre o Pacífico, voando a 320 quilômetros por hora em uma cápsula torta, e estávamos exaustos, mas agora, com contato pelo rádio, eu sentia que tudo era possível. E o milagre continuava. Nossas velocidades eram extraordinárias: 340 quilômetros por hora, 350, 320. Estávamos batendo a média de 290 quilômetros por hora de que precisávamos. Alguém estava sendo muito gentil conosco.

A boa notícia era que agora estávamos em uma rota constante para a costa do Canadá. O combustível estava durando bem, nossas velocidades continuavam altas, e Per e eu começamos a acreditar que até poderíamos chegar à terra. Eu ainda estava assustado demais para cochilar desde que tinha dormido por alguns segundos e tido pesadelos horrorosos com esqueletos e morte. Estávamos ambos exaustos, desidratados e lutando para manter a concentração.

– Vocês estão indo para o norte – avisou Mike Kendrick. – A equipe de resgate está caçando vocês para tentar chegar aonde vocês vão pousar. Estão em um Learjet. Will está lá, seus pais também.

Depois de 36 horas de voo, finalmente cruzamos a costa ao norte do Canadá. Estava escuro demais para ver, mas nos sentimos mais seguros. Apesar de estarmos agora a caminho das Rochosas, uma das cordilheiras mais inóspitas que se poderia encontrar, pelo menos era terra firme. Nós nos abraçamos e dividimos uma barra de chocolate. A sensação era incrível. Quando começamos a sobrevoar as Rochosas, fizemos contato por rádio com o comando terrestre local, o Watson Lake Flight Service.

– Ativem seu localizador de resgate – aconselharam. – Vocês estão indo para uma nevasca. A visibilidade é zero, com ventos de 35 nós. O Learjet buscou abrigo em Yellowknife.

Nossa euforia virou desespero. Ativamos o localizador e, a partir de então, a cada cinco segundos havia um bipe ensurdecedor. Esperávamos pousar na Califórnia com uma escolta de helicópteros, mas estávamos a quase cinco mil quilômetros de Los Angeles entrando em uma nevasca ártica. Sabíamos que poderíamos pousar em segurança e depois morrer, como tinha acontecido com Fumio. Balões de ar quente são frágeis; não foram projetados para voar em nevascas. Uma nevasca forte poderia rasgar o balão, e cairíamos lá do alto. Faltava pouco para amanhecer.

Sabíamos que precisávamos pousar logo depois de amanhecer. Se esperássemos mais duas ou três horas, o sol aqueceria o envelope do balão e continuaríamos voando até depois da Groenlândia, Ártico adentro, além do alcance de qualquer equipe de resgate.

Uma das minhas funções era preparar o balão para o pouso. Quando estávamos a 750 pés, eu abri a escotilha. Recebi uma lufada de ar frio e neve. Saí e subi para o alto da cápsula. Estávamos no meio de uma tempestade de neve, rodopiando a quase 130 quilômetros por hora. Era difícil manter o equilíbrio: a cápsula de metal ainda estava inclinada, com a parte de cima congelada. Eu me segurei nas espias de aço e me inclinei para remover os pinos de segurança que estavam ali para impedir o acionamento das travas se por acaso fôssemos atingidos por uma tempestade de raios. Puxei os pinos e os joguei na tempestade de neve. Fiquei ali agachado por um minuto, observando a neve rodopiar à minha volta.

A única luz era a imensa chama laranja acima de mim. Flocos de neve giravam à minha volta e caíam na chama, onde se desintegravam. Uma das coisas mais mágicas no balonismo é você não ouvir o vento por estar viajando na mesma velocidade que ele. Você pode estar voando a 240 quilômetros por hora, colocar um lenço de papel na cápsula e – em teoria – ele não vai sair voando. Assim, apesar de estarmos no meio de uma tempestade de neve, estava tudo muito quieto. Eu estava hipnotizado pela visão dos flocos de neve se desintegrando nas chamas. Olhei em volta e comecei a ver o solo abaixo de nós. Percebi que um dos motivos para estar tão escuro era estarmos sobrevoando uma densa floresta de pinheiros. Gritei para Per:

– Não desça muito, é tudo floresta. Nunca vamos conseguir sair dali.

Fiquei no alto da cápsula e gritei o que conseguia ver.

– Tem um espaço à frente. Está vendo?

– Prepare-se para pousar – gritou Per, desligando o queimador.

Voltei para dentro da cápsula e descemos. Nossa velocidade em relação ao solo era de cerca de 65 quilômetros por hora quando atingimos o chão com um estouro daqueles. Deslizamos pelo chão antes de Per conseguir acionar as travas explosivas. Para nossa sorte, desta vez elas funcionaram e a cápsula parou, enquanto o envelope ia embora sem nós. Estávamos com o cinto de segurança, mas num instante estávamos lutando para nos soltarmos. Ambos pensamos que a cápsula poderia explodir com o resto do propano combustível.

Abrimos a escotilha e saímos. Nós nos abraçamos e fizemos uma dancinha na neve. O envelope prateado do balão tinha se enroscado nos pinheiros e estava sendo retalhado pelo vento. Nesse momento percebemos duas coisas: a cápsula não ia explodir, e fazia sessenta graus negativos do lado de fora. Se não entrássemos, teríamos ulcerações pelo frio. Voltamos para dentro da cápsula, e fiz contato pelo rádio com o Watson Lake Flight Service.

– Conseguimos! Chegamos todos inteiros.

– Onde vocês estão?

TERÍAMOS CERCA DE DOIS SEGUNDOS PARA UMA ÚLTIMA ORAÇÃO

VOCÊ PODE ESTAR VOANDO A 240 QUILÔMETROS POR HORA, COLOCAR UM LENÇO DE PAPEL NA CÁPSULA E – EM TEORIA – ELE NÃO VAI SAIR VOANDO.

– Pousamos em um lago cercado por árvores.

– O lago está congelado – disse a lacônica voz canadense. – É bem seguro. O único problema é que existem uns 800.000 lagos nas proximidades, e todos eles têm muitas árvores.

Tivemos que esperar na cápsula por mais oito horas. Per teve ulcerações em um dos pés, eu tive em um dedo da mão. Nós ficamos juntinhos, meio adormecidos, comendo nossos suprimentos, desesperados por aquecimento, enquanto a neve e o vento uivavam ao redor de nossa cápsula de metal. Tínhamos pousado a 480 quilômetros da habitação mais próxima, a 240 quilômetros da estrada mais próxima, em uma área selvagem cerca de duzentas vezes maior que a Grã-Bretanha.

– Voamos 10.881 quilômetros – disse Per com triunfo cansado. – Voamos por 46 horas e 6 minutos. Isso dá uma velocidade média de 127 nós, 236 quilômetros por hora. Esses recordes são todos significativos. Voamos mais longe que qualquer outro balão antes de nós.

– Estou morrendo de vontade de uma bebida quente – foi só o que consegui dizer – e uma lareira. E uma praia ensolarada. Por que não estamos na Califórnia?!

– O próximo voo vai ser o definitivo. – Per começou a fantasiar. – Uma volta ao mundo.

Quando espiei fora da cápsula, achei ter visto algo se mover. Por um momento pensei que era um cachorro e tive uma visão surreal de alguém levando o cachorro para passear no lago gelado. Enquanto eu observava, a criatura veio até a cápsula e a cheirou. Era uma lontra. Ela cheirou à nossa volta, depois levantou o nariz como se dissesse "uma cápsula, grande coisa" e saiu de fininho. Foi a única criatura a testemunhar que nós fomos os primeiros a cruzar o Pacífico... e ela nem tinha uma câmera.

A cada cinco segundos daquelas oito horas, o pager de emergência disparava, lancinando nossos tímpanos. Enquanto nos amontoávamos, eu revivia o voo e me perguntava por que tinha colocado a minha vida nas mãos de Per. Tínhamos pousado a 3.200 quilômetros do nosso destino, perdido dois tanques de combustível, pegado fogo, cruzado o Pacífico no escuro sem contato pelo rádio. Lembrei dos voos anteriores: na primeira tentativa do Japão, o balão se desintegrou e pegou fogo, e quase morremos na travessia do Atlântico.

Enquanto Per falava em darmos a volta ao mundo, eu pensava se era louco de até considerar ir com ele novamente. Eu sabia que ele tinha avançado os limites do balonismo, voando mais longe do que qualquer outra pessoa, mas era triste não termos desenvolvido uma ligação mais forte entre nós. Eu me aproximo da maioria das pessoas com as quais passo um tempo. Mas Per não é de trabalhar em equipe, é daqueles que preferem fazer as coisas sozinho. Costuma ser uma pessoa crítica e difícil de se decifrar. Fui criado para procurar o melhor nas pessoas. Per parecia sempre encontrar o pior. Apesar disso, de alguma maneira conseguimos conviver como dois opostos que respeitam os pontos fortes e fracos do outro. E, quando se trata de balonismo, eu tenho muitos pontos fracos para ele respeitar! Ele também precisa aguentar o fato de cada projeto nosso ser um desafio com a marca "Branson" ou "Virgin", e lida com isso muito bem. Certamente passamos por mais coisas juntos do que a maioria das pessoas passa durante toda a vida.

Enquanto tentava nos imaginar dando a volta ao mundo em um balão a grandes altitudes, percebi que, apesar de todos os momentos horrendos juntos, nossos voos de balão tinham sido algumas das maiores aventuras da minha vida. No resto da minha vida, eu estou – em maior ou menor grau – no controle do meu destino. Em um balão, estamos à mercê dos elementos, da tecnologia, das equipes de engenheiros que o construíram... e estamos a uma altitude de 30 mil pés. As chances não são as melhores, mas nunca consegui resistir às que parecem terríveis e a provar que estão erradas. E, mais uma vez, a sorte ficou ao nosso lado.

Enfim ouvimos o som abafado das pás de um helicóptero. O som ficou mais e mais alto, até o helicóptero circular acima de nós e pousar ao nosso lado. As bolsas com os vídeos e os diários de bordo estavam prontas, e cambaleamos até o helicóptero, Per mancando por causa das ulcerações.

Foram mais quatro horas de voo até Yellowknife. Quando pousamos em um pequeno aeródromo, as luzes fluorescentes amarelas projetavam círculos borrados na neve que caía forte. Com dificuldade, atravessamos a neve até o hangar. Rajadas de flocos sopravam à nossa volta enquanto abríamos a porta e entrávamos.

Ali estavam Will, minha mãe e meu pai, Helen, esposa de Per, e algumas pessoas de Yellowknife. Quase não reconheci ninguém, porque estavam todos vestindo umas roupas estranhas e volumosas: calças térmicas e jaquetas estofadas de um vermelho vivo. Eles gritaram de alegria quando entramos.

– Peguem uma cerveja gelada! – gritou Will. – É só o que tem aqui.

Per e eu abrimos as latas e espirramos a cerveja em todos ali.

– Você conseguiu! – exclamou mamãe.

– Nunca mais! – decretou papai.

– Como assim? – brincou Per. – Na próxima vez, vamos dar a volta ao mundo. Se aqueles tanques de combustível não tivessem caído, a essa hora já estaríamos na Inglaterra!

– Você trouxe aquela carta que lhe entreguei? – perguntou mamãe.

Ainda estava no bolso da minha calça.

– Ela foi escrita por crianças japonesas. Você tem que entregá-la para a criança daqui mais próxima de onde pousou.

Uma pessoa da equipe de terra de Yellowknife tinha trazido o filho de seis anos para ver os dois balonistas que tinham chegado do Japão, então eu me ajoelhei e lhe entreguei a carta.

– É de umas crianças que moram em Miyakonojo, no Japão – expliquei. – É bom você ir até lá algum dia, mas talvez não de balão!

Yellowknife é uma cidade tão fria em janeiro que o diesel congela. Para impedir que seu carro congele, ou você deixa o motor ligado, ou o conecta a tomadas elétricas especiais, parecidas com parquímetros, para aquecer o motor. Comemos na maior churrascaria da cidade, para onde foram metade das pessoas que moram em Yellowknife. Quando saímos do restaurante, mal conseguíamos respirar por causa da fumaça dos escapamentos. A maioria das lojas fica em shoppings subterrâneos, que são mais fáceis de aquecer sem o vento gelado para atrapalhar. Enquanto comíamos, chegou um fax do novo primeiro-ministro, John Major, nos cumprimentando pelo voo. Tenho certeza de que Yellowknife foi um dos locais mais remotos para o qual aquele gabinete já enviou um papel timbrado.

No dia seguinte nos despedimos dos mineiros de ouro e caçadores de peles que tinham cuidado tão bem de nós assim, sem aviso. Não é sempre que eles recebem hóspedes vindos do Japão em um balão, e nos convidaram para voltar. Voamos para Seattle e, de lá, para o calor de Los Angeles. Depois pegamos o avião de volta para Londres, e tive a chance de ler os jornais e entender o que estava acontecendo. O mercado de ações tinha subido, pegando carona na invasão. Vendo o poder de fogo que as Forças Aliadas estavam usando, era difícil imaginar que o Iraque aguentaria muito tempo. Passei um tempo conversando com a tripulação e os pilotos e soube que os voos andavam vazios. Um dos pilotos me avisou de que a Guerra do Golfo estava na verdade ocultando uma recessão que ainda duraria bastante tempo.

– Depois que os bombardeios terminarem e Saddam Hussein estiver morto – disse ele –, o mundo de repente vai perceber que o problema não era a "Mãe de Todas as Guerras", e sim a "Mãe de Todas as Recessões".

22.

VOANDO NA TURBULÊNCIA

Janeiro–fevereiro de 1991

O DIA 25 DE JANEIRO, uma sexta-feira, foi o fim de uma semana ruim para Sidney Shaw, o diretor da nossa conta no Lloyds Bank. Ele se sentou na beirada do meu sofá, remexendo na caneta e nos papéis com dedos nervosos, recusou uma xícara de café e depois mudou de ideia. Trevor e eu começamos a nos preocupar. Sidney não demonstrou interesse na travessia do Pacífico da semana anterior e relutava em me olhar nos olhos. O comportamento dele era muito parecido com o do meu antigo gerente do Coutts, e isso era preocupante.

– Estive com a Air Europe na segunda-feira e com a Dan Air na quarta-feira – começou Sidney –, e suspeito que vocês estão com o mesmo problema. Sinto dizer que vamos retirar nossos empréstimos para as duas companhias aéreas, e não vejo por que deveríamos continuar apoiando vocês. Não conseguimos ver uma maneira de vocês manterem a Virgin Atlantic operando.

Ficou claro o rumo da conversa. Ele tinha vindo naquela que talvez fosse a pior semana do que se tornaria o pior ano da história da aviação. O limite do grupo Virgin com o Lloyds Bank era formalmente de vinte milhões de libras, mas já tínhamos cinquenta milhões de libras a descoberto. Depois de uma visita do Lloyds Bank na segunda-feira e do subsequente cancelamento dos empréstimos, a Air Europe, maior companhia aérea independente da Europa para rotas curtas, administrada por Harry Goodman, declarou falência na quarta-feira, com quatro mil demissões. Assim como fizera com Laker, com a B-Cal, com a Dan Air e, claro, com a Virgin Atlantic, a British Airways tinha conseguido confinar a Air Europe a Gatwick.

Como a Guerra do Golfo continuava, o preço do combustível de aviação ainda custava mais de 1,20 dólar o galão, e os passageiros ainda não estavam voando – e com certeza não estavam usando companhias aéreas que representavam países. Para alguém de fora, o setor de transporte aéreo parecia um desastre. Ainda assim, para o restante do Virgin Group, a situação estava muito boa. A Virgin Communications atingiria vendas de mais de 150 milhões de libras só de equipamentos da Sega naquele ano. Simon e Ken não tinham problemas para vender discos. Paula Abdul e Steve Winwood, artistas da Virgin, estavam no topo das paradas nos Estados Unidos, e Bryan Ferry fazia o mesmo na Grã-Bretanha. A Guerra do Golfo e a recessão que se formava não estavam afetando as vendas de discos. As Virgin Megastores não ganhavam muito dinheiro, mas também não perdiam.

Nossos maiores encargos estavam na Virgin Atlantic, na qual tínhamos despesas altas que não podíamos cortar. Mas, mesmo ali, a situação subjacente era animadora. Os clientes de férias da Virgin ainda estavam todos tirando férias; Ron Simms, na época diretor-executivo da Virgin Holidays (hoje aposentado), previa um aumento nesse número de 83 mil no ano anterior para cerca de cem mil em 1991, um salto de vinte por cento. Ron tinha transformado a Virgin Holidays em uma das partes mais lucrativas da Virgin Travel. Como eu nunca tinha visto uma previsão dele que não pudesse ser batida tranquilamente em vários milhares de passageiros, considerei aquele um valor concreto. Considerando que o valor médio de um feriado com a Virgin era de 730 libras, nossas vendas superariam 73 milhões de libras só para esses clientes, que ocupariam lugares nos aviões que, de outra forma, estariam vazios. As notícias para o setor de carga eram igualmente boas: os valores de frete para o Japão tinham, na verdade, aumentado. Alan Chambers, que tinha montado nossa divisão de carga, observou que tantas companhias aéreas tinham suspendido os serviços para o Extremo Oriente que ele agora conseguia cobrar mais para transportar cargas para o Japão.

– O que estamos levando para lá? – perguntei.

– Você nunca vai adivinhar – respondeu ele. – A maior parte é uísque e salmão defumado escocês. E na volta trazemos jogos de computador. É um negócio extraordinário.

Às vezes parece que só o que faço na vida é tentar persuadir os bancos a me emprestarem dinheiro. Por causa daquela política da Virgin de sempre reinvestir nosso excedente de caixa na empresa, nossas contas de lucros e perdas não refletem bem o valor do lastro das empresas. Essa política tinha funcionado bem a longo prazo, mas, sempre que há uma crise, ela mascara a situação real e, com isso, os bancos se preocupam com nossos lucros de curto prazo e com nossa capacidade de pagar juros imediatos. Trevor explicou para Sidney Shaw que nosso balanço não incluía valores para a marca Virgin nem para os contratos com artistas da Virgin.

– Veja – falei para Sidney Shaw. – Resumindo: temos uma empresa muito sólida. A gravadora vai lucrar, sozinha, trinta milhões de libras neste ano, apesar do custo de fazer um investimento imenso nos Estados Unidos. A previsão é de fazer 75 milhões de libras no ano que vem. A Virgin Communications e a Virgin Retail são lucrativas. A companhia aérea, a empresa de férias e a de cargas também registrarão lucro no fim do ano. Estão só passando por um momento ruim. Com a Guerra do Golfo e o inverno, tivemos uma queda de dez a vinte milhões de libras no fluxo de caixa. Esse é um percentual pequeno no valor total do Virgin Group, e deve desaparecer até o fim do ano. De qualquer maneira – enfatizei – poderíamos facilmente vender parte ou mesmo a totalidade da Virgin Music. A última avaliação do Citibank diz que ela vale novecentos milhões de dólares. Vocês vão mesmo cortar nosso empréstimo por causa de um problema temporário devido a uma guerra?

– Não, não, não – recuou Sidney. – Mas vocês precisam entender o nosso lado.

Eu entendia o lado dele com muita clareza: a Virgin Atlantic tinha um pequeno déficit de fluxo de caixa, que, apesar do enorme valor do resto do Grupo, nos colocava à mercê do Lloyds Bank. No sistema bancário britânico, os bancos ganham dinheiro cobrando juros altos, não adquirindo algum tipo de participação acionária, como costumam fazer no Japão e na Alemanha. Os bancos britânicos, portanto, têm um incentivo maior para abandonar uma empresa do que para ajudá-la em tempos difíceis. É em tempos desesperados, como no meio de uma guerra, que empresas boas e lucrativas acabam quebrando. O assustador, com relação a uma companhia aérea, é que ela pode quebrar mais rápido do que quase qualquer outra empresa: os telefones só precisam parar de tocar, e os passageiros, de reservar passagens. Mesmo uma companhia aérea grande pode desandar em questão de dias.

Quando saiu de Holland Park, Sidney Shaw parecia ter apaziguado a maioria de suas preocupações. Ele me escreveu uma carta admitindo que seus piores medos eram infundados; ele até se desculpou por "exagerar". Pelo menos por enquanto, o Lloyds Bank continuava do nosso lado. O único problema era que a ideia de vendermos parte ou a totalidade da Virgin Music agora estava nos planos deles.

Trevor fez diversas previsões para 1991. Mesmo na pior delas, a Virgin Atlantic teria um lucro de sete milhões de libras ao longo do ano. Estávamos, portanto, bem confiantes. No entanto, assim que voltei a Londres eu percebi que, além das preocupações imediatas do Lloyds Bank, havia rumores maiores circulando pelo mercado financeiro de que a Virgin estava no mesmo caminho da Air Europe e da Dan Air e que meu destino era ser outro Freddie Laker.

Em vez de usar meu tempo procurando o parceiro certo para investir na Virgin Music, eu tive que voltar minha atenção para suprimir uma variedade bizarra de boatos sobre a Virgin Atlantic. Eu estava sempre em contato com jornalistas, então, quando comecei a receber uma série de ligações deles perguntando se havia um problema de drogas na boate Heaven e logo em seguida sobre as finanças da Virgin Atlantic, fiquei desconcertado. Até aquele momento os jornalistas em geral me perguntavam sobre novos serviços de bordo, a mais recente contratação da gravadora ou como Janet Jackson era de verdade. Assim, quando jornais "sérios" começaram a disparar perguntas sobre a questão das drogas na Heaven e, na mesma conversa, perguntas sobre o impacto das flutuações cambiais sobre nossos lucros e perdas, senti que tinha algo estranho acontecendo. Fiquei perplexo. Quando quase todos os jornais tinham perguntado sobre a Heaven, senti que devia haver algum tipo de campanha contra nós. Era tudo muito estranho.

As notícias que chegavam da companhia aérea também eram perturbadoras: o número de passageiros que reservavam uma passagem e não apareciam, os "desistentes", tinha aumentado muito acima dos níveis que qualquer um de nós se lembrava desde que tínhamos começado.

Um dia, Will chegou em meu escritório com a preocupação estampada no rosto.

– Acabei de receber uma ligação de um amigo no Rothschilds – disse ele. – Parece que lorde King estava lá ontem para almoçar e falou mal da Virgin Atlantic.

Uma acusação de fragilidade financeira pode em pouco tempo se tornar uma profecia fadada a se cumprir, principalmente quando vem de uma fonte imponente e confiável como o lorde King de Wartnaby, que ninguém pensaria que poderia um dia se sentir ameaçado por uma companhia aérea minúscula como a Virgin Atlantic. A acusação de fragilidade financeira da Virgin Atlantic por lorde King tinha destino certo. Para começar, havia a imprensa, que não tardaria a escrever um artigo sobre outro empresário bem-sucedido que, como Alan Bond, Ralph Halpern, George Davis, Gerald Ronson, os Reichmann e muitos outros, agora tinha dado um passo maior que as pernas e estava com problemas. O que nos importava mais, porém, é que lorde King também poderia ser ouvido pelos banqueiros do mercado financeiro, que estávamos pensando em abordar para adquirirem uma participação na Virgin Atlantic. Tivemos algumas conversas preliminares com o banco americano Salomon Brothers, que estava preparando um documento de venda para levantar cerca de vinte milhões de libras. Boatos de uma insolvência iminente puxariam o nosso tapete ao tentarmos negociar. O terceiro público cujas antenas captariam esses boatos eram os fabricantes e empresas de *leasing* de aeronaves: apesar da recessão, estávamos planejando ampliar nossa frota, mas ninguém faria negócios com uma companhia aérea debilitada. O último público era, de muitas maneiras, o mais importante para nós naqueles primeiros meses de 1991: o Departamento de Aviação Civil, que tem a obrigação de assegurar que todas as companhias aéreas tenham viabilidade.

Conheço bem a concorrência saudável – trabalhar duro e jogar duro –, mas Virgin e BA não se suportavam. Nos últimos dois anos, acabamos envolvidos numa contenda cada vez mais amarga por causa de uma manutenção que a BA fez em um de nossos aviões. Por causa do serviço de má qualidade, nosso 747 ficou no chão por dezesseis dias em agosto, a época mais movimentada do ano.

Desesperado, liguei para Sir Colin Marshall, executivo-chefe da BA.

– A engenharia de vocês foi tão ruim que poderia ter derrubado uma aeronave – falei.

– Esse é um dos perigos de se estar no ramo da aviação – respondeu ele friamente. – Se tivesse ficado na música popular, você não teria tido esse problema. Não, não vamos lhe emprestar um avião.

Com tudo isso, em vez de ganhar um bom dinheiro no verão para compensar os meses fracos de inverno, a Virgin Atlantic teve um verão terrível e perdeu passageiros. Como tivemos que pagar para alugar uma aeronave reserva, nosso fluxo de caixa sofreu um baque sério. Quando tentamos fazer um acordo de indenização, a BA protelou. Eles nos deviam vários milhões de libras de indenização e, com o atraso no pagamento, precipitaram uma crise de caixa na companhia aérea que a Virgin Music teve que cobrir. Processamos a BA pouco antes de eu partir para o Japão para o voo de balão.

Além do litígio por causa daquela manutenção, nossa grande batalha com a British Airways era nosso pedido de mais dois voos por semana para o Japão, que estavam sendo negociados com o governo japonês. Vagas e horários de voo não despertam muito interesse fora do mundo da aviação, mas formam nossa força vital. Sem permissão para voar para algum lugar, literalmente não podemos sair do lugar. Era vital para a Virgin vencer a batalha pelas vagas e rotas para Tóquio, se quiséssemos expandir.

Depois da aquisição da B-Cal, os quatro voos deles para Tóquio foram transferidos para a Virgin, mas ainda não eram suficientes. Para a rota ser viável, precisávamos poder voar todos os dias, e saindo de Heathrow. Claro que teria que haver uma prioridade antes de a BA poder voar duas vezes ao dia durante a semana. Duas frequências – quatro vagas – foram então oferecidas pelo governo japonês. A BA naturalmente presumiu que ficaria com elas. Após consultarmos nossos advogados, e mesmo sabendo que a BA já tinha se manifestado para as vagas, entramos com um pedido. Nosso futuro dependia disso. Se conseguíssemos, a Virgin ganharia não só as rotas, mas – e isso era crucial – as vagas que a BA tinha providenciado para elas no aeroporto de Narita, em Tóquio.

Quando a notícia de nosso pedido vazou, a British Airways ficou furiosa. Esse tipo de coisa nunca acontecera antes: companhias aéreas pequenas deviam deixar a BA pisoteá-las e ainda agradecer qualquer vaga que conseguissem. Mas pedir vagas que eram deles "por direito"? Eles entraram em ação. Lorde King e sua equipe fizeram um belo lobby, alegando que essas vagas eram herança da British Airways por direito e que era ilegal transferi-las para a Virgin Atlantic. O argumento deles saiu pela culatra:

– Não são "suas" vagas – disse sumariamente Malcolm Rifkind, então secretário dos transportes, à British Airways. – Na verdade, elas pertencem ao governo, e nós as liberamos para vocês. Elas não são propriedade da BA.

Quando a British Airways percebeu que tinham perdido aquela discussão, apelaram para alegações mais prejudiciais, dizendo que a Virgin Atlantic era uma companhia aérea sem solidez financeira suficiente para assumir aquelas vagas. Na verdade, resmungaram, diziam na praça que a Virgin Atlantic estava prestes a quebrar. Por isso os comentários de lorde King no almoço no Rothschilds. Também escreveram cartas "confidenciais" para o Departamento de Transportes lançando dúvidas sobre nossas finanças. Isso foi direto no calcanhar de Aquiles do CAA. Eles não concederiam as frequências à Virgin Atlantic apenas para nos ver quebrar de repente.

Tivemos que pelejar para convencer o CAA de que a Virgin Atlantic era uma companhia aérea viável. Ao longo do mês de janeiro, enquanto o CAA deliberava se nos concederia essas duas frequências para Tóquio, comecei a ouvir um número crescente de boatos sobre a Virgin e sobre mim, todos insinuando que estávamos em apuros.

Por fim, na última semana de janeiro, o CAA tomou duas decisões históricas a nosso favor: concedeu as duas frequências extras à Virgin

Atlantic, ordenando que a British Airways nos entregasse as vagas que havia organizado no aeroporto de Narita, e anunciou que recomendaria ao Departamento de Transportes que a Virgin Atlantic fosse autorizada a operar de Heathrow. Lorde King ficou furioso. Ele era um grande doador para as finanças do Partido Conservador; anunciou que tinha sido traído e entrou com recurso contra a decisão de Narita.

Em 29 de janeiro, o primeiro documentário na televisão sobre a rivalidade entre a Virgin Atlantic e a British Airways foi transmitido pela Thames Television. O programa descreveu a batalha que estávamos travando pelas frequências para Tóquio e pelo acesso aberto a Heathrow, e também destacou algumas outras queixas que a Virgin Atlantic tinha da BA, inclusive nosso litígio de longa data por causa da manutenção. No dia seguinte ao programa da Thames Television, a British Airways soltou um comunicado à imprensa alegando que a Virgin Atlantic estava abusando deles. Chamava nosso ataque a eles de "investida violenta".

Depois de ouvir outra arenga de abuso de lorde King sobre mim, e reconhecendo que isso poderia indiretamente causar a quebra da Virgin Atlantic, eu quis acabar com os boatos. Eu não me importava com a concorrência da British Airways ou de qualquer outra empresa, desde que fosse uma concorrência justa, mas continuei a ouvir uma coleção cada vez maior de boatos prejudiciais.

Em 31 de janeiro, escrevi minha primeira carta a lorde King. Eu esperava que, ao colocar as cartas na mesa, eu conseguia interromper a boataria. Sempre acreditei que relações pessoais são vitais para os negócios, e que as pessoas devem se responsabilizar diretamente por suas ações. Se eu alertasse lorde King do que ele tinha iniciado, esperava que ele então me ligasse e pudéssemos ter uma conversa rápida sobre o assunto e fazer as pazes. Escrevi:

> *Estou escrevendo para deixar registrado que estou ressentido com o nível de abuso pessoal ao qual seus funcionários na British Airways têm recorrido recentemente. Como presidente de uma companhia aérea pequena e independente,*

EU NÃO ME IMPORTAVA COM A CONCORRÊNCIA DA BRITISH AIRWAYS OU DE QUALQUER OUTRA EMPRESA, DESDE QUE FOSSE UMA CONCORRÊNCIA JUSTA, MAS CONTINUEI A OUVIR UMA COLEÇÃO CADA VEZ MAIOR DE BOATOS PREJUDICIAIS.

meu comportamento não tem sido diferente do que você teria feito no meu lugar. Defendi nosso caso junto ao CAA com relação às vagas para Tóquio. Eles decidiram a nosso favor. Essa decisão está agora em análise. Defendemos nosso caso para acesso a Heathrow. O CAA decidiu a nosso favor, e estamos esperando a decisão final do secretário de estado.

Em nenhuma dessas questões nossas atitudes foram impróprias. Procuramos resoluções por meio do CAA, do Departamento de Transportes, do EEC e do Tribunal Superior, quando apropriado. Não fizemos, em nenhum momento, comentários pessoais ofensivos contra você ou contra Sir Colin Marshall. Espero a mesma cortesia de sua empresa.

Doce ilusão, a minha.

Na semana seguinte, Will recebeu uma ligação de um homem que se apresentou como Frank Dobson, detetive particular. Disse que queria fazer uma reunião urgente com Will e sugeriu um pub sob a estação de Waterloo. Will foi junto com Gerrard Tyrrell, nosso advogado da Harbottle & Lewis. Frank Dobson lhes contou que uma agência de detetives chamada Kroll Associates estava nos investigando, a mim e a todo o Virgin Group. Frank Dobson perguntou se poderia trabalhar para a Virgin para neutralizar seja lá o que a Kroll pretendesse fazer. Will agradeceu a informação, mas recusou a oferta de ajuda, uma vez que nunca usamos detetives particulares.

Recebi a resposta de lorde King em 5 de janeiro. Ele simplesmente repetiu o que havia dito ao *Sunday Telegraph*: "Eu administro a minha companhia aérea, Richard Branson administra a dele. Desejo-lhe sorte". E complementou que não pretendia falar mais nada sobre o assunto.

A brevidade da carta só se igualava à arrogância que transmitia. Estava claro que lorde King me tratava com um desprezo que serviu de exemplo a todos na British Airways sobre como podiam tratar a Virgin Atlantic.

A carta de lorde King continha duas sentenças curtas. Ele não quis me desejar "boa sorte". Na verdade, no que dependesse dele, sorte não teria nada a ver com isso. E lorde King ainda teria muito a dizer sobre "o assunto" para diversas pessoas.

A outra coisa peculiar na carta de lorde King era que não se dirigia a mim, pessoalmente, mas apenas mencionava uma resposta que ele dera a um jornal. Era como se ele não se dignasse a se dirigir a mim como pessoa, ou mesmo a me aceitar. Eu sabia que ele tinha cunhado a desdenhosa expressão "pulôver sorridente" para me descrever. Da mesma maneira que a British Airways estava tentando passar por cima da Virgin Atlantic como um rolo compressor, eu me dei conta de que lorde King estava fazendo de conta que eu nem existia.

23.

TRUQUES SUJOS

fevereiro-abril de 1991

Logo depois do programa da Thames Television, surgiram mais provas alarmantes de algum tipo de campanha contra mim e contra a Virgin.

– Recebi uma ligação de um ex-funcionário da British Airways – contou Chris Moss, nosso gerente de marketing na Virgin Atlantic. – Peter Fleming viu o programa na Thames Television e disse que pode confirmar que a BA tem aprontado todo tipo de coisa.

– Ele faria isso por escrito? – perguntei. – Existem provas concretas?

– Ele diz que a Virgin é a inimiga número um da BA e que, depois do voo para Bagdá, eles criaram uma equipe especial para prejudicar você.

– Você consegue essa declaração por escrito?

– Vou tentar.

Durante fevereiro e março discutimos com Malcolm Rifkind, secretário dos transportes, a questão das frequências disputadas para Tóquio e nosso acesso a Heathrow. Ele era um escocês pé-no-chão que nos deu uma audiência muito justa. Eu senti de verdade que ele estava na mesma sintonia que nós quando destacou como o *shuttle* entre Heathrow e Glasgow tinha melhorado:

– Agora eu recebo uma comida decente com talheres de verdade – disse. – Antes era um sanduichezinho mixuruca.

– É a concorrência da British Midland – destaquei. – Eles conseguiram as vagas para operar em Heathrow.

Achei que nosso almoço tinha ido bem, mas bem no finzinho ele me derrubou:

– Richard – disse ele. – Você tem que admitir que a BA faz um excelente trabalho.

– Sim, melhoraram muito – concordei. – Mas eles receberam tudo de bandeja! Ficaram com o Concorde, por exemplo, de graça, sem dívida nenhuma, além do uso exclusivo de Heathrow.

– Receberam – admitiu Rifkind –, mas é tudo uma questão de interesse nacional.

Fez-se silêncio entre nós. Na minha cabeça, ele tinha acabado de estragar o almoço todo.

– Não tem interesse nacional nenhum em jogo aqui – argumentei. – A British Airways é só uma companhia aérea grande com acionistas. Por acaso tem um monopólio porque foi o que recebeu quando era estatal. Mas não é mais como a Aeroflot. Pense nos antigos sanduíches mixurucas no *shuttle* de Glasgow. E, ao contrário de outros monopólios privatizados, que tiveram o domínio do mercado reduzido por órgãos reguladores, a BA não tem reguladores e, na verdade, conseguiu aumentar seu domínio depois de privatizada.

Achei que tinha ido longe demais, porque Malcolm Rifkind assentiu de modo bem desajeitado e se dirigiu para o Rover preto lá fora. Eu sabia que ele nunca tinha viajado com a Virgin porque todos os membros do Parlamento, todos os servidores civis, todos os soldados ainda eram incentivados a voar pela British Airways, como se ela ainda fosse a "empresa nacional". Enquanto observava seu carro voltar para Westminster, eu me perguntei se ele acreditava mesmo que a British Airways operava no interesse nacional ou estava só bancando o advogado do diabo.

– Boas notícias, Richard – disse Malcolm Rifkind no dia 15 de março de 1991. – Fico contente em dizer que o governo vai permitir que a Virgin Atlantic opere em Heathrow. E, além disso, vamos também indicar vocês como a transportadora britânica para operar os dois voos extras para Tóquio.

Era o ponto de virada crucial que estávamos esperando.

– Que notícia fantástica! – gritei. – Penni, traga o champanhe! Ligue para o Will. Ligue para todo mundo!

Enquanto todos se reuniam no meu escritório para comemorar, disquei o número de Hugh Welburn. Hugh tinha escrito um artigo que destacava a importância crítica de operar em Heathrow para uma companhia aérea. A conclusão do artigo era que, como Gatwick tinha apenas uma pista curta, sem voos de conexão, uma rota idêntica saindo de Heathrow seria quinze por cento mais rentável do que saindo de Gatwick. O artigo de Hugh e a revelação de que a Virgin poderia transportar mais carga pelas pistas mais longas de Heathrow e, assim, ter mais receita tributável, tinha causado uma forte impressão em Malcolm Rifkind.

– Ganhamos – contei a Hugh. – Bom trabalho! Finalmente conseguimos entrar em Heathrow.

Hugh ficou contente e maravilhado. Ele fora consultor no setor de aviação por muito tempo e tinha visto a morte da British Caledonian e de várias outras companhias aéreas menores que não tinham conseguido sobreviver em Gatwick.

– Esta é a sua chance – disse ele. – Mas tome cuidado. A British Airways não vai gostar nada disso. Eles vão ficar furiosos.

Enquanto tomávamos champanhe, o telefone começou a tocar com ligações de jornalistas que tinham ficado sabendo da notícia. Também estavam ligando para lorde King, e no dia seguinte e durante o fim de semana eu li a reação dele com interesse:

– Política de transportes do governo? – bufou lorde King no *Observer*, onde seu genro Melvin Marckus era editor comercial. – Que política de transportes?

Eu não sabia se ria ou me irritava com a entrevista. Continuei lendo com espanto cada vez maior:

– Parece que, sempre que desenvolvemos uma rota rentável – continuou lorde King –, alguém vem e diz "vou ficar com uma parte disto". E o governo aceita.

Lorde King estimava que a decisão de Malcolm Rifkind de dar à Virgin Atlantic os dois voos extras para Tóquio custaria à BA cerca de 250 milhões de libras por ano em receitas perdidas.

– São 250 milhões de libras em receitas perdidas para nossos acionistas públicos que vão direto para o bolso de Richard Branson – fulminou ele.

Como se a receita viesse direto para o meu bolso. Talvez, devido à raiva, lorde King tivesse se esquecido de que existem custos que, infelizmente, afloram entre a receita e o lucro.

No mesmo dia, o *Sunday Telegraph* comentou:

> Esta semana lorde King estava cuspindo fogo por causa da decisão de finalmente permitir que a Virgin opere em Heathrow. Seu longo confinamento em Gatwick tem sido vantajoso para a BA, e agora vejo por quê. A abordagem da British Airways a seus serviços é tacanha, com um pensamento administrativo de companhia aérea nacional, enquanto a Virgin tem toda a audácia, determinação e ideias originais do empresário arrogante travando as rodas do conglomerado gigantesco. Em termos de comida e serviço, a classe executiva da Virgin é como primeira classe.

No *Observer*, lorde King argumentou, sem dúvida todo sério, que sempre que o governo tentava promover uma segunda companhia aérea, a coisa acabava em desastre. Deu os exemplos de Laker Airlines, British Caledonian e Air Europe. A hipocrisia era impressionante. A British Airways tinha ajudado a tirar Freddie Laker do mercado — um júri foi formado para analisar o caso, mas, no fim, não houve acusação após a intervenção dos governos do Reino Unido e dos Estados Unidos. Todas as três companhias aéreas tinham sido confinadas a Gatwick. A British Airways defendia as vantagens da concorrência, desde que os concorrentes ficassem enfurnados em Gatwick.

Meus pais sempre incutiram em mim que o melhor lema a seguir é "quem não arrisca, não petisca". Nós lutamos com unhas e dentes para conseguir acesso a Heathrow, e finalmente conseguimos. A Virgin Atlantic ainda era minúscula em comparação com a British Airways, mas se tratava agora de uma séria ameaça ao futuro de longo prazo deles de um modo que a British Caledonian jamais fora.

O fim da PanAm e da TWA também influenciaram a questão de nosso acesso a Heathrow. A American Airlines e a United Airlines, as duas gigantes norte-americanas, tomaram a dianteira para comprar os direitos das rotas para Heathrow que antes eram da PanAm e da TWA. Para que

TRUQUES SUJOS

MEUS PAIS SEMPRE INCUTIRAM EM MIM QUE O MELHOR LEMA A SEGUIR É "QUEM NÃO ARRISCA, NÃO PETISCA". NÓS LUTAMOS COM UNHAS E DENTES PARA CONSEGUIR ACESSO A HEATHROW, E FINALMENTE CONSEGUIMOS.

essas rotas fossem ativadas, as duas companhias pediram que as vagas em Heathrow fossem transferidas para elas. De acordo com os termos estritos das regras de distribuição de tráfego, essas vagas não poderiam ser transferidas; deveriam ser revertidas para o Comitê de Vagas de Heathrow. Imediatamente argumentamos que, se isso acontecesse, a Virgin Atlantic deveria ter permissão para se candidatar a elas juntamente com todas as outras empresas interessadas em operar em Heathrow. Embora Malcolm Rifkind tivesse a princípio aberto Heathrow, ainda tínhamos uma batalha nas mãos: como conseguir de fato as vagas para operar lá.

A carta que eu tinha pedido para Chris Moss tentar conseguir de Peter Fleming, o funcionário da British Airways, chegou na manhã da segunda-feira seguinte e só aumentou minha inquietação. Datada de 18 de março, a carta dizia:

> *Não há dúvida de que a gerência de vendas da BA no Reino Unido vê a Virgin como inimigo público número um. A verdadeira crise foi precipitada pelo destaque que Richard Branson conseguiu durante sua campanha para recuperar os reféns do Golfo. Durante esse período, participei de uma reunião da gerência de vendas do Reino Unido e fui informado de que uma equipe tinha sido criada para prejudicar a "imagem de Branson".*
>
> *O desenvolvimento de ações nas Cortes Europeias [a Virgin havia feito uma queixa formal], no entanto, precipitou um "acobertamento" cuidadoso das atividades. Nos últimos meses na BA, fui instruído em três ocasiões diferentes a destruir "qualquer referência à Virgin em [meus] arquivos". Funcionários em áreas sensíveis foram informados sobre leis antitruste e sobre como responder a uma situação delicada envolvendo a Virgin. Na verdade, a situação atual está beirando a paranoia!*

Peter Fleming fora executivo de marketing sênior no escritório da BA em Victoria. Esse foi o primeiro indício real que eu tive de que a British

Airways tinha mesmo criado uma unidade especial interna para me desacreditar e ordenado a destruição de documentos relacionados à Virgin. Por que esses documentos eram tão incriminatórios que precisavam ser destruídos? Decidi arquivar a carta de Peter Fleming enquanto observávamos como a campanha da British Airways, que ficou conhecida como a campanha de "truques sujos" deles, se desenvolvia.

Nesse meio-tempo, tínhamos muito o que fazer. Se a Virgin Atlantic ia operar em Heathrow, tínhamos que preparar balcões de check-in, operadores de bagagens e uma equipe de engenharia e, claro, ter uma tabela de horários funcional para oferecer aos nossos passageiros. Para isso, precisávamos de vagas. Só depois de termos as vagas alocadas é que a Virgin Atlantic poderia montar a tabela e vender passagens. Se quiséssemos aproveitar o tráfego intenso de verão, tínhamos que ter tudo isso pronto até abril, no máximo. Cada item era uma luta. Só depois de uma batalha feroz e de dizermos que levaríamos toda a questão da alocação de vagas à Comissão Europeia nós conseguimos enfim receber as vagas de que precisávamos.

Enquanto eu estava travado no debate com o Comitê de Vagas de Heathrow, Jordan Harris e Jeff Ayeroff, que administravam nossa gravadora nos Estados Unidos, ligaram para dizer que Janet Jackson tinha lhes dito que gostaria de assinar com a Virgin Music. Esse era um avanço tão sensacional para a Virgin Music quanto o acesso a Heathrow para a Virgin Atlantic. Janet Jackson era a principal cantora do mundo e eu reconhecia que ela tinha a determinação e o foco para continuar no topo. Queria fazer mais sucesso que seu irmão Michael. Além do talento, um dos fatores decisivos para o sucesso de um cantor ou uma cantora é a força mental. E isso Janet tinha de sobra. Tinha construído seu sucesso ao longo de vários discos. Para uma banda, em muitos aspectos é melhor consolidar o sucesso ao longo do tempo; dessa maneira, podem aprender a viver com ele e têm uma base de fãs maior e mais fiel.

Apesar de Janet ter me dito que gostaria de assinar com a Virgin, ainda haveria um leilão por ela e a Virgin teria que igualar a maior oferta antes que sua preferência por nós mudasse. Custaria muito mais dinheiro do que tínhamos à nossa disposição imediata, mas meu instinto me dizia que precisávamos tê-la: contratar Janet Jackson confirmaria a posição da Virgin como a gravadora mais sexy do mundo. De jeito nenhum eu deixaria a cautela dos bancos nos impedir.

Durante toda a minha vida comercial, eu sempre tentei ficar a par dos custos e nos proteger dos riscos na medida do possível. O Virgin Group só tinha sobrevivido porque sempre mantivemos controle rígido do nosso caixa. Mas, na mesma medida, também sei que às vezes é essencial quebrar essas regras e se permitir uma extravagância. A chance de assinar com Janet Jackson era uma dessas vezes: não podíamos perdê-la. Depois de conversar com Simon e Ken, decidi oferecer a Janet a maior soma já oferecida a qualquer vocalista. Além disso, decidi quebrar todas as regras da indústria musical: em vez de um vínculo de vários álbuns futuros, a Virgin ofereceria um contrato para apenas um álbum. Isso quase não tinha precedentes. Eu queria surpreender a concorrência. Tinha confiança de que, depois de começar a trabalhar com a Virgin, ela não nos trocaria por ninguém.

Além de consolidar a posição da Virgin Music como a melhor gravadora, assinar com Janet Jackson passaria a mensagem certa para todas as pessoas do mercado financeiro e do CAA que talvez acreditassem nos boatos espalhados pela British Airways de que o Virgin Group estava no meio de uma crise de caixa.

O único problema era que estávamos de fato no meio de uma crise de caixa. Sabia que não teríamos ajuda do Lloyds Bank se eu pedisse um aumento do limite para contratá-la, por isso Trevor e eu procuramos maneiras de jogar com nossos recursos para conseguir mais financiamento e fazer o pagamento inicial. Depois de diversas reuniões rápidas com bancos, Trevor enfim conseguiu a aprovação do Bank of Nova Scotia, que nos disse que financiariam o contrato de Janet Jackson.

Oferecemos a Janet Jackson quinze milhões de dólares, com um pagamento de cinco milhões de dólares na assinatura. O leilão, no entanto, logo superou esse valor e tivemos que aumentar para vinte milhões de dólares e por fim 25 milhões de dólares por um álbum. Eram muitos milhões de dólares a mais do que qualquer gravadora já pagara por um único álbum. Enfatizamos para o banco que Janet era a maior cantora do mundo e que, no último álbum, teve mais singles entre os cinco melhores do que qualquer outro cantor, incluindo seu irmão Michael. O Bank of Nova Scotia nos garantiu os 25 milhões de dólares.

Janet manteve a palavra e, quando as ofertas se igualaram em 25 milhões de dólares, escolheu a Virgin. O contrato era nosso, e tivemos que arrumar onze milhões de dólares para lhe pagar na assinatura. Acho que Janet não fazia ideia do esforço que fizemos para juntar o dinheiro, nem das loucuras de viajar pelo mundo com as ordens de pagamento dos bancos que eram necessárias para cumprir o prazo dela – mas, de algum modo, conseguimos.

O KICK BOXER NA PRIMEIRA SALA

Abril-julho de 1991

Decidimos pagar um valor alto – 25 milhões de dólares – para contratar Janet Jackson. No entanto, uma dívida imensa dessas disparou os alarmes do Lloyds Bank quando nos viram assumir outro empréstimo: Trevor e Robert conseguiram vender a licença europeia para distribuir os jogos de computador da Sega para a empresa matriz, a Sega, no Japão. Precisávamos do dinheiro e precisávamos mostrar ao mundo externo um pouco do valor oculto dentro do Virgin Group. Nenhum dos bancos deu muito valor à licença, mas a vendemos por 33 milhões de libras. A venda também ocorreu no momento perfeito: um ano depois, o mercado de jogos de computador caiu e o iene disparou, o que teria reduzido o valor da licença a praticamente nada.

A Virgin havia adquirido a licença europeia para distribuir jogos da Sega em 1988, quando compramos a Mastertronic, empresa que detinha a licença. Na época, não tínhamos muita ideia do potencial do setor de jogos de computador. Eu só sabia que Holly, Sam e seus amigos de repente passavam muito tempo jogando na frente da televisão. Enquanto estava na MAM, Trevor passou um tempo com a Sega por alugar as máquinas de fliperama deles. Ele tinha certeza de que a Sega conseguiria aproveitar a experiência em software para competir com a Nintendo, e que o novo portfólio deles com máquinas pequenas para jogar em casa venderia bem. Parecia um bom negócio para se entrar.

A Mastertronic tinha apenas cinco anos. Frank Hermann criou a empresa em 1983 e adquiriu os direitos de vários jogos de computador. Na época, ele distribuía esses jogos, que vinham em cartuchos e eram jogados em consoles, em bancas de jornal. Frank percebeu que uma nova série de jogos fabricada pela Nintendo estava vendendo bem nos Estados Unidos. Tentou conseguir a licença para distribuir a Nintendo na Grã-Bretanha, mas a empresa já havia assinado com a Mattel, uma grande fabricante de brinquedos. A Nintendo tinha 95 por cento do mercado de jogos de computador nos Estados Unidos, então Frank foi conversar com o único concorrente deles, a Sega. Ele fechou contrato para ser distribuidor britânico da Sega em 1986 e, no primeiro ano, sua empresa conseguiu vender vinte mil MegaDrives.

No ano seguinte, 1987, as vendas da Sega pela Mastertronic dispararam, mas, como a Sega cobrava 55 libras por console, Frank precisava de um sócio para financiar as vendas. Embora pudesse vender os consoles por 99 libras, ele precisava de um grande capital de giro para bancar a diferença entre o custo de 55 libras para a Sega fornecer o console, que era pago adiantado e em dinheiro, e o recebimento de 99 libras pela venda.

Em junho de 1987, recebi um telefonema de Roger Seelig pedindo para eu conversar com um amigo dele, Frank Hermann, que havia topado com um negócio incrível. Trevor e Simon Burke negociaram a compra de uma participação de 45 por cento da Mastertronic, e nós a encaixamos na Virgin Communications. Frank e Robert começaram a trabalhar juntos e compraram a licença para distribuir a Sega na Espanha, na França e na Alemanha por cinco anos. O desafio era desenvolver o nome Sega do zero na Europa. O marketing da Virgin vendeu a Sega como o jogo legal para se jogar. Inicialmente, vendemos o jogo com o seguinte argumento: seu irmão mais novo pode se satisfazer com jogos da Nintendo como Super Mario e Game Boy, mas os jogos mais inteligentes para as crianças mais inteligentes eram os da Sega, como Sonic the Hedgehog. Assim, com o rápido desenvolvimento do mercado, descobrimos que meninos cada vez mais novos compravam o Sonic: todos queriam ser como seus irmãos mais velhos. Nosso truque era posicionar a Sega acima da Nintendo e forçá-los cada vez mais como produto inferior. E funcionou: na Europa, a Sega superou a Nintendo com uma participação de mercado de 45 por cento, em comparação com uma participação minúscula no mercado japonês.

Em 1991, as vendas da Sega na Europa tinham disparado para 150 milhões de libras, acima dos dois milhões em 1988. A essa altura, estávamos começando a morrer de medo de a bolha estourar. Para manter nossa posição, tínhamos que gastar setenta milhões de libras por ano em marketing com a Sega, antes do custo de financiar as vendas. Sempre havia o perigo de, como esses jogos eram vendidos principalmente para um grupo muito restrito de garotos adolescentes, uma outra mania surgir do nada e as vendas da Sega despencarem. A pressão dos amigos garante que ninguém queira ficar para trás nem por um momento.

Em casa, notei que Sam e Holly começaram a ficar entediados com os jogos de computador. Passavam menos tempo usando os consoles e os Game Boys. Sam começou a ouvir mais música, Holly começou a fazer outras coisas. Assim como nos animaram para a ideia de entrar nesse ramo, Holly e Sam nos deram os primeiros sinais de alerta de que o mercado estava chegando ao pico. Se continuássemos no ramo, teríamos que nos comprometer com outro orçamento imenso para promover a Sega. Era hora de vender.

A venda da licença da Sega surpreendeu tanto o mundo exterior quanto nossos bancos: 33 milhões de libras em dinheiro apareceram para um negócio ao qual não tinham dado nenhum valor. Isso era mais de dez vezes o nosso valor de compra original.

Antes de iniciar as discussões para vender a licença da Sega, Robert transferiu a pequena equipe que escreveu os programas para uma outra empresa chamada Virgin Interactive. Em 1990, a próxima onda de tecnologia seriam os jogos em CD, e Robert incumbiu vários dos desenvolvedores de software de criar programas para CDs. Sem a Sega e o Sonic para preocupá-los, a pequena equipe de programadores que Robert reunira nos Estados Unidos começou a desenvolver um novo jogo para a tecnologia de CD-ROM. Eles lhe deram o nome de *The 7th Guest*, e percebi que as pessoas estavam ficando cada vez mais animadas com isso. No jogo, você lutava dentro de uma casa mal-assombrada enquanto recebia todo tipo de ataque sem aviso.

– Não faço ideia do que acontece nesse jogo, o kick boxer sempre me mata na primeira sala – contou Robert. – Eu só sei que esses caras me dizem que *The 7th Guest* vai estourar. Dizem que está muito à frente de qualquer outra coisa no mercado.

Conforme o mundo da realidade virtual e dos CD-ROMs se expandia e as crianças lutavam para sair de casas mal-assombradas na tela do computador, eu me vi em um mundo igualmente estranho no qual tive que lutar contra um número crescente de ataques que vinham de todos os lados sem aviso.

– Talvez tenha sido só um dia ruim, mas semana passada uma passageira da Virgin claramente não ficou impressionada com o serviço na classe executiva. Uma anotação no livro de visitantes dizia: "Não é à toa que seu chefe viaja pelo mundo num balão".

Esse pequeno artigo, intitulado "VERDICT ON VIRGIN" [Veredito sobre a Virgin], estava no maço de recortes de jornal que li numa manhã de segunda-feira em junho de 1991. O jornalista era Frank Kane, que escrevia bastante sobre aviação e, em particular, sobre a British Airways; o jornal era o *Sunday Telegraph*, do qual lorde King era um diretor não executivo. Peguei o telefone e liguei para Syd Pennington, diretor executivo da Virgin Atlantic:

– Você viu aquele artigo no *Sunday Telegraph*? Pode por favor me enviar as folhas do livro de visitantes da última quinzena?

Aquilo tudo me parecia errado. Recebemos tão poucas reclamações de passageiros que tive certeza de que a tripulação teria me alertado sobre esta. Encontrei a anotação no livro de visitantes. Dizia exatamente o que Frank Kane citou no artigo, mas ele omitiu o ponto principal: "Mas, falando sério, minha viagem foi ótima".

Todas as outras mensagens no livro relacionadas àquele voo foram altamente elogiosas. Não me importo com má publicidade, desde que seja verdadeira, mas aquela claramente não era. Localizei a passageira, Cathy Holland, e liguei para ela para verificar se havia feito um bom voo. Ela me garantiu que o voo fora maravilhoso e que – como deixara claro – era só brincadeira. Escrevi então para o *Sunday Telegraph* e enfatizei que Frank Kane não havia transcrito o comentário dela na íntegra. Eu sabia que muitos leitores mais idosos do *Sunday Telegraph* ficariam céticos quanto a voar com a Virgin, de qualquer modo, mas esse trecho os desencorajaria ainda mais. O que era uma piada maldosa casual para um jornalista, para a Virgin Atlantic – e para meus bancos – eram milhares de libras perdidas. Para piorar as coisas, Carol Thatcher leu o texto na televisão no programa de David Frost. Escrevi para ela apontando que o jornalista a havia induzido a erro, mas o estrago estava feito. Seis milhões de telespectadores não sabiam que o comentário havia sido tirado do contexto.

Liguei para Frank Kane para reclamar e ele se desculpou.

– Puxa, desculpe por essa citação errada – disse ele. – Olhei por sobre o ombro de um vizinho e só consegui ver essa parte.

– Tudo bem – respondi.

– Havia outro comentário no livro – continuou Kane. – Dizia: "Não consegui um lugar no voo da BA porque eles estavam distribuindo passagens hoje. Ainda bem. Vou voar com a Virgin de agora em diante".

Em 7 de julho, a Virgin começou a pousar e decolar em Heathrow. Como Hugh Welburn previra, nossas vendas nas três rotas que oferecemos – JFK, Tóquio e Los Angeles – rapidamente aumentaram em quinze por cento. Em 14 de julho, a revista interna da British Airways, *BA News*, publicou um artigo intitulado "VIRGIN OUT TO SNATCH MORE SLOTS" [Virgin parte para abocanhar mais vagas], mais uma vez afirmando que era injusto um concorrente com preços menores ter autorização para competir com eles.

Então, em 16 de julho, lorde King anunciou, na Assembleia Geral Anual da British Airways, que a empresa pararia de fazer suas doações anuais ao Partido Conservador. Lorde King não percebeu que isso denunciava o fato de que pensavam que doar dinheiro aos Conservadores no passado os ajudara a garantir vários privilégios. Alguns críticos apontaram que essas mesmas doações, num total de 180 mil libras desde a privatização da BA em 1987, tinham ajudado a garantir uma audiência favorável sempre que a British Airways precisara falar com o Departamento de Transportes. Se uma companhia aérea na Nigéria desse dinheiro e passagens aéreas gratuitas ao partido no poder em troca da concessão de monopólio, isso seria alvo de escárnio no Ocidente como corrupção flagrante. "É impossível fazer negócios na África!", retrucariam as pessoas. "Vejam como os nigerianos são corruptos!". A salva de palmas que a British Airways ganhou por esse anúncio na Assembleia Geral Anual de 16 de julho me pareceu divertida.

Na verdade, a influência de BA foi além de simplesmente dar dinheiro ao Partido Conservador. Durante o verão, fiz uma apresentação para um grupo de membros do parlamento sobre a falta de concorrência na aviação britânica. Depois da apresentação, eu estava bebendo com os parlamentares e me peguei conversando com dois deles sobre seus planos para as férias.

– Já falou com seu agente de viagens? – perguntou um deles.

– Não, só vou ligar para pegar minha passagem grátis.

– Que agente de viagens é esse? – perguntei.

– A British Airways, claro! – responderam em coro.

Quando lorde King interrompeu as doações da British Airways para os Conservadores, torci para isso causar à British Airways uma desvantagem proporcional às vantagens conseguidas com as doações anteriores. Também torci para que o governo começasse a estimular mais a concorrência. No dia seguinte à AGA da BA, eu e Sir Michael Bishop, presidente da British Midland, divulgamos um comunicado à imprensa felicitando o governo britânico por liberar Heathrow e dando-lhe apoio contra as críticas da British Airways.

Apesar da empolgação de iniciar nossa operação em Heathrow em julho de 1991, estava claro que a Virgin Atlantic não poderia se expandir mais por algum tempo. De fato, não pudemos oferecer uma nova rota por mais três anos, até começarmos a voar para Hong Kong em 1994. Isso se deveu a um dos ataques mais violentos, direcionados e cruéis já lançados por uma companhia aérea contra um concorrente menor.

25.

PROCESSE OS DESGRAÇADOS

Setembro-outubro de 1991

Estávamos em Mill End num fim de semana em setembro de 1991 quando, de verdade, parecia que meu mundo estava desmoronando. Depois do ponto alto de assinar com Janet Jackson e entrar em Heathrow naquele ano, tudo começou a dar errado. Com o peso de bancar o contrato de Janet Jackson, até a Virgin Music estava em dificuldades. E a companhia aérea foi forçada até quase o ponto de ruptura ao tentar operar tanto em Gatwick quanto em Heathrow. Além disso, a boataria sobre os problemas financeiros da Virgin estava aumentando. Era como ser engolido por um incêndio florestal: eu continuava tentando apagá-lo, mas estava ciente de que mais e mais pessoas estavam falando da minha falência iminente. Havia recebido tantos telefonemas de jornalistas exigindo saber se nossos cheques estavam voltando que mal conseguia pensar direito. Eu precisava de um pouco de ar fresco e privacidade, então dei várias voltas ao redor do lago para tentar decidir o que fazer. Estava me sentindo oprimido pelos problemas que enfrentava.

Embora tivéssemos assinado com Janet, o comprometimento de Simon com a Virgin Music me preocupava cada vez mais. Ele não ia mais a boates atrás de novos talentos e, como resultado, a Virgin não lançava nenhuma nova banda importante há alguns anos. De muitas maneiras, descobrir uma nova banda é o teste decisivo do dinamismo de uma gravadora. Eu sabia que Simon estava preocupado com o risco que suas ações na Virgin Music correriam caso desse algo errado com a Virgin Atlantic. Mas, da mesma forma, me preocupava que a falta de comprometimento dele para com a Virgin Music pudesse prejudicar o valor da minha participação acionária. Seu coração não estava mais na empresa, e ele parecia mais interessado em seus projetos pessoais.

A Virgin Atlantic estava tendo muita dificuldade para competir com a British Airways. Nossas equipes de engenharia agora dirigiam três ou quatro vezes por dia entre Heathrow e Gatwick para atender a cada voo; se um voo atrasasse num aeroporto, causaria um efeito dominó no outro. Will tinha ouvido falar que Lord King estava anunciando com orgulho que a "batalha da Fortaleza de Heathrow estava ganha – a Virgin está prestes a cair".

Além de tudo isso, a BA agora estava descaradamente roubando nossos passageiros. Recebemos dois relatos de que a BA tinha ligado para um passageiro da Virgin Atlantic em casa e tentado persuadi-lo a mudar o voo da Virgin para a BA. Nossa equipe também viu funcionários da BA abordando passageiros da Virgin Atlantic nos terminais e tentando persuadi-los a mudar para a BA.

Eu estava entre a Virgin Atlantic e a Virgin Music. Era única pessoa com um pé de cada lado, e me sentia sozinho por causa disso. A única outra coisa em comum entre as duas era o Lloyds Bank, pois os empréstimos que o Lloyds havia feito à Virgin Atlantic eram garantidos pela Virgin Music. Esse era o ponto crucial da preocupação de Simon, mas de outro modo a companhia aérea não funcionaria.

Nossos problemas na Virgin Atlantic trouxeram à tona a questão do futuro da Virgin Music. Durante todo o verão Simon, Trevor, Ken, Robert e eu tentamos decidir o que fazer. Eu tinha conseguido deixar de lado a ideia da possível venda da gravadora, mas, com os boatos sobre a Virgin Atlantic virando uma onda imensa, percebi que precisaria abrir mão de alguma coisa.

– Você viu isto? – Will trouxe a nova edição da *Fortune* na segunda-feira de manhã. Tinha uma foto minha na espreguiçadeira flutuante na Ilha Necker. Eu estava segurando um livro chamado *Mavericks in Paradise*, e a legenda era: "Richard Branson, fundador do Virgin Group, aproveita a vida de bilionário... nas Ilhas Virgens Britânicas, naturalmente!".

Li com interesse que eu valia US$1,5 bilhão.

– Espero que o Lloyds leia isto.

– Talvez leiam – comentou Will. – Mas vão acreditar?

– Está no jornal – respondi, rindo. – Deve ser verdade!

"O BALÃO DE RICHARD BRANSON VAI ESTOURAR?" era a manchete da quarta-feira, 2 de outubro. A página inteira da seção de negócios do *Guardian* se dedicava a discutir minhas dívidas. "Por trás do homem com dedo de Midas há o cenário de um conglomerado com muitas dívidas e pouco lucro", dizia. O subtítulo era: "A MELODIA PERSISTE, MAS NÃO ATENDE ÀS NECESSIDADES DE INVESTIMENTO." Esse artigo surgira do nada. Em geral, quando jornalistas traçam meu perfil em algum artigo, mesmo que seja para criticar, eles me procuram para confirmar os fatos. Mas esse jornalista do *Guardian* nunca chegou a entrar em contato.

Comecei a ler: "As últimas contas disponíveis para as empresas Virgin mostram um quadro alarmante de fluxos de caixa instáveis que não cumprem os requisitos de investimento das empresas". Li o artigo com uma sensação horrível de que ele poderia inspirar uma série de artigos em outros jornais de abordagem semelhante. Se, para os jornalistas financeiros, parecia que a Virgin estava com tamanhos problemas, os banqueiros levariam seu dinheiro correndo de volta para os cofres.

"A Virgin permanece, portanto, altamente exposta", concluiu o artigo. "Continua minúscula em comparação com seus principais concorrentes. Suas principais empresas estão em setores altamente voláteis. O legado da recompra, junto com o crescimento constante do império, mantém as dívidas em níveis obstinadamente elevados. O balão Branson parece estar seguindo um caminho perigoso para a estratosfera. É uma jornada empolgante, empreendida sem falta de brio, mas as viagens estratosféricas do sr. Branson são modelos lastimáveis para qualquer empresa."

Esse artigo nos pegou no momento mais vulnerável. Todas as contas foram apresentadas sob o pior ângulo possível. Para o mundo em geral, ou pelo menos para os leitores do *Guardian*, parecia que eu estava no mesmo barco que Alan Bond: Richard Branson estava afundando rápido.

O telefone começou a tocar com outros jornalistas querendo saber minha reação, e analisei a resposta que Will e eu tínhamos esboçado. Tentamos enfatizar como os números eram de fato imprecisos, como o artigo ignorou o valor intangível dos contratos da Virgin Music e como não atribuiu valor às aeronaves da Virgin Atlantic. Eu precisava ir para o Japão naquele dia e, como o voo saía às 17h, não tinha muito tempo para responder ao *Guardian*. Comecei a rabiscar uma carta para o editor do jornal. Tentei não dar importância ao artigo:

> Existem muitas imprecisões que poderiam ter sido evitadas em seu artigo "O BALÃO DE RICHARD BRANSON VAI ESTOURAR?". Bastaria seu jornalista ter a gentileza de falar comigo antes de escrevê-lo. Como estou indo para o Japão em alguns minutos (para receber o título de doutor em economia, o que é engraçado, considerando o contexto desta carta!), vou poupar seus leitores de uma longa lista delas. No entanto, para citar apenas uma imprecisão, nossos lucros não "despencaram" com capital aberto – eles dobraram!

Prossegui, argumentando que o patrimônio líquido de todas as minhas empresas, após o pagamento de todas as dívidas, era de cerca de £1 bilhão. Will desceu para discutir a carta.

– Isso merece mais do que uma carta – opinou Will. – Você foi atacado com um artigo de página inteira. O que eu quero é obrigá-los a lhe dar uma página inteira para se defender.

– Eles nunca vão fazer isso.

– Talvez façam. Vai causar comoção, e isso é bom para o *Guardian*. Melhor do que uma carta escondida na página 27 que ninguém vai ler.

Juntos, escrevemos um artigo inteiro refutando o texto do *Guardian*, mas, antes de conseguir terminá-lo, tive que partir para Tóquio. No momento em que cheguei lá, Will estava ao telefone:

– Ok, conseguimos meia página – disse ele. – É melhor do que nada. Estou enviando o rascunho por fax para você. O *Guardian* pensou que poderíamos processá-los, então acho que ficaram aliviados quando pedimos o direito de resposta.

Liguei para Trevor e perguntei o que Lloyds achou do artigo.

– Por incrível que pareça, estão bastante tranquilos com relação a isso – contou ele.

Quando telefonei para o Lloyds, descobri o motivo.

– Sim, eu vi o artigo – disse John Hobley –, mas não acho que muitas outras pessoas viram. De qualquer forma, não conheço ninguém que leve o *Guardian* muito a sério. Se esse artigo tivesse saído no *Daily Telegraph* ou no *FT*, a história seria outra.

– Então, qual é a sua decisão com relação ao empréstimo? – Tentei parecer casual, como se não me importasse muito.

– O conselho aprovou – disse Hobley. – Temos um mecanismo que nos dará precedência sobre seus ativos na operação de varejo.

Desliguei, deitei-me na cama do hotel e fechei os olhos. Se esse artigo tivesse aparecido em quase qualquer outro lugar, a reação do mercado financeiro teria sido muito diferente. É uma verdade assustadora, mas percepção é tudo que importa para alguns desses bancos. Normalmente conseguimos usar a percepção da Virgin a nosso favor. Mas, pela primeira vez, o jogo havia virado e estávamos lutando para restaurar a confiança. Se aquele artigo tivesse aparecido no *Financial Times*, os bancos poderiam muito bem ter cancelado seus empréstimos e derrubado o Virgin Group.

Eu estava no Japão para receber um doutorado honorário. A universidade me pediu para ir ver os alunos e sugeriu que eu fizesse uma sessão de perguntas e respostas no lugar de um discurso formal. Sentei-me perante mil alunos, e o professor pediu para fazerem perguntas. Fez-se um silêncio mortal que durou quase três minutos. Para quebrar o gelo, falei que a primeira pessoa a me fazer uma pergunta ganharia duas passagens de classe executiva para Londres. Cinquenta mãos se ergueram. Fiquei bem ocupado nas três horas seguintes.

Eu também estava procurando um possível local para uma Virgin Megastore em Kyoto. Mike Inman e eu pegamos o trem de Tóquio para Kyoto. Esse trem era chamado de "Shinkansen", popularmente conhecido como "Trem-Bala". Era como estar a bordo de um avião: havia o que se ouvir, serviço de bordo e até máquinas de venda automática.

"Por que os trens não podem ser assim no Reino Unido?", pensei. Fiz algumas anotações sobre trens na Grã-Bretanha e trens no Japão e depois voltei minha atenção para o local da megastore.

De volta a Londres, na semana seguinte, o telefone de Will tocou na sexta-feira à noite. Era Toby Helm, correspondente do *Sunday Telegraph* para transportes. Ele perguntou a Will se a Virgin estaria interessada em operar trens se o governo privatizasse a British Rail. Will desceu para me perguntar.

– Bem, estamos? – Devolvi a pergunta.

Quanto mais conversávamos, mais sentido fazia. As ferrovias tinham que ser uma das respostas para todos os problemas de trânsito. Todas as novas vias expressas ficavam imediatamente congestionadas; dirigir de Londres para Manchester era um pesadelo.

– Diga a ele que estamos – sugeri. – Mal não vai fazer.

A manchete do *Sunday Telegraph* dizia "Virgin vai investir em trens" e explicava que a Virgin queria operar a franquia da costa leste e fazer um empreendimento conjunto com a British Rail. Virou a história da semana – uma distração útil de nossos problemas de caixa e um excelente contrapeso para toda a publicidade negativa que havíamos sofrido. Mostrou-nos pensando em expandir, sem nos preocuparmos com as finanças. Foi um alívio de pressão crucial para nós, e por um tempo os jornalistas pararam de falar das nossas finanças e de colapso iminente e começaram a se interessar por nossos ousados planos para o futuro.

Todo tipo de gente nos ligou na segunda-feira, incluindo a Siemens e a GEC, e entre eles estava alguém que se apresentou como Jim Steer, da Steer Davies Gleave, consultores de transporte. Will de pronto percebeu que Jim sabia do que estava falando.

– Vocês têm que seguir com isso – disse-lhe Jim. – Sugiro que vocês se reúnam com o Intercity e ofereçam um serviço conjunto no 125s.

Registramos três possíveis nomes comerciais, "Virgin Rail", "Virgin Express" e "Virgin Flyer", e pedimos a Jim que encomendasse uma impressão artística de um trem da Virgin. Avisamos que nosso orçamento

"POR QUE OS TRENS NÃO PODEM SER ASSIM NO REINO UNIDO?", PENSEI. FIZ ALGUMAS ANOTAÇÕES SOBRE TRENS NA GRÃ-BRETANHA E TRENS NO JAPÃO E DEPOIS VOLTEI MINHA ATENÇÃO PARA O LOCAL DA MEGASTORE.

era zero, mas ele foi em frente mesmo assim e nos colocou em contato com uma empresa de capital de risco chamada Electra, que ele disse que poderia investir algum capital para investigar a ideia. Will e eu fomos até a Electra e encontramos alguém chamado Rowan Gormley, que concordou em investir 20 mil libras para encomendar um estudo de viabilidade.

Armados com um pequeno plano de negócios e uma maquete de um trem da Virgin, Trevor, Will e eu, junto com Jim e Rowan Gormley, nos reunimos com Chris Green, diretor do serviço Intercity da British Rail, com Roger Freeman, do Ministério dos Transportes, e com John Welsby, executivo-chefe da British Rail. Conversamos sobre a possibilidade de a Virgin operar alguns serviços ferroviários, mas a British Rail não se entusiasmou. John Welsby era contra qualquer tipo de privatização e via nossa proposta como o início do fim.

Ao sair da reunião, ele se virou para um de seus companheiros e fez um comentário que foi captado pelo interfone e transmitido para todo o escritório. Ele disse: "Só por cima do meu cadáver aquele filho da puta coloca o logotipo dele nos meus trens".

Durante a semana de 21 de outubro, substituí Angela Rippon em seu programa de rádio matinal na LBC. Não era o trabalho ideal para mim: exigia levantar às 5 da manhã e ir até o prédio da LBC, perto de Euston, ainda no escuro. Ficava no estúdio das 6h00 às 8h00 e depois ia tomar café da manhã em casa.

O produtor do programa de rádio ligou para Lord King para convidá-lo ao programa para debater comigo os problemas que a British Airways e a Virgin estavam enfrentando e o tipo de tática que a British Airways estava empregando contra nós.

— Diga-lhe que não estamos preparados para baixar tanto os nossos padrões — retrucou Lord King. — E pode repetir o que eu disse.

PROCESSE OS DESGRAÇADOS

Foi a primeira vez que abordei Lord King desde nossa troca de cartas em janeiro e fevereiro, mas sua resposta não tinha perdido a acidez. Meu convite a Lord King para debater o que estava acontecendo foi só meio irônico. Na semana anterior, eu recebera uma ligação de Joseph Campbell, que administrava um serviço de limusine para a Virgin Records.

– Richard – disse ele –, desculpe incomodar, mas achei que você devia saber que aconteceu uma coisa bem sinistra. Uma das senhoras que trabalha para nós tem uma filha que trabalha numa empresa de detetives particulares. E ela contou para a mãe que a empresa começou a espionar você. Eles seguiram você até o Claridges semana passada e se sentaram na mesa ao lado.

Folheei minha agenda: tinha mesmo almoçado no Claridges. Agradeci a Joseph e pensei no que fazer. Devia chamar a polícia? Desliguei o telefone e olhei para ele. Durante toda a minha vida, o telefone sempre foi minha tábua de salvação. Mas agora eu me perguntava se tinha alguém ouvindo minhas ligações. Se esses detetives particulares estavam seguindo meus filhos até a escola. Ou vasculhando minhas latas de lixo. Fui até a janela e olhei para o Holland Park. Talvez a van da British Telecom estacionada ali fosse falsa e, na verdade, estivesse cheia de aparelhos de escuta. Talvez eu tivesse lido muitos livros de espionagem.

Deixei isso de lado. Eu não podia mudar meu estilo de vida e não tinha nada a esconder. Se tentasse adivinhar quem eram esses detetives e para quem estavam trabalhando, que eu sabia com certeza ser a British Airways, acabaria enlouquecendo. Eu não poderia viver assim. Se começasse a pensar que estava sendo seguido o tempo todo, logo ficaria paranoico. Decidi que continuaria minha vida normalmente. Eu nem me rebaixaria ao nível deles procurando escutas no meu telefone.

Acordei às cinco da manhã a semana toda, e na sexta-feira estava bastante exausto. No meio da tarde, voltei ao meu escritório e encontrei um bilhete de Penni na minha mesa: "Chris Hutchins do *Today* ligou sobre uma possível fofoca e pediu para você retornar a ligação".

Chris Hutchins era colunista de fofocas do jornal *Today*; seu problema com bebida era de conhecimento público.

Liguei para ele.

– Richard, antes de mais nada, quero que saiba que fui ao Alcoólicos Anônimos – disse Chris. – Estou sóbrio, então pode levar a sério o que eu digo.

Comecei a ouvir e peguei meu caderno.

– Conversei com Brian Basham.

– Quem é?

– Relações públicas da BA. Ele é para Lord King o que Tim Bell é para Lord Hanson. Conheço bem a esposa de Basham, Eileen, porque ela costumava trabalhar para mim aqui. Ela me ligou para dizer que Brian talvez tenha uma boa história sobre Branson e drogas.

– Ótimo – respondi, sarcástico.

– Liguei para Basham e ele me contou que tem feito um estudo detalhado para a BA sobre as operações da Virgin, seus pontos fortes e fracos. Também mencionou uma história sem fundamento sobre a Heaven e sugeriu que verificasse eu mesmo a situação das drogas lá. Ele disse que não estava interessado em tirar você do mercado; na verdade, a última coisa que a BA queria era ser vista com seu sangue nas mãos.

Isso acionou um alarme. Tentei me lembrar de quais outros jornalistas tinham perguntado sobre a Heaven e de repente me lembrei: um deles foi Frank Kane, o jornalista financeiro do *Sunday Telegraph*.

– Ele então me disse que eu também devia dar uma olhada no artigo recente no *Guardian* sobre o seu fluxo de caixa. Bom, finanças não são minha praia e eu não fiquei muito interessado.

– Bem, talvez você deva virar o jogo e investigar a BA – sugeri.

– Eu poderia pensar nisso – respondeu Chris –, mas não é mesmo o meu estilo. Eu só escrevo uma coluna de fofocas. De qualquer forma, vou almoçar com Brian Basham no Savoy na segunda-feira.

– Você vem me ver no fim de semana? – perguntei. – Eu adoraria conversar com você sobre isso.

– Claro – respondeu Chris.

Interfonei para Will.

– Chris Hutchins me ligou.

– Foi ele quem causou todo aquele rebuliço em 1989, dizendo que você estava prestes a receber o título de cavaleiro: "Levante-se, Sir Richard". Lembra? – disse Will.

– Parece que agora está sóbrio. Ele me ligou com uma história sobre BA e o interesse deles por nós. – Li minhas anotações. – Já ouviu falar de Brian Bingham?

– Não – respondeu Will, perplexo.

– Bom, ele é para Lord King o que Tim Bell é para Lord Hanson.

– Nunca ouvi falar – afirmou Will.

– Basham – corrigi. – Brian Basham, e ele está falando de drogas na Heaven.

– Brian Basham! Caramba! Estou descendo.

Will sempre parece estar perturbado, como se estivesse ansioso para entrar e fazer a próxima ligação, mas, quando irrompeu sala adentro, parecia em pânico.

– Brian Basham é problema – disse ele. – É um dos relações públicas mais influentes do meio. Se ele está contra nós, estamos numa merda muito, muito grande. Ele tem mais contatos em imprensa do que qualquer um.

26.

BÁRBAROS
NO PORTÃO
DE EMBARQUE

Outubro–novembro de 1991

A British Airways obviamente tinha conseguido acesso a informações de computador que deveriam ser inacessíveis. Isso se confirmou quando, do nada, Peter Fleming, da BA, escreveu uma segunda carta na qual detalhava uma série de coisas que a British Airways havia feito. Datada de 29 de outubro de 1991, era mais abrangente que sua primeira carta. Ele começou repetindo como uma força-tarefa de gerenciamento tinha sido criada para desacreditar a "imagem de Branson". "Senti que essa estratégia teria se originado na alta gerência da BA", escreveu. "Fiquei chocado em ver a empresa tão aberta sobre essa questão e declará-la de forma tão intransigente." Depois continuou:

> No entanto, não muito tempo depois, quando a Virgin levou algumas preocupações às Cortes Europeias, houve uma reação perceptível que varreu toda a empresa. Nesse momento, fui instruído a destruir todos os documentos que fizessem alguma referência à Virgin, não uma, mas quatro ou cinco vezes, por pessoas diferentes, de gerentes a secretárias de gerentes. Mais uma vez, fiquei razoavelmente chocado com o fato de a alta gerência da BA estar tão preocupada com suas atividades que sentiu que todas as referências a uma companhia aérea deveriam ser destruídas dessa forma. Eu mesmo não destruí nada, pois não achei que meus arquivos tivessem algo prejudicial, mas sei que outras pessoas no meu departamento destruíram materiais por causa dessa orientação.

Peter Fleming já havia descrito esses dois aspectos da campanha da BA, mas ainda assim fiquei surpreso ao vê-los expostos preto no branco. Mais interessantes eram os outros detalhes que ele destacou: "Os pontos a seguir são os problemas de que eu estava ciente em relação à BA tentar tirar a Virgin de cena. Esse comportamento não é necessariamente contrário à livre concorrência, mas você deve decidir por si."

A lista incluía a British Airways deliberadamente se candidatar a vagas para o Japão e Austrália de que não precisava, com o único propósito de impedir a Virgin de obtê-las; uma força de vendas especial conseguir negócios na área de Gatwick e oferecer tarifas baixas em Gatwick para achatar a receita de todas as companhias aéreas ali (enquanto continuava a operar um monopólio de tarifas altas de Heathrow); recusar-se a processar reservas para passageiros que viriam do Japão para Gatwick pela Virgin e depois decidiram mudar para a BA, de modo que teriam que voar com a BA durante todo o trajeto; e acessar nossas informações de reservas pelo sistema de reservas por computador.

"Na minha opinião", escreveu Fleming, "a BA não tem integridade e isso vem desde o alto da organização, com Lord King, e infelizmente permeia toda a estrutura."

Com as evidências de Peter Fleming, eu agora sabia parte do que a British Airways estava fazendo nos bastidores; quando também consegui a fita da conversa de Chris Hutchins com Brian Basham, soube o que estavam fazendo na imprensa. Embora eu tenha sido pego nesse ataque duplo, pelo menos sabia a tática exata que a BA estava usando. Era sinistro, mas agora poderia começar a pensar em como retaliar.

"BRANSON ATACA OS 'TRUQUES' DA BA" foi a manchete do *Sunday Times* em 3 de novembro de 1991. Não era exatamente o que eu tinha em mente, mas era verdade, de qualquer forma. Eu esperava que o *Sunday Times* se arriscasse e dissesse que achava as táticas da BA escandalosas em vez de só repetir minhas afirmações, mas foi um começo. Pela primeira vez na campanha, Brian Basham foi publicamente associado à British Airways, revelando seu disfarce. A *Insight* relatou como Basham deu seu relato confidencial a vários jornalistas. Mencionaram que eu teria dito que tinha uma lista de cem queixas que apresentaria à Comissão Europeia, a menos que a British Airways parasse com os seus truques sujos. E Nick Rufford não fez menção à história de combustível pago em dinheiro que havia iniciado sua investigação.

PELA PRIMEIRA VEZ NA CAMPANHA, BRIAN BASHAM FOI PUBLICAMENTE ASSOCIADO À BRITISH AIRWAYS, REVELANDO SEU DISFARCE.

ESTÃO ME CHAMANDO DE MENTIROSO

Novembro de 1991 – março de 1992

– Richard, você não vai acreditar no que tenho para contar sobre a BA – disse Ronnie Thomas.

– Duvido – respondi. – Neste exato momento, estou preparado para acreditar em quase qualquer coisa.

Ronnie Thomas dirige a própria empresa de limusines em Nova York. Começou como motorista de táxi comum em Manhattan, vinte anos atrás, e aos poucos economizou dinheiro suficiente para trocar seu táxi amarelo surrado por uma limusine elegante, que oferecia como serviço de chofer especializado em pegar e deixar passageiros nos dois aeroportos de Nova York. Quando o conheci, em 1986, ele já tinha um serviço de limusine com mais de 200 carros. Ele me ligou assim que leu que a Virgin Atlantic ofereceria um serviço de limusine para todos os passageiros da classe executiva; queria ficar com a conta inteira. Ronnie conseguiu e, ao longo dos anos, nunca nos decepcionou.

Nos dias anteriores, ele e seus motoristas descobriram que, quando deixavam os passageiros na porta do aeroporto, a equipe da British Airways os recebia e lhes oferecia "incentivos" para voar pela BA em vez de pela Virgin. Ronnie teve uma discussão acalorada com eles e, mais tarde, recebeu uma ligação da BA banindo-o do terminal da BA no JFK.

– Você já tinha visto algo assim antes? – perguntei a Ronnie.

– Não, cara – respondeu ele. – Eu achava que faltava cavalheirismo nas companhias aéreas americanas, mas a história aqui é completamente diferente.

Eu não fazia ideia se isso era ilegal ou não, mas certamente foi a tentativa mais flagrante até o momento de roubar nossos passageiros.

Depois que o *Sunday Times* expôs algumas das táticas da British Airways, o *Guardian* seguiu o exemplo com uma manchete de primeira página: "BA sob ataque por campanha contra a Virgin". Fizeram uma análise de página inteira das táticas da British Airways intitulada "Reclamação da Virgin à CE lança mais dúvidas sobre as práticas da BA".

Apesar dos artigos, os truques sujos continuaram. Mesmo com todas as matérias repletas de fatos publicadas na imprensa, a British Airways sempre foi imune a críticas. Para o resto do mundo, eles ignoraram minhas alegações, dizendo que eram reações exageradas e histéricas de um homem que não aguentava concorrência. A arrogância deles era impressionante. Quando ficou claro que a British Airways pretendia nos ver pelas costas, eu percebi que precisava lutar com ainda mais força. Cada vez mais desesperado, comecei a procurar qualquer ação legal que pudéssemos tomar contra a British Airways.

– Nos Estados Unidos isso seria um caso antitruste – concluiu Gerrard quando terminamos de examinar o que a BA estava fazendo. – Mas não existe legislação equivalente aqui.

Há uma surpreendente falta de legislação relacionada à concorrência na aviação britânica. A Comissão de Monopólios e o Gabinete de Comércio Justo não tinham jurisdição sobre a BA neste caso, uma vez que apenas podiam investigar fusões de companhias aéreas, e o CAA tinha pouca jurisdição além das questões de segurança envolvidas na manutenção de aeronaves e da supervisão dos preços das passagens aéreas. Embora a BA fosse um monopólio privatizado como a British Telecom, não havia um órgão de fiscalização do governo como o Oftel para supervisioná-la. Tínhamos apresentado uma queixa à Corte Europeia, mas, embora houvesse alguns motivos para aquela corte decidir contra a BA conforme o artigo 85 do Tratado de Roma, que trata dos princípios da concorrência leal, na prática ela não tinha força para fazer cumprir qualquer pedido que pudesse fazer uma empresa mudar suas táticas comerciais. Com efeito, nossa lista de queixas à Corte Europeia foi útil apenas para fins de publicidade.

Eu não queria levar a British Airways ao tribunal. Sabia que seria caro e arriscado, e que eles empregariam uma equipe de advogados de primeira linha para tentar sobrecarregar a nós e ao júri com o grande peso das estatísticas que uma companhia aérea enorme pode reunir. Eu só queria que parassem com os truques sujos e, enquanto procurava outras formas de persuadir a British Airways a cancelar sua campanha, pensei nos diretores não executivos. Como já havia escrito para Lord King e não tinha adiantado, esperava que os diretores não executivos da British Airways fossem mais imparciais. Se eu lhes pedisse para investigar o que estava acontecendo em sua empresa, a princípio teriam que levar esse pedido a sério. Um diretor não executivo da empresa tem as mesmas responsabilidades legais que um diretor executivo, mas costuma zelar pelos interesses dos acionistas se houver um conflito entre os diretores e os acionistas. Como a British Airways estava sendo acusada de um comportamento que poderia criar tal conflito, e acusada pela imprensa e também pela Virgin Atlantic, os acionistas mereciam uma explicação com relação ao que os diretores de sua empresa estavam fazendo.

Entre os diretores não executivos da British Airways estavam Sir Michael Angus (na época diretor da Thorn EMI e ex-presidente da Unilever), Lord White (que dirigia o Hanson Trust com Lord Hanson), o Honorável Charles Price, Sir Francis Kennedy e Michael Davis. A lista parecia um Debrett dos negócios. Levei mais de uma semana para redigir a carta expondo tudo o que sabíamos que a British Airways estava fazendo. Em 11 de dezembro de 1991, finalmente assinei e enviei um documento de onze páginas que resumia os fatos e concluía:

> *Acho difícil acreditar que uma grande empresa de capital aberto como a BA possa estar por trás do tipo de conduta identificada nesta carta, cujo objetivo principal só pode ser desacreditar um concorrente e prejudicar seus negócios. Estou lhes escrevendo porque duvido que queiram que uma empresa da qual são diretores se porte dessa forma e na esperança de que os diretores da BA desejem ser absoluta e inequivocamente dissociados de tais atividades porque concordariam que não é a maneira correta de se administrar uma empresa.*
>
> *Gostaria que investigassem as questões levantadas nesta carta, fornecessem respostas detalhadas e me dessem sua garantia de que assegurarão que a conduta revelada na investigação ou qualquer conduta similar seja interrompida e nunca mais se repita.*

Eu achava que a experiência da British Airways de tentar eliminar a ameaça competitiva representada pela Laker Airways teria sido impedimento suficiente para não tentar fazer o mesmo com outras empresas. Decerto vocês se lembram do impacto das atitudes da BA para com a Laker Airways. Os planos de privatização da BA foram interrompidos; os diretores nos Estados Unidos foram ameaçados de processo criminal; houve uma grande perda de tempo de gerenciamento; a BA atraiu considerável publicidade negativa, gastou milhões de dólares em despesas judiciais e fez a maior contribuição individual para o imenso fundo de acordos judiciais.

Anexei um apêndice de oito páginas com todos os detalhes de meu conhecimento e dividi os truques sujos em seis seções: a campanha na imprensa, táticas de prejuízo, questões de engenharia, vendas e marketing, truques sujos e detetives particulares(?). Coloquei um ponto de interrogação na última categoria porque ainda achava impossível de acreditar, e escrevi: "Alguns incidentes bizarros recentes seriam mais adequados em um episódio de Dick Tracy do que na aviação civil." Relacionei os trechos havia selecionado e perguntei: "Vocês podem lançar alguma luz sobre algum desses incidentes? Não acredito que uma grande empresa de capital aberto como a British Airways esteja por trás desse tipo de conduta."

Quando a carta foi enviada, eu não tinha ideia de qual seria a reação. Não queria processar a British Airways. Já tinha muito o que fazer sem ter que passar dezoito horas por dia lutando contra a British Airways. Eu tinha plena consciência de que estava sendo obrigado a ignorar todas as outras empresas do Virgin Group enquanto travávamos essa batalha.

Eu me perguntei se os diretores não executivos presumiriam que eu não poderia competir com o processo judicial de Freddie Laker, que produziu mais de um milhão de documentos legais. Sir Freddie só processou a British Airways depois que foi à falência e tinha tempo para dedicar toda sua energia ao processo. Mas, a essa altura, é claro, BA havia cumprido sua tarefa. O processo judicial pode ter atrasado a privatização deles e os forçado a pagar uma indenização de £10 milhões, mas isso não foi nada comparado aos lucros que conseguiram na rota transatlântica, aumentando os preços assim que os aviões de Laker pararam de voar. Eu estava tentando deter a British Airways ao mesmo tempo em que administrava a companhia aérea, mas a BA talvez não recuasse até a Virgin também estar no chão.

Qualquer que fosse a reação deles, eu tinha certeza de que os diretores não executivos não poderiam ignorar o anexo de oito páginas que detalhava os truques sujos da empresa deles. Como também eram responsáveis perante seus acionistas, divulgamos cópias dessa carta à imprensa para garantir que seus acionistas também tivessem a chance de lê-la.

Para minha surpresa, recebi uma resposta de Sir Colin Marshall e de Sir Michael Angus no dia seguinte. Sir Michael Angus escreveu uma ressalva dizendo que seria "totalmente impróprio os diretores não executivos de uma empresa de capital aberto se reportarem a terceiros da forma que você pede" e concluiu que "o curso de ação adequado é encaminhar qualquer alegação desse tipo a todo o conselho".

A resposta de Sir Colin Marshall foi igualmente condescendente. Sua carta negava categoricamente que a British Airways estivesse envolvida em uma tentativa deliberada de prejudicar a Virgin ou buscasse "competir de outra forma que não os esforços normais de marketing e promoções". Ele sugeriu que nossas "alegações" foram feitas para ganhar publicidade e que eu deveria dedicar minha "indiscutível energia a propósitos mais construtivos".

Dado o tempo que esses dois diretores levaram para responder à minha carta, não poderiam ter começado a investigar nenhuma das acusações.

Respondi a Sir Colin Marshall em 16 de dezembro de 1991 e insisti que reconsiderasse sua indiferença às minhas alegações. Não o acusei de ser o mentor dos truques sujos ou mesmo de tolerá-los, mas simplesmente pedi-lhe que examinasse os fatos. Queria lhe dar todas as chances de botar um ponto final no que estava acontecendo. Escrevi:

> *Sempre torci para que você não tivesse conhecimento do que havia de pior na British Airways. No entanto, depois de ler sua resposta à minha carta, não tenho mais certeza, pois sua carta continua as mentiras que nós, da Virgin, tivemos que enfrentar. As alegações certamente não são "injustificadas". Na verdade, muitas delas não são alegações nossas, mas questões que chamaram nossa atenção em reportagens no Sunday Times e no Guardian. Percebi que você não escreveu para nenhum dos jornais refutando-os. As questões também nos foram trazidas por passageiros da Virgin que ficaram chocados com o fato de a BA conseguir seu telefone residencial e lhes oferecer incentivos para cancelar as passagens da Virgin e mudar para a BA... Como pode descartá-las sem qualquer investigação? Peço que você leve a sério as questões levantadas e responda à minha carta item por item. Depois podemos começar a concorrer de maneira justa.*

Mas Sir Colin Marshall escreveu de volta como se mal tivesse se incomodado em ler minha carta: "Não vejo vantagem alguma em continuarmos essa correspondência."

Por um tempo depois disso, parecia que a versão da British Airways para os acontecimentos estava ganhando terreno. Sir Colin Marshall foi mencionado em todo lugar dizendo que minhas alegações eram "totalmente infundadas" e, embora nunca tenha dito que Marcia Borne ou Ronnie Thomas eram invenções da minha cabeça, pessoas fora da Virgin poderiam facilmente presumir que havia um elemento de verdade na negação da BA.

Não havia mais volta para minhas alegações contra a British Airways. A menos que a British Airways se desculpasse e acabasse com os truques sujos, eu deveria iniciar algum tipo de ação judicial após minha carta aberta aos diretores não executivos. A dificuldade era encontrar os fundamentos apropriados para o processo.

Nossa briga teve uma vítima imediata que eu deveria ter previsto: a Virgin Atlantic estava completamente incapaz de levantar dinheiro. O Salomons, nosso banco de investimento nos Estados Unidos, estava tentando levantar £20 milhões de capital oferecendo parte do patrimônio para venda privada. Mas, exatamente da mesma forma que foi impossível vender patrimônio da British Airways enquanto o processo judicial contra Laker se arrastava, ninguém tocaria na Virgin Atlantic enquanto parecesse que íamos processar a BA. E ainda perdíamos dinheiro. Enquanto estávamos numa correria frenética para tentar descobrir o que a British Airways pretendia, nosso consórcio de bancos de crédito continuava a observar o fluxo de caixa. E, no auge do inverno, os números pareciam muito piores.

Percebi que, por esse lado, eu tinha feito exatamente o jogo da British Airways. Um dos objetivos deles era me impedir de expandir a Virgin Atlantic, e a única forma de eu fazer isso era refinanciando a companhia aérea. Quanto mais eu reclamava de seus truques sujos, menos qualquer outra companhia aérea, banco de capital de risco ou outro investidor queria investir na Virgin Atlantic. Pessoas de fora provavelmente pensaram que onde havia fumaça, haveria fogo. Perdemos por dois lados: ninguém ia querer investir em uma companhia aérea pequena se ela estivesse sendo esmagada por uma organização enorme como a British Airways; e ninguém ia querer investir em uma companhia aérea que pudesse entrar em litígios demorados e caros contra uma das maiores companhias aéreas do mundo.

Sem fundos do mercado financeiro, a Virgin Atlantic continuava privada de capital. No natal de 1991, a Virgin Atlantic estava atravessando os difíceis meses de inverno e perdendo dinheiro. Nossos seis principais bancos de crédito continuaram a escrever para Trevor, lembrando-nos de que nossos empréstimos deveriam ser pagos no próximo mês de abril, e o Lloyds Bank, que era nosso banco de movimentação e por isso via grandes flutuações à medida que o dinheiro entrava e saía, ficava cada vez mais ansioso. Talvez a British Airways tenha apostado que, mesmo que anunciássemos uma ação judicial, eles poderiam protelar por tempo suficiente para irmos à falência. Mesmo depois da minha carta de 11 de dezembro, a British Airways foi descarada a ponto de rir das minhas alegações.

Pela primeira vez, eu não sabia o que fazer. Passei muito tempo pensando e isso me deixou muito quieto. Will foi na direção oposta e passava o dia todo furioso com a British Airways, gritando e esbravejando de frustração por não conseguir acertá-los com um golpe decente.

Em 21 de dezembro, chegou uma carta do Lloyds Bank que reforçou a sensação de que o cerco estava se fechando. Ela nos lembrava que recentemente tínhamos excedido nosso limite de £55 milhões e esclareceu que o banco só havia permitido porque o dinheiro era necessário para pagar salários e porque a IATA havia confirmado que £7,5 milhões entrariam em nossa conta no dia seguinte. Fomos avisados de que o banco poderia não "responder favoravelmente a outro pedido para estourar o limite de £55 milhões". Terminou nos desejando um feliz natal e "um ano novo menos estressante".

Se aqueles £7,5 milhões tivessem atrasado uma semana, o Lloyds poderia muito bem ter devolvido nossos cheques de pagamento de salário. Se a Virgin Atlantic falisse, eu nem tinha como garantir que a Virgin Music ficaria intacta. Duvidava que Janet Jackson ou Phil Collins ficassem impressionados com o colapso da companhia aérea.

Conforme conversávamos sobre onde poderíamos encontrar financiamento suficiente para substituir parte da dívida bancária, ficou cada vez mais claro que precisávamos encontrar uma solução radical em vez de sempre discutir com os bancos sobre pequenos aumentos nos montantes das dívidas. A Virgin Music era nossa única empresa lucrativa de verdade, e nossa única chance de salvar a companhia aérea. Com o peso da publicidade negativa causada pela BA pairando sobre nós, não poderíamos vender a Virgin Atlantic como empresa ativa, mas a Virgin Music, sim. Vender a Virgin Music salvaria a companhia aérea e deixaria duas empresas fortes. Fechar a Virgin Atlantic deixaria uma empresa forte e uma quebrada, com 2.500 demissões e a reputação do Virgin Group como uma empresa e uma marca em frangalhos.

Liguei para John Thornton, que ainda estava conversando com várias empresas interessadas em adquirir a Virgin Music. Eu observava seu progresso com uma sensação crescente de incômodo, incapaz de sentir qualquer entusiasmo ou de impedi-lo. John me disse que a Thorn EMI agora oferecia £425 milhões adiantados com ganhos a partir do segundo ano. Isso ainda estava abaixo do nível da venda da gravadora de David Geffen para a MCA. Em março de 1990, ele vendera sua gravadora por US$520 milhões, equivalentes a 2,6 vezes as vendas anuais. Em um cálculo semelhante, a Virgin Music valia 2,6 vezes nossas vendas de £330 milhões: mais de £850 milhões.

Ao longo de janeiro de 1992, o Lloyds aumentou a pressão para reduzir nosso limite. John Hobley, do Lloyds, endureceu consideravelmente sua postura. Como havíamos mencionado a possível venda da Virgin Music um ano atrás, era só o que ele queria ouvir: por que não houve mais progresso? Eles próprios poderiam falar com a Goldman Sachs? Do ponto de vista deles, se a venda não acontecesse, a Virgin Music continuaria sendo uma coleção de contratos musicais – ativos intangíveis. Não conseguiam entender por que demorava tanto. Havia algo de errado com a Virgin Music? Os interessados na compra desistiram? A empresa valia mesmo o US$1 bilhão que havíamos mencionado? A paciência deles estava se esgotando, e queriam seus empréstimos à Virgin devolvidos aos cofres como dinheiro de verdade. Um de nossos problemas era que grande parte de nossa dívida deveria ser paga em abril, e Trevor e eu duvidávamos que pudéssemos convencer o banco a prorrogar esses empréstimos.

A correspondência do banco me lembrou de algumas das cartas que recebi do Coutts quando eles estavam perdendo a paciência com seu cliente cabeludo que havia entrado descalço no escritório para discutir um empréstimo para comprar uma mansão em Oxfordshire. Meu cabelo agora estava mais curto e a Virgin era maior, mas a inquietação do banco era a mesma. Embora nunca tivéssemos deixado de fazer um pagamento, outros clientes estavam falindo e eles estavam preocupados.

A atmosfera dos investimentos do início de janeiro é resumida por este relatório do mercado de ações:

> *A atenção agora está voltada para a montanha de dívidas da Lonrho e para a atitude de seus principais credores: Lloyds, Standard Chartered, Barclays e Nat West. Paul Spicer, diretor da Lonrho, insiste que as relações da Lonrho com seus bancos estão "em boa ordem" e que o grupo "não está sob pressão deles". Mas, depois da derrocada das dívidas de Polly Peck, Brent Walker e Maxwell, dificilmente haverá um banqueiro em Londres que viva sem dificuldades hoje em dia com grandes linhas de crédito para empresas empreendedoras dirigidas por uma pessoa poderosa. Certo ou não, Rowland está sendo espremido pelo "fator magnata"; e sua posição é agravada pela recessão, que reduziu o valor dos ativos da Lonrho num momento em que a empresa deve vender empresas para levantar dinheiro. O velho maestro já escapou de situações difíceis antes e ninguém pode dizer que não conseguirá de novo. Desta vez, porém, a pressão está mesmo alta.*

Era preocupante como os ingredientes da história pareciam semelhantes aos nossos.

Como o Lloyds viu seu dinheiro em risco com uma empresa empreendedora, John Hobley fez mais um esforço para controlar nosso limite. Em uma carta datada de 3 de janeiro, ele destacou que nosso limite descoberto continuava a aumentar e que o Lloyds "não estava em posição de financiar essa saída". Ficou claro que o Lloyds esperava que vendêssemos a Virgin Music ainda naquele mês. John nos lembrou que nosso limite estourado tinha que ser totalmente quitado até o final do mês e que, até lá, não poderíamos usar novamente nosso limite. Expressou surpresa por termos considerado a hipótese de manter a Virgin Music na esperança de uma oferta melhor do que a da Thorn EMI.

A situação era tão ruim quanto a crise do Coutts em 1984. Naquela época ainda tivemos tempo para ver alguns outros bancos e formar um consórcio. Mas janeiro de 1992 foi um mês tão ruim para banqueiros e companhias aéreas quanto janeiro de 1991, quando a Air Europe e a Dan Air faliram. Todos os banqueiros estavam em parafuso e era difícil manter a calma.

Devíamos £55 milhões ao Lloyds. Quando chegássemos em fevereiro e março, a companhia aérea precisaria de um financiamento de mais £30 milhões. Os meses de inverno são os mais caros, pois temos que pagar por toda a manutenção das aeronaves, ao mesmo tempo que o número de passageiros diminui. Haja dívida não garantida. Vendo o dinheiro que entrava, sabíamos que a Virgin Music teve vendas de £330 milhões naquele ano, obtendo lucros operacionais de £38 milhões; no ano seguinte, prevíamos vendas de £400 milhões com lucros operacionais de £75 milhões. Mas o Lloyds não estava disposto a esperar. Eu via que algo tinha que acontecer.

Um segundo programa da Thames Television sobre a batalha entre a British Airways e a Virgin Atlantic estava previsto para o final de fevereiro. Dessa vez, era o *This Week,* o principal programa nacional de atualidades da Thames Television. Will e eu conhecemos o produtor, Martyn Gregory, no início de janeiro, quando ele veio falar conosco sobre o documentário. Contamos tudo o que podíamos sobre a British Airways e depois o deixamos fazer sua própria pesquisa independente. Martyn tinha falado com Peter Fleming, além de vários outros ex-funcionários da British Airways que não conhecemos, e conseguiu confirmar muitas das minhas acusações de truques sujos da BA. A British Airways se recusou a participar do programa e seu diretor jurídico, Mervyn Walker, escreveu a Martyn Gregory acusando-o de cair "na armadilha de ser usado como veículo para a propaganda difamatória de Richard Branson". Nada poderia enfurecer mais um produtor de televisão independente.

Eu estava dividido com relação ao programa. Percebia que, ao mostrar às pessoas todos os truques sujos contra nós, elas poderiam ter duas reações. Uma possível reação era conseguirem perceber nossa vulnerabilidade e, assim, poderiam ver a Virgin Atlantic como provável fracasso e se afastar. As meras palavras "um avião vai cair", mesmo que ditas por Brian Basham, que trabalhava para a British Airways, poderiam ficar na cabeça das pessoas, deixando-as preocupadas em voar com a Virgin Atlantic. Mas, da mesma forma, os espectadores poderiam se reunir e nos apoiar como os azarões da história. Era para isso que eu torcia. Gerrard também destacou que, como o público da televisão é tão amplo, isso poderia avivar a memória de algumas pessoas e levá-las a telefonar para a Virgin Atlantic e contar outras histórias que nos ajudariam a compilar todas as evidências que tínhamos contra a British Airways. Deixei trinta vendedores a postos na central telefônica do nosso escritório de vendas em Crawley na quinta-feira, 27 de fevereiro, para o caso de alguém telefonar.

O filme do *This Week, Violating Virgin?* [Violando a Virgin?], começou com uma visão panorâmica de todos os aviões fora de circulação enfileirados no deserto de Mojave, que é como um necrotério onde os aviões ficam estacionados no ar seco para que não enferrujem. O óleo deles é drenado, algumas peças são removidas e, em seguida, os motores e as válvulas são vedados. Com essa imagem assustadora entrou a voz do narrador:

– A Virgin Airways está gritando "Estupro!" e Richard Branson afirma que a British Airways está tirando-o do mercado.

– Existe concorrência leal e concorrência desleal – disse eu ao entrevistador. – E eu não consigo acreditar que a British Airways esteja recorrendo a esses truques sujos.

O documentário entrevistou Peter Fleming, com o rosto completamente escondido e a voz distorcida, descrevendo a unidade especial que a British Airways havia criado para me desacreditar e a destruição generalizada de documentos que ocorrera. Uma testemunha americana também não revelada descreveu como a BA destruiu documentos relacionados à Virgin nos Estados Unidos. Em Nova York, Ronnie Thomas contou a história da BA assediando passageiros Virgin quando chegavam de limusine, e um agente de viagens de Los Angeles descreveu como os passageiros estavam trocando para a BA desde que ouviram dizer que a Virgin estava para falir. Então, com legendas para explicitar o que estava dizendo, ouvimos Brian Basham dizer a Chris Hutchins que a Virgin era uma "empresa nada confiável – nada confiável mesmo". Sir Freddie Laker repetiu seu conselho de processar os desgraçados.

A Thames Television me entrevistou ao lado de um dos Tristars no deserto de Mojave. Eu era ofuscado por uma fileira de mais de um quilômetro com mais de vinte aviões da PanAm. Fiquei embaixo de um dos sete aviões abandonados da British Airways. Era estranho pensar que a minha frota inteira consistia em apenas oito aeronaves.

– Eu sei que muitas dessas histórias vêm de Brian Basham, que é empregado da British Airways, e que Brian Basham se reporta a um homem chamado David Burnside, que é o chefe de relações públicas da British Airways e, por sua vez, se reporta a Lord King – expliquei. – Eu nunca processei ninguém por nada. Provavelmente temos um bom caso para dizer que alguém tentou prejudicar nossa empresa, mas você sabe que isso consome horas administrativas. Acho que nossa melhor aposta é falar disso abertamente e, com sorte, haverá pessoas na BA que perceberão que essa atitude é contraproducente e que não devem continuar se comportando assim no futuro.

O pessoal da British Airways foi entrevistado pelo *This Week*. Dick Eberhart, um dos vice-presidentes da BA, foi confrontado em Nova York, e David Burnside, na porta de sua casa de Londres, em Chelsea. Os dois se recusaram a responder perguntas. As últimas cenas do documentário eram vistas aéreas dos aviões inativos se estendendo pelo deserto, brilhando impotentes sob o sol da Califórnia, exatamente onde a BA gostaria de ver a frota da Virgin.

– Talvez seja hora de Richard Branson se sujeitar ou se calar – disse a narração –, ou os aviões da Virgin Atlantic podem acabar como os de Laker: na areia do deserto.

Violating Virgin? teve mais de 7 milhões de espectadores e, naquela noite, a central telefônica da Virgin recebeu mais de 400 ligações. A maioria das pessoas só nos desejou boa sorte e disse que nunca mais voaria com a BA, mas entre elas havia muitas dizendo que também tinham histórias de abordagem pela British Airways no aeroporto enquanto tentavam fazer o check-in na Virgin. E então tiramos a sorte grande.

Em 6 de fevereiro, Yvonne Parsons estava em casa quando alguém que alegava ser do departamento de reservas da Virgin ligou para dizer que seu voo estava lotado. Como não tinha recebido uma passagem, ela se importaria de mudar para um voo da British Airways? Essa foi a gota d'água. Yvonne Parsons tinha viajado de e para os Estados Unidos quatro vezes nos últimos oito meses, e todas as vezes houve um suposto "erro de reserva" da Virgin. Em outubro passado, Parsons recebera, em seu escritório de Nova York, uma ligação de uma "representante da Virgin" que afirmou se chamar "Mary Ann" e, disse que o voo da Virgin estava lotado e que, para compensar o inconveniente, ela poderia viajar de Concorde no dia seguinte sem custo extra. Parsons recusou. Ela voava entre Nova York e Londres com frequência e preferia a Virgin – quando conseguia pegar o avião. Era uma cliente importante e ficou bem surpresa ao ver que a Virgin estava sendo tão displicente com ela. Pediu para ser colocada na lista de espera e para Mary Ann retornar a ligação no dia seguinte avisando se ela poderia ou não pegar o voo.

Tal como aconteceu com "Bonnie" da Virgin em agosto, que lhe disse que o voo estava atrasado, e com "Larry" da Virgin em setembro, que disse não haver mais lugares para não fumantes, Mary Ann não retornou a ligação para Yvonne Parsons. Assim, Parsons ligou para o serviço de reservas da Virgin e pediu para falar com Mary Ann.

– Não tem nenhuma Mary Ann aqui – disseram-lhe.

– Então quem me ligou ontem e disse que fui retirada do voo de 16 de outubro? – perguntou Parsons.

– 16 de outubro? Não, a senhora está confirmada nesse voo, não fumante.

Yvonne Parsons ficou perplexa. Também ficou furiosa com a Virgin e mudou para a American Airlines e a United pelo resto do ano. Quando decidiu dar uma última chance à Virgin em fevereiro, não acreditou quando outra pessoa da equipe de reservas da Virgin ligou para dizer que o voo estava lotado e perguntar se ela se importaria de voar pela British Airways.

Então ela assistiu a *Violating Virgin?*. No dia seguinte, ligou para a Virgin, foi encaminhada aos nossos advogados e contou sua história para Gerrard.

– Enquanto eu assistia ao programa – contou –, de repente me ocorreu que devo ter sido vítima de uma farsa elaborada e vergonhosa da British Airways. Sempre me ofereceram voos na British Airways, nunca em outras companhias. Fiquei pensando se essas pessoas eram funcionários da British Airways se fazendo passar pela Virgin.

– Temos uma declaração incrível – disse-me Gerrard depois de registrar essa história. – Poderíamos montar um processo só com ela.

Para tentar convencer a BA, escrevi para Sir Colin Marshall no dia seguinte a *Violating Virgin?*, 28 de fevereiro de 1992, e pedi que reconsiderasse minha carta aos diretores não executivos de 11 de dezembro de 1991. Destaquei:

> Dada a pressa de sua resposta, suponho que não teve tempo suficiente para investigar o assunto. Houve diversos outros relatos independentes na mídia sobre o assunto, todos corroborando as queixas feitas pela Virgin, culminando na transmissão do documentário televisivo do This Week na ITV ontem à noite. O This Week descobriu de forma independente muitos outros fatos que provam que nossas alegações são totalmente corretas. O conteúdo do programa fala por si e na verdade confirmou que o problema é ainda mais sério e enraizado do que pensávamos inicialmente. O mínimo que os seus acionistas podem esperar agora é uma explicação completa e adequada sobre o que exatamente está acontecendo na British Airways e sobre as atividades do sr. Brian Basham e daqueles a quem ele se reporta na British Airways.

Perguntei diretamente se ele interviria agora:

> Gostaria agora de sua parte, na função de vice-presidente e executivo-chefe da British Airways, uma garantia clara de que assegurará que as atividades destacadas cessarão de imediato e de que apresentará um pedido claro de desculpas.

Bem, pensei, não era tarde demais – mas era quase. Mas era melhor ele caprichar no pedido de desculpas.

Eu estava em Kidlington na sexta-feira quando Will me ligou.

– Richard – disse Will. – Estou em um telefone público. Acabei de pousar em Gatwick e peguei uma edição da *BA News*. A manchete da primeira página diz: "ALEGAÇÃO DE 'TRUQUES SUJOS' DE BRANSON É INFUNDADA". Estão chamando você de mentiroso.

Will estava de férias esquiando quando o programa foi ao ar. As datas do programa e das férias dele mudaram várias vezes para que não coincidissem, mas, por acaso, ainda coincidiram. Como muitas pessoas estavam nos ligando, pedi a Will que voltasse para cuidar do caos de relações públicas que estava se formando. Por isso ele tinha acabado de pousar em Gatwick.

O artigo da *BA News* dizia:

> O programa de atualidades *This Week* da *Thames TV* ontem à noite se dedicou às alegações de Richard Branson de "truques sujos" da British Airways contra a Virgin. A British Airways foi convidada a participar, mas recusou após consideração cuidadosa, pelos motivos explicados ao produtor da Thames, Martyn Gregory, em uma carta do diretor jurídico Mervyn Walker.

O resto do artigo reproduzia a carta de Mervyn Walker que acusava a Thames Television de cair no meu golpe publicitário e dizia que BA não seria "provocada a entrar no jogo fútil do sr. Branson e, portanto, deve se recusar a participar".

– Mas quanta besteira! – dissemos juntos. – Estão me chamando de mentiroso, e isso é difamação.

Foi a gota d'água. Will me mandou o artigo de Holland Park via fax. Nós localizamos Gerrard, que de imediato concordou que eles haviam me difamado. Processar a BA por difamação seria um caso muito mais fácil de levar ao tribunal e esclarecer ao júri do que um caso altamente complicado sobre a BA abusar de seu monopólio em Heathrow. Também colocaria tudo às claras.

Na segunda-feira de manhã, descobri que Lord King havia respondido de próprio punho a todos os espectadores que escreveram questionando-o sobre os truques sujos da British Airways e lhes garantiu que não havia um pingo de verdade nas minhas alegações. Na verdade, foi a mesma difamação repetida e, mais uma vez, para o público. Decidi que devia processar Lord King também.

Naquela manhã, recebi também uma carta de Sir Colin Marshall. Ele chamou minhas acusações de "injustificadas", disse que não tinha nada a acrescentar às suas cartas anteriores e afirmou que a alegação de uma campanha de "truques sujos" era "totalmente sem fundamento".

Encarei a carta com espanto. Será que Sir Colin Marshall não tinha assistido a *Violating Virgin*? Talvez tivesse ficado preso num congestionamento ou a bordo de um voo atrasado. Talvez permanecesse feliz e alheio ao que acontecia em sua empresa. Fosse esse o caso, seria muito estranho: Sir Colin Marshall tinha fama de *workaholic*, um homem obcecado por detalhes, que sabia tudo que acontecia em qualquer uma das empresas em que trabalhava.

Na semana seguinte, a venda da Virgin Music finalmente me engoliu.

28.

VITÓRIA

Março de 1992 – janeiro de 1993

Havia £560 milhões – US$1 bilhão – na mesa, mas eu não queria.

– Eles precisam da resposta hoje até 14h00 – disse-me John Thornton. Desliguei e olhei para Simon e Ken. Havíamos passado os últimos vinte anos construindo a empresa, mas nada nos preparou para vendê-la.

Sob muitos aspectos, assinar com os Rolling Stones foi o ápice de tudo que eu sempre quis fazer na Virgin Music. Vínhamos lutando para contratá-los há vinte anos e agora enfim tínhamos a maior banda de rock'n'roll do mundo na nossa gravadora. Da gravadora recém-criada em 1973, que dependia da genialidade de Mike Oldfield, agora tínhamos amadurecido: éramos a gravadora escolhida por muitas das maiores bandas do mundo. Os artistas tinham visto como lançamos a carreira solo de Phil Collins e como promovemos o UB40 e o Simple Minds, o que conseguimos fazer com o Culture Club e Peter Gabriel, e queriam assinar conosco. Mas, assim que chegamos a esse ponto, acabou.

– Ken? – perguntei.
– Você decide – disse ele.
– Simon?
– Pegue o dinheiro. Você não tem opção.

Sempre que alguém me diz que não tenho opção, tento provar que a pessoa está errada. Nos últimos dias, a oferta da Thorn EMI tinha passado de uma oferta toda em ações, que teria me tornado o maior acionista da Thorn EMI com 14 por cento, ou uma alternativa com valor menor em dinheiro, para uma oferta maior em dinheiro. Mesmo que a Thorn agora tivesse mudado de tática e estivesse oferecendo mais dinheiro do que ações, a troca de ações me atraía mais, pois significaria manter uma participação na Thorn EMI que eu poderia usar, no futuro, como base para fazer uma oferta pela empresa. A dificuldade era todos me dizerem que seria muito arriscado usar essa participação como garantia para pedir mais dinheiro emprestado e bancar a Virgin Atlantic. As ações da Thorn EMI não eram vistas como títulos robustos. Embora eu já tivesse rascunhado uma carta para os funcionários explicando que ia adquirir ações da Thorn EMI e, assim, manter uma participação na empresa, com relutância tive que mudar de ideia e aceitar a oferta em dinheiro.

Antes de enfim concordar, liguei para Peter Gabriel e dei-lhe a notícia. Eu queria o conselho dele, e estava também ciente de que a venda afetaria sua carreira.

– Não faça isso, Richard – disse ele. – Uma noite dessas você vai acordar suando frio e desejar nunca ter feito isso. Você nunca mais vai recuperá-la.

Eu sabia que ele tinha razão. Era exatamente o que Joan vinha dizendo. Mas a pressão da BA era grande demais. A essa altura, minha certeza de que o Lloyds executaria nossa dívida era tão grande que não me deixava alternativa. Eu também sabia que Simon queria vender e que queria receber em dinheiro, não prolongar seu envolvimento com o Grupo adquirindo ações. Se adquirir ações da Thorn EMI prolongasse o sofrimento na Virgin Atlantic, isso anularia todo o propósito da coisa. Meu objetivo principal era salvar a Virgin Atlantic e, por uma crueldade do destino, a única razão para eu vender a Virgin Music era seu sucesso. Se eu vendesse a Virgin Music, o nome Virgin seria salvo. Em vez de ter uma companhia aérea e uma gravadora em dificuldades, haveria uma companhia aérea sólida e uma gravadora sólida, apesar de pertencer à Thorn EMI. E, embora soubesse que Simon sairia, eu poderia continuar como presidente da empresa. Mais importante: Ken permaneceria no comando da Virgin na Thorn e protegeria a reputação da Virgin.

Liguei para Trevor, que confirmou a abordagem do banco:

– Dinheiro é a única opção – disse ele. – Significa que podemos pagar todas as dívidas e começar do zero. Isso lhe dará total liberdade. E, quando pensar nas ações da Thorn, não se esqueça do que aconteceu no colapso do mercado de ações.

Isso fez eu me decidir. Se eu aceitasse as ações da Thorn e o valor delas despencasse, eu ficaria impotente para impedir a ação do banco. Sir

Freddie Laker me lembrou de que tudo acontece numa velocidade de tirar o fôlego. Mais ou menos como a Virgin, a companhia aérea dele travara uma longa batalha contra a British Airways e, bem quando ele precisou de apoio, os bancos cancelaram seus empréstimos. Ele foi convidado a conversar com os bancos, esperando que concordassem com um pequeno aumento em seu limite com base em uma alta esperada para o ano seguinte, mas, quando chegou, foi conduzido a uma sala de espera. Ninguém foi vê-lo por trinta minutos. Por fim, conseguiu falar com o diretor do banco, que o levou a outra sala. Bastou olhar para o rosto das pessoas ao entrar para perceber que algo terrível havia acontecido.

– Pedimos a concordata da Laker Airways – disseram.

Estava tudo acabado. Não havia nada que Sir Freddie pudesse fazer para evitar que os administradores judiciais demitissem todo o pessoal, mudassem as fechaduras dos prédios, confiscassem todas as propriedades da empresa, deixassem os passageiros na mão e devolvessem os aviões. Os balcões de check-in da Laker em Gatwick desapareceram da noite para o dia e a central de vendas parou de aceitar reservas. Os telefones foram desligados e o trabalho de uma vida inteira desapareceu em seis horas. Foi a experiência de Sir Freddie que, mais do que qualquer outra coisa, me impediu de forçar a barra com os bancos. No momento em que eu permitisse que assumissem o controle, a Virgin Atlantic estaria acabada. Saber que US$1 bilhão já estiveram na mesa era um consolo irrisório.

Obstinado como sou, reconheci que chega a hora de recuar. "Viva para o presente", diz a velha máxima dos meus pais que não saía da minha cabeça, "e o futuro cuidará de si mesmo." Meu instinto para manter o envolvimento com a Virgin Music e aceitar as ações da Thorn EMI foi abrandado pela necessidade de segurança financeira. John Thornton, que defendia que eu deveria aceitar as ações, não conhecia a situação toda; nem Peter Gabriel, que argumentava que eu não devia vender. E então, empurrando a Virgin Music para o passado, peguei o telefone e liguei para John Thornton na Goldman Sachs.

– Vou aceitar o dinheiro – me ouvi dizer. – Deixo o resto por sua conta.

– Tudo bem – respondeu ele. – Os advogados já estão terminando. Ligo para você quando for hora de vir para cá.

Embora tivesse salvado a companhia aérea, senti que matei algo dentro de mim. Olhando para Simon e Ken, fiquei triste porque cada um de nós seguiria caminhos diferentes. De certa forma, eu estava mais feliz por Ken: ele ficaria na Virgin dentro da EMI e logo estaria lançando discos de Janet Jackson e dos Rolling Stones. Não tinha ideia do que Simon faria, mas suspeitei que curtiria uma vida mais tranquila. Sabia que, assim que encerrasse a questão da Virgin Music, eu teria que sair do *corner* e lutar com a British Airways. Já tinha perdido a conta de quantos assaltos tínhamos lutado e estava começando a me sentir abatido e exausto.

Tivemos que esperar para assinar os contratos, já que a Fujisankei, que detinha participação de 25 por cento da empresa, tinha uma cláusula preferencial que lhes permitia igualar qualquer oferta pela Virgin Music. Também tivemos que decidir se aceitaríamos a oferta da Thorn EMI de £510 milhões em dinheiro assumindo dívidas da Virgin até um valor fixo de £50 milhões, ou de £500 milhões em dinheiro e quaisquer dívidas da empresa na data de finalização em quatro semanas. Embora tivéssemos que continuar a administrar a Virgin Music como sempre, Ken tinha certeza de que, na finalização, a dívida seria menor.

– Temos algumas boas vendagens no momento – disse ele. – Vamos pegar todo o dinheiro agora.

Optamos, então, por £510 milhões mais £50 milhões de dívidas na Virgin Music. No fim das contas, Ken estava certo (como sempre!) e conseguimos mais £10 milhões por escolher essa opção. Nesse meio-tempo, tivemos de esperar até 3 da manhã antes que a Fujisankei finalmente concordasse conosco e optasse pelo dinheiro da Thorn EMI. Estava amanhecendo quando assinamos os contratos. Na manhã seguinte, a Thorn EMI anunciou a compra da Virgin Music por exatamente US$ 1 bilhão – ou £560 milhões.

Simon, Ken e eu fomos ver os funcionários em nossos escritórios na Harrow Road.

– É como perder o pai ou a mãe – Simon comentou comigo quando entramos. – Você acha que está preparado, mas, quando acontece, percebe que é totalmente incapaz de lidar com isso.

Para mim, parecia mais com a morte de um filho. Simon, Ken e eu tínhamos começado a Virgin do zero, mantivemos a empresa funcionando durante todos os momentos em que parecia que ela estava chegando ao fim e a reinventamos com cada geração de música para que continuasse a ser a gravadora mais empolgante do ramo. Enquanto outras gravadoras como a Apple ainda simbolizavam os Beatles e Abbey Road, a Virgin havia saltado de Mike Oldfield e Gong para Sex Pistols, depois Boy George, depois Phil Collins, depois Peter Gabriel, depois Bryan Ferry, depois Janet Jackson e Rolling Stones. Ao longo de cada era – hippie, punk, new wave – o gosto de Simon foi preponderante e Ken manteve tudo sob controle.

Ken se levantou e disse a todos que fariam parte da Thorn EMI, e que ele ficaria com a EMI para garantir a independência da Virgin. Simon começou a falar, mas logo desandou a chorar. Todos olharam para mim. Eu me levantei, também à beira das lágrimas. Era inútil. Eu estava em uma situação impossível. Não poderia lhes dizer o verdadeiro motivo para a venda da empresa deles. Se eu contasse a verdade sobre a atitude do banco em relação à Virgin Atlantic, a companhia aérea e o resto das empresas da Virgin seriam prejudicadas pela falta de confiança. Companhias aéreas são construídas com base na confiança, e uma admissão de fraqueza assustaria os passageiros. E assim, odiando a mim mesmo por parecer ter lucrado, ofereci a todos um emprego na Virgin Atlantic, se estivessem insatisfeitos com a EMI, e garanti a todos que Ken cuidaria deles. Quando Jon Webster propôs um voto de agradecimento a mim, Simon e Ken pelos "melhores anos de nossas vidas", não aguentei mais. Saí da sala e comecei a correr pela Ladbroke Grove, lágrimas descendo pelo rosto.

Alheio aos olhares dos transeuntes, devo ter corrido mais de um quilômetro. Ao passar por uma banca de jornal, vi um pôster do *Evening Standard* que deveria acabar com o choro da maioria dos homens adultos: "Branson vende por £560 milhões em dinheiro". Passei correndo, as lágrimas ainda escorrendo pelo rosto, e de alguma forma cheguei em casa. Joan tinha saído, então fui até a cozinha e coloquei a chaleira no fogo. Era uma manhã fria de março, mas as cerejeiras no fundo do jardim e em Holland Park estavam começando a florescer. Enquanto eu olhava para fora, uma raposa que estava escondida na cerca viva trotou até a porta dos fundos, onde Joan deixou restos de comida para ela. Pegou uma carcaça de frango, girou nos calcanhares e desapareceu no mato. Na última fotografia de Lord King que tinha visto, ele estava a cavalo, resplandecente em trajes de caça completos.

"Estou me sentindo completamente deprimido", escrevi no meu caderno sobre a decisão de aceitar o dinheiro no lugar das ações. "Optei pela alternativa conservadora pela primeira vez na vida. Todos os meus consultores (com exceção de John Thornton) defendiam isso."

Além de ganhar £10 milhões a mais por escolher a opção de dívida fixa, Ken também nos conseguiu outro lucro de £9 milhões com o câmbio da transferência para a Fujisankei. A Thorn EMI nos pagou £510 milhões em dinheiro, dos quais tínhamos que pagar £127,5 milhões à Fujisankei. A Fujisankei queria sua parte em ienes, então tivemos que fazer a conversão de moeda. Tivemos um mês de tolerância entre receber o dinheiro e repassá-lo na finalização em 1º de junho. Tínhamos que escolher quando converter para ienes. Simon e Trevor queriam fazer isso imediatamente, para que todos tivéssemos algum controle da situação. Ken e eu estávamos um pouco mais relaxados e inclinados a jogar com isso. Mantivemos o valor em libras esterlinas e, por sorte, as libras esterlinas valorizaram em relação ao iene. Fizemos a conversão no último momento, conseguindo um lucro adicional de £9 milhões. Nada como um pouco de sorte!

E assim a crise foi resolvida. Do preço original de compra em dinheiro de £510 milhões, a Fujisankei recebeu £127,5 milhões, e nós recebemos mais de £390 milhões. Simon e Ken pegaram sua parte e cada um seguiu seu caminho. Usei minha parte para pagar o banco e investi o dinheiro restante na Virgin Atlantic. Os boatos sobre a Virgin Atlantic ter que pagar o combustível em dinheiro agora estavam completamente desmentidos. Tínhamos mais dinheiro disponível do que a British Airways.

Os bancos de pronto começaram a me telefonar com renovada impaciência – não mais para exigir seu dinheiro de volta, já que tínhamos pago a dívida deles, mas para oferecer colocar meus fundos em contas remuneradas a juros altos, contas offshore; para investi-lo; para me convidar para almoçar; para fazer algum tipo de negócio comigo; e – é claro, sem perceber a ironia – oferecendo-se para me emprestar tanto dinheiro quanto eu quisesse para financiar quaisquer negócios futuros!

Demorei um pouco para entender as implicações da venda. Pela primeira vez na vida, eu tinha dinheiro suficiente para realizar meus sonhos mais loucos. Nem tive tempo para pensar nisso, porque naquela mesma semana a história da British Airways deu uma guinada que ocupou toda a minha atenção. De certa forma, fiquei satisfeito por não ter tido tempo para pensar na venda da Virgin Music. Odeio viver no passado. Não queria pensar, em especial, em todas as amizades perdidas. Mas o peso havia sido tirado de meus ombros e, bem lá no fundo, eu sabia que o Virgin Group agora estava livre para se desenvolver na direção que escolhêssemos. A Virgin Music podia ter terminado; Ken, Simon e eu tínhamos nos separado; mas o melhor ainda estava para vir.

– Penni – pedi – você pode me por favor dar o número de Freddie Laker em Miami?

Disquei o número.

– Freddie – falei. – Aqui é o Richard. Decidi seguir seu conselho: estou processando os desgraçados!

– Vá em frente! – respondeu Freddie.

Ao iniciarmos o processo judicial, a única coisa que eu precisava ficar me lembrando era que se tratava de um caso de difamação, não uma discussão sobre práticas comerciais. Eu tinha que limpar meu nome.

A organização das evidências aconteceu em três etapas: tínhamos todas as nossas próprias evidências, que já conhecíamos; recebemos uma vasta coleção de documentos da British Airways conforme as regras de compartilhamento de informações do processo; e muitas evidências começaram a ser fornecidas por funcionários desiludidos da British Airways. Essas eram as evidências mais poderosas.

Do nada, Gerrard recebeu uma ligação de um ex-funcionário da BA chamado Sadig Khalifa, que trabalhava na aviação civil desde 1974, quando era funcionário da British Caledonian em Trípoli. Quando a British Airways assumiu a B-Cal em 1988, Khalifa entrou para uma divisão da BA chamada Serviços Especiais, que tratava de quaisquer problemas especiais com passageiros. Em 1989, ele começou a trabalhar no check-in no Aeroporto de Gatwick e depois foi para a Central de Ajuda, que supostamente estava lá para receber os passageiros da BA, ajudá-los na transferência entre voos e cuidar dos idosos. Outra atividade mais clandestina era tentar roubar passageiros de outras companhias aéreas. Havia uma equipe equivalente em Heathrow apelidada de "Caçadores".

Em abril de 1990, o departamento de Vendas e Reservas assumiu a equipe da Central de Ajuda e o novo chefe, Jeff Day, entrou no escritório da Central de Ajuda e anunciou para Khalifa e sua equipe de quinze funcionários que "ajudar senhoras idosas no portão de embarque não dá dinheiro. O que vocês precisam fazer é sair e conseguir mais passageiros das outras companhias aéreas." Khalifa contou a Gerrard sobre uma segunda reunião em agosto que, por ordem de Jeff Day, deveria ser uma "reunião fechada": nenhum funcionário que não fosse da Central de Ajuda poderia participar nem ficar sabendo.

Nessa reunião, Jeff Day disse a Khalifa e seus colegas que a Central de Ajuda tinha uma nova tarefa: acumular o máximo possível de informações sobre a Virgin Atlantic. Isso incluía informações sobre voos: número de passageiros com reserva nos voos, número de passageiros que efetivamente embarcaram, proporção de passageiros na executiva e na econômica e o horário de partida. No final de cada turno, os funcionários da Central de Ajuda tinham que preencher um formulário para cada voo e entregá-lo pessoalmente a uma tal sra. Sutton, que o entregava a Day. E como eles conseguiriam essas informações? Jeff Day disse aos funcionários da Central de Ajuda que eles poderiam conseguir as informações usando os números dos voos da Virgin para obter acesso direto ao Sistema de Reservas da British Airways, conhecido no ramo como BABS. Isso era algo que eles tinham assegurado à Virgin que não fariam. As fechaduras da sala da Central de Ajuda foram trocadas, e eles deveriam manter em segredo a natureza de suas atividades. Uma mulher que trabalhava com Khalifa se recusou a participar dessas atividades por considerá-las imorais, e o resto da equipe a encobriu.

Gerrard pegou um depoimento de Khalifa, que depois enviamos para a British Airways. Aquele se tornaria um dos principais pilares do processo judicial.

Imediatamente após a declaração de Khalifa chegar aos advogados da BA, recebi uma ligação de Michael Davis, um diretor não executivo da BA que era amigo de longa data dos meus pais. Ele me perguntou se poderíamos nos encontrar para o café da manhã.

Quando nos encontramos, Michael começou a falar sobre "constrangimento". Essa foi a primeira sugestão de um pedido de desculpas. Ele obviamente foi o único diretor não executivo a falar comigo. Lord King e Sir Colin Marshall claramente ainda não estavam dispostos a se rebaixar ao meu nível e reconhecer que havia alguma verdade nas minhas acusações, mas Michael Davis, por ser amigo da família, havia sido designado como a pessoa que melhor poderia lidar com a difícil ideia de a BA talvez ter cometido alguns erros.

– Acho que nós três devíamos ter uma conversinha – disse Michael. – Uma conversinha. Nós três: você, eu e Sir Colin.

– Sir Colin?

– É, ele ainda vai estar por aí por mais uns dez anos, sabe. Veja, King já era; vida longa ao Marshall. Acho que seria sensato nos encontrarmos, nós três, e ver se conseguimos tirar algo sensato disso.

Observei Michael Davis procurar as palavras certas. Lendo nas entrelinhas, ele estava me dizendo que os dias de Lord King na British Airways tinham acabado.

– Veja, certas pessoas na British Airways reconhecem que houve um certo constrangimento – confessou. – Houve uma aceitação desse constrangimento, mas se vamos ter um relacionamento sensato no futuro, acho que você, eu e Sir Colin devemos nos sentar para conversar.

Enquanto ouvia a sintaxe torturada dele e sua tentativa de me propor um acordo, percebi que estava ouvindo alguém falar do dinheiro de outra pessoa e do sustento de outra pessoa. Michael Davis, Sir Colin Marshall, Robert Ayling e Lord King receberiam seus salários, não importava o que tivessem iniciado na British Airways. Os acionistas da BA acumulariam dinheiro para pagar Brian Basham, para pagar os detetives e pagar seus advogados quando eu os processasse. Talvez fosse um bom investimento: se tivessem conseguido tirar a Virgin Atlantic do mercado, teria sido um dinheiro muito bem gasto. Mas a Virgin Atlantic era, antes de mais nada, minha própria empresa. Era uma empresa privada e, se a BA roubasse um passageiro de executiva para Nova York, seriam £3.000 que a Virgin perderia; £3.000 que não poderíamos reinvestir no negócio. E, ao contrário da BA, eu não tinha grandes reservas corporativas de onde tirar o pagamento dos salários. Então, apesar de toda a conversa sobre "constrangimento", Michael Davis estava fugindo da questão principal: a BA tinha se esforçado muito para me tirar do mercado e tirar o emprego dos meus funcionários. Também me forçaram a vender a Virgin Music, o que afetou todo um grupo de outras pessoas que não tinham nada a ver com a companhia aérea. Isso me deixou furioso. Eu não ia me sentar para tomar café da manhã feito um cavalheiro e concordar que era tudo só um pouco de "constrangimento".

Ao longo de todo o episódio dos truques sujos, fui acusado de ser "ingênuo": ingênuo de acreditar que a British Airways pudesse se comportar daquela forma, ingênuo de pensar que a British Airways algum dia pararia de se comportar daquela forma, ingênuo de acreditar que eu algum dia conseguiria levar a British Airways ao tribunal, ingênuo de pensar por um segundo que eu poderia ganhar um processo judicial. A palavra "ingênuo" ficava ecoando na minha cabeça e em alguns momentos quase minou minha decisão de continuar. Sir Michael Angus disse a Sir Colin Southgate que eu era ingênuo de enfrentar a British Airways "como se estivesse numa história de aventura"; Jeannie Davis disse aos meus pais que "Ricky devia aprender a lidar com altos e baixos"; e até mesmo pessoas como Sir John Egan, da BAA, me disseram para "não abusar da sorte". Talvez eu fosse ingênuo de lutar pela justiça que queria; talvez fosse idealismo; ou talvez eu fosse só teimoso mesmo. Mas eu sabia que as atividades da British Airways eram ilegais e queria uma compensação. Estava determinado a fazer todas aquelas pessoas que desprezaram minha postura "ingênua" engolirem o que disseram.

Liguei para Gerrard Tyrrell depois do café da manhã e contei-lhe como Michael Davis havia sido simpático e persuasivo.

– Bobagem – retrucou ele. – A BA teve a chance de fazer um acordo no início, mas não fez. Só estão sendo obrigados a considerar um acordo porque agora os advogados deles estão cara a cara com um buraco negro de culpa.

Nunca tinha ouvido Gerrard tão zangado.

– Você nunca terá uma oportunidade melhor do que agora para pegá-los – continuou ele. – Não desista agora.

– Estou só testando você – respondi. – Claro que não vou desistir.

Na semana seguinte, nos reunimos com George Carman, o formidável QC que estava preparando nosso caso. Com o cabelo branco e a conduta impecável, George parecia o tio preferido de todos quando estava fora dos tribunais. Lá dentro, tinha a sutileza, a tenacidade e o instinto assassino de um louva-a-deus. As pessoas faziam o que podiam para evitá-lo.

– O que vocês acham do início do meu discurso? – George nos perguntou. – "A companhia aérea preferida do mundo tem um passatempo preferido: destruir documentos que possam ser mal interpretados."

Liguei para Michael Davis e lhe disse que não podia concordar em deixar minhas acusações serem varridas para baixo do tapete. O início do julgamento foi marcado para janeiro, e os diretores da British Airways seriam interrogados por George Carman. Eu nem precisei insinuar o quanto George Carman gostaria disso. Sério com essa perspectiva, Michael Davis desligou o telefone.

A essa altura, eu estava muito confiante de que poderíamos vencer a BA. Não só havíamos descoberto muita coisa sobre os truques sujos deles, como também descobrimos detalhes de uma extraordinária operação secreta da BA.

Alguém entrou em contato com o meu escritório para dizer que tinha informações sobre uma operação secreta montada pela BA envolvendo vários detetives particulares. Ele disse que tinha um disco de computador com um diário de tudo que os detetives particulares haviam feito. Insistiu que eu o encontrasse pessoalmente antes de entregar o disco.

Eu me sentia meio estranho ao entrar no carro com Julia Madonna, uma de minhas assistentes. O desconforto se devia em parte ao fato de eu estar usando um microfone escondido na região da virilha para poder gravar minha conversa com o contato. Eu sabia como a fita da reunião de Brian Basham com Chris Hutchins tinha sido vital, e não deixaria nada ao acaso com esta reunião. Quando montei a Virgin Atlantic, não fazia ideia de que precisaria bancar o James Bond para administrá-la!

VITÓRIA

ALGUÉM ENTROU EM CONTATO COM O MEU ESCRITÓRIO PARA DIZER QUE TINHA INFORMAÇÕES SOBRE UMA OPERAÇÃO SECRETA MONTADA PELA BA ENVOLVENDO VÁRIOS DETETIVES PARTICULARES.

Rabisquei em meu caderno enquanto nosso contato falava:

> *Tentando descobrir o que estávamos fazendo [mas] não queria dar essa impressão. Não no nível de Lord King... Tomando cuidado para não ser visto fazendo alguma investigação, só colocando defesas.*

O mais importante foi nosso contato nos dar o disco do computador. Quando o imprimi, foi uma revelação. Os detetives particulares mantiveram um registro extremamente detalhado do que andavam fazendo e a quem estavam se reportando na British Airways. O registro revelou que a operação tinha recebido o codinome "Covent Garden". A primeira entrada, datada de 30 de novembro de 1991, dizia: "Primeira vista do relatório do Projeto Bárbara no escritório de S1 em Enserch House [sede da BA no centro de Londres]." "S1", descobrimos depois, era o codinome de David Burnside, e "Projeto Bárbara" era o relatório sobre a Virgin que Basham tinha dado a Chris Hutchins.

A maior parte da alta gerência da BA era mencionada, mas receberam referências alfanuméricas para que seus nomes verdadeiros nunca aparecessem impressos. Achei relativamente fácil estabelecer quem era quem: Lord King era "LK" ou "C1", Colin Marshall era "C2" e Basham era "S2". Havia outros, "R1" e "R2", que desconhecíamos. Descobrimos serem os detetives particulares Nick Del Rosso e Tom Crowley, que lideravam a equipe sob o pretexto de tentar encontrar o espião infiltrado na BA que estava vazando informações para nós. A operação Covent Garden foi supostamente executada pela Ian Johnson Associates, "consultores de gestão de segurança internacional". O registro detalhava como Johnson e Del Rosso informaram o diretor de segurança da BA, David Hyde, e o diretor jurídico, Mervyn Walker, sobre o andamento da operação Covent Garden. Também registrava reuniões com Robert Ayling e Colin Marshall.

O registro continha detalhes surpreendentes de como a equipe de detetives havia convencido alguns dos gerentes de alto escalão da BA de que estávamos conduzindo uma operação secreta contra a BA. O montante que, segundo as estimativas deles, estávamos gastando em nossa operação inexistente era de £400.000. Mais tarde, descobrimos que a BA estava gastando £15.000 por semana com a operação Covent Garden.

O completo absurdo da operação foi revelado pelos detalhes de como os detetives haviam vigiado o Hotel Tickled Trout em Lancashire com câmeras secretas e equipamento de gravação de som. A ideia era gravar secretamente uma reunião entre Burnside e um "agente" que, acreditava a equipe da Covent Garden, trabalhava para a Virgin. Havia ainda o registro de como seus planos falharam quando Burnside não conseguiu ligar sua escuta! Eu poderia ter poupado a BA desse trabalho: nunca empreguei detetives particulares e nunca empregarei. Não é assim que eu ou a Virgin trabalhamos.

Quando terminei de ler o registro da Covent Garden, parecia que tinha voltado de um universo paralelo – um universo criado na imaginação dos conspiradores contratados pela BA e da alta administração ao custo de milhares de libras. Comecei mesmo a ansiar pelo caso de difamação, que estava sendo anunciado como a "mãe de todos os julgamentos por difamação".

7 DE DEZEMBRO DE 1992

– A BA desmoronou – contou-me George Carman. – Eles hoje depositaram em juízo pouco menos de meio milhão de libras, £485.000, para ser mais preciso. Admitiram de fato que são inteiramente culpados da acusação.

Mais tarde, descobrimos que, pouco antes do início do processo judicial, os advogados da BA lhes disseram que não tinham esperança de ganhar. Se quisessem evitar a humilhação de estar no banco das testemunhas e serem interrogados por George Carman, e de ver todas as suas atividades publicadas na imprensa, a única opção era fazer um depósito em juízo e começar a negociar um acordo extrajudicial.

De início fiquei em dúvida se deveria aceitar o dinheiro. Eu era inocente e poderíamos colocar todos os diretores do BA no banco das testemunhas e destruí-los. Mas depois, conforme conversávamos sobre isso, percebi que, embora fosse tentador, tal atitude era muito arriscada e poderia ser vista como vingativa.

– Você tem que se lembrar por que começou este caso – George Carman me aconselhou. – Você queria que os truques sujos parassem, e queria limpar seu nome. A BA admitiu que você está totalmente certo. Você limpou seu nome.

"Se você persistir com o caso, duas coisas podem dar errado. O júri pode lhe dar uma indenização, mas podem pensar que você é um homem tão rico que não precisa de £500.000, e só lhe dar £250.000. Isso seria visto como um fracasso para você e um triunfo para a British Airways. Se o júri lhe der menos do que a British Airways pagou em juízo, você terá que pagar as custas das duas partes. Então você pode ganhar o caso, mas vai perder muito dinheiro, e as pessoas ficarão confusas com relação ao motivo para a Virgin Atlantic ter que pagar £3 milhões em custas".

Essa última parte do conselho de George foi muito persuasiva. Embora de certa forma minha decisão por um acordo extrajudicial pudesse ser meio anticlimática, já que não teríamos a satisfação de ver George Carman interrogando os diretores, ao decidir aceitar a oferta da BA conseguimos uma vitória completamente limpa, sem riscos associados, e estávamos imediatamente livres para começar a administrar a empresa.

– O que temos que fazer agora, então? – perguntei.

– Temos 21 dias para retirar o dinheiro de juízo, se formos aceitá-lo.

– Então vamos fazer isso?

– Meu Deus, não – respondeu George, parecendo chocado. – Eu não vou aceitar. Vou fazer com que nos deem pelo menos £600.000. Se deram £485.000, podem aumentar para £600.000. Cada £100.000 garante uma manchete um pouco maior.

George passou uma semana negociando o pagamento. Em 11 de dezembro de 1992, concordamos com os termos do maior pagamento por difamação não contestado já feito na história jurídica britânica: £500.000 para mim pessoalmente para compensar a difamação pessoal e £110.000 para a Virgin Atlantic para compensar a difamação corporativa.

11 DE JANEIRO DE 1993

"Virgin ferra a BA" era a manchete do *Sun*. Não havia muito espaço para mais nada na primeira página.

— Eu teria preferido o contrário — disse-me Kelvin MacKenzie, editor do *Sun*. — Teria dado uma manchete melhor.

Eu estava no gabinete de George Carman com Gerrard Tyrrell e meu pai, com quem tive o prazer de compartilhar o triunfo. Caminhamos até o Supremo Tribunal na Strand e abrimos caminho em meio à massa de fotógrafos do lado de fora. O corredor do lado de fora do tribunal onze, onde aconteceria a audiência, estava fervilhando. Lá dentro, a sala estava muito quieta. A British Airways foi notada por sua ausência: Lord King, Sir Colin Marshall e Robert Ayling, os três protagonistas, não estavam lá. David Burnside estava ausente. Brian Basham tinha viajado para o exterior, mas seus advogados estavam lá numa última tentativa de remover seu nome da declaração de desculpas. O juiz ouviu a petição e, em seguida, pediu a opinião dos advogados da British Airways. Eles concordaram com a Virgin que o nome de Brian Basham deveria ser incluído no pedido de desculpas. O juiz decidiu que o pedido de desculpas deveria permanecer como preparado.

George Carman levantou-se e leu a declaração acordada. Quando chegou perto do final, fez-se completo silêncio no tribunal:

— A British Airways e Lord King agora aceitam sem reservas que as alegações que fizeram contra a boa-fé e a integridade de Richard Branson e da Virgin Atlantic são completas inverdades. Também aceitam que Richard Branson e a Virgin tinham motivos razoáveis para sérias preocupações com relação às atividades de vários funcionários da British Airways e do sr. Basham, e ao seu possível efeito sobre os interesses comerciais e a reputação da Virgin Atlantic e de Richard Branson. Nessas circunstâncias, a British Airways e Lord King estão aqui agora na pessoa de seu advogado para se desculparem e fazerem pagamentos muito substanciais aos demandantes a título de compensação pelos danos e sofrimentos causados por suas falsas alegações. Buscam também retirar sua reconvenção contra a Virgin Atlantic e Richard Branson.

"Além disso, a British Airways e Lord King concordaram em pagar as custas judiciais de Richard Branson e da Virgin Atlantic referentes à ação e à reconvenção e se comprometeram a não repetir as alegações difamatórias que constituem o fundamento desta ação."

George Carman fez uma pausa para tomar fôlego. O tribunal prendeu a respiração.

– A British Airways e Lord King devem pagar indenização de £500.000 a Richard Branson e indenização de £110.000 à Virgin Atlantic.

George teve que levantar a voz para se fazer ouvir acima do ruído súbito no tribunal:

– À luz da natureza irrestrita do pedido de desculpas e do pagamento de uma quantia muito substancial a título de indenização, Richard Branson e a Virgin Atlantic consideram que sua reputação está publicamente vindicada ao concordar em resolver a ação nestes termos.

Vi lágrimas escorrendo pelo rosto de meu pai enquanto ouvia o acordo. Ele tinha um grande lenço de seda no bolso do paletó e o pegou para enxugar os olhos. Cerrei os punhos sob a mesa para não me levantar de um pulo.

A única nota chocante estava no pedido de desculpas da British Airways; apesar de se desculparem sem reservas, em seguida se absolveram de qualquer culpa:

– A investigação realizada pela British Airways durante o curso deste litígio revelou uma série de incidentes envolvendo seus funcionários, que a

British Airways aceita serem lamentáveis e que deram a Richard Branson e à Virgin Atlantic motivos razoáveis para preocupação. No entanto, eu gostaria de enfatizar – disse seu advogado – que os diretores da British Airways não participaram de nenhuma campanha coordenada contra Richard Branson e a Virgin Atlantic.

Várias pessoas no tribunal bufaram de escárnio. Foi a única frase que a British Airways se recusou a excluir do pedido de desculpas.

– Deixe-os manter a frase – George Carman por fim me aconselhou. – As pessoas verão exatamente o que isso significa de verdade. Essa palavra "coordenada" ainda vai dar o que falar.

Depois, com a permissão do juiz, o advogado de Basham se levantou para frisar que seu cliente não aceitava que as referências a ele na declaração anterior fossem um resumo preciso de suas ações em nome da BA.

Lá fora, na confusão louca de jornalistas e fotógrafos, levantei as duas mãos e agitei os punhos em triunfo.

– Aceito esta decisão não apenas pela Virgin – disse eu –, mas também por todas as outras companhias aéreas: pela Laker, pela Dan Air, Air Europe e B-Cal. Elas quebraram e nós sobrevivemos à British Airways, mas por pouco.

De volta a Holland Park, a festa começou. Decidi dividir os £500.000 de indenização com todos os funcionários da Virgin Atlantic, já que todos tinham sofrido com a pressão que a British Airways nos causou sob a forma de redução de salários e cortes nos bônus dos funcionários. A televisão estava ligada em um canto e todos os noticiários cobriam o sucesso da Virgem como a história principal do dia. A ITN até entrevistou Sadig Khalifa e Yvonne Parsons. A festa parou por um momento para aplaudi-los, depois continuou.

Muito mais tarde, eu conversava com alguém quando fui atingido por uma onda de exaustão. Percebi que havíamos vencido. Todo o estresse sumiu dos meus ombros; abri um sorriso largo, feliz e satisfeito, tombei de lado e adormeci profundamente.

29.

TERRITÓRIO VIRGIN

1993 - 1998

Mil novecentos e noventa e três foi um divisor de águas para a Virgin. Daquele momento em diante, e pela primeira vez, tivemos o luxo do dinheiro; e, com "Virgin", tínhamos uma marca forte que podia ser emprestada a uma ampla variedade de empresas. Estávamos em território desconhecido, mas enfim podíamos nos dar ao luxo de seguir nossos instintos, em vez de gastar todo o tempo persuadindo outras pessoas a seguir os instintos delas. Depois de darmos o surpreendente salto lateral da Virgin Records para a Virgin Atlantic, podíamos tentar a sorte em qualquer coisa. Tínhamos avançado muito desde que copiamos pela primeira vez um antigo contrato de gravação na casa flutuante e assinamos com Mike Oldfield. Os tempos tinham mudado e tínhamos £500 milhões no banco. Mas eu não pretendia parar por aí.

A essa altura, é claro que eu poderia ter me aposentado e concentrado minhas energias em aprender aquarela ou ganhar da minha mãe no golfe. Não era, e ainda não é, da minha natureza fazer isso. As pessoas me perguntavam: "Por que você não aproveita para se divertir agora?". Mas o que elas não entendiam era que, para mim, era divertido. A diversão está no cerne de como eu gosto de fazer negócios e tem sido a chave para tudo o que fiz desde o início. Mais do que qualquer outro elemento, a diversão é o segredo do sucesso da Virgin. Estou ciente de que a ideia de negócios serem divertidos e criativos vai contra as convenções, e certamente não é como ensinam em algumas dessas escolas de negócios, onde negócio significa trabalho árduo e muitos "fluxos de caixa descontados" e "valores presentes líquidos".

Sempre me pedem para definir minha "filosofia de negócios", mas em geral não defino nada porque não acredito que isso possa ser ensinado como se fosse uma receita. Não existem ingredientes e técnicas que garantam o sucesso. Existem parâmetros que, se seguidos, vão garantir a continuidade de uma empresa, mas não é possível definir claramente o sucesso da nossa empresa e depois envasá-lo como se fosse um perfume. Não é tão simples: para ter sucesso, você tem que estar lá, tem que já começar correndo; e, se estiver cercado por uma boa equipe e tiver uma boa dose de sorte, talvez faça algo acontecer. Mas seguir a fórmula de outra pessoa certamente não é garantia.

Empresas são uma substância fluida e mutável e, no que depender de mim, o grupo nunca ficará parado. Ele sempre foi uma coisa mutante e indefinível, e os últimos anos demonstraram isso. Mas só quando começa a escrever um livro como este é que você descobre até onde ainda quer ir. É assim que vejo este livro: um relato abrangente dos primeiros cinquenta anos da minha vida – os anos de luta –, mas também um trabalho e uma vida em constante evolução. Este livro nunca teve a intenção de ser árido como um balanço patrimonial, mas espero que dê uma ideia do que foi importante para minha vida e para as pessoas ao meu redor até agora.

A Virgin se expandiu nos últimos anos, talvez mais rápido do que qualquer outro grupo europeu, e se desenvolveu radicalmente no processo. Nosso jeito de fazer negócios pode permanecer o mesmo, mas o contexto sofreu uma mudança drástica. Depois da venda da Virgin Music e de nossa vitória sobre a British Airways em janeiro de 1993, percebi que, pela primeira vez na minha carreira empresarial, tinha escalado o muro e conseguia enfim espiar a terra prometida. Isso nem sempre foi possível. Existe uma linha muito tênue entre o sucesso e o fracasso para quem começa sem respaldo financeiro. A sobrevivência é a principal prioridade. Não importa quantos sucessos a Virgin tenha obtido, sempre havia o perigo de o dinheiro acabar. A Virgin ganhou dinheiro, mas sempre investi esse dinheiro em novos projetos para manter o crescimento do grupo. Como resultado, era raro termos o luxo do dinheiro sobrando para usar como reserva.

Ao longo dos anos, resistimos a três recessões, sofremos perdas, fechamos algumas empresas e, em alguns casos, tivemos que despedir funcionários. Mas, depois de 1993, nenhum banco poderia mais ditar como deveríamos administrar nossas empresas. Tínhamos liberdade financeira. Eu era de uma espécie rara: a maioria dos empresários não consegue ir tão longe nem sobreviver por tanto tempo. No processo para conseguir essa liberdade, tivemos que superar todo tipo de obstáculos lançados sem aviso em nosso caminho.

Quando nos estabelecemos como loja de discos por catálogo e, portanto, dependentes do correio, do nada veio uma greve dos correios que durou seis meses. Se não tivéssemos nos reinventado, teríamos falido. Não havia escolha. Poucos dias depois do início da greve, abrimos nossa primeira loja da Virgin Records. Podia ser uma sobreloja de uma loja de sapatos, mobiliada com apenas algumas prateleiras, um sofá surrado e uma caixa registradora, à qual se chegava por uma escada escura e estreita, mas, do seu jeito, nos ensinou tudo que sabemos sobre varejo. Posso traçar uma linha reta daquela lojinha até as Virgin Megastores em Londres, Paris e Nova York. É só uma questão de escala, mas primeiro você tem que acreditar que pode fazer acontecer.

Da mesma forma, quando a gravadora ainda ganhava impulso naqueles primeiros anos, todo contrato era decisivo. Podemos ter deixado de assinar com 10cc, mas ainda estávamos dispostos a arriscar a empresa quando tentamos novamente com a próxima banda. Lançamos a linha aérea com a cara e a coragem, e, quando o motor explodiu no voo de teste, podia ter acabado antes mesmo de começar. Tivemos sorte: cada vez que algo dava errado, estávamos um pouquinho à frente dos bancos.

Por mais complicadas que sejam as coisas, você ainda precisa ter em mente o panorama geral. A prova mais vívida disso veio durante o auge da recessão em 1992. Na época, eu estava tentando levantar dinheiro para instalar telas individuais em todas as nossas aeronaves – sempre acreditei que a Virgin deveria oferecer o melhor entretenimento a bordo. Precisávamos de £10 milhões para instalar os equipamentos no encosto de cada poltrona. Ninguém na Virgin Atlantic conseguiu o financiamento necessário; um dia estávamos todos sentados em Crawley, desesperados, a ponto de desistir, quando pensei em tentar uma última aposta.

Nervoso, peguei o telefone, liguei para a Boeing e pedi para falar com o CEO, Phil Conduit. Perguntei se, caso comprássemos dez novos Boeings 747-400, ele incluiria as telas individuais nos encostos da classe econômica. Phil ficou surpreso que alguém estivesse pensando em comprar aviões no meio daquela recessão e concordou na mesma hora. Liguei para Jean Pierson da Airbus e fiz a mesma pergunta sobre o novo Airbus. Ele concordou. Depois de mais algumas consultas, descobrimos que era mais fácil conseguir um crédito de £4 bilhões para comprar dezoito aeronaves novas do que conseguir um crédito de £10 milhões para os equipamentos de vídeo individuais. E assim a Virgin Atlantic de repente tinha uma frota de aviões novos em folha, a frota mais nova e moderna do setor, pelo menor preço que já havíamos conseguido antes ou depois disso.

O Virgin Group sempre teve vida própria e, com ele, sempre tentei pensar à frente. Quando tentei vender a *Student* à IPC Magazines no início dos anos 70, eles desistiram porque comecei a falar de todas as outras oportunidades comerciais que queria explorar: uma empresa de viagens Student que ofereceria viagens mais baratas que as companhias aéreas existentes, um banco Student porque achava que os estudantes eram explorados quando não tinham renda para se proteger. Eu queria até alugar trens da British Rail porque as passagens deles eram muito caras e os trens estavam sempre atrasados. Já naquela época, eu tentava, com recursos limitados, explorar o que era possível; queria entrar em alguns desses negócios e virá-los do avesso. Na época, tudo era teoria e estava além da minha capacidade, mas algumas ideias interessantes surgiram do processo. Posso ser um empresário, no sentido de abrir e administrar empresas pelo lucro, mas, quando tento planejar com antecedência e sonho com novos produtos e novas empresas, sou um idealista.

Meus planos grandiosos não funcionaram com a *Student*, mas, após a venda da Virgin Records, eu estava mais uma vez pronto para começar a forçar os limites. Dessa vez era bem diferente: eu não tinha só umas poucas libras na lata de biscoitos da *Student* – que acabamos gastando em comida para viagem –, mas um baú do tesouro com centenas de milhões de libras. Por um momento inebriante, tudo parecia possível. Tínhamos os fundos e, ainda mais importante, tínhamos o nome "Virgin", que já tinha um histórico de se reinventar. Nada nos impedia de nos tornarmos outra coisa.

Eu deixo meus instintos correrem soltos. Em primeiro lugar, qualquer proposta comercial deve parecer divertida. Se existe um mercado atendido por apenas duas corporações gigantescas, parece-me que há espaço para um pouco de competição saudável. Além de me divertir, adoro jogar lenha na fogueira. Adoro fazer grandes empresas competirem de igual para igual, especialmente se oferecem produtos caros e de baixa qualidade.

No início da década de 1990, já havia rabiscos no meu caderno sobre a possibilidade de lançar uma linha de refrigerantes Virgin, com Virgin Cola como carro-chefe, que poderia competir com a Coca-Cola, uma das dez maiores empresas do mundo. A Cott Corporation é especializada no envase de refrigerantes de marca própria e estava atrás de uma marca que pudesse ter apelo global.

— Você tem o fator X, o fator Y... você tem todos os fatores que existem — disse-me Gerry Pencer, executivo-chefe da Cott Corporation. — As pessoas gostam da Virgin, confiam no nome. Elas vão comprar um produto porque é da Virgin. Então, que tal? Nós temos a receita, você tem o nome. O que acha de Virgin Cola?

Como sempre, quando as pessoas me dizem para não fazer algo depois que já me decidi, fico cada vez mais determinado a tentar. Nesse caso, todos reconhecemos que seria uma disputa acirrada nas prateleiras dos supermercados, mas, uma vez que constatamos um risco financeiro mínimo em caso de fracasso, decidimos prosseguir. Sabíamos que o produto era tão bom quanto a Coca ou a Pepsi, e a primeira degustação às cegas que fizemos na escola próxima, seguida por muitas outras em todo o país, estabeleceu que a maioria das pessoas preferia Virgin Cola às outras. E então começamos a produzir Virgin Cola. Em poucos meses estávamos vendendo £50 milhões em Virgin Cola em todo o país e tínhamos abocanhado cinquenta por cento do mercado nas lojas que mantinham estoque do produto. O próximo passo foi lançar o refrigerante na França, na Bélgica e na África do Sul, e até conseguimos colocar uma máquina de Virgin Cola bem embaixo do anúncio da Coca na Times Square, em Nova York. Isso foi depois de derrubarmos uma parede de latas de Coca-Cola e de Pepsi com um tanque Chieftain e atirarmos no anúncio da Coca na Times Square!

De início, a matriz da Coca-Cola não considerava a Virgin Cola uma ameaça séria, então não houve oposição deles. O que eu não sabia era que na sede da Coca, em Atlanta, havia uma inglesa trabalhando no alto escalão da Coca-Cola. Ela avisou a gerência de lá que a Virgin tinha o poder e a marca para abalar a Coca em todo o mundo e convenceu seus diretores a deixá-la formar uma equipe SWAT na Inglaterra para tentar nos eliminar. Dias depois, ela e sua equipe se mudaram para a Inglaterra. Ofereceram condições imbatíveis aos varejistas para que comprassem o refrigerante deles em vez do nosso. Varejistas menores foram ameaçados com a remoção das geladeiras da Coca-Cola. A campanha da Coca-Cola foi ainda mais poderosa do que a campanha de truques sujos da British Airways para eliminar a Virgin Atlantic, mas a Virgin Cola sobreviveu. Ironicamente, essa mesma mulher agora está no alto escalão do principal banco da Virgin.

Olhando para o futuro, eu não tinha como saber se a Virgin Cola se tornaria uma líder global em refrigerantes ou não, mas, como acontece com todas as nossas empresas, mantenho a cabeça aberta. Mas eu sei que a Virgin Cola, que agora se expandiu e se tornou Virgin Drinks, é um indicativo da filosofia da Virgin: por trás de toda a diversão e a balbúrdia das vendas, existe um plano de negócios sólido. A decisão de lançar a Virgin Cola se baseou em três fatores principais: encontrar as pessoas certas, usar a marca Virgin de forma positiva e se proteger dos reveses.

O plano de negócios para a Virgin Cola era claro: nunca perderíamos muito dinheiro com as vendas. Sua produção é tão barata que, ao contrário da maioria dos outros produtos, o custo de fabricação é insignificante. Pudemos, portanto, equilibrar os custos de publicidade e distribuição diretamente com as vendas. Uma olhada nos balanços da Coca-Cola é suficiente para revelar que é um negócio lucrativo e, com esse tipo de margem, sabíamos que devia haver espaço de sobra para alguém mais aparecer com um refrigerante decente para vender junto com Coca e Pepsi.

Depois de me convencer de que estávamos protegidos contra reveses – que é sempre minha primeira preocupação –, a outra questão importante a resolver era se a Virgin Cola realmente melhorava a marca Virgin. Apesar das objeções de colegas, fui convencido de que o refrigerante tipo cola tem uma série de atributos que as pessoas associam à Virgin: efervescência, diversão e liberdade. Não só isso: o nosso refrigerante era melhor e mais barato que os outros. Aproveitamos o fato de que éramos pequenos e recém-chegados contra as duas gigantes e, com isso, mantivemos a marca viva no mercado jovem.

– Tudo bem – as pessoas admitiam ao ouvir minha defesa da Virgin Cola. – Concordo que refrigerante é divertido. É efervescente e lucrativo e combina com a imagem da Virgin. Mas seguro de vida? O que raios você está fazendo vendendo seguro de vida, hipotecas e investimentos?

Tenho que admitir que participei de algumas discussões saudáveis sobre seguro de vida antes de decidirmos lançar a Virgin Money.

– Seguro de vida? – bufaram todos quando ouviram a ideia. – As pessoas odeiam seguro de vida. Os vendedores parecem todos tão inescrupulosos, invadindo sua casa e recebendo comissões secretas. É um setor terrível. Definitivamente não é o tipo de negócio da Virgin.

– Exatamente – respondi. – Tem potencial.

Não é segredo que eu adoro bancar o advogado do diabo. Conseguia ver todos os pontos negativos do setor de serviços financeiros. A ideia de criar um seguro de vida Virgin e um banco Virgin teria horrorizado nossa equipe original de Albion Street, ou nossos clientes acomodados nos pufes da loja de discos. E, ainda assim, sempre que vejo alguém fazendo um mau negócio, quero intervir e fazer algo a respeito. Não é altruísmo puro e simples, claro – também quero lucrar com isso. Mas a diferença é que estou preparado para dividir mais do lucro com o cliente, para que ambos tenhamos vantagem. O rebelde em mim também achou engraçado ver o cara que lhe trouxe os Sex Pistols também poder resolver a sua aposentadoria. Outra parte de mim ainda se divertiu com a ideia de abrirmos nosso próprio banco para competir de igual para igual com aqueles mesmos bancos que quase executaram nossa dívida.

Quem primeiro chamou minha atenção para o setor de serviços financeiros foi Rowan Gormley, um investidor de capital de risco que chamei para identificar novas oportunidades de negócios para a Virgin. Uma das primeiras coisas que ele fez foi revisar a política de previdência da Virgin que, segundo ele, não fazia sentido. Quando pediu a seis diferentes consultores de previdência orçamentos para a melhor forma de reestruturá-la, ele recebeu seis respostas diferentes.

– Eu não entendo – disse ele. – Tenho três diplomas em finanças, mas nada do que eles estão dizendo faz sentido.

Instintivamente, eu sentia que o mundo dos serviços financeiros era envolto em mistério e exploração e que devia haver espaço para a Virgin oferecer uma alternativa acessível e sem pegadinhas.

Como em nossos outros empreendimentos, precisávamos de um parceiro que conhecesse o ramo e pudesse entrar com o dinheiro para acompanhar o nome Virgin. Apesar de algumas de nossas dificuldades no passado, ainda acredito que uma parceria meio a meio é a melhor solução para financiamentos. Quando algo dá errado, como invariavelmente acontece cedo ou tarde, ambos os parceiros têm o mesmo incentivo para resolver as coisas. Nem sempre é esse o caso. Na pior das hipóteses, como no caso de Randolph Fields com a Virgin Atlantic, a Virgin comprará a parte do sócio. Na melhor das hipóteses, como acontece com a Sprint, sócia da Virgin Mobile nos Estados Unidos, ela continua meio a meio e os dois lados continuam satisfeitos. Pode haver muitas variações entre esses extremos, e nós experimentamos a maioria das combinações. Em última análise, você nunca sabe o que esperar quando lida com outras pessoas; apesar de ambos poderem entrar num projeto com o mesmo entusiasmo, as situações podem mudar. Saber quando e como renegociar um contrato faz parte do desafio do negócio.

A Virgin Money, nossa empresa de serviços financeiros, começou como Virgin Direct, com a Norwich Union como sócia meio a meio. Depois que a Virgin entrou no setor de serviços financeiros, posso dizer, sem falsa modéstia, que ele nunca mais será o mesmo. Cortamos todas as comissões, oferecemos produtos de bom valor e fomos praticamente pisoteados por investidores em sua ânsia para comprar. Montamos um novo escritório em Norwich, em vez de alugar um edifício reluzente em Londres. Nunca empregamos gestores de fundos, algumas das pessoas mais bem pagas do mundo, desde que descobrimos seu segredo mais bem guardado: nunca conseguiriam bater de forma sistemática o índice do mercado de ações.

Nosso lançamento foi agressivo e os sinais iniciais eram bons, mas, apesar do nosso sucesso, percebemos que estávamos indo mais rápido e mais longe do que era cômodo para a Norwich Union. Parecia que teríamos três vezes o tamanho que havíamos previsto de início. Após um curto período, providenciamos a venda da participação da Norwich Union para uma parceira que compartilhava de nossas ambições, a Australian Mutual Provident (AMP). Junto com a AMP e nossa ótima equipe da Virgin Money, abrimos um largo caminho pela selva dos serviços financeiros. É impressionante pensar que a Virgin Money começou do zero em 1995 e se tornou a gestora de investimentos mais popular do país, que 250.000 pessoas nos confiaram mais de £1,5 bilhão, e que tudo isso foi alcançado em três anos.

O sucesso de Rowan Gormley e de sua visão para a Virgin Money ilustra um dos grandes pontos fortes do Virgin Group: prosperamos com os rebeldes. A qualidade que reconheci em Rowan quando o convidei para trabalhar na Virgin foi que ele faria as coisas acontecerem. Quando começou a trabalhar numa mesa num patamar de escada em Holland Park, nenhum de nós tinha a menor ideia de que alguns meses depois ele iniciaria uma empresa de serviços financeiros. Quando – o que não é nenhuma surpresa, em retrospectiva – ele começou os serviços financeiros, providenciamos uma estrutura que deu a ele e à sua equipe uma participação na empresa, que ficou a cargo dele. Como todos os gerentes das empresas Virgin, Rowan tinha um grande incentivo para ter sucesso: podia ver claramente a riqueza que o sucesso traria para si e para sua equipe.

A Virgin Money pode parecer um desvio incoerente para a Virgin, a empresa do rock'n'roll, mas foi um salto lateral, similar ao salto dos discos para a companhia aérea. Mas ainda era tudo uma questão de atendimento, valor pelo dinheiro e oferta de um produto simples. A visão que tenho para a Virgin não segue as linhas ortodoxas de construir uma empresa com uma sede enorme e uma pirâmide de comando a partir de uma diretoria central. Não estou dizendo que essa estrutura esteja errada, longe disso; ela contribui para empresas formidáveis, da Coca-Cola à Pearson e à Microsoft. Só que a minha cabeça não funciona assim. Sou informal demais, inquieto demais e gosto de seguir em frente.

As pessoas sempre me perguntaram quais são os limites da Virgin, e se não esticamos a marca além de sua tolerância natural. Com uma regularidade monótona elas frisam que não há outra empresa no mundo que coloque seu nome em uma variedade tão grande de empresas e produtos. Elas estão absolutamente certas, e isso continua a ser algo de que me orgulho.

Mas isso não me impede de pensar na questão, e a resposta não é fácil de se explicar. Durante toda a minha vida eu aproveitei oportunidades e aventuras. Algumas das melhores ideias surgem do nada, e é preciso manter a cabeça aberta para ver a virtude delas. Assim como um advogado americano me ligou para sugerir a criação de uma companhia aérea em 1984, um sueco fanático por balonismo me convidou para cruzar o Atlântico com ele em 1987. As propostas chegam rápido e aos montes, não faço ideia de qual será a próxima. Sei, no entanto, que, se eu ouvir com atenção, as boas ideias se encaixam na estrutura que a Virgin se tornou. Tenho curiosidade nata pela vida, e isso se estende aos meus negócios. Essa curiosidade me levou a muitos caminhos inesperados e me apresentou a muitas pessoas extraordinárias. A Virgin é uma coleção dessas pessoas, e seu sucesso depende delas.

Quanto mais difusa a empresa se torna, no entanto, maior a frequência com me perguntam sobre minha visão para o futuro da Virgin. Eu tendo a evitar essa pergunta ou a respondê-la em detalhes, sabendo que a resposta será diferente na próxima vez que me perguntarem. Minha visão para a Virgin nunca foi rígida e muda constantemente, como a própria empresa. Sempre fiz listas, minha vida inteira: listas de pessoas para ligar, listas de ideias, listas de empresas para abrir, listas de pessoas que podem fazer as coisas acontecerem. Todos os dias eu examino essas listas, e é essa sequência de telefonemas que me impulsiona para a frente. No início dos anos 1970, eu passava o tempo todo fazendo malabarismos com diferentes bancos, fornecedores e credores para jogar um contra o outro e permanecer no azul. Ainda vivo da mesma forma, mas hoje faço malabarismos com negócios maiores em vez de bancos. Mais uma vez, é só uma questão de escala.

Como qualquer pessoa em meu escritório sabe, meu bem mais essencial é um caderno escolar de tamanho padrão, que pode ser comprado em qualquer papelaria de rua do país. Eu carrego isso para todo lado e anoto todos os comentários que me são feitos pelo pessoal da Virgin e por qualquer outra pessoa que eu encontrar. Faço anotações de todas as conversas telefônicas e todas as reuniões, e rascunho cartas e listas de telefonemas a fazer.

Ao longo dos anos eu enchi uma estante com esses cadernos e, por causa da disciplina de escrever tudo, preciso ouvir as pessoas com atenção. Folheando esses cadernos hoje, vejo algumas ideias que me escaparam: fui convidado a investir num jogo de tabuleiro chamado *Trivial Pursuit* e num rádio de corda. Mas, quando recusei a oferta de me envolver com *underwriting* na Lloyds Insurance, meu anjo da guarda devia estar cuidando de mim.

Sempre que estou num voo, num trem ou numa loja de discos, saio perguntando às pessoas que encontro se têm alguma ideia para melhorar o serviço. Anoto tudo e, quando chego em casa, releio o que escrevi. Se a ideia for boa, pego o telefone e a implemento. Minha equipe ficou enlouquecida ao saber que conheci um homem no ônibus do aeroporto que sugeriu oferecermos massagens a bordo – então poderiam providenciar, por favor? Eles me provocam e chamam de "pesquisa de opinião do Richard", mas, repetidas vezes, os serviços extras que a Virgin oferece foram sugestões de clientes. Não me importo de onde vêm as ideias, desde que façam a diferença.

Também insisto em sempre pedir à nossa equipe qualquer sugestão que possam ter e tento implementar. Uma vez tentei empurrar um carrinho pelo corredor de um Jumbo e descobri que batia em todo mundo. Quando conversei com a tripulação sobre isso, sugeriram introduzirmos um serviço mais ao estilo garçonete, reduzindo o número de carrinhos. No fim das contas, ao nos livrarmos dos carrinhos na classe executiva, pudemos usar parte do espaço do corredor para oferecer as maiores poltronas do mercado.

A essência da minha visão para a Virgin foi resumida por Peter Gabriel, que uma vez me disse: "É um ultraje! A Virgin está dominando tudo. Você acorda de manhã com a Virgin Radio, veste seus jeans Virgin, vai para a Virgin Megastore, bebe Virgin Cola, vai para os Estados Unidos pela Virgin Atlantic. Logo você vai oferecer partos Virgin, casamentos Virgin, enterros Virgin. Acho que você devia mudar o nome da Virgin para 'Empresa do Começo ao Fim'. A Virgin estará presente no início e no final."

Como sempre, Peter, que além de músico talentoso é um empresário astuto, estava muito perto da verdade. Na época ele não fazia ideia de que tínhamos duzentas pessoas em Eastbourne trabalhando em uma linha de cosméticos Virgin, outra equipe desenhando uma linha de roupas Virgin, nem que estávamos prestes a fazer uma oferta por duas franquias da British Rail que nos transformaria na maior operadora de trens da Grã-Bretanha. Duvido que algum dia iremos a funerais Virgin, mas Partos Virgin tem uma certa graça. Se houver um bom plano de negócios, desvantagens limitadas, boas pessoas e um bom produto, nós encaramos.

De certa forma, tudo se resume à convenção. Como você deve ter percebido, não dou muita importância à chamada prudência. Convencionalmente, você se concentra no que está fazendo e administra uma empresa sem nunca ultrapassar limites bastante estreitos. Acho isso não só restritivo, mas também perigoso. Se você apenas administra lojas de discos e se recusa a aceitar mudanças, quando aparecer algo novo, como a Internet ou o MP3, você perderá as vendas para a pessoa que fizer uso da nova mídia. Mesmo nos dias impetuosos de 1999, quando as lojas de discos perdiam negócios para a Internet, eu achava muito melhor montar sua própria operação de Internet do que perder para a Internet de outra pessoa. Vários consultores externos tentaram nos convencer a criar um site na Internet, com a sugestão bizarra de não usarmos nosso nome. "Estamos na era de Currant Bun, Handbag e Jamjar", disseram. Eles simplesmente não entendiam nada de marcas.

Isso explica em parte o quebra-cabeças das nossas empresas. Além de protegerem umas às outras, elas têm relações simbióticas. Quando a Virgin Atlantic começa a voar para a África do Sul, vejo que podemos lançar a Virgin Radio e a Virgin Cola lá. Da mesma forma, podemos usar nossa experiência no setor de aviação para facilitar e baratear a compra de passagens de trem. Podemos aproveitar nossa experiência em entreter pessoas em aviões para entreter pessoas em trens.

Apesar de empregar cerca de 40 mil pessoas, a Virgin não é um grupo grande – é uma grande marca composta por muitas empresas pequenas. Nossas prioridades são o oposto das prioridades dos nossos concorrentes grandes. A convenção determina que uma empresa deve cuidar primeiro dos acionistas, depois dos clientes e, por último, se preocupar com os funcionários. A Virgin faz o oposto. Para nós, nossos funcionários são mais importantes. Parece-me óbvio que, se você começar com uma força de trabalho feliz e motivada, é muito mais provável que tenha clientes satisfeitos. E, no devido tempo, os lucros resultantes vão deixar os acionistas felizes.

A convenção também determina que "grande é bonito", mas, sempre que um de nossos empreendimentos fica muito grande, nós o dividimos em unidades menores. Vou até o diretor adjunto executivo, o diretor adjunto de vendas e o diretor adjunto de marketing e digo: "Parabéns. Agora vocês são o diretor executivo, o diretor de vendas e o diretor de marketing de uma nova empresa." Cada vez que fazemos isso, as pessoas envolvidas não têm muito mais trabalho a fazer, mas necessariamente têm um incentivo maior para trabalhar e um entusiasmo maior pelo trabalho. Os resultados para nós têm sido fantásticos. Quando vendemos a Virgin Music em 1992, tínhamos umas cinquenta gravadoras subsidiárias, e nenhuma delas tinha mais de sessenta funcionários.

Mas não vale muito a pena olhar para trás, exceto para notar que, desde então, Ken Berry consolidou a Virgin Music e fez dela a joia mais lucrativa da coroa da EMI, antes partir para outra no início de 2002. Para nós, agora estávamos livres para recomeçar com a V2 Records, usando as mesmas técnicas e aptidões. Nossa primeira contratação pode não ter causado o mesmo impacto de Mike Oldfield, mas o Stereophonics ainda foi eleito o melhor estreante no Brit Awards de 1998 e conseguiu grandes feitos desde então.

O caminho da Virgin tem sido desenvolver muitos empreendimentos diferentes e crescer organicamente. Começamos a maioria das nossas empresas do zero, em vez de apenas comprá-las prontas. Queremos que cada uma das subsidiárias da Virgin tenha um tamanho eficiente e gerenciável. Quando se trata de abrir novas empresas, uma das minhas vantagens é não ter uma visão muito complicada dos negócios. Quando penso em quais serviços quero oferecer na Virgin Atlantic, tento imaginar se minha família e eu gostaríamos de comprá-los. Muitas vezes isso é suficiente.

É claro que a vida fica mais complicada quando você se afasta do crescimento orgânico. Nos últimos anos, a Virgin comprou empresas para adicionar às que já constituímos. A compra da MGM Cinemas foi a primeira grande aquisição que fizemos; também compramos duas substanciais franquias de trens da British Rail. Embora tenhamos conseguido resolver a rede de cinemas com relativa rapidez, antes de vendê-la para a empresa francesa UCI, com os trens as perspectivas têm prazo muito mais longo. De certa forma, acabamos vítimas do nosso próprio sucesso, pois os passageiros esperavam que, assim que a Virgin assumisse o controle dos trens, haveria uma mudança milagrosa. Infelizmente, a logística da tarefa estava contra nós: nossas duas companhias ferroviárias tinham 3.500

funcionários e precisávamos construir uma frota de trens completamente nova e, ao mesmo tempo, negociar com a Railtrack a modernização dos trilhos e da sinalização.

Apesar de um momento difícil no setor ferroviário como um todo, estamos confiantes de que a Virgin Rail será vista como uma das melhores coisas que a Virgin já fez com sua marca.

30.

DIVERSIDADE
E ADVERSIDADE

1998 – 2005

Muita coisa aconteceu na última década. Este livro começa com a minha primeira tentativa de dar a volta ao mundo num balão, uma viagem que acabou nos desertos da Argélia. No entanto, foi minha última viagem de balão, no final de 1998, que finalmente me enfiou algum juízo. Percebi que talvez fosse hora de usar melhor tudo o que aprendi durante minhas aventuras pessoais. Mas foi uma viagem magnífica.

Quando estávamos prestes a partir, alguém me sugeriu manter um diário; tirei a poeira dele para usar aqui. Em vez de fazer cortes, vou reproduzi-lo aqui como o escrevi, para que você possa ter uma noção de como é estar à deriva, milhares de metros acima da superfície da Terra, impulsionado apenas pelo vento.

DIA 1, 18 DE DEZEMBRO DE 1998

Este é um registro diário para Theo, meu afilhado, que nos viu decolar hoje de Marrakesh, para Lochie, India, Woody, para todos os meus sobrinhos e sobrinhas especiais, e para minha filha Holly e meu filho Sam.

Os encantadores marroquinos nos acolheram como irmãos. Holly e Joan chegaram ao aeroporto. O balão parecia uma magnífica mesquita, e o sol estava nascendo sobre as montanhas do Atlas. Era estranho, mas desta vez eu não estava muito nervoso; tínhamos uma equipe muito boa planejando tudo. Tivemos tanta dor de cabeça no passado que senti de verdade que desta vez tínhamos uma boa chance. O único problema sério: americanos e britânicos começaram a bombardear o Iraque ontem à noite. E devemos voar ao longo da fronteira com o Iraque – a uns oitenta quilômetros dela – em trinta horas.

Temos Bob Rice, o melhor meteorologista do mundo. Ele acredita que pode nos ajudar a encontrar os ventos que nos levarão ao longo da fronteira, mas sem atravessá-la. Prometi que, se errar, ele vai ser recheado no lugar do peru para o natal. Isso se não acabarmos recheados de chumbo.

Quase todos os meus amigos mais próximos e familiares, exceto Sam, que tinha que estar na escola, tinham vindo se despedir de nós, depois de terem viajado conosco para o Caribe no dia anterior para as férias. Assim que chegamos lá, disseram-me para voltar porque tínhamos encontrado condições climáticas perfeitas. Tão perfeitas que, se nada der errado, podemos estar de volta no aniversário do meu avô: 26 de dezembro.

Tivemos uma recepção maravilhosa, com músicos, camelos, malabaristas e até tapetes voadores. Os filhos de Alex Ritchie, Alistair e Duncan, minha filha Holly e a filha de Per, Jenny, se juntaram para apertar o botão e nos lançar no ar. Colocamos nossos paraquedas. Demos adeus – para minha mãe e meu pai, meu cunhado, minha filha e meus amigos, todos com olhos marejados.

Contagem regressiva – 10-9-8-7-6-5-4-3-2-1 – e decolagem!

Subimos suavemente 2.000 pés. A porta ainda estava aberta. Estavam todos aplaudindo e comemorando. De repente, começamos a descer: havíamos encontrado uma inversão térmica. Acionamos os queimadores com força para aquecer o hélio. Atravessamos a inversão. Percebi que tínhamos queimado demais.

Disparamos para cima e a base do balão fumegava – 1.700 pés num minuto, 1.800 pés, 1.900 pés – até que por fim diminuímos a velocidade, mas os queimadores de líquido haviam feito buracos na base do balão de ar quente. Felizmente para nós, eles estavam na base. O balão de hélio era o crítico. Podíamos continuar voando: buracos feios, mas nada que nos impedisse.

É maravilhoso. Estamos voando com os pássaros e no caminho certo. Tudo parece estar funcionando: atingimos a altitude de voo, a cápsula pressurizou e o balão não estourou. Estamos no início de uma aventura magnífica, e abaixo de nós estão as belas montanhas da cordilheira do Atlas, cobertas de neve.

DIA 2, 19 DE DEZEMBRO DE 1998

Durante horas, fizemos um voo magnífico observando a enorme cordilheira do Atlas, que se estende por todo o norte da África, desde o Marrocos, passando pela Argélia, Líbia e quase, acho, até o Egito. Despedimo-nos dos marroquinos após umas sete horas de voo e rumamos para a Argélia.

A Argélia se tornou um país muito triste por causa da terrível guerra civil em curso. Dois anos atrás nosso balão deu problema à noite e tivemos que pousar no meio daquilo. Mas hoje estamos voando ao longo da cordilheira do Atlas, sobre o deserto acidentado onde Alex e eu tivemos que jogar tudo o que tínhamos no balão para impedir uma descida rápida – jogamos fora até um envelope cheio de dólares! Naquela ocasião, Alex salvou nossa vida saindo da cápsula para liberar os tanques de combustível pouco antes de atingirmos o chão.

Desta vez, tudo parecia estar indo bem.

Quase bem demais! Quando começou a escurecer e o hélio acima de nós esfriou, acionamos os queimadores. Em vez de mergulhar, como fizemos em nossa última tentativa de volta ao mundo, o calor impediu a descida e as chamas iluminaram os céus da Arábia ao nosso redor. Tínhamos que tomar cuidado para não voar mais alto do que durante o dia, ou o calor faria o hélio sair pelo respiradouro e encurtaria nosso tempo de voo. Por isso, nos revezamos para voar durante a noite.

Então, muito cansados, de repente apareceu uma enorme pedra no nosso caminho. Chegou uma mensagem da Líbia dizendo que eles haviam revogado nosso direito de sobrevoar o país. Era noite, estava um breu, e nunca conseguiríamos pousar antes de cruzar a fronteira deles. Steve, Per e eu discutimos o que poderíamos fazer a respeito. Se tivéssemos descido bastante, talvez conseguíssemos passar pelo sul da Líbia, mas isso significaria abandonar nossos sonhos. No final, decidimos descer mais para desacelerar o balão e nos dar tempo de tentar convencer o coronel Kadafi, o governante da Líbia, de que a nossa missão é esportiva e no interesse da paz. O rei da Jordânia havia nos ajudado muito no passado, e eu também tive a honra de conhecer Nelson Mandela – e sabia que ele conhecia muito bem o coronel Kadafi. Minha maravilhosa secretária Sue então abriu meu escritório nas primeiras horas da manhã e conseguiu os telefones deles.

Nossa próxima preocupação foi perceber que todos estariam dormindo. O rei da Jordânia não está bem, está com câncer, e Nelson Mandela não é mais jovem, então decidi escrever uma das cartas mais importantes da minha vida para o coronel Kadafi.

Excelência

Faço este apelo pessoal e direto ao senhor do Balão ICO Global Challenger, no qual a empresa de correios e telecomunicações da Líbia tem um investimento significativo.

Um amigo em comum, sua Alteza Real o Rei Hussein da Jordânia, falou com o senhor sobre meus planos de tentar circunavegar o globo em um balão. O senhor gentilmente nos concedeu permissão para cruzar seu país.

Hoje cedo decolamos do Marrocos com a certeza de que tínhamos permissão para sobrevoar seu país. Não teríamos feito isso se não tivéssemos a permissão e a boa vontade da Argélia e da Líbia. No momento, estamos sobre a Argélia e cruzaremos sua fronteira nas primeiras horas desta manhã.

A licença de sobrevoo OVG11@01001 foi gentilmente concedida pela Líbia em 20 de julho de 1998 para este voo. Seu pessoal de controle de tráfego aéreo acaba de nos informar que essa permissão foi rescindida. Obviamente entendemos que eles têm todo o direito de fazer isso, mas infelizmente é impossível pousar um balão à noite devido ao gelo que se forma na válvula de hélio. Não conseguimos liberar o hélio para descer.

Por causa dessa condição emergencial, simplesmente não sabemos como evitar a travessia de seu espaço aéreo. Esperamos que o senhor nos conceda permissão emergencial sob essas circunstâncias por meio de seus serviços de controle de tráfego aéreo.

Obrigado por sua compreensão deste problema.

Eu sou, senhor, seu servo mais obediente,

Richard Branson

Àquela altura, estávamos todos tomados por extremo cansaço e voando propositalmente muito mais devagar do que o balão era capaz, para nos dar tempo. O telefone a bordo tocou e fomos informados de que, apesar de ser uma hora da manhã, o coronel Kadafi nos havia concedido permissão para prosseguir. Embora nossa rota para dar a volta ao mundo tenha sido dificultada pelo caminho mais lento, o problema maior e imediato era que, ao desacelerar, tínhamos mudado de direção e estávamos indo para uma tempestade sobre Istambul, na Turquia. Com sorte, poderíamos passar acima dela.

Fosse por causa da pressão toda ou de alguma infecção, eu estava começando a ficar sem voz. Decidimos que eu deveria tomar penicilina, só por garantia.

Per continua mais calmo do que nunca. Seu sonho, que começou há tantos anos, está finalmente se realizando. E é um prazer ter Steve a bordo. Ele é o único de nós que se aventura na cozinha, produzindo uma excelente "sopa do Steve".

O dia já clareou e cruzamos a fronteira da Líbia. Quilômetros e mais quilômetros de deserto e uma recepção calorosa do controle de tráfego aéreo em Trípoli. Nenhum avião militar. Obrigado, muito obrigado, Coronel Kadafi, de todos nós da equipe do Balão ICO Global.

DIA 3, 20 DE DEZEMBRO DE 1998

Não dormi desde a última vez que escrevi em meu diário, 24 horas atrás. E por um bom motivo. Deixe-me contar o que aconteceu nessas 24 horas. Tudo que eu queria agora era que vocês estivessem aqui conosco, mas houve alguns momentos no dia que eu não desejaria para vocês.

Primeiro vou explicar o desafio de todos nós balonistas que queremos dar a volta ao mundo. Não são só os elementos ou o desafio tecnológico. Infelizmente, envolve também pessoas e política. Como sempre, na vida, não são as pessoas comuns que atrapalham. É um punhado de políticos egoístas no poder que tornam seu país e este mundo um lugar mais triste de se viver. Afinal, este é um desafio esportivo e uma missão cumprida em paz.

Vou começar sugerindo que peguem um mapa; imaginem que são um balonista na Suíça, nos Estados Unidos ou no Marrocos, como nós éramos. Em seguida, risque alguns dos países que você não pode cruzar por decisão dos políticos: Rússia, Irã e Iraque (lembrem-se de que dois balonistas que cruzaram a fronteira da Rússia três anos atrás foram cruelmente abatidos e mortos).

Imaginem que estão numa corrida para ser o primeiro a dar a volta ao mundo, e há sete outros balonistas esperando para decolar. É provável que todos eles passem bem ao sul da Rússia e do Iraque. Você sabe que não sofrerão os mesmos atrasos que você, então cada segundo conta e correr riscos vira uma necessidade. Então, quando seu meteorologista diz que acha que consegue espremer você entre o Irã e a Rússia, em vez de dizer não, você corre o risco. Mesmo que signifique voar por um pedaço de terra de 38 quilômetros de largura que está a 4.000 quilômetros de onde você está decolando, e que pertence à Turquia e é flanqueado por dois países nos quais você não é bem-vindo.

Lembre-se de que a única propulsão de um balão é o vento. A única forma de manobrar é mudar a altitude conforme você avança para tentar encontrar ventos que soprem em outra direção. Ter o melhor meteorologista do mundo ajuda nessa parte.

Esse meteorologista diz que acha que dá para fazer. Você e sua equipe decidem ir em frente. Então, na noite anterior ao lançamento, você fica sabendo que os britânicos e os americanos estão bombardeando o Iraque; você é britânico e Steve Fossett é americano. E esse caminho que vocês escolheram fica a 80 quilômetros do Iraque.

Você provavelmente precisaria ser louco de pedra para continuar, e até uma hora atrás eu pensava que estávamos loucos. Mas conhecíamos nosso meteorologista – já tínhamos trabalhado com Bob Rice antes na travessia do Atlântico e do Pacífico – e sabíamos que, se alguém podia nos ajudar a passar por essa fenda estreita entre dois países nos quais não temos permissão para voar, era ele. E no exato minuto em que escrevo neste diário, estamos saindo do outro lado da fenda, com o Iraque e o Irã de um lado e a Rússia do outro. Nós, com a ajuda de nossa magnífica equipe na base, atravessamos como por milagre.

Há vinte e quatro horas, nos despedimos da Líbia quando escurecia e rumamos para o Mediterrâneo em direção a Chipre. Um Hércules da RAF passou acima de nós. Disseram que estavam a caminho de bombardear o Iraque. Eles nos desejaram boa sorte e nós lhes desejamos o mesmo.

Eu tinha acabado de tentar me deitar para dormir um pouco quando Steve gritou: "Ponha seu paraquedas, disseram que tem uma tempestade muito forte à frente." Steve tinha perdido seu balão numa tempestade parecida no Pacífico só dois meses antes, então sabia muito bem o estrago que elas podiam causar. Se subíssemos, o vento nos sopraria para o Iraque. O que era pior: uma possível tempestade à frente ou as "tempestades" do Iraque? Ao longe, conseguíamos ver os rastros do fogo antiaéreo. Decidimos arriscar a sorte com o trovão e seguimos em frente. Alguém estava olhando por nós. Não só conseguimos nos manter ao largo da tempestade, também conseguimos nos manter a 48 quilômetros do Iraque, a 11 quilômetros do Irã e a 16 quilômetros da Rússia. No momento, nosso meteorologista não pode cometer nenhum erro. Se ele nos levar para casa até o dia seguinte ao natal, o champanhe fica por minha conta.

As vistas que temos pelo caminho são de tirar o fôlego. Estamos cruzando as montanhas armênias cobertas de neve; abaixo de nós está Ararat, a pequena aldeia à qual Noé chegou em sua arca. Pelos fones de ouvido veio o som crepitante do controlador de tráfego aéreo da Armênia: "Em nome de todo o povo armênio, queremos lhes dar as boas-vindas." Sentimos uma cordialidade genuína na afirmação. Ah, se todos os países fossem tão acolhedores.

Cerca de 4.100 quilômetros já foram – a largura do Oceano Atlântico –, faltam 32.000. Todos estão incrivelmente animados. Eu, por outro lado, preciso pegar emprestadas as unhas de alguém pelo resto da viagem – as minhas já eram!

DIA 4, 21 DE DEZEMBRO DE 1998

Ainda estamos voando e nossa viagem fica mais impressionante a cada minuto. Saímos da Turquia pela nossa passagem secreta pela Armênia e por sobre o Monte Ararat. De lá, passamos pelo Azerbaijão, um novo estado independente na antiga União Soviética, cruzamos o Mar Cáspio, passamos pelo Turcomenistão e pelo Uzbequistão (esses estados têm nomes maravilhosos). Em seguida, passamos pelo Afeganistão, onde uma guerra civil sangrenta já dura anos. O Afeganistão foi um dos países que Alexandre, o Grande um dia conquistou.

Então, hoje cedo, uma perspectiva maravilhosa, mas bastante assustadora, se abateu sobre nós: os ventos haviam mudado sem aviso, e agora não conseguiríamos voar para o norte da maior cordilheira do mundo, mas teríamos que passar pelo meio dela.

Estou falando do incrível Himalaia, nunca antes atravessado por um balão. Cruzaríamos o Nepal, um reino remoto entre a Índia e o Tibete. Nepal é onde nasceu o Buda, mas também é conhecido pela maior montanha da terra – o Monte Everest –, que se eleva a quase nove mil metros.

Parece maravilhoso, mas, como tudo relacionado a tentar dar a volta ao mundo num balão, havia um problema: a "volta mortal". Durante a travessia, o vento pode agarrar um balão e literalmente jogá-lo contra o outro lado da montanha. Para evitar isso, precisaremos voar acima da montanha: trezentos metros para cada dezesseis quilômetros por hora da nossa velocidade.

Fizemos os cálculos com base na nossa velocidade atual de 128 quilômetros por hora, chegando à conclusão de que tínhamos que voar 2.430 metros acima da montanha. No momento não podíamos voar a mais de nove mil metros, mas teríamos que voar a doze mil metros sobre o Everest para não sermos esmagados do outro lado dele.

Nós não conseguiríamos fazer isso. Poderíamos nós e nossa equipe de terra nos guiar por entre o Everest e a segunda montanha mais alta, o K2?

Bem, não saberemos por mais algumas horas, então amanhã, se tivermos sucesso, avisarei vocês.

DIA 5, 22 DE DEZEMBRO DE 1998

Bem, eu ainda estou aqui escrevendo meu diário, então devemos ter conseguido passar pelo Everest e pelo K2. Na verdade, passamos bem no meio deles – mais por sorte do que por habilidade, desta vez, já que as montanhas assumiram o controle da nossa direção e não nos deixaram escapar.

Passamos as últimas vinte e quatro horas seguindo a bela cordilheira. Durante o dia, a vista era perfeita. À noite, ter as montanhas algumas centenas de metros abaixo dava uma sensação estranha. Para piorar, massas de gelo estavam se formando no alto do balão, bloqueando a válvula de hélio.

À medida que o dia se aproximava, pedaços enormes caíam na cápsula. Era muito bonito, na verdade, e fiz um filme maravilhoso da nossa travessia do Himalaia. Aníbal teria orgulho de nós.

Como os ventos pararam, não sofremos o efeito de "volta mortal" que descrevi no diário ontem.

DIA 6, 23 DE DEZEMBRO DE 1998

Faltavam três horas para cruzarmos a fronteira chinesa quando eles soltaram uma bomba. "Estamos revogando sua autorização para cruzar a China. Vocês não podem entrar." Não tínhamos opção. Não podíamos pousar no Himalaia, isso significaria morte quase certa. Mas entrar na China depois de receber instruções específicas em contrário também pode significar problemas muito sérios.

Os chineses originalmente nos deram permissão para cruzar o sul da China. Por termos sido sugados para o Himalaia, íamos entrar na China 240 quilômetros ao norte de onde nos autorizaram.

Tivemos três horas para tentar convencê-los a nos deixar passar. Eu conhecia Sir Edward Heath, que já foi primeiro-ministro da Grã-Bretanha e tinha excelentes relações com os chineses. Nosso pessoal entrou em contato, e ele fez a gentileza de falar com seus contatos. Liguei para Saskia em meu escritório e pedi que entrasse em contato com Tony Blair. "Mas eu não tenho o número do gabinete dele", respondeu ela. Cansado e, para ser sincero, já bastante preocupado, levantei a voz. "Peça o número para a telefonista!"

Tony Blair fez a gentileza de escrever uma carta pessoal a Sua Excelência, o Premiê Zhu Rongji. Também entrei em contato com Peter Such, chefe de uma de nossas concorrentes, a companhia aérea Cathay Pacific, que estava em Hong Kong e também foi muito solícito.

E o embaixador britânico em Pequim e sua equipe foram extremamente prestativos. Enfim – meia hora antes de cruzarmos a fronteira – recebemos a notícia de que poderíamos passar, contanto que fôssemos pela parte mais ao sul da China. Logo percebemos que isso seria impossível. Os ventos nos levariam em direção a Xangai – por coincidência, cidade que visitei há apenas duas semanas e para a qual a Virgin Atlantic recentemente havia solicitado permissão para voar.

Soubemos então que os chineses haviam dado uma entrevista coletiva em Pequim e declarado que tínhamos invadido seu espaço aéreo sem permissão. Precisávamos corrigir isso de imediato, ou as consequências poderiam ser sérias. Ao mesmo tempo, recebemos uma mensagem de nossa base em Londres mencionando a provável sequência de ações que um caça de escolta adotaria. Repassamos a sequência de eventos que tentaríamos adotar para obedecer.

Estávamos muito alto acima de neve, nuvens, montanhas... pousar seria suicídio. Em seguida, recebemos uma mensagem das Autoridades da Aviação Civil da China:

> *Estejam informados de que devem pousar no aeroporto de Lhasa e não podem continuar voando em nosso espaço aéreo por não cumprirem nossas exigências. Entrem em contato mais tarde. Vocês devem operar o balão conforme solicitado por Lhasa ACC. Agradecemos sua cooperação.*
>
> *Atenciosamente@OPS DE CAAC*

Bem, "agradecemos sua cooperação" foram as únicas palavras amigáveis que ouvimos em algum tempo. Balões não pode pousar em aeroportos. As condições meteorológicas eram terríveis, escureceria em duas horas, estávamos sobrevoando montanhas e carregávamos cinco toneladas de propano. Na verdade, estavam nos pedindo para cometer suicídio. Escrevi à base do Balão Virgin ICO Global pedindo para entrarem em contato com os chineses e explicarem todos os nossos problemas. Recebemos uma resposta uma hora depois:

> *Estejam informados de que devem pousar. Vocês não podem continuar em nosso espaço aéreo.*

Estávamos num impasse: tentar pousar significaria morte certa, mas continuar sem permissão significaria que quase certamente seríamos abatidos.

Entrei em contato com o embaixador britânico em Pequim e expliquei nossa situação. Ele prometeu que ele e sua equipe ficariam acordados a noite toda para tentar resolver o problema. Pedi que o embaixador repassasse uma nota aos chineses:

> *Gostaríamos de informar que não é possível pousar agora sem colocar em sério risco a vida da tripulação e de qualquer pessoa em terra. O balão vai para onde o vento o leva, não temos como direcioná-lo. Estamos cercados por nuvens e não conseguimos ver o solo. Não podemos descer pelo meio da nuvem, pois isso criaria gelo no balão, resultando em nossa queda. Trazemos à sua atenção que estamos fazendo tudo ao nosso alcance para resolver a situação e nos desculpamos imensamente por não conseguirmos seguir suas instruções. Não estamos sendo desrespeitosos para com as autoridades chinesas. Estamos apenas em uma situação impossível que não podemos resolver no momento sem colocar vidas em risco. Solicitamos gentilmente que dê à nossa equipe mais tempo para tentar resolver este problema.*
>
> *Nossos pilotos tentaram todas as frequências que nos deram, mas não conseguimos fazer contato com vocês. Eles continuarão tentando. Por favor informem mais algumas frequências de HF ou VHF.*
>
> *Solicitamos por gentileza uma resposta a esta mensagem.*

Continuamos nosso voo, nervosos. Depois de todos os apelos pessoais de tantas personalidades mundiais, esperávamos que os chineses não fizessem nada muito dramático.

Nas primeiras horas da manhã, para nosso grande alívio, chegou o seguinte fax:

> Como o balão de ar quente Virgin Global Challenger infringiu os princípios acordados pelas duas partes e as promessas feitas pela parte do Reino Unido e não entrou no espaço aéreo dentro da área designada, a parte chinesa não teve opção além de exigir que pousasse. Em respeito ao apelo do embaixador Galsworthy, a parte chinesa fez o possível para superar todas as dificuldades e decidiu agora permitir que o balão continue seu voo. Mas solicita que deixe o espaço aéreo chinês o quanto antes. Se a parte chinesa tiver novas exigências, entrará em contato com a parte britânica.

Não podemos agradecer aos chineses o suficiente. Obrigado.

DIA 7, 24 DE DEZEMBRO DE 1998

Uma coisa bizarra aconteceu comigo quando saímos da costa chinesa. Recebi mensagem da Inglaterra:

> Parabéns! A Virgin Atlantic conseguiu permissão para ser a única companhia aérea a voar para Xangai direto da Inglaterra. A British Airways foi recusada. Volte logo para casa.

Este nosso mundo é estranho. Num minuto estar com medo de ser abatido sobre Xangai em um balão, e no minuto seguinte receber permissão para começar uma rota de 747 para lá!

Seria uma notícia adorável se não nos encontrássemos a caminho da Coreia do Norte. Parece que todo país que não recebia bem os balonistas os atraía feito um ímã. E a Coreia do Norte é um dos países mais fechados e fortemente militaristas do mundo. Disseram-nos para sequer nos preocuparmos em pedir direitos de sobrevoo.

Bob trabalhava a todo vapor para encontrar ventos que nos levassem para o sul através da Coreia do Sul. Nesse meio-tempo, Kevin Stass – que, junto com Erin Porter, vinha lutando na base para conseguir nossos direitos de sobrevoo – achou que valia a pena tentar e contatou os norte-coreanos.

Para surpresa e alegria de todos nós, veio uma resposta rápida, dando-nos as boas-vindas para sobrevoar. Talvez, como nação, eles agora estejam prontos para fazer parte do mundo além-fronteiras. Fosse qual fosse o motivo, ficamos extremamente gratos. Eram a última dor de cabeça política que precisávamos de enfrentar antes de voltar para casa. Agora tínhamos "só" o maior oceano do mundo para cruzar: 8.300 quilômetros do Pacífico, Estados Unidos e depois Oceano Atlântico.

Depois de tudo o que tinha acontecido, nos primeiros cinco dias viajamos apenas um terço do percurso ao redor do mundo. O Pacífico levou muitas outras pessoas que tentaram a travessia num balão de ar quente. Um dia antes de Per e eu conseguirmos cruzar o Pacífico em um balão de ar quente, dez anos atrás, um encantador balonista japonês tentou a façanha e morreu. Há apenas três meses, Steve Fossett foi atingido por uma tempestade sobre o Pacífico e caiu perto de Fiji.

Todos temos, portanto, um enorme respeito pelo Oceano Pacífico e, no entanto, por estranho que pareça, ficamos tão aliviados por superar os problemas políticos dos últimos dias que sentimos que, de alguma forma, faríamos uma viagem sem muito drama. Tudo começou bem: acabamos cruzando a Coreia do Sul, pois Bob já estava trabalhando na nossa mudança de rumo antes da chegada da permissão norte-coreana. Em seguida, viajamos para um lindo amanhecer sobre o Monte Fuji e Kansai no Japão. Podíamos ver literalmente milhares de pessoas se aglomerando nas ruas e olhando para o balão enquanto passávamos acima delas. Will Whitehorn, meu braço direito, que estava em Kansai, contatou o balão e disse que "foi uma das visões mais notáveis da minha vida: ficar ali vendo o lugar todo parar".

Os ventos começaram a aumentar, para nosso grande alívio. Encontramos velocidades de 240 a 290 quilômetros por hora. Estávamos sendo sugados para a corrente de jato, e precisávamos disso. Tínhamos usado muito combustível para cruzar o Himalaia e precisávamos correr para casa. Tínhamos combustível para mais cinco ou seis dias, no máximo, e dois terços do caminho pela frente. Mas, com essas velocidades, calculamos que poderíamos cruzar o Pacífico em menos de quarenta horas; um dia para cruzar os Estados Unidos, outro para cruzar o Atlântico e chegarmos em casa. Nosso moral estava alto; pensamos mesmo que tínhamos uma chance.

Recebemos então uma mensagem urgente de Bob Rice. Começava: "Temos um possível problema que está me preocupando muito." Se Bob estava muito preocupado com alguma coisa, nós também devíamos nos preocupar. "Especificamente", continuou ele, "há um vale lá fora que terá uma linha de cisalhamento alongada ao redor do Havaí, a nordeste. O resultado de uma mudança de padrão como essa levará o balão para sudeste em direção ao Havaí e de volta ao Oceano Pacífico. Precisamos chegar ao vale antes que comece a cisalhar. A velocidade máxima é crítica: mais do que em qualquer outra ocasião."

Nós sabíamos o que ele queria dizer: se não atravessássemos a tempo, seríamos levados para o sul e acabaríamos na água. Ou, como Mike Kendrick, nosso comandante da base, disse cinco minutos depois: "É uma questão de evitar que vocês bebam muita água, então, pelo amor de Deus, voem." Subimos o mais alto que pudemos para pegar mais velocidade, mas só conseguimos mais dez nós na altitude. Foi uma longa noite de voo em direção a esse vale. Bob repassou os números para ver se dez nós seriam suficientes para nos empurrar para os Estados Unidos. Do contrário, ainda bem que a cápsula foi feita para flutuar. Mas não planejo nem quero testar!

O diário termina aqui, quando as coisas começaram a piorar. Não continuei porque estávamos muito ocupados tentando continuar vivos. Lembro-me de, logo antes de dormir naquele último dia, quando quase havíamos cruzado o Pacífico e tínhamos os Estados Unidos à frente, ouvir os meteorologistas dizendo que estaríamos em casa em dois dias. Os ventos estavam muito fortes, cerca de 320 quilômetros por hora, e parecia que íamos cruzar os Estados Unidos no dia de Natal, voando muito acima do Papai Noel, e estaríamos em casa dia 26.

Quando estava indo dormir, pensei que era quase um exagero uma pessoa ter experiências tão fantásticas e ter tanta sorte na vida. Foi só quando acordei que percebi que a sorte não ia lançar sua luz sobre nós dessa vez e que acabaríamos pousando no Pacífico em vez de sermos os primeiros a dar a volta ao mundo em um balão de ar quente.

O muro de mau tempo que tentávamos vencer já havia chegado antes de nós. Subimos o máximo que podíamos para passar por ele; descemos o máximo que podíamos para passar por ele. Não adiantou. Era como se uma parede de tijolos tivesse sido construída ao longo da costa dos Estados Unidos para nos deter.

Tivemos muita sorte de encontrar ventos que nos levaram de volta ao Pacífico, na direção das únicas ilhas em milhares de quilômetros: Havaí. Quando estávamos a 96 quilômetros de lá, caímos no mar. O balão se arrastou por sobre as ondas, quicando cem metros a cada vez, como as bombas do filme *Dam Busters*. Empurramos o domo superior e saímos da cápsula, segurando firme para tentar sobreviver. Quando o balão atingiu o mar pela décima vez, enfim nos lançamos à água, para mais uma vez sermos tirados do mar por helicópteros que acabavam de chegar até nós. Não à toa a Virgin patrocinava o serviço de ambulância-helicóptero de Londres!

No dia de natal, desembarquei no Havaí e decidi ir para a Ilha Necker, onde estava toda a família. Quando cheguei lá, dia 26, acontecia uma coisa ligeiramente surreal. Não havia ninguém na grande casa. Todos os meus melhores amigos e parentes estavam reunidos no extremo da ilha para uma festa infantil. O motivo de ter sido surreal: redigi meu testamento um dia antes de decolar no balão e nele instruí que, se o balão caísse e meu corpo fosse recuperado, eu deveria ser enterrado naquela extremidade da ilha. Eu queria que meus melhores amigos e família estivessem no meu funeral, e queria descansar para sempre naquele lugar tão especial. Então era estranho estar ali pessoalmente, olhando em volta e pensando que, meu Deus, essa festa podia ter sido muito diferente.

    E foi nesse momento que pensei: ok, tive essas experiências incríveis, alguém foi gentil comigo e eu sobrevivi a elas. Essas façanhas me ajudaram a colocar a Virgin no mapa, me colocaram no mapa e me deram lembranças fantásticas para um dia contar aos netos. Mas eu abusei bastante da sorte. Agora eu via que, se pudesse usar a posição em que me encontrava – na qual podia pegar o telefone, pedir para falar com o presidente Mandela ou Bill Clinton ou Tony Blair e logo falar com eles – poderia conseguir fazer algo que valesse a pena. Usar esse poder e posição para tentar realizar meu sonho original – de quando tinha quinze anos, começando a revista e escrevendo no meu primeiro editorial – de tentar mudar o mundo. Sempre tentei usar minha posição para ajudar organizações filantrópicas. Quando Diana morreu, eu estava voltando dos Estados Unidos e, como todos, fiquei profundamente abalado com sua morte. Mas, como grande amigo da princesa, senti que era importante tentar encontrar uma forma de tirar algo positivo de sua morte. Decidi então compilar o melhor álbum de todos os tempos em sua memória e prometi cem por cento dos lucros para um fundo em nome de Diana. Eric Clapton, Sting, George Michael, Chris de Burgh e Paul McCartney contribuíram de boa vontade. Mas também queria uma música fantástica que refletisse a vida de Diana e que pudesse ser cantada em seu funeral e depois ir para o álbum.

    Eu sabia que Elton John era amigo de Diana, então perguntei se ele estaria preparado para interpretar "Candle in the Wind" no funeral e se

Bernie Taupin adaptaria a letra para deixá-la mais apropriada à ocasião. Também deixei claro que queria que a música fosse incluída no álbum-tributo. Tudo isso tinha que ser aprovado não apenas pela família de Diana e pela Rainha, mas também pela igreja. Seguiram-se três dias de negociação frenética, mas a Rainha estava decidida a não permitir, então liguei para Tony Blair e perguntei se ele poderia intervir. Felizmente ele conseguiu, porque Elton cantando "Candle in the Wind" capturou a imaginação do mundo inteiro e tornou o que já era uma ocasião terrível e difícil em algo tão comovente que era difícil suportar.

A carreira de Elton John estava meio parada na época, mas imagine minha surpresa quando, alguns dias depois, ele revogou a permissão para que o single fosse para o álbum. Escrevi-lhe uma longa carta expressando minha raiva, que decidi não tornar pública. Mas, como costuma acontecer nesses casos, alguém sem escrúpulos encontrou a carta ao revirar as latas de lixo de Elton e, claro, ela foi parar na primeira página do *Sun*.

Felizmente nosso álbum-tributo rendeu milhões de libras e foi responsável pela maior doação individual para o Diana, Princess of Wales Memorial Fund. E "Candle in the Wind" acabou sendo o single mais vendido na história da música, com cerca de 33 milhões de cópias.

Eu sempre achei que a Virgin devia ser mais do que só uma máquina de fazer dinheiro e que, como a Virgin tem a riqueza de um país pequeno, devíamos usar essa riqueza para lidar com as questões sociais mais do que fizemos no passado. Empresas têm a responsabilidade de encarar essas questões. Bill Gates investiu enormes quantias nos últimos anos tentando desenvolver vacinas para erradicar doenças letais. Apesar dos tempos difíceis por que passou e da publicidade negativa que a Microsoft recebeu, ele fez muito pela comunidade. É um exemplo excelente para todos os outros empresários.

Na minha última passagem pela África do Sul, eu visitei alguns hospitais, principalmente em Soweto. Foi aterrador ver a quantidade de pessoas cuja vida foi destruída pelo HIV/AIDS, incluindo os milhões de órfãos que tiveram que amadurecer antes da hora e cuidar da casa aos nove anos.

Após o lançamento da Mates no Reino Unido, a Virgin continuou a apoiar uma série de organizações na luta contra o HIV/AIDS no mundo todo – mas, depois dessa viagem, jurei que faríamos ainda mais para ajudar a impedir que essa doença exterminasse gerações inteiras.

Na África, também apoio uma organização que está tentando garantir que os dois por cento da África atualmente reservados para a vida selvagem aumentem para quatro ou cinco por cento, dando à vida selvagem da África mais áreas selvagens para circular – áreas que não são entregues apenas para fazendeiros e criadores de gado. Entre os meus animais favoritos no mundo estão os cães selvagens africanos, uma raça de animal em extinção que considero fascinante. Seria um legado fantástico para a próxima geração se o dobro do território atual pudesse ser cercado para animais selvagens, dando-lhes uma chance maior de sobrevivência a longo prazo.

Outra região que já passou por mais problemas do que o normal é a Irlanda do Norte. Embora sempre haja extremistas de ambas as facções – republicanos católicos e unionistas protestantes –, na década de 1990 o público estava cada vez mais cansado de anos de assassinatos e bombardeios extremistas. Em maio de 1998, Mo Mowlam foi nomeada secretária da Irlanda do Norte – uma escolha inspirada. Mo é uma mulher completamente pé-no-chão que conseguia se identificar com homens e mulheres comuns na rua (literalmente, como se viu). Ela decidiu passar por cima dos políticos e consultar diretamente o Povo num referendo sobre o futuro da Irlanda. Se ela ganhasse, a paz permanente seria uma séria possibilidade. Se perdesse, a alternativa era voltar aos últimos 30 anos, com 3.500 pessoas assassinadas. O referendo propunha que a Irlanda do Norte continuasse a fazer parte da Grã-Bretanha, mas que, se um dia a maioria dos cidadãos da Irlanda do Norte quisesse uma Irlanda unificada e votasse a favor, eles poderiam tê-la.

Dois dias antes da votação, o resultado parecia incerto. Mo é uma velha amiga minha e me ligou para perguntar se eu iria para a rua com ela. Acho que Mo sentia que eu era popular na Irlanda por causa de minhas aventuras com balões e barcos, além de não ter associações políticas nem religiosas; talvez ela também quisesse passar a mensagem de que, com a paz, haveria prosperidade na forma de investimento nos negócios.

De qualquer forma, no dia seguinte parti para Heathrow com uma de nossas relações públicas, Wendy, que por acaso também era da Irlanda do Norte. No saguão, ela se virou para mim e disse:

– Richard, me desculpe, mas não posso mesmo ir com você. Meu pai vai me matar se me vir com você fazendo campanha por esse tratado de paz.

Nunca pensei nela como protestante ou católica, para mim era só uma moça irlandesa simpática. Isso me fez perceber a dificuldade do trabalho que Mo tinha pela frente.

No final, convenci Wendy a vir. Ela corajosamente ficou comigo e com Mo pelo resto do dia. No final do dia, Wendy estava tão convencida com os argumentos que decidiu votar "sim", e ainda convenceu a mãe e as irmãs a votarem "sim" também. Infelizmente, percebeu que seu pai era uma causa perdida.

Naquela noite, depois de caminhar pelas ruas da Irlanda do Norte e apertar centenas de mãos, todos nós voltamos para o Castelo de Hillsborough, a bela residência da secretária da Irlanda do Norte, para jantar, dormir e esperar o resultado. Pelo menos eu sabia que minha viagem havia garantido quatro votos a mais!

No dia seguinte, veio a boa notícia: o voto "sim" venceu. A paz finalmente havia chegado à Irlanda. Como desta vez era uma paz votada pelo povo, parecia que poderia durar.

Ao longo da vida, passei a esperar o inesperado. Falar é fácil, eu sei, mas tudo que aconteceu comigo, com a minha família e com a Virgin me ensinou que é preciso estar sempre preparado para lidar com surpresas. Você aprende a se levantar e sacodir a poeira. Mas nada do que eu já tinha enfrentado me preparou para o que aconteceu em 11 de setembro de 2001.

DIVERSIDADE E ADVERSIDADE

Eram três e quinze da tarde em Bruxelas e eu estava prestes a me levantar para responder a mais um inquérito da União Europeia sobre concorrência. Já participei de dezenas de reuniões como aquela e não havia nada de extraordinário naquele dia de setembro. Parecia que os mesmos ternos cinza estavam ali, enfileirados contra nós. Eu conhecia a força de nossa posição, então já estava pensando no depois daquela reunião, em voltar para casa, retomar a rotina do trabalho depois das férias de verão com a família em Necker. Desta vez não se tratava de uma companhia aérea, nem de música, varejo ou ferrovias: tratava-se do assunto incrivelmente "interessante" da "isenção por categoria" para os fabricantes de automóveis europeus. Em outras palavras, do fato de que as pessoas que fazem carros nos roubam a todos controlando quem os vende e a que preço são vendidos para nós. Eu estava lá porque, com o passar dos anos e com o mundo da Internet e dos *call centers* baixando o custo de distribuição, agora era possível para a Virgin vender e entregar carros diretamente ao público a preços até 25 por cento mais baixos do que os da loja da esquina. No ano anterior, tínhamos vendido mais de seis mil.

Quando eu estava prestes a lançar um ataque fulminante aos interesses velados daqueles sentados ao meu redor na sala, alguém silenciosamente entregou um bilhete ao presidente, que olhou para cima, pálido, e anunciou para a sala chocada que havia ocorrido um ataque terrorista em Nova York envolvendo uma série de aeronaves. Ele então me perguntou se eu gostaria de continuar. Nenhum de nós ali sabia muito bem a seriedade da coisa, mas não parecia bom; também havia alguma preocupação de que o edifício da União Europeia pudesse ser um alvo. Ainda assim decidi continuar, fazer o discurso e responder às perguntas dos membros do Parlamento Europeu, sabendo muito bem que a cabeça de todos estaria em Nova York.

Uma hora depois, eu estava prestes a embarcar no trem da Eurostar de volta para o QG, quando finalmente consegui voltar para Londres.

– Parece que terroristas do Oriente Médio tomaram quatro aeronaves – disse Will. – As Torres Gêmeas acabaram de cair e pode haver mais de dez mil mortos. Também estão chegando relatos de outras aeronaves sequestradas. Fecharam o espaço aéreo dos Estados Unidos. Na sua ausência, mandamos os aviões voltarem; só três tinham passado do ponto sem retorno. Desde então, o espaço aéreo dos Estados Unidos está fechado. Sugiro conversarmos com mais detalhes quando você voltar e todos se reunirem amanhã de manhã em Holland Park.

Enquanto eu estava no trem com o executivo-chefe da Virgin Cars, todo o horror começou a ficar claro. Uma mulher sentada à nossa frente era banqueira e estava ligando freneticamente para amigos em Londres e Nova York para tentar descobrir alguma coisa. Ela começou a nos dar um relato passo a passo do que sabia: que a corretora Cantor Fitzgerald havia sido completamente destruída; que vários bancos franceses e americanos podem ter sofrido sérias baixas. Sua angústia era evidente, e fiz o que pude para ajudá-la. Eu ainda não tinha visto nenhuma imagem, mas dava para perceber, pelas lágrimas dela, que a situação era terrível.

Ainda naquela manhã, eu tinha pensado em como estavam os negócios. No período que antecedeu o 11 de Setembro, a Virgin Atlantic continuava sua notável história de sucesso. A Singapore Airlines tornou-se nossa sócia, pagando um recorde de £600 milhões por uma participação de 49 por cento em março de 2000, e continuamos a ser a única companhia aérea lucrativa cruzando o Atlântico Norte em 2001. Os negócios estavam indo muito bem naquele ano, enquanto outros lutavam com custos descontrolados, serviço pouco cortês e frotas velhas. Na verdade, eu sentia tanta confiança que continuei a expandir, abrindo uma nova companhia aérea na Austrália quase exatamente um ano antes da tragédia das Torres Gêmeas. Ela se chama Virgin Blue e foi baseada no modelo de baixo custo da Southwest Airlines. Apesar do dólar australiano fraco e dos altos custos do combustível, ela prosperou, reduzindo as tarifas aéreas e dobrando o número de pessoas voando nas rotas que atende.

Esse não foi o único novo investimento dos anos anteriores. Tínhamos feito muito para racionalizar a Virgin e sua marca no final da década de 1990 e, em 11 de setembro, tínhamos uma estratégia clara, baseada no conceito de "capital de risco de marca". Em vez de ser um conglomerado com muitas subsidiárias, a Virgin havia se tornado uma investidora diversificada. Escolhíamos os setores de negócio com cuidado, tentando levar mais concorrência a setores que beneficiariam o consumidor. Depois encontrávamos bons parceiros e gerentes para levar os negócios adiante, com o objetivo futuro de deixá-los autônomos, como empresas como Virgin Records e Virgin Radio já haviam feito.

Mas também estávamos voltando nossa atenção para saber se poderíamos fazer diferença em outras áreas. Eu viajo pelo mundo quase 250 dias por ano, tentando fazer da Virgin a marca mais respeitada do mundo; não necessariamente a maior, mas a melhor.

Também montamos uma ótima equipe de gestão, tanto no Reino Unido quanto em nível internacional, que pode ser nossos olhos e ouvidos em todos os negócios, de modo que os novos investimentos ocorreram em uma velocidade vertiginosa nos anos anteriores. A Virgin Active havia se tornado a terceira maior rede de academias do mundo; thetrainline.com, que vende passagens de trem pela Internet em todas as redes, tinha 5 milhões de clientes em 11 de setembro. A Virgin Mobile era a empresa de telefonia móvel de crescimento mais rápido da Europa e, no fatídico dia, estava prestes a fechar um acordo com a Sprint para levar nossa oferta de telefonia móvel prática ao público norte-americano.

Como parte da expansão da Mobile, também tínhamos enfim jogado a marca Our Price na lixeira da história. Desde que compramos a empresa da WHSmith em 1998, tomamos a decisão de rebatizá-la como Virgin para acompanhar a bem-sucedida rede Megastore. Ela e a outra presença da Virgin nas lojas de rua ajudaram a Virgin Mobile a atingir quase 2 milhões de clientes no início de 2002, e hoje mais de 5 milhões de clientes.

Uma das primeiras coisas que verifiquei, ao ouvir sobre os ataques terroristas, foi se alguém que conhecíamos tinha sido afetado. Frances Farrow, que havia trabalhado para nós no ramo de aviação aqui e depois se mudado para Nova York para se casar com o noivo naquela primavera, morava perto das Torres Gêmeas. Ela estava ajudando a Virgin Mobile no acordo com a Sprint. Ficamos sem contato com ela por três dias; depois descobrimos que estava passando de carro perto do World Trade Center no momento em que a primeira torre começou a cair. Felizmente para nós, todos os outros parentes e amigos ligaram para avisar que estavam bem.

Mas muitos outros não tiveram a mesma sorte, e percebi isso quando recebi uma ligação de Howard Lutnick, presidente da "Cantor's", como eram conhecidos na cidade. Na sexta-feira à noite, James Kyle, da Cantor Fitzgerald, a empresa que havia perdido literalmente centenas de funcionários na tragédia, tinha ligado para Will Whitehorn. Eles precisavam levar com urgência dezenas de parentes das vítimas para Nova York, mas, como toda sua operação havia sido aniquilada, não sabiam se, quando os mercados reabrissem, teriam uma empresa para pagar a conta. No sábado de manhã, concordamos em levar quantas pessoas fossem necessárias para o outro lado do Atlântico. Quaisquer que fossem os nossos problemas, os deles eram muito piores.

Howard ligou naquela tarde para me agradecer pessoalmente. Eu não conseguia nem imaginar o momento infernal pelo qual ele estava passando, enfrentando a perda da maioria de seus colegas próximos.

– Obrigado por tudo o que você está fazendo por nós – disse ele. – Significa muito para todos na Cantor's.

Fiquei envergonhado por só podermos fazer isso, ainda mais quando soube, depois do emotivo e cortês telefonema, que seu próprio irmão, Gary, morrera no ataque devastador.

Vejo pela entrada da minha agenda no computador para 12 de setembro que só diz "RB – reunião o dia todo em Holland Park". E o grupo que se encontrou na minha casa naquela manhã estava bem soturno. Na sala de estar estavam Richard Bowker, Patrick McCall, Will Whitehorn, Mark Poole e Simon Wright. Ironicamente, não havia ninguém da Virgin Atlantic. O diretor executivo Steve Ridgway e sua equipe sênior já haviam ordenado procedimentos de emergência e começado uma análise urgente de toda a empresa a ser concluída em 72 horas, com o objetivo de recomendar, até sexta-feira daquela semana, o que devíamos fazer. Mas

DIVERSIDADE E ADVERSIDADE

todos que estávamos sentados ao redor da mesa em Holland Park sabíamos que teríamos que fazer algo rápido. Com as rotas transatlânticas fechadas para nós e a queda repentina no número de passageiros, a previsão era a Virgin Atlantic perder £1,5 milhão por dia. Naquela manhã, falei com o novo chefe da BA, um australiano encantador chamado Rod Eddington, que me disse que a BA poderia perder até £8 milhões por dia. Sugeri uma abordagem conjunta ao governo para ver que assistência poderíamos conseguir quando o espaço aéreo norte-americano fosse reaberto. Fiquei animado com a resposta direta dele:

– Bom pra você, cara! Te ligo no começo da semana que vem.

O fato de a BA estar com problemas ainda piores do que os nossos não foi muito consolo para nós ali na minha sala de estar sob o sol forte de setembro. Conforme elaborávamos listas do que estávamos enfrentando, ficou claro que tínhamos dinheiro suficiente nas várias empresas para superar o pior, mas que o potencial buraco negro na Virgin Atlantic precisava ser fechado o mais rápido possível. A outra incerteza era o que aconteceria com nossos concorrentes. Sabíamos que a Sabena em Bruxelas e a Ansett na Austrália entrariam em recuperação judicial, mas sobreviveriam?

Naquele fim de semana, os planos que já tínhamos preparado para uma emergência dessas foram usados pela primeira vez. A equipe da Virgin Atlantic fez um trabalho fantástico em sua avaliação do "colapso do mercado" entre o Reino Unido e os Estados Unidos e, como resultado, elaborou um plano de reestruturação emergencial. Havia alguns pontos dolorosos nisso: mais de 1.200 empregos acabariam na companhia aérea no Reino Unido, mas eles fizeram o que puderam para proteger os milhares de outros. Mais importante ainda, passaram as aeronaves maiores, como os 747-400s, para rotas em expansão na África e colocaram os aviões menores da Airbus em serviço no Atlântico Norte.

Demos aval para prosseguir com a reestruturação no domingo de manhã e falamos com os funcionários na segunda-feira. Jamais esquecerei como receberam a notícia com profissionalismo e bom grado e continuaram a trabalhar. Os meses que se seguiram foram difíceis, mas agimos certo desde a primeira semana; quando chegou o natal, estava claro que a Virgin Atlantic havia passado pelo pior e sobreviveria. Não foi uma proeza fácil, visto que nossas concorrentes americanas pediram ajuda ao governo delas e receberam imensos repasses de caixa. Pode ser que isso as tenha ajudado a superar aquela fase, mas tudo o que vimos foi que lhes deu margem de manobra para se comportarem de forma mais anticompetitiva do que o normal.

A ironia da situação era: não só havíamos formado uma equipe fantástica de pessoas, mas, até 11 de setembro, éramos lucrativos. Minha maior preocupação àquela altura era como o moral da empresa reagiria a essas demissões forçadas. Foi um tributo a todos os envolvidos o fato de não apenas muitos dos funcionários mais velhos e de meio período se apresentarem como voluntários para as demissões, mas aqueles que permaneceram realmente se empenharem no espírito que, sem dúvida, tornou a Virgin Atlantic o que é hoje. A natureza inovadora da companhia aérea – usando poltronas-camas e massagistas a bordo para deixar os passageiros mais confortáveis – agora significava, ironicamente, que éramos os primeiros a instalar portas de Kevlar à prova de balas na cabine de comando, para garantir ainda mais a segurança dos passageiros.

Teria sido mais difícil para a administração da Virgin Atlantic manter o foco como mantiveram se tivessem que se preocupar também com as operações de curta distância; mas, com o modelo de investimento da Virgin, não precisaram. Temos duas outras companhias aéreas, a Virgin Express em Bruxelas e a Virgin Blue em Brisbane, na Austrália, ambas administradas separadamente e com ações na Bolsa. Os efeitos do 11 de Setembro sobre esses negócios foram totalmente diferentes, mas também desafiadores. Uma delas enfrentou o colapso da principal operadora estatal (Sabena); a outra, o colapso de sua principal concorrente (Ansett). Ambas tiveram que agir rápido para remodelar e expandir seus negócios. Em cada caso, elas foram capazes de manter o foco apenas nos próprios problemas.

Da mesma forma, a Virgin Mobile enfrentou desafios no início do século 21: crescimento no mercado do Reino Unido, recessão em Cingapura e a decisão de autorizar ou não a expansão nos EUA. Se a Virgin Mobile fosse um conglomerado, poderia ter havido uma paralisia nessas decisões, mas, como cada uma está sob uma estrutura de *joint venture* separada, mais uma vez as equipes de gestão puderam se concentrar na tarefa em questão. Em outubro, tomamos a importante decisão de lançar a Virgin Mobile nos Estados Unidos em parceria com a Sprint e iniciamos um exercício de arrecadação de fundos para ajudar a financiar o empreendimento de US$500 milhões.

Isso não era tão doido quanto pode parecer. Era óbvio que a economia dos Estados Unidos estava entrando em recessão, mas o que também estava óbvio era que as vendas de telefones celulares estavam finalmente começando a crescer nos Estados Unidos depois das incertezas que se seguiram à tragédia de 11 de setembro. O modelo de baixo custo de telefones pré-pagos da Virgin parecia uma solução ideal para ajudar a atrair um mercado jovem que não tinha se entusiasmado com celulares e mensagens de texto da mesma forma que na Europa, África e Ásia.

Dentro de mais duas semanas, em 7 de outubro, a guerra contra os terroristas começou para valer quando bombas e mísseis de cruzeiro começaram a chover em seus enclaves no Afeganistão. É sempre difícil manter o foco em momentos como este, como eu já sabia desde a primeira Guerra do Golfo, mas as pessoas ainda tinham empregos. Portanto, foi outro choque quando o maior fornecedor do Virgin Rail Group, a Railtrack, quebrou. Foi um golpe para os usuários das ferrovias e para a Virgin, que na época tentava negociar um acordo para salvar a modernização da linha principal da Costa Oeste. Mais uma vez, as consequências foram logo compreendidas por uma equipe de gestão dedicada, que não precisava se preocupar com as outras atividades de S/A amorfas.

No entanto, outro choque viria quando o governo escolheu Richard Bowker para encabeçar a Autoridade Ferroviária Estratégica. Como copresidente da Virgin Rail, ele fez um trabalho fantástico na coordenação dos pedidos de nossos novos trens, como ficou provado quando o primeiro de nossos trens pendulares foi entregue da fábrica, dentro do prazo e do orçamento, em novembro de 2001. Para fins de comparação: na Railtrack, a modernização custou quatro vezes o previsto e acabaria com anos de atraso.

Foi um momento de orgulho e lágrimas estar na fábrica da Alstom em Birmingham em um dia frio e ensolarado de novembro, vendo Joan batizar um de nossos novos trens de *Virgin Lady*. Um momento ainda melhor foi estar sentado perto da lareira naquela noite, assistindo ao *Six O'Clock News* e ouvindo as palavras que esperei por cinco anos: "A Virgin cumpriu suas promessas." Não foi fácil, pois os pedidos foram feitos em 1998 e, apesar de todas as dificuldades tecnológicas, a Virgin havia apresentado o trem mais avançado do mundo, que se inclinava nas curvas a velocidades de até 225 quilômetros por hora. E claro que havia um lado ruim: os trilhos só estariam prontos para operação a 200 quilômetros por hora em 2004!

No fim de 2001, a equipe do financeiro da Virgin Rail virou muitas noites trabalhando enquanto negociavam com a Railtrack, seus administradores, a Autoridade Ferroviária Estratégica, o Departamento de Transportes e os fornecedores de trens para garantir que nossos trens tivessem os trilhos que merecem – e o público, o serviço que merece. Pensei em como era irônico que todos os críticos de nosso acordo para modernizar a ferrovia em 1997 tivessem previsto que nunca conseguiríamos fazer os novos trens funcionarem e que a tentativa nos levaria à falência. De certo modo, os únicos sucessos tangíveis da privatização foram os Pendolinos elétricos e os Voyagers a diesel da Virgin. Os especialistas em ferrovias que também previram em 1997 que seria mais fácil modernizar os trilhos do que os trens ficaram pasmos.

Enquanto isso, na Austrália, os efeitos do 11 de Setembro continuaram a se fazer sentir na aviação civil. Após o colapso da Ansett, a Virgin Blue de repente era a segunda maior companhia aérea da Austrália. Seu presidente-executivo, Brett Godfrey, vinha construindo o negócio de forma constante há um ano, mas quase que da noite para o dia passou a administrar uma companhia aérea que prometia ser mais lucrativa do que a easyJet e tinha oportunidades enormes – se ao menos conseguisse financiamento. Nosso diretor de finanças corporativas,

Patrick McCall, estava em um avião para a Austrália três dias depois do ataque às Torres Gêmeas. Um mês depois, a Virgin Blue anunciou a nomeação da Goldman Sachs para preparar a abertura de capital em 2003, com especulações de uma potencial avaliação de mais de AUS$1 bilhão.

A história quase foi muito diferente; a Air New Zealand, controladora da Ansett, fez uma oferta para comprar a Virgin Blue por US$ 250 milhões pouco antes de 11 de setembro. Nossos amigos da Singapore Airlines tinham uma participação de vinte por cento na ANZ, então foi o CEO deles, dr. Cheong (CK), que me ligou para fazer a oferta.

– Richard, eu realmente acho que você deveria aceitar esta oferta – disse ele. – É uma avaliação muito generosa e, se você não aceitar, vamos colocar o dinheiro na Ansett, e eles vão acabar com a Virgin Blue em seis meses. – Ele estava blefando?

Foi uma decisão difícil. Meu instinto me dizia que a empresa valia mais do que isso, mas não era uma oferta mesquinha. No entanto, algo na insistência desesperada na voz de CK naquela ligação de longa distância me fez hesitar. Decidi fazer uma travessura e convoquei uma entrevista coletiva. Queria que as autoridades responsáveis compreendessem a opinião do público sobre a necessidade de uma concorrência saudável. Anunciei, com expressão sombria e séria:

– Este é um dia triste, mas decidi vender. Isso significa que passagens aéreas baratas na Austrália serão coisa do passado; outras empresas não vão querer continuar o que tentamos fazer. Isso significará, é claro, que nossa equipe fará parte da Ansett, e que haverá demissões. Mas, de qualquer forma, eu me saí bem nessa história, então já estou voltando para o Reino Unido com meu lucro de US$250 milhões.

Houve um silêncio mortal; a sala lotada parecia em profundo choque. Uma jornalista da Press Association correu para enviar sua matéria. E então avistei alguns de nossos funcionários do outro lado da sala; eles não deveriam estar na coletiva de imprensa. Percebi que estavam chorando.

– Brincadeira! – acrescentei rapidamente, e rasguei o cheque de US$ 250 milhões à vista de todos.

Cinco dias depois, a Ansett quebrou e Brett mal conseguia se conter ao telefone enquanto contava, entusiasmado, seus planos para a rápida expansão daquela que se tornara, da noite para o dia, a segunda maior companhia aérea da Austrália. Foi essa ligação que me fez perceber que a equipe de Brett havia construído um negócio com a essência da Virgin: revolucionou o mercado australiano de viagens aéreas, construiu uma reputação fantástica de qualidade, e tudo isso como start-up de capital de risco de pequena escala, com apenas AUS$ 10 milhões.

Em dezembro de 2003, essa start-up de AUS$ 10 milhões havia abocanhado mais de trinta por cento do mercado e foi a primeira de nossa nova geração de empresas a abrir o capital. Foi uma conquista notável, dado o caos no mercado de aviação e o trágico ataque terrorista em Bali no ano anterior, que abalou a confiança dos australianos na sua imunidade aos problemas do resto do mundo. Quando abrimos o capital da empresa na Bolsa australiana, tínhamos um novo sócio na Virgin Blue chamado Chris Corrigan e, com o investimento dele e o IPO, tínhamos feito mais de US$780 milhões em pouco mais de três anos de operação. Depois do IPO, a Virgin reteve uma participação de 25 por cento e a empresa continuou a prosperar por mais de um ano e meio até que a Qantas finalmente acordou para a destruição de seu mercado doméstico e, como todo bom monopolista, lançou no primeiro semestre de 2004 um clone de baixa qualidade da Virgin Blue chamado JetStar. Em janeiro de 2005, a Virgin Blue estava presa numa guerra de preços. Apesar disso, ainda é uma das companhias aéreas mais lucrativas do mundo. De fato, uma das conquistas notáveis de 2004-2005 foi a Virgin Blue e a Virgin Atlantic permanecerem lucrativas num momento em que a maioria das companhias aéreas americanas por fim pediu concordata.

Mesmo nossas empresas pontocom mais novas – aquelas lançadas a partir de 1998 – pareciam crescer cada vez mais depois de 11 de setembro, em grande parte porque foram modeladas em uma marca real, vendendo coisas reais. A Virgin Cars vendeu seu 6.000º veículo naquele inverno e, apesar de um abalo após os ataques em Nova York, as vendas de automóveis na verdade aumentaram no período que antecedeu o Natal. O mesmo aconteceu com thetrainline.com. Mais uma vez, as vendas dispararam quando executivos nervosos decidiram que um trem de Manchester ou Newcastle era uma aposta melhor do que um avião. No início de 2002, essas e várias outras de nossas empresas de *e-commerce* tinham fluxo de caixa positivo. Houve apenas uma exceção: a Virgin Wines, que, apesar de ganhar 100.000 clientes, ainda não conseguia as margens de que precisava em um mercado acirrado; mas estamos confiantes de que ela vai vencer a crise em breve.

A Virgin Wines foi um bom exemplo da nossa filosofia de gestão de dar ao nosso pessoal a oportunidade de se tornarem empresários por mérito próprio. Rowan Gormley, da Virgin Money, começou a sentir, no final de 1999, que nosso negócio de serviços financeiros estava amadurecendo e precisava de um tipo diferente de gerente. O ex-investidor de capital de risco foi mordido pelo bichinho empreendedor e simplesmente queria começar algo novo: um varejo de vinhos online. Eu simpatizava com ele e, apesar de nossas dúvidas em entrar em um setor tão diferente, decidimos apoiá-lo quase que por uma questão de princípio. A Virgin Wines foi estabelecida como empreendimento conjunto entre a Virgin e Rowan.

Eu poderia dar outros exemplos, mas espero que já tenha ficado claro. Ao investir em empresas separadas com sócios – "restritas", como os banqueiros sempre me dizem – conseguimos resistir às pressões gerenciais impostas pelo 11 de Setembro, dispersar o risco e tomar o que esperamos ter sido uma série de boas decisões. Junte isso a um modelo de capital de risco privado de criar empresas separadas com seu próprio *case* de negócio, acionistas e recursos financeiros, e você tem a Virgin que existia em 2001 e continua a existir hoje.

Tem sido interessante, com o colapso da Enron, ver como as pessoas ainda querem construir empresas enormes; mas se algo sério der errado, tudo vem abaixo. O que estamos tentando fazer na Virgin não é ter uma empresa enorme em um setor sob uma única bandeira, mas ter duzentas ou mesmo trezentas empresas separadas. Cada empresa pode se manter por conta própria e, dessa forma, embora tenhamos uma marca que as una, se tivermos outra tragédia como a de 11 de setembro – que prejudicou o setor aéreo –, ela não derrubaria todo o grupo. Conseguimos então evitar o perigo de acordar um dia com algo horrível que deu errado e ameaça derrubar todas as empresas.

A verdade é que nunca abandonamos uma empresa: sempre pagamos suas dívidas; sempre conseguimos manter nossa reputação de organização que honra suas obrigações. Mas, no caso de uma catástrofe absoluta, poderíamos abrir mão de uma empresa; poderíamos cortá-la e, com isso, o resto do grupo não seria afetado. Nossa reputação seria prejudicada, claro, e não gostaríamos que isso acontecesse, mas pelo menos evitaria um desastre e a perda de 40.000 empregos.

A grande diversidade dos negócios da Virgin passou no teste do tempo e das circunstâncias. Com cada equipe de gestão concentradas nos próprios objetivos empresariais e empreendedores, podemos alcançar praticamente tudo, desde que seja certo para a marca. Aprendi muito no final da década de 1990 e acabei percebendo que vincular nosso nome a produtos não era a melhor maneira de criar valor. A Virgin Vodka podia vender bem nos aviões e nos aeroportos, mas não tínhamos a distribuição mundial de empresas como UDV ou Scottish Courage para respaldá-la. No entanto, encontre gerentes empreendedores como Frank Reed e Matthew Bucknall na Virgin Active e lhes dê recursos, e o céu será o limite.

Os presságios não foram bons quando a Virgin Active abriu sua primeira academia em Preston, Lancashire, em agosto de 1999. Um incêndio assolou a academia, causando dezenas de milhares de libras de danos, e um perturbado Frank me ligou para dar as más notícias. Muitas vezes, porém, é possível transformar notícias ruins em boas. Quando ele disse que isso lhes daria a chance de fazer uma ou duas coisas de forma diferente e ter mais tempo para treinar a equipe, fiquei aliviado. Eu também estava começando a entender por que Frank tinha uma reputação tão forte na indústria do lazer.

DIVERSIDADE E ADVERSIDADE

Ao mesmo tempo, Frank me ajudou a cumprir uma promessa de muitos anos: investir na África do Sul. Uma das primeiras vítimas do declínio do mercado de ações que precedeu o ataque às Torres Gêmeas foi uma empresa sul-africana cotada na Bolsa que, por acaso, era proprietária da maior rede de academias do país. Eu estava no banho quando Nelson Mandela ligou e explicou que seria um duro golpe o fechamento de oitenta academias de ginástica criadas por um programa de empoderamento de negros, com a perda de vários milhares de empregos. Ele perguntou se poderíamos resgatá-la e manter o sustento dessas pessoas. Poderíamos, e resgatamos, de forma que, no final de 2001, a Virgin Active tinha aumentado rapidamente por meio de crescimento e aquisições e se tornado uma das cinco maiores operadoras de academias do mundo.

Nos anos que se seguiram, a Virgin Active se tornou uma das histórias de sucesso silencioso do império Virgin. Mesmo internamente, poucas pessoas sabiam como ela ia. Trouxemos sócios de capital de risco para a empresa e, no início de 2005, ela lucrava £34 milhões por ano.

Nosso método de expansão por meio de capital de risco de marca pode não agradar a todos, mas é animador ver que um empresário agora está seguindo um modelo não tão diferente. A easyJet teve tanto sucesso que agora tem capital aberto e o empreendedor que a fundou, Stelios Haji--Ioannou, está desenvolvendo novos negócios usando a mesma marca, como a easyCar, por meio de seu veículo de capital de risco privado, o easyGroup.

Após os ataques de 11 de setembro, a Virgin Atlantic reestruturou completamente suas operações, enquanto a principal resposta da BA foi se enrolar na bandeira britânica e ir atrás de apoio do governo para mais uma tentativa de criar um monopólio transatlântico com a American Airlines. Em vez de tentar evitar que mais de sessenta por cento do tráfego aéreo entre Reino Unido e Estados Unidos e as vagas em Heathrow caíssem nas mãos de uma estrutura monolítica, estava claro que o Departamento de Transportes britânico ia ajudar!

Em um dia quente e ensolarado de novembro em Washington, enquanto eu apresentava nosso caso contra o acordo perante o Senado, entendi a hipocrisia do Departamento de Transportes. A Embaixada Britânica divulgou um comunicado de imprensa apoiando a fusão e um concomitante acordo "Open Skies" [Céus Abertos] – incrível, considerando que os únicos beneficiários provavelmente seriam as duas companhias aéreas que criaram o monopólio. Com considerável pompa, nossos diplomatas tentaram mobilizar o clima pró-britânico no Capitólio com as palavras: "Dois aliados, unidos em tantas outras coisas, devem conseguir chegar a um acordo sobre algo que seria para benefício mútuo." Se alguém conseguisse me explicar qual o "benefício mútuo" da tentativa de criar um monopólio na aviação civil do Atlântico Norte para dois aliados em conflito com o Talibã e Osama Bin Laden, eu teria lhe dado uma passagem grátis vitalícia na classe executiva.

Mas não acabou aí. Ao tentar defender o acordo, a BA fez a ridícula afirmação no *Sunday Telegraph* de que não havia falta de vagas em Heathrow; isso era, nas imortais palavras de Sid Vicious, "bollocks"! A resposta da Virgin foi oferecer £2 milhões para caridade por cada vaga que Lord Marshall conseguisse arranjar para nós. Ele não conseguiu cumprir o desafio, naturalmente, e deve ter reclamado quando o Departamento de Justiça dos Estados Unidos considerou o acordo anticompetitivo e confirmou que suas investigações concluíram que a falta de vagas era um dos principais motivos pelos quais o acordo não deveria prosseguir conforme proposto.

Foi só no final de janeiro de 2002 que a jogada da BA com a American Airlines finalmente terminou. O Departamento de Transportes dos Estados Unidos anunciou que permitiria a fusão das operações das duas monopolistas se a BA cedesse vagas para as outras companhias norte-americanas. O problema era o preço: os reguladores dos Estados Unidos perceberam que Heathrow estava superlotado e que teriam de dar a suas companhias aéreas muito acesso em troca do acordo. Para a BA, porém, o preço era alto demais; na última semana de janeiro, eles abandonaram os planos de fusão e voltaram à fase de planejamento dos tais "Céus Abertos".

Desde o início de sua tentativa de fusão em 1996, a BA desperdiçou milhares de horas de trabalho, para não mencionar dezenas de milhões de libras, em um esquema impossível, mais em sintonia com a visão da aviação nos anos 1970 do que com o mundo moderno da desregulamentação, concorrência e companhias aéreas de baixo custo. Rod Eddington sabiamente resistiu e, em vez de tentar criar um monopólio para sair das dificuldades, anunciou o projeto "Future Size and Shape" [Tamanho e Forma do Futuro] para reestruturar a BA.

Uma das coisas que aprendi ao longo dos meus anos no ramo é que, quando você tem um ótimo produto, é essencial proteger a reputação dele com cuidado. Não é apenas uma questão de colocá-lo no mercado. Como resultado, recebo todos os dias um maço de recortes da imprensa – tudo que mencione a Virgin. Estas – e as cartas dos funcionários – são as primeiras coisas que leio pela manhã. Quando comecei a companhia aérea, percebi que teria que me usar para divulgar a Virgin Atlantic e construir o valor da marca. A maioria das empresas não reconhece a imprensa e tem uma assessoria de imprensa minúscula e escondida. Se uma história imprecisa aparece na imprensa e permite-se que seja publicada em mais de uma edição do jornal, ela vira fato. Depois, toda vez que seu produto for mencionado, essa mesma história será repetida.

Minha reputação foi ameaçada em duas ocasiões importantes: primeiro pela British Airways, que já contei em detalhes, e, segundo, por Guy Snowden e sua empresa GTECH, a força motriz por trás da criação da Camelot, que ganhou a franquia para administrar a Loteria Nacional Britânica. Para ambas as empresas, fui uma pedra no sapato que lhes custou milhões de libras em lucros perdidos.

O incidente da GTECH foi particularmente crucial em termos de reputação. Conheci Guy Snowden em 1993, quando o governo britânico finalmente concordou em autorizar a Loteria Nacional. Vários consórcios comerciais estavam começando a se formar, mas minha opinião era que a Loteria deveria ser administrada por uma empresa que doasse todos os lucros para instituições de caridade. Isso seria possível porque seria um monopólio sem nenhum risco envolvido. Eu havia pedido a John Jackson, com quem trabalhei na Healthcare Foundation quando ele era o executivo-chefe da Body Shop, e com quem eu havia lançado os preservativos Mates, que organizasse nossa oferta filantrópica. A GTECH era o principal fornecedor de equipamentos para loteria, então achamos que deviamos ver se estariam interessados em fornecer para nós caso seu consórcio não levasse o contrato.

John Jackson e eu nos encontramos com Guy Snowden para almoçar no dia 24 de setembro. A conversa que tivemos se tornou, desde então, uma lenda jurídica. Depois de chegarmos a um impasse, em que Guy Snowden não queria orçar o fornecimento de equipamentos para nós e eu não queria entrar em seu consórcio, houve uma pausa. Em seguida, Snowden destacou que, se continuássemos com nossa oferta, isso custaria ao consórcio GTECH milhões de libras, já que eles teriam que reduzir o percentual que cobrariam como operadores – dos quinze por cento das vendas, mencionados nas diretrizes do governo, para treze por cento, talvez menos. Supondo que as vendas anuais de bilhetes de loteria chegassem a £4 bilhões (e chegavam), cada redução percentual da fatia das operadoras representaria £40 milhões por ano. Era muito dinheiro em jogo.

Estávamos sentados no conservatório do jardim em 11 Holland Park, e percebi que Snowden começou a suar. Ele se remexeu na cadeira e olhou para mim.

– Não sei bem como expressar isso, Richard.

Olhei para ele, imaginando o que ia dizer.

– Para tudo existe uma solução. Vou direto ao ponto. De que forma podemos ajudá-lo, Richard?

Eu não sabia o que dizer. Snowden esclareceu suas intenções.

– Quer dizer, como podemos ajudá-lo pessoalmente?

Fiquei atordoado com a pergunta. Estavam tentando me subornar.

– O que diabos você quer dizer? – perguntei, surpreso e com raiva e tentando lhe dar a chance de parar. Mas ele não parou.

– Todo mundo precisa de algo nessa vida – disse Snowden.

– Sou muito bem-sucedido, obrigado – respondi. – Eu só preciso de um café da manhã, um almoço e um jantar por dia. A única ajuda que quero de você seria a prestação de serviços técnicos para nossa oferta.

E com isso eu me levantei e saí do conservatório. Não queria mais fazer parte do mundo desse homem. Enquanto John e eu tentávamos montar uma oferta para a Loteria Nacional destinada a dar muitos milhões de libras para instituições de caridade, esse homem estava tentando me subornar eu para ficar de fora e permitir que sua oferta fosse aprovada, o que, além de dar menos dinheiro para caridade, ao mesmo tempo enriqueceria sua empresa e ele próprio.

Desci as escadas e entrei no banheiro. Ali, rabisquei as palavras que ele havia usado num pedaço de papel. Nunca tinham me oferecido suborno antes. Em seguida, voltei lá para cima, e John e eu conduzimos Snowden para fora da casa.

– Eu não estava enganado, estava? – perguntei a John. – Era suborno mesmo, não era?

– Com certeza era – assegurou John.

John depois me contou como quase caiu da cadeira quando Guy Snowden disse aquelas palavras. Resumo da história: no processo judicial que se seguiu, o júri decidiu a meu favor contra Guy Snowden e a GTECH. Em seus argumentos finais, o falecido QC George Carman destacou para a corte que, acima de qualquer sucesso comercial de que alguém possa desfrutar, o que realmente importa é sua reputação de honestidade. Guy Snowden tinha "escolhido o homem errado, dito a coisa errada, no lugar errado, no momento errado".

Decidi em 1999, quando a licença para a Loteria Nacional voltou a ser licitada, que eu outra vez faria uma oferta com um consórcio sem fins lucrativos para assumir a Loteria. Estava convencido de que o compromisso do Novo Trabalhismo com a abordagem sem fins lucrativos que adotamos em 1993 seria enfim honrado. Como antes, a maioria dos meus conselheiros mais próximos na Virgin tentou me persuadir a não fazer uma oferta devido ao risco para a marca que uma briga com a Camelot – que poucos acreditavam que poderíamos vencer – poderia representar. Mesmo assim, eu estava tão empolgado com isso que decidi ir em frente; para começar, peguei o telefone e liguei para meu velho amigo Simon Burridge. Ele passara os últimos anos como diretor executivo da agência de publicidade J Walter Thompson, mas não perdeu o entusiasmo pelo princípio da Loteria do Povo nem pela inevitável luta com a Camelot que acompanharia a decisão. Simon não era homem de meias palavras:

– Tenho acompanhado bem de perto as coisas na Camelot, Richard, e todas as nossas previsões na oferta de 1993 estão se concretizando. As vendas estão caindo feito fruta madura, a tecnologia da GTECH é uma porcaria, os jogos deles são chatos e, com os fornecedores certos, acho que damos conta!

Ele começou de pronto a trabalhar e reuniu todos, desde Anne Leach e John Jackson até Colin Howes na Harbottle & Lewis. A única exceção à equipe anterior foi Will Whitehorn, que mais uma vez estava convicto de que deveria haver uma demarcação clara entre a Virgin e o que desta vez seria conhecida como Loteria do Povo. Estávamos em meio a um investimento em toda uma nova gama de negócios que, com exceção da companhia aérea, talvez não gerasse lucros nos primeiros anos. Will me disse que achava que eles mirariam na jugular e tentariam destruir a minha reputação comercial. Ele queria se concentrar em combater esse problema maior – as relações públicas para o grupo e para a marca – e sugeriu usar uma agência de RP externa para a Loteria do Povo.

E assim montamos uma nova equipe de fornecedores, agências e pessoas em torno da equipe principal da licitação de 1993. Ao todo, acabamos com mais de vinte fornecedores, de Energis e Microsoft a J Walter Thompson, JP Morgan e nossos antigos rivais, AWI. A Camelot, por sua vez, agora tinha os Correios como acionista para substituir a agora desgraçada GTECH, embora ainda pretendesse usar os equipamentos deles na oferta. A Camelot havia conseguido melhorar uma única coisa em meio à mediocridade dos últimos seis anos: agora tinham a formidável Diane Thompson como executiva-chefe. Diane era um bom exemplo da nova geração de executivas seniores que começaram a causar impacto nas sóbrias diretorias da Grã-Bretanha na década de 1990. Eu gostava da ideia de uma peleja com ela, mas, depois de ouvi-la no respeitadíssimo programa *Today* da BBC Radio 4 várias vezes, discutindo de igual para igual com John Humphrys e Jim Naughtie, sabia que não seria fácil.

Na época, eu tinha acabado de voltar de nossa tentativa final e fracassada de dar a volta ao mundo de balão no natal de 1998 e não percebia uma diferença crucial entre a Camelot de 1993 e a de 1999. Tendo vencido a licitação para administrar a Loteria e a administrado por seis anos, eles estavam preparados para fazer qualquer coisa para mantê-la. Mais importante: como a maioria das pessoas achava que eles iam ganhar mais uma vez, a nossa acabou sendo a única outra oferta, o que significava que eles (e seus amigos) poderiam concentrar todo o seu poder de fogo em nós – e em mim pessoalmente.

O jogo final se desenrolou no verão de 2000, enquanto eu estava de férias com a família em Necker. Chegou um fax da chefe da Comissão da Loteria, Dame Helena Shovelton, informando que não havíamos ganhado, mas meio que ganhamos. Recebemos um período de exclusividade para negociar um acordo. Se pudéssemos garantir dinheiro suficiente para cobrir qualquer potencial revés e esclarecer alguns pontos, a loteria seria nossa.

Se ao menos tivesse sido tão simples. Simon e John perceberam os sinais de perigo logo no início do processo e estavam certos ao prever que a Camelot poderia pedir uma revisão judicial contra a decisão dela. Pediram. E, além de tudo, ganharam, o que transformou o processo num caos naquele outono, com o perigo de não haver tempo para nos passar a loteria. Uma muito amarga Dame Helena renunciou e foi substituída por Terry Burns, ex-funcionário do governo britânico. Em poucas semanas, Burns reverteu toda a abordagem de Dame Helena para com a loteria, e chegou à (achei eu) ridícula conclusão de que a licença deveria ir para a Camelot.

Nenhum de nós conseguia acreditar e, com o passar das semanas em 2001, ficou claro que o público britânico também não acreditava: começaram a abandonar a Camelot aos milhares. Quando o 11 de Setembro abalou o mundo, as vendas estavam caindo a uma taxa de 20% ao ano. Não fiquei satisfeito com isso, porque, claro, não foi a Camelot que sofreu, mas sim as muitas boas causas – esportes, artes, instituições de caridade e outras organizações – que simplesmente receberam menos dinheiro.

A nova licença da Camelot para administrar a Loteria Nacional da Grã-Bretanha entrou em vigor em janeiro de 2002, em meio à queda no número de pessoas jogando. Diane Thompson, a executiva-chefe, disse que isso acontecia porque as pessoas achavam o jogo chato – como é triste alguém que tem a tarefa de fazer muitos milionários por semana não conseguir tornar isso empolgante.

Também se descobriu que a Camelot havia conseguido a renovação de sua licença com a promessa de arrecadar £15 bilhões para boas causas, mas o governo não havia pedido nenhuma garantia. Uma semana após a vitória, a Camelot estava procurando desculpas publicamente por não arrecadar nem perto de £15 bilhões. "Fomos distraídos pelo processo de licitação" etc. e tal. Mas era tarde demais. Já tinham sua licença. Foi um desfecho surpreendente pelo qual acho que o governo deveria se envergonhar: eles haviam prometido na eleição que todos os lucros da loteria iriam para boas causas – e voltaram atrás nessa promessa.

A reestruturação da Virgin Atlantic após a tragédia de 11 de setembro realmente começou a dar frutos nos anos que se seguiram, e a confiança da administração só aumentou com a capacidade da companhia aérea de suportar os choques que se seguiram – as consequências da guerra no Afeganistão e o golpe duplo no ano seguinte, com a SARS na Ásia e uma segunda guerra no Golfo. A Virgin Atlantic realmente amadureceu durante esses eventos e conseguiu voltar a dar lucro após abril de 2002, apesar de ter perdido quase £100 milhões nos meses que se seguiram à tragédia das Torres Gêmeas.

Também lançamos nossa arma secreta na chamada "batalha das camas" com a British Airways. No verão de 2003, a Virgin Atlantic revelou sua Upper Class Suite, que, no mundo, é a única cama de verdade, como as de primeira classe, em uma classe executiva. Ela decolou em todos os sentidos da palavra e, no verão de 2004, conquistávamos uma fatia significativa do mercado das nossas rivais.

O projeto de criação das camas teve as características habituais da Virgin. Tomamos a decisão corajosa de projetar nós mesmos o produto exclusivo, e a tarefa coube a Joe Ferry, chefe de design da Virgin Atlantic. Ele alcançou o santo graal dos fabricantes de poltronas de avião, que é transformar uma poltrona confortável em uma genuína cama por meio de seu mecanismo exclusivo de virada. O risco valeu a pena, e o design de Joe ganhou seis dos maiores prêmios de design industrial do mundo em 2004 e teve o efeito de atrair milhares de clientes cativos da British Airways para a Virgin Atlantic.

À medida que a Virgin Atlantic continuava a se recuperar, fiquei muito preocupado com a "guerra ao terror". Há muito tempo que o desejo dos chamados neoconservadores nos Estados Unidos era ter um papel mais intervencionista no Oriente Médio para "estabilizar" a região. No outono de 2002, estava claro que o governo Bush havia tomado a decisão de intervir no Iraque, não importando a opinião mundial sobre o assunto e, no início de 2003, estava claro que interviriam mesmo sem o apoio da ONU.

Achei todo o episódio muito deprimente e tive um verdadeiro pressentimento sobre o que acredito ter sido uma invasão injustificada. Além do óbvio custo humano de um conflito, eu estava cético em relação às armas de destruição em massa e não conseguia entender por que o governo dos Estados Unidos acharia tão fácil democratizar o Iraque quando tantos outros antes haviam falhado. George Bush continuava a afirmar na televisão e em coletivas de imprensa que "a guerra era um mal necessário". Eu acredito que, em sua maioria, os "males necessários" são muito mais males do que necessários. Depois do 11 de Setembro, porém, Will Whitehorn aconselhou a não nos opormos publicamente ao governo Bush sobre a questão do Iraque, alegando que era inevitável. Em fevereiro de 2003, travei um plano pessoal para tentar persuadir Saddam Hussein a renunciar antes que os cães de guerra fossem soltos. Com o coração aflito, liguei para Nelson Mandela e segui com esta carta simples.

Caro Madiba,

Foi muito bom conversar com o senhor, como sempre. Pensei em lhe enviar uma breve nota explicando nossa discussão.

Os Estados Unidos e a Grã-Bretanha definitivamente decidiram ir à guerra. As muitas vítimas civis serão inevitáveis.

Acredito que só pode haver uma maneira de impedir uma guerra no Iraque, e acredito que o senhor pode ser a única pessoa no mundo a conseguir.

Se Saddam Hussein pudesse ser persuadido a se retirar para a Líbia (ou qualquer outro lugar), com total imunidade, não acredito que seria possível para os Estados Unidos continuar com a guerra. Se ele fizesse esse sacrifício para evitar que seu povo passasse por mais sofrimento, aumentaria consideravelmente sua reputação. A alternativa pessoal será o destino de Noriega, Milosevic ou pior.

Conhecendo seu relacionamento próximo com o presidente Kadafi e o respeito que tem no Iraque, talvez o senhor seja a única pessoa que poderia organizar isso.

Acredito que teria credibilidade para persuadir Saddam Hussein a renunciar. Voando com o senhor – para, digamos, a Líbia –, ele poderia sair de cabeça erguida. Seria a melhor coisa que ele poderia fazer por seu povo.

Se for de alguma ajuda, eu ficaria feliz em enviar um avião para o senhor ir e voltar (espero que via Líbia!).

Converso com o senhor depois que falar com Thabo.

Atenciosamente como sempre,

Richard

Era um plano ousado que poderia funcionar. Mas o tempo estava se esgotando.

Nelson Mandela queria que eu obtivesse a aprovação de Kofi Annan, secretário-geral das Nações Unidas, e a bênção de seu próprio presidente, Thabo Mbeki. Escrevi para Kofi Annan e dei seguimento com um telefonema. Ele deu todo o seu apoio à ideia. Em 17 de março, posicionamos dois pilotos e um Lear Jet em Joanesburgo para levar Mandela a Bagdá. Tínhamos conseguido tirar os reféns do Iraque alguns anos antes enviando Edward Heath. Desta vez, Nelson Mandela, a pessoa mais respeitada do mundo, criticara duramente a iminente invasão pelos Estados Unidos. Se alguém podia persuadir Saddam, era ele. Um número enorme de vidas poderia ser salvo e injúrias evitadas.

Infelizmente o tempo acabou e dois dias depois os eventos nos atropelaram. Em 19 de março de 2003, os Estados Unidos bombardearam Bagdá, e o resto é história. Não há nada na minha vida de que me arrependa mais.

Mas o que percebi com essa experiência – e com amigos com visão, como Peter Gabriel – é que o mundo precisava de um grupo de anciãos, como Nelson Mandela, que pudesse intervir em nome da comunidade mundial em situações como essa. Decidi que, nos anos seguintes, queria ajudar a reunir um grupo de indivíduos que pudessem atuar como "Anciãos" globais para dar voz às pessoas do mundo.

No final de 2003, Joan, Holly, eu e alguns membros da equipe da Virgin também tivemos a maravilhosa oportunidade de presenciar e ajudar a organizar o show 46664 de Madiba na África do Sul. Madiba teve a generosidade de usar seu número na prisão, 46664, como um símbolo de esperança na luta contra o HIV/AIDS. Sentar-me ao lado dele e de sua maravilhosa esposa enquanto ouvia Peter Gabriel cantar "Biko" pela primeira vez na África do Sul foi uma das experiências mais comoventes da minha vida.

Antes desse show, mas não muito depois do fim da guerra, vi um microcosmo do Iraque em primeira mão quando pegamos o primeiro voo de socorro para Basra. Apropriadamente, era pilotado por Mike Abunalla, um exilado iraquiano cuja família havia fugido do Iraque vinte e dois anos antes. Nossa missão era entregar mais de sessenta toneladas de suprimentos médicos generosamente doados aos hospitais de Basra que o exército de Saddam havia esvaziado na fuga para o norte. Durante o voo, todos ficamos impressionados com a devastação das infraestruturas lá embaixo e com o vazio e a enormidade do país.

Todo o projeto foi uma cooperação notável entre um exilado iraquiano, Luay Shakarchy, que estava baseado em Midlands, em Birmingham, nossa Jackie McQuillan e o marechal do ar Brian Burridge. O espírito de cooperação entre as forças britânicas em Basra e uma pequena equipe operacional da Virgin Atlantic foi notável; em questão de semanas, conseguiram abrir o aeroporto de Basra para um 747, levando essa ajuda tão necessária para o país. Passei muito tempo conversando com militares em Basra, homens e mulheres, e pude perceber que muitas das forças britânicas tinham um forte pressentimento em relação à situação que se desenrolava com seus colegas americanos no norte do país. Essa sensação de mau presságio depois se mostrou muito verdadeira.

Muitos de nós ficamos comovidos com o que vimos e presenciamos durante esse primeiro voo civil para o Iraque desde 1990. Mais ainda Jackie, que, junto com três exilados iraquianos que hoje são médicos na Grã-Bretanha, foi ao centro da cidade visitar alguns dos pacientes do Hospital Geral de Basra. Foi lá que ela viu em primeira mão não apenas a dor e o sofrimento infligidos aos civis durante a guerra, mas também o fato de sempre haver esperança e beleza mesmo nas situações mais terríveis. No hospital, ela conheceu uma jovem de 20 anos que foi gravemente ferida nas pernas e no abdome por estilhaços de bomba. Apesar do sofrimento, ela não tirava os olhos de sua linda filhinha que nascera numa cesariana de emergência dois dias antes. Vendo as lágrimas de compaixão de Jackie, a mulher disse:

– Por favor, não chore por mim. Deus me deu o maior presente de todos, e nos olhos dela só vejo inocência e amor.

Essas foram algumas das palavras mais comoventes que me foram transmitidas naquele dia.

O Pentágono sugeriu que o custo do conflito no Iraque seria de aproximadamente US$ 75 bilhões por ano ao longo de dez anos. Ao aceitar o Prêmio Niwano da Paz em 8 de maio de 2003, a dra. Priscilla Elworthy, do Oxford Research Group, disse:

– Devemos comparar esses US$ 75 bilhões para os custos de desenvolvimento da segurança internacional de outras maneiras.

"(A) No ano 2000, os líderes mundiais estimaram que seriam necessários US$25 bilhões a US$35 bilhões anuais para elevar os níveis de saúde e bem-estar na África aos padrões ocidentais.

"(B) A Unesco estima que todas as crianças do mundo poderiam ser educadas se gastássemos US$7 bilhões de dólares por ano durante dez anos.

"(C) Todas as pessoas no mundo poderiam ter água limpa e saneamento por US$9 bilhões ao ano.

"(D) O HIV e a AIDS hoje ceifam 5.500 vidas por dia em todo o mundo, mais do que a Peste Negra, e doze milhões de crianças na África ficaram órfãs por causa da doença. Kofi Annan pediu US$10 bilhões anuais para enfrentar a epidemia de AIDS.

"Então todos esses objetivos poderiam ser alcançados, todo esse sofrimento evitado em todo o mundo, por menos do que os Estados Unidos gastam em ações militares no Iraque."

No entanto, ela concluiu com uma nota positiva citando o dr. Müller, Chanceler da Universidade da Paz da Costa Rica, e o Dalai Lama.

– O dr. Müller, em um discurso no início deste ano, disse: 'Estou muito honrado por estar vivo em um momento tão milagroso da história.

Estou muito comovido com o que está acontecendo em nosso mundo hoje. Nunca antes na história do mundo houve diálogo e conversa global, visível, pública, viável e aberta sobre a própria legitimidade da guerra. Quais serão as consequências? Os custos? Quais podem ser as alternativas pacíficas? Em que tipos de negociação não estamos pensando? Quais são as reais intenções de se declarar guerra?'

"Muitos milhões de pessoas no mundo parecem ter encontrado uma nova voz. Talvez algo de bom possa advir da decisão de invadir o Iraque, afinal.

"E, por fim, a bela citação creditada ao Dalai Lama: 'Se você deseja experimentar a paz, dê paz para outra pessoa. Se deseja saber que está em segurança, faça com que outras pessoas saibam que estão seguras. Se deseja entender melhor coisas que parecem incompreensíveis, ajude outra pessoa a entender melhor. Se deseja curar sua própria tristeza ou raiva, procure curar a tristeza ou a raiva de outra pessoa.

"'Essas outras pessoas estão zelando por você agora. Estão esperando por você em busca de orientação, ajuda, coragem, força, compreensão e segurança nesta hora. Acima de tudo, estão esperando seu amor.'"

De volta a Londres, na primavera de 2004, os negócios continuaram como de costume no império Virgin. Gordon McCallum, ex-diretor de estratégia de grupo para o Virgin Group, estava ocupado preparando a Virgin Mobile para sua entrada na Bolsa de Valores de Londres, com uma avaliação esperada de £1 bilhão. Foi de fato uma história notável. Em apenas quatro anos, criamos a primeira rede de telefonia móvel virtual do mundo e estabelecemos uma base de quatro milhões de clientes que eram os mais satisfeitos do setor. Ainda mais empolgante, em alguns aspectos, foi o enorme sucesso do empreendimento com celulares nos Estados Unidos, que iniciamos nos sombrios dias pós-11 de Setembro. Mesmo em 2004, estava claro que a Virgin Mobile USA poderia algum dia ser mais valiosa do que a operação no Reino Unido. Ela se tornou a empresa de crescimento mais rápido na história corporativa dos Estados Unidos, atingindo um bilhão de dólares em menos de três anos. Seguindo os passos da empresa nos Estados Unidos, outros colegas, Robert Samuelson e Max Kelly, estavam trabalhando bastante no Canadá recrutando a equipe para mais um empreendimento móvel a ser lançado lá em 2005, em parceria com a Bell Canada. Em meados de 2004, estava ficando óbvio que o modelo realmente funcionava e que podíamos oferecer um negócio melhor para os consumidores ao alavancar nossa marca a partir do excesso de capacidade de outras redes. À medida que o ano avançava, mais e mais oportunidades começaram a surgir em lugares tão diversos como África e China.

Em julho daquele ano, a Virgin Mobile UK entrou no mercado de ações. Nos cinco anos desde sua criação, a empresa se tornou uma grande força na telefonia móvel do Reino Unido, reunindo mais de quatro milhões de clientes e se tornando uma das empresas mais lucrativas do setor com base em seu modelo de "rede virtual" simples e barato. Como sempre, nosso *timing* foi impecável! O mercado de ações estava na pior situação desde 11 de setembro e os IPOs eram postergados dia após dia nos dois lados do Atlântico. Para piorar as coisas, a única outra empresa entrando no mercado de ações na Grã-Bretanha na época era a Branston, fabricante de pepino em conserva – então é fácil imaginar as manchetes que acompanharam nosso dilema sobre fazer ou não o IPO da Virgin Mobile. Eu estava de férias em Necker quando tomamos a decisão final de ir em frente com um preço reduzido de £2 por ação. A psicologia era muito importante para nós, pois o Virgin Group já havia sido cotado no mercado de ações da Grã-Bretanha e sempre dissemos que, se voltássemos, seria com uma única empresa concentrada em um negócio específico. Fico feliz em dizer que, no inverno de 2004, as ações da Virgin Mobile foram se fortalecendo. Isso resultou num grande interesse em nosso negócio de telefonia móvel nos Estados Unidos e propostas para lançá-lo na Bolsa, o que fizemos no final de 2007 com ações a US$15. Em 2005 também começamos a levar o conceito de telefonia celular para o resto do mundo, depois do sucesso do Reino Unido, na Austrália e nos Estados Unidos. O primeiro grande lançamento foi no Canadá, na primavera, seguido pela África do Sul no inverno e acordos fechados para lançamentos na China, Índia e outras partes da África.

O sucesso do IPO da Virgin Mobile não apenas nos permitiu a satisfação de considerar projetos mais arriscados, como viagens espaciais, mas também nos deu a chance de experimentar um ou dois patrocínios divertidos do tipo que a Virgin não conseguia fazer desde 11 de Setembro. O Virgin Atlantic Global Flyer de Steve Fossett foi apenas um deles. No início de 2005, concordamos em apoiar um projeto arqueológico único para pesquisar a Alexandria antiga usando o mais moderno equipamento geofísico: um georadar. Muitos edifícios históricos importantes, como a tumba de Alexandre, o Grande, a Grande Biblioteca e o Palácio Real Ptolomaico, permaneciam ocultos, esperando ser descobertos em algum lugar sob a cidade de Alexandria desde o final dos tempos romanos, quando um terremoto destruiu toda a região. Era como nos velhos tempos, pois quem apresentou a ideia foi Martyn Gregory, de quem fiquei amigo desde que escrevera o livro sobre os truques sujos de BA e outro, *Diana, The Last Days*, sobre a morte da minha amiga princesa Diana. Ele tinha pesquisas convincentes para embasar sua crença de que um grupo de jovens arqueólogos poderia desvendar os segredos escondidos sob a cidade moderna usando um radar de penetração no solo. Seria preciso esperar até 2006 para descobrir se ele estava certo e se faríamos parte da maior descoberta arqueológica de todos os tempos ou seríamos mais um patrocinador esquecido de uma malfadada expedição para encontrar uma das maravilhas do mundo antigo.

Apesar do 11 de Setembro, não ignoramos o setor de aviação civil, onde ficou claro que ainda havia oportunidades para criar negócios bem interessantes. No verão de 2004, Fred Reid, que dirigia a Delta Airlines, foi recrutado para liderar um dos passos mais ousados da Virgin em seus 35 anos de história: um ataque total ao falido mercado doméstico de viagens aéreas dos Estados Unidos. Devido ao histórico protecionismo do mercado interno dos Estados Unidos, eu teria que desempenhar um papel relativamente pequeno na criação da Virgin America como companhia aérea, com a maior parte do financiamento e da administração vindo de instituições e empresas norte-americanas. Era, portanto, bizarro – mas profundamente satisfatório – acordar em uma manhã de maio de 2004 e ler que minha nova companhia aérea se chamaria Virgin America. Para mim, a Virgin tinha amadurecido. Tínhamos confiança para investir no mercado de aviação mais difícil do mundo e estar preparados para não ter controle total sobre o destino da empresa. As mesmas regras que haviam tornado os Estados Unidos uma barreira à nossa entrada no passado, e que a BA havia tentado usar para selar um monopólio, não nos preocupavam mais. Ao longo dos anos, testemunhamos algumas das práticas mais monopolistas e prejudiciais ao consumidor das grandes companhias aéreas norte-americanas. Enfim parecia que a situação estava mudando, mas, para alguns, o desejo de manter as barreiras para novos concorrentes nesse mercado mal atendido ainda é grande. Em julho de 2004, recebi uma carta de um amigo que participara do Congresso de Aviação da ACTC em Washington. Estiveram presentes os CEOs das cinco principais companhias aéreas americanas. Durante a reunião, ouviu-se o comentário de um desses senhores: "Agora só precisamos de Branson, e os cookies vão acabar bem queimados." Isso soa vagamente familiar, se não lisonjeiro!

No entanto, não foi a nova companhia aérea, mas outro evento da aviação que me levou de volta aos Estados Unidos naquele verão. Em uma manhã fria de 22 de junho de 2004, tive a sorte de testemunhar uma das coisas mais incríveis que já vi: a primeira espaçonave com financiamento privado do mundo cortando os céus acima da pequena cidade de Mojave, no deserto da Califórnia. A SpaceShipOne foi uma criação verdadeiramente notável de Burt Rutan, meu amigo de muitos anos. Burt é um dos verdadeiros gênios do mundo e seus projetos para inúmeras aeronaves há décadas desbravam caminhos. Ele já estava trabalhando comigo e com Steve Fossett no Virgin Atlantic Global Flyer, uma aeronave linda e única que planejávamos para Steve (ou eu, se ele adoecesse) tentar o primeiro voo solo sem escalas do mundo. A aeronave parecia incrível, mas não tão incrível quanto a pequena espaçonave que eu tinha visto escondida no hangar no início daquele ano e que agora estava voando para o espaço a 4.800 quilômetros por hora acima de nós no deserto.

Outro amigo, Paul Allen, um dos fundadores da Microsoft, financiava há alguns anos a visão de Burt para uma nave espacial reutilizável e barata. Como Burt, Paul é um visionário. Ele estava visivelmente empolgado em ver seu sonho de ficção científica ganhar vida e se tornar a realidade do futuro. Mike Melville, piloto incrivelmente corajoso, levou a pequena espaçonave a cem quilômetros acima da Terra. Observei com admiração e percebi que nossa própria visão de turismo espacial barato pode enfim estar se tornando uma possibilidade real. No jantar com Burt e Paul, na noite anterior, tínhamos discutido o futuro do voo espacial privado por meio de uma parceria nossa; no fim da noite, eu estava animado. Sempre achei que o monopólio do governo sobre o espaço representava mais um perigo para a humanidade do que o benefício com frequência alardeado por políticos cínicos e fabricantes de mísseis com interesses próprios. Monopólios não funcionam em nenhum setor, seja público ou privado. Aqui estava uma chance para a Virgin assumir a fronteira final. Com certeza você não se surpreenderá por termos registrado os direitos de marca e uma empresa para viagens espaciais – que se chamaria Virgin Galactic Airways – dez anos antes. Virgin Group: ao infinito e além! "Você só pode estar brincando", as pessoas me disseram. "Tudo bem", eu respondia, "Virgin Intergalactic Airways"!

No geral, 2004 foi um ano de extrema importância para a Virgin em todas as frentes. A piada da Virgin Galactic se tornou uma realidade muito séria em setembro daquele ano. Após meses de intensas negociações, Paul Allen concordou em vender os direitos da tecnologia que havia criado a SpaceShipOne para a Virgin Galactic, que nasceu oficialmente como empresa em 15 de setembro de 2004. Em duas semanas, a SpaceShipOne, sob o estandarte da Virgin, completou dois voos para o espaço – os primeiros voos espaciais privados repetidos –, garantindo a Burt e Paul o X-Prize, um prêmio de incentivo à aviação no valor de US$10 milhões criado para impulsionar o turismo espacial. A mídia foi à loucura e Burt assumiu seu legítimo lugar como herói americano. Foi um dos momentos de maior orgulho da minha vida estar com Paul e Burt em uma manhã fria e deserta em Mojave para assistir ao segundo voo concluído com sucesso. Algo naquele dia nos fez perceber que estávamos assistindo ao desenrolar da história e me lembrou um dos meus filmes favoritos de todos os tempos – *Os Eleitos: Onde o Futuro Começa*.

Não foi fácil convencer meus sensatos colegas do Virgin Group que era uma boa ideia de investir mais de US$100 milhões na construção de uma nave espacial. Na verdade, foi engraçado interceptar por engano um e-mail entre alguns desses "sensatos" colegas, que dizia que deviam me chamar de "dr. Sim" porque digo "sim" para tudo. Hoje, Stephen Murphy, que havia trabalhado para a Virgin no início da década de 1990 e depois voltou a trabalhar conosco, tornou-se a coisa mais próxima que tivemos de um verdadeiro executivo-chefe e, nos últimos três anos, tem liderado um comitê que examinou todas as nossas decisões de investimento. Quando Will Whitehorn teve que lhes apresentar a minha ideia de lançar voos espaciais comerciais até 2008, eles ficaram só um pouquinho céticos! A menos que tenha conhecido Burt Rutan e compreendido suas conquistas, seria difícil para alguém acreditar que um pequeno grupo de edifícios no deserto de Mojave poderia fabricar e fazer voar com segurança uma nave espacial privada barata. Mas, à medida que o lançamento da Virgin Galactic se desenvolvia, o mesmo acontecia com a credibilidade do projeto e, no início de 2005, até mesmo meus teimosos contadores de centavos começaram a aceitar que o projeto era viável. Como já sabe quem está lendo este livro, com frequência sou acusado de falar sem pensar, mas acredito de verdade que num futuro próximo estaremos levando regularmente os primeiros astronautas privados do mundo para o espaço com segurança e por US$200.000 ou menos cada um.

As características únicas das naves espaciais de Burt que me dão tanta confiança são a segurança do motor de foguete e do dispositivo de incidência, ou *feathering*, para a reentrada na atmosfera da Terra. Em ambos os casos, sua genialidade foi pegar ideias muito antigas e aplicar nelas a tecnologia moderna. Vamos começar com o motor de foguete. É o único que queima gás hilariante e borracha. Separados, são inertes; junte os dois e você terá um motor de foguete perfeitamente confiável também é muito mais seguro do que os foguetes de combustível líquido de alta combustão da NASA. Um cínico disse que, se alguma coisa acontecesse no espaço, pelo menos morreríamos rindo.

A outra característica transforma a nave espacial de uma nave supersônica aerodinâmica no equivalente a uma folha de sicômoro ou peteca enquanto estiver no espaço. Com isso, a nave pode reentrar na atmosfera da Terra com velocidade muito inferior à de um ônibus espacial, eliminando o risco de superaquecimento.

A característica final do projeto de Burt é o uso de plástico e os chamados materiais compostos; nem a nave-mãe que lança sua nave, nem a nave em si são feitas de metal; no lugar, usa novos materiais resistentes ao calor que são mais leves e mais seguros do que alumínio ou aço. O resultado é um mecanismo de lançamento de nave espacial seguro, barato e ecológico. Seriam necessárias muitas dezenas de milhares de lançamentos da nossa espaçonave para causar no meio ambiente o mesmo impacto de um lançamento de ônibus espacial. Isso significa que a visão de milhões de pessoas – de um dia poderem visitar as estrelas – pode finalmente se concretizar. Mas não para Joan Branson, que não se ofereceu para o primeiro voo, apesar de minha mãe e meu pai e Holly e Sam quererem ir. Acho que isso não deveria ser surpresa, já que Joan ainda esmaga minha mão toda vez que voamos para algum lugar juntos. Meu pai vai ter mais de noventa quando voar. Quando lhe perguntaram se estava preocupado em ir para o espaço, ele respondeu que, dada a sua idade, essa era a menor de suas preocupações.

Se minha confiança na posição única de Burt Rutan como Einstein da aerodinâmica precisasse de algum reforço enquanto nos preparávamos para construir a primeira nave espacial realmente comercial do mundo, ele veio no final de fevereiro de 2005. Quando Steve Fossett me abordou em 2002 para que fosse seu piloto reserva em caso de doença, concordei de pronto; com a mesma satisfação financiei e gerenciei a construção e o voo da primeira aeronave do mundo para circunavegação global em grande altitude. Não podíamos sonhar que, três anos depois, o projeto também produziria uma das mais extraordinárias e belas aeronaves já construídas, o Virgin Atlantic Global Flyer. A ambição de Steve era voar sozinho ao redor do mundo em menos de oitenta horas, usando uma combinação de um dos mais eficientes projetos de aeronave já construídos e a capacidade lendária de Burt Rutan de construir grandes aeronaves feitas de material composto, sem nenhum metal.

A noite estava gelada na segunda-feira, 28 de fevereiro, quando Steve Fossett decolou de Salina, no Kansas, para tentar seu heroico voo. A aeronave parecia magnífica enquanto rodava pela pista com oito toneladas de combustível a bordo, de um peso total de pouco mais de nove toneladas e meia. Milhares assistiram à decolagem, e todos ficamos com o coração na boca por dez segundos quando, depois de decolar, Steve voltou a descer na direção da pista, mas, antes do momento fatal que todos nós imaginamos, ele voou para longe como uma bela andorinha nos céus noturnos do meio-oeste.

Eu o segui durante as primeiras horas no avião-paquera; Will e a equipe me deixariam em Toronto para lançar a Virgin Mobile no Canadá no dia seguinte. Ao entrarmos em uma nevasca congelante, ficou claro que nem tudo estava bem com o avião: na subida após a decolagem no Kansas, Steve definitivamente perdeu um pouco de combustível, e parecia haver um problema com seu sistema de GPS ao cruzar a fronteira canadense. Fui largado na pista sem nenhuma cerimônia pela equipe do avião-paquera e parti para Toronto sem saber se Steve conseguiria. Mas, como quase tudo na Scaled Composites (a empresa de Burt no deserto de Mojave), tinham pensado em todas as contingências e, nas vinte e quatro horas seguintes, John Karkow, o brilhante projetista de aeronaves de Burt, analisou os números e chegou à conclusão de que, se os ventos da corrente de jato permanecessem fortes ao redor da Terra, Steve ainda poderia terminar a viagem. Por sessenta e sete horas, Steve lutou com os elementos e, em determinado momento, voou a uma altitude de 49.000 pés acima da Terra para tentar conseguir a melhor eficiência de combustível e ventos.

Tendo deixado o Kansas em condições congelantes de inverno na segunda-feira à noite, ele voltou ao mesmo aeroporto, sem ter dormido nem pousado em nenhum lugar da superfície do planeta, sob o belo sol de um dia de primavera. Foi um dos momentos mais felizes da minha vida e, embora não tenha tido participação direta na tentativa, não senti apenas orgulho por Steve, mas também uma estranha camaradagem com sua conquista – do tipo que você só sente se já passou pela mesma coisa que ele.

Não havia dúvida da importância de sua conquista. Para Steve, foi um recorde mundial, mas, para uma grande companhia aérea internacional, foi importante provarmos que era possível construir uma aeronave leve e de alta eficiência sem nenhum metal na fuselagem ou nas asas e realizar um voo sustentado em grande altitude. O Global Flyer consumiu menos combustível por hora do que uma picape americana com tração nas quatro rodas. Se as lições desse voo pudessem ser transferidas para a aviação civil e passassem a integrar a cultura da Boeing e da Airbus, os voos comerciais poderiam finalmente se tornar a maneira mais ecológica de transportar um grande número de pessoas ao redor do planeta.

O futuro da aviação civil em todo o mundo também deu um salto no escuro em janeiro de 2005, em uma manhã fria e clara de inverno em Toulouse. É preciso algo realmente especial para reunir um primeiro-ministro britânico e um presidente francês no mesmo lugar, uma vez que as relações entre os dois países não têm sido das melhores desde o início da guerra contra o terrorismo. Mas, naquela manhã, tive o privilégio de presenciar Tony Blair e Jacques Chirac abrirem as portas da aeronave mais incrível que já vi na vida. Era o imenso Airbus A380, e é um monstro. Minha mente desviou para o filme que eu tinha visto dois dias antes, *O Aviador*, sobre a vida do empresário americano Howard Hughes. Esse Airbus foi o primeiro avião construído a fazer o "Spruce Goose", o gigantesco hidroavião dele de 1946, parecer pequeno. Com o A380, a Airbus construiu a maior aeronave do mundo, capaz de transportar mais de 800 pessoas, mas os clientes fiéis da Virgin gostarão de saber que a nossa versão só transportará 550 – haverá, enfim, espaço para as camas de casal, a academia e o cassino que há muito desejo colocar em voos de longa distância. Ao contrário de Howard Hughes, que nunca teve mercado para seu elefante branco, olhei para o Airbus A380 com confiança. Conhecendo a história do caso dos truques sujos, os leitores não ficarão surpresos ao saber que a maioria desses gigantescos A380 vai parar em Heathrow, onde, em 2005, a BA ainda controlava quase metade das vagas de pouso, e onde qualquer um que teve que sentar feito lata de sardinha esperando para pousar saberá como eles são preciosos.

No verão de 2004, também cheguei mais perto do meu sonho de usar a força da marca e do nosso pessoal para mudar o mundo para melhor, lançando uma nova parte do grupo chamada Virgin Unite. Essa nova organização foi criada pelos funcionários da Virgin em todo o mundo e será um veículo para unir todos nós, espero, para fazer a diferença com alguns dos desafios sociais mais difíceis que enfrentamos. Holly se ofereceu para passar o tempo que tivesse durante o último ano na faculdade de medicina ajudando com problemas de saúde sexual enfrentados pelos jovens no Reino Unido – bem onde comecei, há uns quarenta anos, quando abri o Student Advisory Centre, que, fico feliz em dizer, ainda oferece aconselhamento gratuito na Portobello Road, no oeste de Londres.

A aproximação da guerra e suas consequências não seguraram a família Branson. Holly havia passado facilmente nas provas da escola e realizado sua ambição (quase) da vida toda de ir para a universidade estudar medicina. Ela comemorou o vigésimo primeiro aniversário e nosso filho Sam, o décimo oitavo. Embora Sam talvez não tenha o mesmo senso de propósito na escola que Holly tinha, ele certamente sabe se divertir e (talvez seguindo o exemplo de seu pai aqui) aproveitar a vida ao máximo.

Joan e eu estávamos incrivelmente orgulhosos de como Holly estava indo bem no curso de medicina, então decidimos dar uma grande festa de aniversário quando ela completou vinte e um anos. O tempo estava lindo em Kidlington, em Oxfordshire, naquela noite fria de novembro, e Holly estava linda no vestido de noite branco. Joan e eu tínhamos que nos beliscar pensando na bebezinha que trouxemos para nossa casa flutuante no Regent's Canal, em Londres, em 1984. Poucos meses depois, quando Sam fez 18 anos, o evento foi consideravelmente mais "machão", no Roof Gardens, em Kensington. Dizer que os discursos dos amigos dele foram obscenos seria o eufemismo do ano. Nessa ocasião, Joan e eu tivemos que tampar os ouvidos em vez de nos beliscar.

Nosso dia em Toulouse com o Airbus A380 desde então me fez pensar em Howard Hughes e naquele filme e perceber como é tênue a linha entre o gênio e o louco, e entre a determinação e a teimosia. Mais uma vez, agradeço aos céus por ter tido a estabilidade de uma família à minha volta durante todos os anos de turbulência que a Virgin teve que atravessar sem o balanço patrimonial de uma corporação multinacional ou o luxo de um confortável monopólio estatal. O pobre Howard Hughes não tinha ninguém a quem recorrer para conselhos sinceros, nem amigos e familiares cuja inteligência, charme e sabedoria podem tantas vezes nos ajudar a todos nessa vida a manter os pés no chão enquanto olhamos para as estrelas.

Também tomei a decisão consciente de passar mais tempo com meus pais, em especial meu pai, Ted, que é o mais velho. Embora ambos estejam com mais de oitenta anos, ainda viajam bastante ao redor do mundo. Eles têm um carinho enorme pela África, assim como eu, e em 1999 compramos uma bela reserva animal chamada Ulusaba, na África do Sul, onde construímos uma linda casa no alto de uma colina com vista para a selva. Administramos o local como um negócio, mas cuidamos para que todos nós tenhamos tempo de visitá-lo. São esses os momentos que você recorda e preza. Ao longo das décadas anteriores, comecei a apreciar cada vez mais a sabedoria de Ted. Um exemplo foi seu conselho muito sábio sobre a guerra no Iraque, à qual ele também se opunha com veemência, mas no qual ele também reforçou minhas próprias opiniões: que, uma vez começado o tiroteio, tínhamos que ficar a postos e apoiar os muitos valentes rapazes e moças de todos os países aliados que estavam "seguindo ordens" no Iraque.

Na primavera de 2004, Ted já estava plenamente recuperado de uma complexa operação de prótese do quadril a que se submeteu alguns anos antes, e eu tirei uma breve licença do mundo da Virgin para acampar com ele no Serengeti. Aquele é um lugar incrível onde você pode sentir de verdade que a natureza ainda está no comando do próprio destino. Tendo estado lá, entendo perfeitamente por que tantos antropólogos acreditam que o homem, como espécie, se originou ali. Passamos dez dias acompanhando a migração dos gnus e a predação de seus rebanhos pelos leões. Para aqueles de vocês que não passaram dez dias em uma barraca com seu pai: se tiverem a sorte de poder fazer isso, recomendo profundamente em todos os sentidos. Acho que desenvolvemos uma compreensão ainda melhor um do outro à medida que conversávamos noite adentro.

Mais do que tudo, fiquei maravilhado com o senso de humor de um homem que já tinha visto de tudo! Um exemplo fantástico disso foi no aniversário dele, de manhã cedo; tínhamos acabamos de acordar e estávamos todos bastante mal-humorados depois de uma noite na barraca, mas papai estava radiante. Ficamos todos intrigados até que ele disse:

— Se eu fosse católico, estaria fazendo penitência hoje. Tive um sonho maravilhoso com uma garota.

— Você se comportou mal com ela? — perguntei.

Rápido como um raio, papai respondeu:

— Não sei *o que* você quer dizer. Bom, *eu* me comportei. *Ela* era a safadeza em pessoa!

E isso de um homem com mais de oitenta!

Muitas influências na minha vida afetam a forma como me sinto a respeito das coisas. Ulusaba é uma delas. Ulusaba significa "local de pouco medo" porque é uma espécie de torre de vigia ou cidadela de pedra erguendo-se da selva onde os guerreiros originais que ali viviam podiam resistir quando atacados pelos inimigos. Para mim, é um lugar de grande paz onde posso me sentar perto de uma fogueira à noite com meus amigos e familiares e ouvir histórias e fazer planos, assim como o povo dessa paisagem ancestral sempre fez.

Eu passo muito tempo na África e tenho a sorte de poder sair para a selva. Acho que não há nada mais bonito no mundo do que estar lá fora e ver o nascer do sol de manhã cedo. O ar é mais limpo do que em qualquer outro lugar do mundo e você está completamente em contato com a natureza. Lembro-me de uma madrugada em que estava no leito do rio em Ulusaba e por muito tempo observei dois filhotes de leão de três meses brincando com sua enorme mãe. Quando ela se cansou deles, pegou-os nos dentes e voltou para o matagal. Fiquei maravilhado com a gentileza dela. Continuamos a pé e logo vimos a leopardo dominante que está em nossa reserva há tanto tempo que lhe demos um nome: Makwele. Ela também estava brincando com seus filhotes enquanto subiam em árvores juntos, caíam delas e perseguiam uns aos outros em círculos. Sua agilidade, graça e diversão eram surpreendentes.

Fui a Ulusaba pela primeira vez em 1999, quando estava na África do Sul para abrir uma rota da Virgin Atlantic para a Cidade do Cabo. Na época, eu procurava um lugar muito especial no mato e me sugeriram a região de Sabi-Sand. À medida que dirigíamos, rochas imensas emergiram dramaticamente do mato, empurradas por alguma antiga convulsão da terra. Depois de escolher a região, pedimos a Mark Netherwood, um amigo que costumava administrar a Ilha Necker, que trabalhasse conosco para criar algo dramático e bonito, mas ainda preservado, ali na selva. Não há nada como Ulusaba na África. Rock Lodge fica no alto de uma crista rochosa com vistas espetaculares da selva e dos animais, enquanto no leito do rio está o Safari Lodge, que tem um maravilhoso passeio Robinson Crusoe por entre as árvores até uma represa onde chafurdam hipopótamos e crocodilos. Há muitos animais nessa região da África; é quase certo que você veja a maioria das espécies sem ir muito longe. Você pode se levantar cedo de manhã ou à noite e dar um passeio de carro ou até mesmo a pé (com um guia!), e sempre encontrará coisas para ver e se maravilhar.

Enquanto escrevo isto, posso ver girafas passando e elefantes à distância. Tenho um carinho especial pelos elefantes por serem tão inteligentes e brincalhões. Os jovens são como crianças ou adolescentes. Eles adoram uma árvore chamada marula, que dá uma frutinha vermelha que os elefantes acham irresistível. Hoje de manhã mesmo passei horas observando um elefante macho jovem sacudindo a árvore para pegar as frutas. Elas caíam como doces, prontas para serem aspiradas. Mas, no momento em que ele tinha um tapete delas pronto para comer, seu irmão apareceu como quem não queria nada e eles acabaram numa briga poderosa. O primeiro jovem macho parecia rugir "Como ousa pegar os meus doces!", como qualquer ser humano. Os elefantes nunca vão estragar a loja de doces deles – a marula –, mas seu número está crescendo, então causam grandes danos a outras árvores. As pessoas querem que os elefantes sejam abatidos. Tentamos bolar alguma coisa para ajudar os elefantes e evitar o abate, e percebi que ninguém tinha replantado árvores na selva. Então, em parte para ajudar na questão do aquecimento global, em parte para evitar a necessidade de sacrificar elefantes e em parte para criar empregos para os africanos, estamos montando estufas e trabalharemos duro para replantar as árvores na selva. Muitas serão pisoteadas ou comidas por elefantes ou girafas, mas algumas sobreviverão.

Nos últimos quarenta anos, trabalhei muito para transformar a Virgin em uma grande empresa global. No caminho, junto com alguns grandes sucessos, foram muitos os desafios, temperados com diversão, e por muito tempo isso pareceu suficiente. Mas, embora sempre tenha tido consciência da necessidade de responsabilidade social, talvez eu esteja ficando mais velho e mais sábio porque, aos poucos, sinto que devo fazer muito mais, numa escala maior, para ajudar as pessoas. A criação da Virgin Unite foi parte do meu processo de desenvolvimento como empreendedor social. Uma das minhas primeiras viagens com a Virgin Unite foi para a África do Sul com Brad Pitt. Com HIV/AIDS no topo das nossas prioridades, levamos Brad para visitar alguns dos "hospitais" em diferentes comunidades segregadas e em áreas muito rurais. Quando chegamos a um hospital, vimos que as paredes estavam cobertas de cartazes de funerárias concorrentes. Por dentro, fiquei chocado ao ver centenas de pessoas que pareciam quase se resignar a morrer de HIV/AIDS. Pessoas esperavam nos corredores pelos leitos das dezenas que tinham morrido na noite anterior – era como uma esteira rolante de morte. O sofrimento parecia não ter fim, porque até mesmo os funcionários do hospital pareciam aceitar o desfecho como uma parte inevitável da "África".

Os números, publicados há alguns anos, mas muitas vezes ignorados, sempre pareceram grandes demais para serem compreensíveis, o que acho que faz muita gente se desligar. É difícil demais aceitar quando você lê que 15.000 pessoas morrem todos os dias de HIV/AIDS, tuberculose e malária, a maioria delas na África Subsaariana. Se isso estivesse acontecendo no Reino Unido ou nos EUA, nós não permitiríamos.

Fiquei indignado com essa situação ridícula. Essas doenças são tratáveis, e ainda assim não estão sendo tratadas. A África parecia ter tantos problemas intransponíveis... como eles poderiam ser revertidos mais rapidamente? Estávamos bem desanimados quando levei Brad para se encontrar com Nelson Mandela em sua casa para discutir a campanha contra a AIDS 46664, na qual Mandela usou seu número na prisão como apelo para que os sul-africanos não permitissem que os pacientes com AIDS fossem reduzidos a estatísticas. É fácil ignorar estatísticas porque você acaba cansado de tanta informação com essa avalanche de números. Um momento mais leve foi quando apresentei Brad a Mandela dizendo: "Brad Pitt faz filmes", e Mandela se virou para Brad e disse, com uma piscadela: "Ah, que tipo de filme você faz?".

Depois, enquanto Brad posava para uma foto ao lado de Nelson Mandela, vestindo uma camiseta da 46664, alguém comentou, baixinho, que o ex-presidente tinha muita sorte e que muitas moças dariam os caninos para estar no lugar dele. Fazendo-se de desentendido, Brad sorriu e respondeu: "Muitos rapazes também!".

Mais tarde naquele dia, levamos Brad para conhecer Taddy Bletcher, um homem que criou sozinho a CIDA, a primeira universidade gratuita da África, no centro de Joanesburgo. Taddy tinha começado do nada, mas com a ideia de que, se lhe dessem um prédio vazio e se pudesse manter os custos baixos, pedindo aos alunos para administrar a escola, cuidar da comida, da limpeza e da administração, e se conseguisse com que as empresas emprestassem seus melhores funcionários para dar as aulas, então ele poderia oferecer aos alunos um diploma de administração totalmente validado com custo quase zero. A maioria dos africanos nunca teve a oportunidade de ter esse tipo de educação porque todos vêm de áreas rurais ou comunidades segregadas muito pobres. Crianças pobres das comunidades segregadas ou rurais nunca tiveram chance de colocar os pés no primeiro degrau da escada, mas hoje 1.600 alunos são formados pela CIDA todo ano por menos de US$300 pelo curso completo, incluindo livros e alojamento. Reconheci o esforço de Taddy e logo começamos a trabalhar em parceria com a CIDA, Love Life e Life College, três pequenas organizações de empreendedores sociais, para desenvolver um programa de pós-graduação chamado Women on the Move e ajudar mulheres jovens com educação e mentoria por pares. Uma vez educadas, elas voltam para suas comunidades e encontram trinta outras jovens que devem então mentorar e ensinar. Dessa forma, começamos a construir um exército de pessoas em toda a África do Sul que estão sendo educadas. Parte do raciocínio por trás disso é que elas espalharão uma mensagem séria de educação em saúde muito necessária na África.

Muitas coisas colidiram e se juntaram durante aquela viagem para me fazer querer colocar mais esforço em prol da mudança, mas foram as visitas aos hospitais e orfanatos superlotados que mais me afetaram. Decidi então dedicar uma parte mais significativa do meu tempo – cerca de cinquenta por cento – às questões sociais e ambientais. Sentia que havia percorrido um longo caminho em minha jornada pessoal para a África nos cinco anos desde que descobrira Ulusaba.

Minha jornada na África tem muitos quilômetros e muitas experiências. A morte sempre fez parte da paisagem e, embora os animais possam perseguir e matar uns aos outros na selva, não há razão para tantos africanos morrerem de doenças evitáveis.

Algumas oportunidades de ajudar surgem do nada. Um dia eu voltava da África pela Virgin Atlantic e, como sempre, dei uma volta, conversando com os passageiros. Uma adorável senhora na classe econômica olhou para mim, sorriu e me convidou a sentar ao seu lado por um minuto. Seu nome, disse ela, era Marianne Haslegrave, e era diretora do Commonwealth Medical Trust. Pouca coisa me incomoda, mas nem mesmo eu esperava discutir fístulas com ela.

Ela me falou sobre fístulas, e foi a primeira vez que ouvi falar nisso. A fístula acontece, disse ela, quando meninas muito jovens – muitas vezes com apenas 12 ou 13 anos, como é o costume em algumas regiões de países como Nigéria e Somália – lutam para dar à luz sem qualquer assistência. Um rasgo na parede da vagina – chamado fístula – causa incontinência permanente; como consequência, essas jovens acabam abandonadas pelo marido e marginalizadas pela família. Graças aos bons cuidados maternos, o último caso de fístula nos Estados Unidos foi em 1890, mas ainda é um problema comum na África.

Marianne dedicou a vida a tentar ajudar essas meninas. Eu sabia que tinha que fazer algo e pedi a Jean Oelwang, que administra a Virgin Unite, para verificar. Jean foi ao Fundo de População das Nações Unidas (UNFPA) para ver como poderíamos ajudar. Por uma perfeita coincidência, Natalie Imbruglia, que é uma boa amiga, veio até mim e disse que queria fazer algo para ajudar mulheres jovens. Convidei ela e Jean para almoçar, e Natalie concordou em participar de uma campanha para promover o reparo de fístulas porque ninguém mais de sua estatura estava trabalhando na questão.

Nós a levamos quase imediatamente para a Etiópia e a Nigéria para que pudesse ver os problemas por si. Ao mesmo tempo, coloquei algum dinheiro e, através do maravilhoso trabalho e dedicação da equipe do UNFPA, fizemos uma quinzena da fístula na Nigéria, onde, no período de duas semanas, 500 jovens foram operadas e modernizamos os hospitais. Desde então, Natalie tem trabalhado incansavelmente nesse projeto que adotou, e estou orgulhoso da forma como ela se mobilizou quando necessário. O fato de ser uma mulher jovem e bonita com um enorme talento e disposta a ajudar uma questão tão fora de moda a torna uma grande inspiração. Ela também usa sua música para promover conscientização e arrecadação de fundos para a questão das fístulas, e isso nos deu a ideia de lançar o Music Movement, que é uma comunidade de músicos dispostos e capazes de se envolver com questões sociais difíceis. Natalie me disse que ver as jovens em primeira mão foi uma das coisas mais tristes que já fez. É a pior coisa que pode acontecer a elas – muitas ainda são só crianças, vivendo como párias, rejeitadas pela comunidade. Algumas moram numa cabana nos fundos da casa da família há vinte anos ou mais. É ultrajante que isso ainda aconteça quando o problema pode ser reparado tão facilmente. E poderia ser evitado com mais controle de natalidade e menos meninas se casando tão novas, mas é difícil para nós impor nosso ponto de vista a outras culturas – mas pelo menos podemos ajudar a melhorar as coisas, educar e melhorar a infraestrutura de saúde.

Eu tento ser diplomático, mas às vezes você só precisa falar o que pensa para defender uma ideia; isso aconteceu quando fui falar ao Senado dos Estados Unidos no final de 2005, como parte de um projeto para desenvolver uma coalizão sobre HIV/AIDS. No táxi, a caminho de lá, Jean me informou:

– O governo Bush tem alguns problemas com relação a preservativos. Eles destinaram uma verba enorme para HIV/AIDS, mas não estão dispostos a usá-la para comprar preservativos.

– Tudo bem, entendi – assenti.

— Então é bom ter um pouco de cuidado na forma de falar disso no Senado hoje — continuou Jean.

Assim que ela disse isso, eu sorri.

Era meio surreal estar no incrível prédio do Senado, com toda sua história, para discutir sexo. Alguém usou a palavra "galinhagem" para descrever como o HIV pode se espalhar ao se fazer sexo com vários parceiros ou parceiras. Um dos senadores republicanos se levantou e declarou que as pessoas deveriam se abster de sexo.

Levantei-me e respondi:

— Isso é lindo, mas não é realista. As pessoas vão galinhar; mas devem usar preservativo quando galinharem. Sem capa, sem chance. — Pude sentir Jean levar a mão ao rosto para esconder um sorriso largo.

Certa tarde, eu estava entrando em uma van do lado de fora do campus da CIDA, logo depois de conhecer o maravilhoso Dalai Lama, quando, do nada, Taddy me agarrou na calçada e disse:

— Ei, Richard, tive uma ótima ideia. Por que você não começa a Branson School for Entrepreneurship?

Taddy é um homem inspirador e, quando ele fala, você se pega balançando a cabeça e concordando com ele. Inspirado por suas palavras quase indiferentes na rua, decidi que abriria minha primeira "escola". O CIDA City Campus já oferece cursos de administração de empresas validados especializados para alunos desfavorecidos, e resolvi que a Virgin Unite trabalharia com Taddy para lançar uma outra escola na CIDA para ajudar jovens a abrir o próprio negócio. Uma das primeiras coisas que queríamos fazer era levantar um fundo semente para ser usado como uma espécie de empréstimo rotativo para os empreendimentos dos alunos. Assim que começassem a ganhar dinheiro, eles pagariam o empréstimo e, dessa forma, o fundo continuaria a trabalhar para quem viesse depois.

Meu modelo para isso foi Muhammad Yunus que, por uns trinta anos, operou um sistema de microcrédito para algumas das pessoas mais pobres do mundo por meio do Grameen Bank, conhecido como Banco dos Pobres. Ele foi abordado pela primeira vez por um grupo de artesãos em 1976, quando era professor de economia em Bangladesh, pedindo-lhe um empréstimo de US$27 para abrir um negócio. Ele emprestou, com total confiança de que eles pagariam – em suas palavras: "Os pobres mais pobres têm um grande senso de responsabilidade." Ele até empresta para 55.000 mendigos em um Struggling Members Programme [Programa para Membros em Dificuldades]. A visão de longo prazo do professor Yunus é eliminar a pobreza. Ele emprestou US$1,5 bilhão a três milhões e meio de pessoas até agora, principalmente mulheres, e teve muito poucos inadimplentes.

A Virgin Atlantic patrocina a iniciativa Fast Track do *Sunday Times*, que reúne os principais empreendedores num jantar anual na minha casa em Oxford para atuarem como mentores de empresas iniciantes. Leiloei duas vagas em nossas Wake Up Trips para a África. Dois empresários britânicos, Tom Bloxam e Leo Caplan, ofereceram £120.000 cada um para ir conosco. Isso lançou o fundo semente para os negócios de nossos alunos, para ajudar a lançá-los no mundo. A maioria das pessoas corta fitas ou quebra garrafas de champanhe ao lançar algo novo. Em vez disso, junto com Tom e Leo, em outubro eu me peguei tirando os sapatos e as meias e deixando minhas pegadas em concreto na entrada da recém-inaugurada Branson School of Entrepreneurship. Fiquei muito emocionado ao olhar para nossas pegadas – que estavam ali para inspirar os alunos a "seguir os passos de empreendedores globais". As primeiras pegadas de pessoas foram encontradas na argila dos leitos de xisto da África. Mas, para mim, o mais importante era: nesse mesmo prédio, em 27 Harrison Street, Nelson Mandela havia trabalhado quando jovem antes de seus longos anos na prisão. Sua autobiografia, escrita depois que foi libertado, foi intitulada *Longa caminhada até a liberdade*; os alunos também teriam uma longa caminhada até a liberdade econômica contra tantas adversidades.

O capitalismo – que, em sua forma mais pura, é empreendedorismo mesmo entre os mais pobres dos pobres – funciona; mas aqueles que ganham dinheiro com isso devem devolver para a sociedade, não só ficarem sentados no dinheiro como se estivessem chocando ovos. Cada pessoa na Branson School logo teve uma ideia para preencher uma lacuna aqui, outra lacuna ali. Qualquer oportunidade, logo perceberam, vale a pena ser perseguida. Os alunos venderão picolés, abrirão concessionárias, serão guias turísticos, abrirão cafés e restaurantes nas ruas – qualquer coisa que os ajude a sair das comunidades segregadas e das favelas. Costumo aparecer por lá quando estou na África do Sul, e uma vez fiquei surpreso e comovido ao descobrir que algumas crianças tinham se encarregado de tapar os buracos na estrada e, depois, ficaram no acostamento para ver se alguém faria a bondade de pagá-las por tapar os buracos. Foi um bom exemplo de capitalismo em ação.

Quando Sam completou dezoito anos e terminou a escola, achou que poderia tirar um ano sabático e viajar um pouco. Achei uma ótima ideia e perguntei se poderia acompanhá-lo por um tempo. Tenho trabalhado sem parar desde os quinze anos, sem querer decepcionar as pessoas, e acabei não tirando um ano sabático. Felizmente, nossa família é do tipo que prefere sair de férias juntos, não separados, e Sam e eu somos muito próximos, então não era uma questão de "tentar conhecê-lo", mas de nos divertirmos juntos. Eu tinha que estar na Austrália para algumas reuniões e, depois, descemos a costa para Byron Bay, o ponto mais a leste do continente australiano. Ficamos num apartamento em cima do Rae's, um hotelzinho exótico, mais marroquino mediterrâneo do que Alice Springs, bem na praia de Watego, e demos uma caminhada ao longo da trilha do Farol do Cabo Byron, que serpenteia por uma fabulosa floresta tropical. À medida que a floresta se abria para o promontório, vimos uma arraia manta nadando preguiçosamente e um pequeno cardume de tubarões.

Na cidadezinha de Byron, grandes grupos de hippies perambulavam pelas calçadas de madeira em estilo Velho Oeste. Havia mais *head shops* e lojas de bongôs do que em São Francisco, e a nuvem de maconha pairava pesada no ar, como um túnel do tempo de volta ao Verão do Amor.

No primeiro dia, levantamos cedo e corremos para a praia com pranchas de surfe para "pegar umas ondas". Sam e seus amigos eram veteranos, mas eu nunca tinha surfado. Conseguia fazer kite surfe, então pensei que não seria difícil surfar. Você só esperava uma onda, subia numa prancha e ela te levava até a praia. No primeiro dia, eu não conseguia ficar em pé. No segundo dia, eu não conseguia ficar em pé. Minha mente voltou vagamente aos tubarões lá fora, além do promontório.

– É fácil... olha, você faz assim, Richard. – Os amigos bronzeados de Sam riram enquanto passavam em uma onda longa e encrespada.

Eu estava determinado a surfar, mas ainda estava sofrendo no terceiro dia quando alguém na prancha ao meu lado disse:

– Ei, Richard, tem dois caras escondidos ali nos arbustos com lentes objetivas.

Na mesma hora, o ego tomou conta de mim e, na onda seguinte, eu fiquei em pé, equilibrado como um profissional tarimbado, e manobrei suavemente. Era como andar de bicicleta. Você luta e luta, então de repente você consegue e não olha mais para trás.

Foi um dia perfeito, uma das poucas vezes na minha vida em que nada parecia tão importante. Não telefonei para ninguém, não pensei em nada. Eu estava lá nas ondas, sem nenhuma preocupação. Esses dias são raros e por isso ainda mais preciosos. Lembro-me de quando Holly tinha uns cinco anos. Nós dois fomos passar uma semana na vila de pescadores de Bantham, em Devon, sem Joan. Foi uma semana especial para nós dois.

Vários anos depois de conseguir surfar naquele dia, Sam e eu dirigimos cem quilômetros montanha acima juntos, brincando, falando bobagens, contando piadas ruins e rindo, mais como dois melhores amigos do que pai e filho. Nossa felicidade era tão exuberante que não queríamos que o dia acabasse.

MUDANÇAS

2006

Muitas coisas aconteceram no verão de 2006 para fazer com que eu me concentrasse em dois problemas interligados: aquecimento global e aumento dos preços dos combustíveis. Percebi os primeiros sinais de alerta quando os números me mostraram que a conta de combustível da Virgin estava subindo meio bilhão de dólares por ano.

Já na adolescência, talvez por causa da influência de um parente, Peter Scott, que fundou o World Wildlife Fund, eu me interessava pelo meio ambiente. Fui atraído pela Teoria de Gaia, uma hipótese formulada por James Lovelock há quase quarenta anos, que afirma que a Terra é uma entidade viva, como uma única célula, e, como uma única célula, contém dentro de si tudo de que precisa para sua existência. O professor Lovelock acredita que o planeta pode se curar, se for danificado, mas, mesmo com Gaia, há um ponto sem volta a partir do qual o dano pode ser irreversível. Nós, na Virgin, sabíamos dos perigos do desperdício de recursos e da queima descuidada de combustíveis fósseis, mas, por muitos motivos, mesmo entre os mais ecológicos dos ecológicos, não havia um senso real de urgência. Sinto dizer que só me sentei e prestei mais atenção quando começou a me afetar pessoalmente.

Comecei a me interessar por combustíveis alternativos na década de 1990, quando me tornei mais consciente de que o petróleo era um recurso finito. O petróleo da Grã-Bretanha no Mar do Norte estava acabando, e a maior parte do suprimento mundial restante estava nas mãos da OPEP em um Oriente Médio muito instável, o que poderia tornar o petróleo vulnerável e caro. A guerra entre o Irã e o Iraque na década de 1980 aumentou o preço do petróleo de uma média de US$16 por barril para um pico de quase US$70. Quando Saddam foi atrás dos campos de petróleo do Kuwait, em 1990, confirmou-se a vulnerabilidade do petróleo à guerra. Meu envolvimento no negócio de transportes é forte, então eu precisava estar ciente do custo e da disponibilidade do petróleo e procurei alternativas. A Virgin usava mais de 3 bilhões de litros de combustível de aviação entre as quatro companhias aéreas, além de grande quantidade de diesel na Virgin

Trains. Em 1997, quando estávamos investindo em uma nova frota de trens, pedi ao fabricante, Alstom, para garantir que fossem eficientes em termos de combustível. Como resultado, nossos trens Pendolino são os únicos na Europa que devolvem 20% de eletricidade à rede sempre que o trem freia. E nossos trens a diesel/elétricos Voyager estão sendo convertidos para uma mistura biocombustível à base de canola e soja.

Depois do furacão Katrina em 2005, quando as plataformas de perfuração dos Estados Unidos no Golfo do México e as enormes refinarias ao longo da costa do Golfo foram danificadas ou destruídas, o preço dos combustíveis refinados nos Estados Unidos foi às alturas. Com uma grande escassez de produção, comecei a investigar a possibilidade de investir em nossas próprias refinarias de petróleo e, de fato, emiti um comunicado à imprensa para anunciar que estávamos construindo uma, na esperança de reduzir os preços.

Ted Turner é uma interessante mescla de capitalista, ambientalista e filantropo, tão conhecido por fundar o canal de notícias CNN quanto por ser dono do Atlanta Braves e ser velejador olímpico e vencer a Copa América de iatismo. Nosso último encontro havia sido alguns meses antes na cúpula do Time Global Health, juntamente com Bill Gates, Madeleine Albright, Paul Wolfowitz, Bono e outros. Depois que anunciei minha intenção de construir uma refinaria de petróleo, Ted me ligou:

– Richard, você já pensou nas alternativas?

– Tem alguma sugestão? – perguntei.

– Por que não construir uma refinaria de combustível limpo em vez de sujo? Venha conhecer meu pessoal. Eles vão te convencer de que tem outro jeito.

Ted me convidou a ir a Washington para almoçar com alguns membros da Fundação das Nações Unidas, um *think tank* que ele iniciou com uma substancial doação de US$1 bilhão para examinar os problemas ambientais e promover biocombustíveis nos Estados Unidos. Ao redor da mesa do almoço com Ted estavam o senador Tim Wirth, presidente do FNU; John Podesta, ex-chefe de gabinete de Bill Clinton; Boyden

Gray, consultor jurídico de George Bush (que logo seria nomeado embaixador dos Estados Unidos na UE); e Reid Detchon, chefe da Energy Future Coalition.

O assunto quase imediatamente passou para biocombustíveis. Eu já sabia um pouco sobre combustíveis em geral, mas ainda não tinha tanto conhecimento sobre biocombustíveis quanto aquele grupo. Enquanto conversavam, fiz minhas anotações cifradas de costume no caderno que está sempre comigo e, no final da refeição, decidi que eles estavam certos. Em vez de investir em formas convencionais de refino, o mais sensato seria a Virgin investir somas consideráveis em combustíveis alternativos. Tenho sorte – depois de me decidir, em geral consigo fazer algo a respeito: entrei para o conselho diretor da Energy Future Coalition de Ted, voltei para minha equipe na Virgin e pedi que pesquisassem etanol de origem vegetal. O resultado foi que fui fisgado pelo potencial dos biocombustíveis como necessidade ambiental e como uma forma de fazer o mundo depender menos dos poços de petróleo. Tanto do ponto de vista ambiental quanto do econômico, fazia todo sentido cada país cultivar o próprio combustível e usá-lo no ponto de origem, sem transportá-lo mundo afora, economizando assim ainda mais em custos financeiros e emissões de CO_2.

Formei a Virgin Fuels no início de 2006 e comecei um programa de investimento em pesquisa e desenvolvimento de biocombustíveis. Nosso primeiro investimento foi apoiar uma empresa da Califórnia, a Cilion, que produz bioetanol a partir de milho. Começamos a construir refinarias de biocombustível no oeste americano e no Tennessee, tanto no ponto de origem quanto no de uso, depois passamos para o Brasil. A próxima etapa será expandir para a costa leste dos Estados Unidos e outras partes da Europa.

Eu não estava sendo totalmente altruísta. Os combustíveis alternativos deveriam ser uma boa jogada comercial – investir neles pressiona os preços dos combustíveis fósseis e atua como uma proteção para nossas companhias aéreas e ferroviárias. Se o preço do petróleo continuar alto, podemos ter retornos muito decentes de nossa pesquisa e desenvolvimento e do investimento no custo de construção de refinarias. Também faz todo sentido substituir parte ou todo o nosso combustível convencional por nossos próprios combustíveis nos próximos cinco ou seis anos.

No início do verão de 2006, a Virgin Fuels já havia feito seus primeiros investimentos, mas eu ainda não tinha me dado conta da urgência do aquecimento global. Mas nada melhor para despertar alguém para os problemas em questão do que o ex-vice-presidente dos Estados Unidos vir até sua casa em Holland Park, em Londres, para lhe dar uma aula particular sobre aquecimento global. Quando o filme *Uma Verdade Inconveniente* foi lançado alguns meses depois, percebi que fui sua cobaia de teste naquele dia.

Sentamo-nos à mesa baixa da sala de estar, e Joan trouxe chá e sanduíches. Al empoleirou-se num canto da mesa, puxou seu PC e ligou-o. Sentei-me numa grande poltrona, com Will Whitehorn debruçado atrás de mim e Steve Howard do Climate Group sentado do outro lado, e todos olhamos para a tela. Foi uma experiência e tanto ter um comunicador brilhante como Al Gore fazendo uma apresentação com PowerPoint para mim. Não só foi uma das melhores apresentações que já vi na vida, como foi profundamente perturbador perceber que talvez estejamos encarando o fim do mundo como o conhecemos. O impacto sobre a humanidade e o mundo natural pode ser tão grande que não temos escolha a não ser fazer algo drástico para primeiro interromper esse impacto, depois revertê-lo.

Durante nossa intensa discussão, Steve Howard disse que precisamos assegurar às pessoas que esse é um problema que pode ser resolvido. Algumas pessoas acham que lidar com a mudança climática pode destruir a economia e, portanto, é um problema insolúvel; mas há muito que podemos fazer. Na verdade, não temos escolha: é algo que temos que fazer.

Al concordou. Olhando diretamente para mim, ele disse:

– Richard, você é conhecido no mundo todo. Você poderia me ajudar a liderar o caminho para lidar com as mudanças climáticas. Sem os políticos, precisamos que líderes empresariais assumam a liderança.

A aula de Al Gore foi polêmica, mas tinha base científica suficiente para funcionar muito bem. Foi a primeira vez que me apresentaram toda a enormidade dos efeitos da mudança climática. De imediato vi que, se não fizermos algo rápido para corrigir as emissões de carbono, em muito pouco tempo a maior parte da Terra ficará inabitável e a população do planeta vai despencar. A maioria dos animais e plantas vai se extinguir, e a vida será miserável.

– Estou para lançar uma nova rota aérea para Dubai – comentei.

Em geral eu gosto de fazer esse tipo de coisa, mas agora percebia o paradoxo. Queremos um mundo conectado, queremos poder voar, mas também devemos vencer as mudanças climáticas.

– Quanto tempo nós temos? – perguntei.

– Os cientistas dizem que talvez tenhamos só dez anos antes de cruzar um ponto de inflexão, e então será tarde demais – respondeu Al. – Temos que fazer uma largada forte e determinada. Se fizermos isso, é possível começar a equilibrar o CO_2 nos próximos cinco anos. Parte disso é evolução. Nosso cérebro é bom em perceber o perigo na forma de presas, garras, aranhas, fogo, mas achamos difícil lidar com perigos que não conseguimos ver até ser tarde demais... como o aquecimento do mundo. A maior parte está acontecendo bem agora nos polos, onde muito poucas pessoas veem, então elas simplesmente não ligam.

Al foi muito persuasivo e manteve o bom humor, apesar de sua discussão com Will sobre quando Lovelock escreveu a Teoria de Gaia. Às vezes é interessante estar em uma sala com duas pessoas que acham que estão certas!

Depois que Al Gore saiu, Will e eu tivemos uma longa discussão sobre como a Virgin poderia liderar o combate ao aquecimento global. Claro que, com mais de 50.000 pessoas trabalhando para nós e com sustento delas em jogo, eu não queria fazer nenhuma mudança drástica que significasse o fim do nosso lucro; mas vi um caminho no qual poderíamos agir com responsabilidade fazendo pequenas mudanças – como usar lâmpadas de longa duração e eliminar o papel – além das grandes, como mudar para biocombustíveis como e quando possível. Cunhamos a expressão "Capitalismo de Gaia" para descrever o processo. O conceito do Capitalismo de Gaia tem tudo a ver com soluções: queríamos pegar uma aparente contradição e mostrar que funcionava e fazia sentido. Conseguimos fazer isso como eficiência porque a Virgin é como um imenso ecossistema. As partes são administradas e gerenciadas separadamente e até têm seus próprios acionistas, mas sempre há conexões entre elas.

Três meses depois, Bill Clinton me ligou para saber se eu assumiria um compromisso com sua Global Initiative. Naquela noite, no banho, tive uma ideia. Al Gore disse que precisava da minha liderança. E se eu prometesse cem por cento de todos os lucros que o Virgin Group obtém de nossas companhias aéreas e ferroviárias e os investisse no desenvolvimento de combustíveis alternativos? Isso poderia fazer uma grande diferença e talvez atrair outros líderes empresariais.

Como resultado de minha conversa com Bill Clinton, dois meses depois fui para Nova York participar da Clinton Global Initiative. Em 21 de setembro, no segundo dia da conferência, juntei-me a Bill Clinton e a Al Gore para prometer pessoalmente US$3 bilhões para desenvolver combustíveis limpos. Quando estava prestes a assinar o documento de compromisso, olhei para o presidente Bill Clinton e, com o grau certo de pausa dramática, com a caneta pronta, disse: "Tem muitos zeros aqui."

Foi um compromisso firme, destinado não apenas a levar o Virgin Group adiante, mas também a inspirar outros. A ideia é identificar nossas empresas de transporte para financiar esse investimento, mas, se não for obtido com elas, o dinheiro também sairá de nossos outros negócios existentes. Faremos o que for preciso. Uma das coisas que enfatizei foi que isso não era filantropia nem caridade. Todo o nosso projeto Gaia se baseia em bom senso comercial. Não queria que a mídia desse a impressão de que era algum tipo de doação para causas ambientais – mas ela deu, pintando-me como um tipo de benfeitor universal. Doações filantrópicas têm seu lugar, mas para mim parece muito mais sustentável investir o capital inicial a fim de gerar dinheiro para o futuro, de modo que a bola continue a rolar e possamos ter uma chance maior de concorrer com as empresas de petróleo e carvão.

Após meu anúncio público, que poucos instantes depois foi transmitido para todo o mundo, Steve Howard disse:

– Richard, trabalhamos com muitas organizações diferentes, mas o ritmo de mudança na Virgin não tem igual. É mesmo impressionante ver a máquina Virgin se soltar.

Alguém perguntou o que eu achava da disparada dos preços do petróleo. Para decepção dos executivos da minha companhia aérea, respondi:

– Acho que o aumento dos preços do petróleo é a melhor coisa que aconteceu a este mundo. Ele força governos e grandes empresas a encontrar novas formas de diminuir sua dependência do petróleo. Precisávamos que algo assim acontecesse para interromper uma dependência quase suicida dos combustíveis fósseis. Se fizermos tudo certo, isso poderia parar as guerras do Oriente Médio no futuro.

Adoro o desafio de aprender sobre setores dos quais não sei nada. Não me interessava por química na escola, mas agora queria aprender tudo o que havia para se saber sobre etanol, etanol celulósico, isobutanol, metano e carbono; as melhores matérias-primas para se fazer combustíveis – açúcar, milho, grama, salgueiro e resíduos; sobre energia eólica e energia solar; e sobre hidrogênio e energia geotérmica. Ao final de um intensivão de três meses fazendo perguntas, senti que estava equipado para começar a cumprir minha promessa de US$3 bilhões, potencializando a Virgin Fuels como uma força global. Mas a melhor maneira de aprender era na prática: tentar transformar Necker e Moskito nas primeiras ilhas cem por centro neutras em carbono; construir nossas primeiras usinas de etanol a partir de milho e de açúcar; tentar desenvolver isobutanol limpo para aviões, e assim por diante. Eu queria fazer pela energia renovável o que o capital privado fez pelos telefones celulares duas décadas atrás, transformando uma pequena ideia num fenômeno universal.

No fim de 2006, convidei Tim Flannery para ir a Necker conversar com todos os diretores executivos da Virgin de todo o mundo sobre o meio ambiente. Tim é um brilhante cientista e explorador australiano; seu inovador livro *Os Senhores do Clima* me fez começar a pensar no assunto.

Acho que o que Tim fará por nós é ajudar a nos dar a base científica para o caminho que começamos a trilhar e dar ao nosso pessoal uma compreensão muito melhor de por que estamos nesse caminho. Não é só uma questão de ter credenciais verdes; assumi o firme compromisso de que essa será uma estratégia industrial da Virgin no século 21. Vou receber muitas críticas, tenho certeza. Posso ouvir as pessoas dizendo: "Se o problema são as emissões de CO_2, por que Richard Branson simplesmente não deixa seus aviões no chão?" Mas as pessoas querem voar e, se parássemos, deixaríamos uma lacuna que talvez fosse ocupada por alguém sem o menor senso de responsabilidade. Queremos ser as pessoas que voam, mas de forma responsável. Para isso, nossa meta era economizar combustível na decolagem até o final do ano. Se os aviões fossem rebocados de e para a cabeceira da pista enquanto esperavam para decolar, não precisariam ficar com os motores expelindo CO_2 por tanto tempo. Demos o pontapé inicial com experimentos em Gatwick e Heathrow. Se todas as companhias aéreas fizessem o mesmo, estimamos que a economia seria de até três toneladas de combustível de aviação por voo; junto com outros esforços, as companhias aéreas poderiam reduzir as emissões de carbono da aviação em cerca de 25 por cento no mundo todo.

O Virgin Atlantic Global Flyer foi um exemplo disso. Não era feito de metal, e sim de um composto de carbono muito leve, mas capaz de operar com segurança em altitudes muito elevadas para melhorar drasticamente a eficiência de combustível. Eu tinha estado apenas um ano antes lá em Salina, no Kansas, e vi seu voo estonteante. Eu o acompanhei até os ermos gelados do Canadá e estava de volta ao Kansas quando ele pousou, sessenta e sete horas depois. Fiquei animado ao ver com meus próprios olhos como ele podia circular feito uma águia gloriosa, muito acima do mundo, a 49.000 pés, e usar menos combustível por hora do que um veículo com tração nas quatro rodas. Essa conquista impressionante nos levou a iniciar a Virgin Galactic e investir no espaço, a fronteira final. Sem o espaço, e sem o trabalho de organizações como a NASA, não conheceríamos nem compreenderíamos as realidades da mudança climática, nem alimentaríamos a atual população do mundo. Os satélites enviam do espaço informações que permitem aos fazendeiros ver previsões do tempo de longo prazo e planejar seu plantio e colheita da melhor forma. O espaço também dá a resposta para futuras viagens necessárias sem impacto atmosférico. No entanto, a tecnologia infelizmente ainda está na fase suja, poluente e com intensa emissão de carbono da época da Guerra Fria e não houve nenhum investimento privado em sistemas de lançamento espacial viáveis usando combustíveis renováveis. Pretendemos mudar isso também.

Tomando como modelo o Virgin Atlantic Global Flyer, a frota da Virgin Galactic é ecológica desde o início. Além da construção da nave espacial a partir de materiais compostos de carbono, o protótipo do sistema de lançamento usa um combustível derivado de gás hilariante e borracha e, por causa do sistema exclusivo de lançamento em *piggyback*, algo como uma "carona", podemos fazer milhares de voos para cada um dos voos da NASA.

O início da Virgin Galactic foi um dos grandes eventos corporativos dos últimos anos. Tínhamos o conceito, claro, desenvolvido por Burt Rutan, como um sistema de lançamento espacial muito benigno, mas a primeira coisa que me empolgou foi perceber que este poderia ser um novo sistema de lançamento espacial para levar carga útil e cientistas para o espaço. A segunda foi que eu também pude ter uma visão clara do futuro e responder às perguntas de muitas pessoas: por que o espaço importa de verdade; e por que você se meteu nisso? Muitas pessoas pareciam achar que a Virgin Galactic era algum tipo de desafio, um brinquedo, apesar de extremamente caro. A verdade é que o espaço é o futuro da humanidade. Todos, desde o dr. Tim Hansen, do Goddard Institute da NASA, que é um dos pais da ciência espacial, até o professor Stephen Hawking, pai da física moderna, concordam que um melhor acesso ao espaço e à utilização do espaço vai ser crucial para reorientar as indústrias do mundo e lidar com a mudança climática.

Para começar, sem o trabalho feito do espaço para provar que o clima está mudando, nós nem saberíamos sobre a mudança climática.

A ciência feita no chão não é capaz de provar a mudança climática da forma que os satélites provaram. Em segundo lugar, muito poucas pessoas percebem que não poderíamos alimentar a população atual do mundo sem observações sobre o clima e as previsões do tempo, que só podem ser feitas do espaço. Os satélites meteorológicos e agrícolas e o sistema de posicionamento global no espaço avisam os agricultores sobre os padrões climáticos e permitem que um aumento de produtividade de quinze por cento chegue de fato à boca das pessoas. Engradados de comida não estragam mais nas docas; agricultores podem optar por moer seu milho um dia antes, cultivá-lo um dia antes, plantá-lo um dia depois. A primeira coisa que muitos fazendeiros no cinturão do milho dos Estados Unidos ou nas planícies da Índia ou no meio da China fazem todo dia de manhã é acessar a Internet e verificar o que os satélites agrícolas de longo alcance estão dizendo que eles deviam fazer naquele dia ou naquela semana. O acesso ao espaço nos permitiu aumentar em cerca de dez por cento a produção de alimentos nos últimos quinze anos, o que quase acompanhou o crescimento populacional.

Uma das coisas mais críticas que teremos que enfrentar como civilização é o crescimento populacional. Ele é a chave para nossa sobrevivência no planeta. Só poderemos encontrar a solução, em termos científicos e tecnológicos, se houver força de vontade para encontrá-la. O verdadeiro problema é que o lobby ambiental ainda não percebeu o fato de que existem 6,5 bilhões de pessoas no planeta.

Tim Flannery vê a Terra como uma nave espacial circulando pelo espaço. Isto é o que ele tem a dizer sobre a questão da população da Nave Espacial Terra em *Os Senhores do Clima*:

> *Em 1961, ainda havia espaço de manobra. Naquela época aparentemente distante havia apenas 3 bilhões de pessoas, e elas estavam usando apenas metade do total de recursos que nosso ecossistema global poderia fornecer de forma sustentável. Meros vinte e cinco anos depois, em 1986, tínhamos chegado a um*

divisor de águas, pois naquele ano nossa população chegou a 5 bilhões, e nossa sede coletiva por recursos era tanta que estávamos usando toda a produção sustentável da Terra.

Na verdade, 1986 marca o ano em que os humanos atingiram a capacidade de carga da Terra e, desde então, temos administrado o equivalente ambiental de um orçamento deficitário que só é sustentado pela pilhagem de nossa base de capital. A pilhagem assume a forma de superexploração da pesca, pastoreio excessivo até as pastagens se transformarem em desertos, destruição de florestas e poluição dos nossos oceanos e da atmosfera, o que por sua vez causa o grande número de problemas ambientais que enfrentamos. Mas, no fim das contas, o orçamento ambiental é o único que realmente conta.

Em 2001, o déficit da humanidade tinha aumentado para vinte por cento, e nossa população, para mais de seis bilhões. Até 2050, quando se espera que a população se estabilize em cerca de nove bilhões, o ônus da existência humana será tal que estaremos usando o equivalente ao dobro dos recursos do planeta – se ainda pudermos encontrá-los. Mas, apesar de toda a dificuldade que enfrentaremos para encontrar esses recursos, são os nossos resíduos, principalmente os gases de efeito estufa, o fator limitante.

Ao longo do próximo século, à medida que nos aproximarmos de uma população de nove bilhões, temos que voltar nossa atenção para o espaço. Durante 2006, enquanto viajava para as grandes cidades populosas do mundo na China, na Índia, na África, nos Estados Unidos, eu olhei, vi e ponderei. Sou alguém que acredita na humanidade e no valor de cada vida humana. Não consigo tolerar a miséria humana e farei tudo que puder para erradicar a pobreza, as doenças, o sofrimento – mas uma população de nove bilhões é simplesmente insustentável. O mero peso dos números e o uso excessivo de recursos vão acabar nos matando. Eu não sabia onde estava a resposta, ou qual seria o caminho a seguir. Sabia que havia uma urgência para interromper a mudança climática o mais rápido possível para que pudéssemos tomar um pouco de fôlego antes de começar a pensar nos números populacionais.

Nossos planos para a Virgin Galactic avançavam a enorme velocidade. Começamos a trabalhar uma estação espacial do futuro no Novo México. Parecia ficção científica. O designer futurista Phillipe Starck criou um logotipo dramático – uma íris azul-clara com pupila preta – que foi estampado no topo de um disco plano que cobre um enorme silo subterrâneo. O disco desliza silenciosamente para trás, bem ao estilo de *Star Trek*, para revelar a plataforma de lançamento abaixo. Mas algumas coisas que deveriam ter tido um voo tranquilo acabaram por terra de forma deprimente, graças a leis arcaicas e ao ressentimento humano.

Em 2004, quando começamos a discutir o lançamento da Virgin USA nos Estados Unidos como uma alternativa de baixo custo às companhias aéreas domésticas existentes que fazem as rotas entre as costas leste e oeste, e encomendamos aviões da Airbus para mostrar nossa intenção, esperávamos alguma oposição na forma de concorrência saudável. O que não esperávamos era ser prejudicados por uma velha lei xenófoba. Nos primeiros dias da aviação, os Estados Unidos se preocupavam com "aviões estrangeiros" voando nos céus americanos e, para evitá-los, em 1926 aprovaram a Lei do Comércio Aéreo, que exige que todas as companhias aéreas domésticas permaneçam sob o controle de cidadãos norte-americanos. Essa lei foi reforçada pela Lei da Aeronáutica Civil de 1938, que diz que não mais de 25 por cento das ações com direito a voto de qualquer companhia aérea com sede nos Estados Unidos estarão nas mãos de estrangeiros. Isso significava que 75 por cento tinham que estar sob "controle efetivo" de cidadãos estadunidenses, e fomos informados pelo Departamento de Transportes dos EUA que tínhamos que nos reestruturar.

Tentamos obedecer, mas eu não fazia ideia dos problemas sem fim que seriam colocados no nosso caminho. Dois anos se arrastaram com argumentos jurídicos e, em 2006, enfim pedi a Fred Reid, ex-presidente da Delta, para administrar a nova companhia, que estaria sob o controle de uma empresa americana, VAI Partners, que deteria 75 por cento do capital social e indicaria dois terços dos membros votantes do conselho administrativo. Separamos a Virgin America da Virgin Atlantic e de todas as nossas outras companhias aéreas, incluindo a Virgin Galactic, ou de qualquer empresa que também tivesse a marca Virgin. Além de encomendar novos aviões, orçamos cerca de US$200 milhões para o marketing inicial nos Estados Unidos, mudamos nossa base de operações de Nova York para São Francisco e achei que enfim estávamos no caminho certo.

Concordei, contudo, em ser o garoto-propaganda da companhia aérea. Estava pronto para sair e promovê-la, como sempre fiz com todas as empresas Virgin. Talvez eu tivesse visibilidade demais. Recebemos oposição maciça de sindicatos trabalhistas e de todas as principais companhias aéreas dos Estados Unidos: Continental Airlines, American, United, todas! Nosso certificado do Departamento de Transportes ficou retido por meses graças a essa oposição protecionista, enquanto fazíamos todo o possível para superar cada novo obstáculo que nos era imposto a cada passo do caminho. Embora a Virgin America fosse administrada por um conselho composto em grande parte por cidadãos americanos, a oposição alegou que era uma manobra e que eu ainda estaria no comando. Enquanto 2005 se arrastava para 2006, fomos informados de que "as respostas da Virgin America ao inquérito não foram suficientes para provar que a companhia aérea é uma 'cidadã americana'". Nossos oponentes conclamaram o Departamento de Transportes a nos exigir documentação adicional. Tudo que fazíamos, no entanto, parecia não ser suficiente.

Mais uma vez, propusemos que a companhia aérea fosse reestruturada, com as ações com direito a voto nas mãos de um consórcio aprovado pelo Departamento de Transportes e com apenas dois diretores do Virgin Group no conselho de oito pessoas. Além de remover o veto e os direitos de consentimento do Virgin Group, a Virgin America disse que me removeria do conselho e possivelmente até mesmo desistiria da marca Virgin. O novo conselho disse então estar preparado para remover o CEO Fred Reid, "se o Departamento de Transportes considerar necessário".

A essa altura eu já havia saído de cena, embora, como acionista, fosse mantido informado. Fiquei muito satisfeito com o fato ter havido também uma onda de apoio populista à Virgin America. O governador da Califórnia, Arnold Schwarzenegger, Gavin Newsom, prefeito de San Francisco, e Hillary Clinton disseram que a nova companhia aérea criaria mil novos empregos em seu primeiro ano de serviço (as estimativas dizem que o número aumentaria para cinquenta mil novos empregos nos Estados Unidos no quinto ano). Até o San Francisco Giants deu seu apoio. A maior surpresa, porém, foram as cinquenta mil cartas de apoio enviadas ao Congresso e ao Departamento de Transportes. Vinte e cinco mil americanos assinaram uma petição a nosso favor e havia um site, www.letVAfly.com, onde as pessoas podiam acompanhar as notícias. Havia camisetas e canecas à venda com o slogan LET VA FLY (Deixem a VA voar).

Acho que as pessoas perceberam que a Virgin America manteria os preços baixos e melhoraria a qualidade dos voos. Na verdade, um estudo do grupo Campbell-Hill mostrou que, se a Virgin America tivesse recebido permissão para voar em 2006, teria economizado aos consumidores americanos mais de US$786 milhões, ou uma média de US$88 por viagem de ida e volta, apenas naquele ano. Também teria levado a descontos na maioria, senão em todos, dos novos mercados. Esse era o problema da oposição. Como disse Fred, "Somos o pesadelo de toda a velha-guarda das companhias aéreas. Elas querem matar uma companhia aérea nova e poderosa logo no início. Talvez precisem prestar atenção ao que seus clientes estão falando do nível de serviço delas."

Todos os nossos esforços pareciam em vão; no final de 2006, a Virgin America ainda estava no chão. Circulavam boatos de que só nos permitiriam voar se os Estados Unidos recebessem acesso de "céu aberto" a Heathrow e outros aeroportos europeus, embora as duas questões não tivessem nenhuma relação.

Voltei à África do Sul no fim de setembro de 2006, e Brad Pitt e eu nos encontramos com Nelson Mandela para ajudar com nosso apoio uma nova iniciativa contra minas terrestres com o apropriado nome de Sole of Africa. Seu lema: "É hora de colocar o pé no chão." Os outros patronos incluíam a esposa de Mandela, Graça Machel, a rainha Noor da Jordânia e John Paul DeJoria, da John Paul Mitchell Systems. A Sole of Africa estava trabalhando com a Mineseeker Foundation para se livrar das 100 milhões de minas terrestres enterradas que matam ou mutilam alguém a cada vinte minutos. Quase 650.000 quilômetros quadrados de terra no mundo são inúteis – grande parte disso na África, principalmente em Moçambique. Graça nasceu em uma família de agricultores naquele país lindo e exuberante, então estava ansiosa para se envolver com o projeto. Começaríamos a limpar a terra e devolvê-la à agricultura em Moçambique. Assim que a terra fosse limpa, as cooperativas da Sole treinariam os habitantes locais para plantar e colher, o que, por sua vez, os alimentaria e permitiria que ganhassem a vida vendendo o excedente da produção.

O Ministério da Defesa britânico havia criado uma nova tecnologia de radar maravilhosa que usava dirigíveis construídos por uma empresa Virgin, o Lightship Group, para localizar minas terrestres. Antes era possível limpar apenas quarenta metros quadrados de terra por dia, mas a brilhante tecnologia de dirigível permitia examinar cem metros de terra por segundo. O que antes levaria quinhentos anos, agora levaria uma década ou menos. Quando Moçambique voltasse para seus agricultores, seguiríamos em frente, país por país.

Graça também é defensora das crianças, e ela e Mandela discutiram conosco a questão do grande número de órfãos da AIDS na África. Mais uma vez, os números eram difíceis de compreender. Brad ficou chocado quando Mandela voltou-se para ele e disse:

– Existem um milhão de crianças cujos pais morreram de AIDS. Mais de 1.000 ficam órfãs todos os dias só na África do Sul. Crianças de seis, sete, oito anos são agora responsáveis pelo ganha-pão da família.

A mera quantidade pode parecer esmagadora, mas há uma história que considero cativante. É assim: uma jovem caminha por uma praia na qual estão centenas de estrelas do mar trazidas pela maré e que estão morrendo na areia. Conforme caminha, ela se abaixa, pega as estrelas do mar e as joga de volta ao mar. Um velho que está passando lhe pergunta: "Por que você está fazendo isso? Não vai fazer diferença, tem centenas delas ali." Ela olha para ele e diz: "Se eu puder fazer a diferença na vida de uma delas que seja, então vale a pena."

Essa história é a parábola que deu origem à Starfish, uma pequena organização que abre e administra creches para comunidades afetadas pela AIDS na África do Sul. A Virgin Unite tem trabalhado na linha de frente e encontrado formas de cuidar desses órfãos na comunidade. A África está cheia de mulheres incríveis e fortes, que parecem manter as coisas unidas de uma maneira muito parecida com a Mãe Terra. Nora é uma delas. Lembro-me da primeira vez que a encontrei em uma pequena aldeia a cerca de 45 minutos de Joanesburgo. Lá, em uma clareira de terra, havia um pequeno barraco de folha de flandres e, nele, Nora, uma senhora idosa, cozinhava para os 200 órfãos que viviam com ela durante o dia. De alguma forma, ela conseguia o suficiente para alimentá-los; saía, encontrava a comida, depois cozinhava em um fogãozinho. Ficamos ali parados olhando e tudo que eu conseguia ver era um mar de duzentas cabeças, pessoas minúsculas e seus olhos – tão enormes nos rostos famintos. Elas não têm ninguém e ficam petrificadas quando alguém as pega no colo e as abraça.

Uma única mulher. Ela não tem como cuidar de 200 crianças, mas cuida mesmo assim. Era assustador. Uma maneira pela qual podemos ajudar é investir nessas mulheres, que viram a necessidade e se estabeleceram como mães substitutas e cuidadoras. É um problema imenso e ninguém de fato considerou os resultados do que vai acontecer às crianças que crescem sem o amor e a atenção individual necessários a uma criança que está se desenvolvendo emocionalmente. Olhei ao redor, para tantas crianças brincando ou comendo uma refeição simples, e pude ver de imediato que não havia espaço suficiente para elas dormirem no pequeno barraco.

– Onde todas essas crianças dormem, Nora? – perguntei.

Ela riu.

– Ah, são como pássaros. Elas se espalham por aí à noite e encontram um lugar seguro para se empoleirar e dormir. De manhã, voltam como estorninhos para tomar o café da manhã... e eu sempre dou um jeito de encontrar algo para elas.

Eu me senti acabrunhado e emocionado, mas também com raiva. Se as mães daquelas crianças tivessem recebido medicamentos antirretrovirais, elas estariam lá para criar os filhos, em vez de serem usadas para encher os bolsos das funerárias. A Starfish já estava ajudando Nora, mas lhes demos algum dinheiro para ajudar nas despesas. Trabalhando com voluntários da Virgin Unite, ampliamos o barraco de Nora e construímos um anexo na lateral para as crianças dormirem, depois lhe demos um fogão bem grande e lhe prometemos um suprimento constante de combustível para cozinhar. Não podemos dar uma família para todas as crianças de Nora, mas podemos ajudar Nora e mulheres como ela.

Infelizmente, o continente africano é um dos poucos lugares do mundo onde a taxa de prevalência do HIV continua a aumentar. Até 2010, estima-se que aproximadamente três milhões de crianças ficarão órfãs somente na África do Sul. Hoje apoiamos duas creches comunitárias. Em outubro, apoiamos mais cinco com o Loomba Trust. Cherie Blair nos acompanhou naquela viagem e as inaugurou. Se você pensar no Reino Unido e nos Estados Unidos, temos muitos recursos. É muito frustrante, e todos nós precisamos fazer tudo o que pudermos para impedir que essa situação ridícula continue. Certamente deixei essa paixão ferver meu sangue algumas vezes, inclusive no jantar oferecido pelo Loomba Trust. As pessoas não deveriam morrer de doenças evitáveis e tratáveis, não importa em que lugar do mundo elas vivam.

A morte de um de nossos garçons em Ulusaba por causa da AIDS, há alguns anos, me fez ver isso. O HIV/AIDS era tratável no Ocidente e a taxa de mortalidade caiu drasticamente. Isso, como eu já tinha visto, estava longe de ser o caso na África. Ter alguém em nosso meio morrendo dessa forma foi um choque. Apesar de sua doença, Donald Makhubele continuou positivo, compondo poesia, música e canções. Ele escreveu palavras lindas, que li após sua morte, sentindo-me sufocado por termos perdido um jovem tão talentoso.

O texto a seguir foi composto pelo nosso amigo, o poeta e músico Donald Makhubele. Ele faleceu devido a uma doença relacionada à AIDS. Sua música e suas ideias, juntamente com estas belas palavras, viverão e iluminarão outras pessoas. Ele esperava alcançar as pessoas enquanto estivesse vivo e bem, vivendo com HIV, mas o Universo determinou que ele falaria do além...

CONHEÇA A VERDADE E A VERDADE O LIBERTARÁ
UMA BREVE HISTÓRIA SOBRE A DOENÇA DE DONALD!

O dia 14 de setembro de 2003 foi meu segundo dia de trabalho na Ulusaba Private Game Reserve. Era verão, mas no meio da noite comecei a sentir frio. Parecia que era inverno. Acabei indo bater no quarto de David. David estava no quarto ao lado, então pedi a ele um aquecedor porque não aguentava mais o frio.

No dia seguinte de manhã, David me deu um dinheiro para ir ao médico. O médico não me disse o que estava me matando. Suspeitou de malária; não era malária. Voltei para Ulusaba com um atestado médico. Não pude trabalhar até acabar minha licença médica.

MUDANÇAS

Voltei ao trabalho, mas desde então minha vida foi abalada. Eu sempre precisava faltar ao trabalho porque não estava me sentindo bem. Tentei Sangomas, médicos particulares, mas ninguém via nada, nada funcionou.

Então aconteceu, um dia depois de sair de férias, de eu começar a perceber que minha barriga estava muito grande e muito dolorida. Fui então a um médico particular, dr. V. Hlatswayo, em Hazyview. Ele me ajudou muito, porque me incentivou a ir ao Hospital Matikwane.

"ADMITA E SEJA HUMILDE PARA CONSEGUIR AJUDA"

O médico e eu combinamos que eu iria para o hospital. Quando cheguei lá, precisei ser internado porque meu estado não era bom. Levaram-me para fazer um raio X, mas o resultado final foi que não encontraram nada. Fizeram também um exame de sangue e ainda nada, até que drenaram um pouco da água da minha barriga; minha barriga estava cheia de água. Enviaram um pouco dela para o laboratório, então eu só fiquei esperando os resultados. O resultado foi que tenho tuberculose na pleura.

Depois dos resultados, comecei a tomar os comprimidos para tuberculose que me deram (rifampicina) e, para ser sincero com você, esses comprimidos me ajudaram muito. Eu consegui voltar a ganhar peso. Meu apetite voltou, mas meu estado começou a piorar depois que parei de tomar a rifampicina. Tomava cinco comprimidos todo dia e passei para dois comprimidos, mas começou de novo. Eu ficava tonto, sem energia e suando muito. Quando voltei para um acompanhamento, contei como estava me sentindo, mas eles simplesmente não me levaram em consideração. Estavam só fazendo as coisas deles. Fiz os tratamentos para tuberculose por quase nove meses, até voltar para outro acompanhamento pela última vez, e então pedi para fazerem um teste de HIV.

"MEU POVO ESTÁ MORRENDO POR FALTA DE CONHECIMENTO"

Fizeram o teste e, depois do resultado, disseram que sou HIV positivo, mas não podem me dar nenhum tratamento porque ainda estão esperando os resultados da contagem de CD4; só depois disso eles podem ver o que fazer. Disseram também que não poderiam me tratar se minhas células CD4 estiverem acima de 200; só vão me dar tratamento se estiver abaixo de 200.

MEU PONTO DE VISTA

No que me diz respeito de tudo isso, o governo está ajudando o HIV/AIDS a fazer por eles o trabalho de destruir a nação. Eles me disseram que minha contagem de CD4 está acima de 200, o que significa que meu sistema ainda está forte e é por isso que não podem me ajudar. Então eu pensei: isso está tudo errado. Por que esperar até minhas células CD4 diminuírem para só então me ajudar? Por que eles não podem garantir que o vírus não vai cruzar a fronteira e passar de HIV a AIDS?

"BEM-AVENTURADAS AS PESSOAS QUE ESTÃO ANSIOSAS PARA AJUDAR PORQUE DEUS VAI LHES DAR SABEDORIA"

Por causa de tudo que passei durante minha doença até agora, eu sei o que está me matando, eu sinto que posso me rejubilar. Para que as pessoas possam saber a verdade e a verdade possa libertar a todos. Demorei para decidir se devia ou não fazer o teste. Porque estava com medo de que, se me dissessem que sou positivo, eu ia começar a me preocupar e as pessoas iam rir de mim. Mas devo dizer que, agora que conheço minha condição, eu a aceitei. Eu me perdoei e pedi perdão a Deus e deixei tudo para trás enquanto estou indo desta para a próxima. Sou muito corajoso e forte para conviver com isso e nunca vou morrer como covarde, mas como herói.

A propósito, sou compositor, escrevo sobre HIV e AIDS, então tinha que saber meu estado para poder praticar o que prego. Só quero dar o exemplo, principalmente na nossa região porque é uma zona rural e as pessoas ainda têm medo de se expor. O vírus vai se espalhar por todo lado se o escondermos das outras pessoas.

Vamos trabalhar juntos como um só, para ter orgulho de nós mesmos e ter o mesmo propósito para derrotar nosso inimigo. Isso não é uma doença, mas é uma guerra que está na África, tentando destruir nosso continente. Estou implorando a todos que possam ler esta mensagem para considerá-la e tentar fazer alguma coisa para ajudar a nação.

EU SOU DONALD, O AFETADO

Sou um homem que vive com HIV, então estou sempre pensando em coisas positivas, de tal forma que nada doloroso me acontece mais e não tenho mais espaço para decepções no meu coração, pois já tive decepções piores na vida. Chega, pela segunda vez.

Tenho orgulho de mim mesmo, eu me amo e vou sempre cuidar de mim para ter uma saúde melhor, eu vivo para a vida e o futuro dos outros. Agora tenho plena consciência de que sou responsável por minha família e por mim e espero ficar bem de novo. Eu não acreditei mesmo que se pudesse viver com HIV e AIDS por muito tempo, mas acredito que vivi com isso por um período em que não sabia da minha condição. Agora que sei, prometo que haverá cura e me deixará como um homem livre. Como um homem que foi libertado da prisão ou dos grilhões. Estou dizendo que vou me erguer novamente. Deus disse que daria poder aos fracos para que voassem como uma águia.

Se isso pode funcionar para mim de novo, sei que pode funcionar para você, meu amigo; não tenha medo de ir fazer o teste porque ele é útil, especialmente se você não tiver certeza de sua condição de vida. Este é um bom momento para seguir em frente e ter a coragem de lutar contra a doença, e ouça, unidos permaneceremos, mas divididos cairemos, então vamos trabalhar juntos para terminarmos vitoriosos.

A causa da morte de Donald foi tuberculose induzida pela AIDS, mas a malária também é uma grande assassina. Depois que Donald morreu, jurei que nenhum outro funcionário da Virgin morreria desnecessariamente. Como resultado das comoventes palavras de Donald, e depois de pesquisar mais, decidi que era errado que qualquer empresa em qualquer lugar do mundo perdesse qualquer um de seus funcionários por causa da AIDS, e que todas as empresas no mundo deviam se comprometer a incentivar seus funcionários a fazer o teste voluntariamente e garantir que recebam os antirretrovirais a tempo de evitar que o HIV se transforme em AIDS. A primeira coisa era tentar colocar nossa própria casa em ordem. Então, minha esposa Joan e eu começamos o processo reunindo todas as pessoas que trabalhavam para nós no mato. Em seguida, fizemos um teste de HIV na frente de todos e tentamos fazer com que o maior número possível de pessoas fizesse também. A maioria fez; também pedimos a jovens com HIV que viessem explicar como os antirretrovirais salvaram sua vida, como exemplo para todos de como o programa funcionava. Fizemos dois filmes, especialmente para africanos, explicando, de forma simples e direta: como funciona o corpo; como funcionam os medicamentos antirretrovirais; como funciona o sistema imunológico; o que acontece quando o nível de CD4 cai abaixo de 200; por que as pessoas estão morrendo; como podem evitar morrer; e que preservativos salvam vidas. Em um teste em uma de nossas empresas na África do Sul, quase 24 por cento eram soropositivos. Essa parece ser a média, infelizmente, o que, em outras palavras, significa que 24 por cento da nossa equipe morreria dentro de seis a sete anos se não tivessem acesso a antirretrovirais. Deixamos claro que forneceríamos medicamentos antirretrovirais gratuitamente a qualquer pessoa com contagem de CD4 abaixo de 300. Também implementamos o 0% Challenge (Desafio 0%) em todos os nossos negócios em todo o mundo, com o objetivo de garantir que nenhum funcionário da Virgin morresse de AIDS, que 0% se tornasse soropositivo e que 0% das grávidas soropositivas passassem o HIV para seu bebê. Isso também inclui tolerância de 0% para qualquer discriminação contra pessoas soropositivas em nossas empresas.

Donald disse: "Isso não é uma doença, mas é uma guerra que está na África, tentando destruir nosso continente. Vamos trabalhar juntos como um só, para ter orgulho de nós mesmos e ter o mesmo propósito para derrotar nosso inimigo." Em memória de Donald, decidi criar uma "sala de guerra" para ajudar a coordenar e unir todas as organizações na África que estão tentando derrotar as doenças no continente. A "sala de guerra" vai mapear os problemas, buscar melhores práticas e mover e maximizar recursos. Vai botar a mão na massa, em vez de discutir e debater. Vai alertar o mundo sobre novas doenças como a AIDS antes que fiquem fora de controle. Vai combater HIV, malária, tuberculose e fístula. Vai mobilizar especialistas e pessoas proativas para chegar a áreas específicas rapidamente, atraindo contatos, governos e fundadores. Seu objetivo final é assegurar que não haja outros Donalds e que, por meio de sua morte, milhares de outros vivam.

Depois que Donald morreu, eu estava visitando o hospital local com minha mãe quando, por acaso, encontrei um homem encantador chamado Dyke que costumava ser nosso motorista, levando pessoas para ver os animais em Ulusaba. Ele estava deitado em uma cama, sem esperança, basicamente só pele e osso, sem mais gordura nenhuma no corpo. Quando viu minha mãe, houve um vislumbre de reconhecimento e felicidade em seus olhos. Nós imediatamente fizemos com que tomasse antirretrovirais. Sua melhora foi imediata. A recuperação foi completa. Depois de receber remédios e tratamentos adequados, ele literalmente saiu da beira da morte para voltar a uma vida normal. Todos que têm AIDS deveriam ter essa oportunidade de renascer. Infelizmente, Dyke morreu há pouco tempo de malária, que contraiu numa viagem a Moçambique – o que me deixou ainda mais determinado a não permitir que um mosquitinho continue a exterminar milhares de pessoas na África todos os dias.

Fiz algumas pesquisas com a Virgin Unite e um homem maravilhoso da Anglo American, dr. Brian Brink, para encontrar um projeto de esperança e, entre colinas rochosas sem árvores e a pobreza deplorável das comunidades segregadas rurais empoeiradas de Elandsdoorn, na província de Limpopo, encontramos o Ndlovu Medical Centre. O centro médico é dirigido pelo dr. Hugo Templeman, um médico holandês sério que dedicou os últimos quinze anos ao tratamento do HIV/AIDS e das outras grandes doenças que matam africanos: tuberculose e malária.

Uma das primeiras coisas que percebi quando fui conhecer o local foi o conjunto de pequenos projetos de desenvolvimento ao redor do hospital Ndlovu, incluindo uma padaria, uma oficina, fábrica de fraldas, pré-escolas, escola de informática, lava-rápidos, uma academia, todos oferecendo empregos para os moradores do lugar. Hugo viu que fiquei impressionado.

– Sim, é tudo uma questão de esperança. Queremos que as pessoas saibam que ficarão bem. Elas também precisam ganhar dinheiro para manter a família e a si mesmas enquanto estão sendo tratadas.

O dr. Brink travou uma batalha obstinada ao longo de muitos anos para conseguir medicamentos antirretrovirais prescritos gratuitamente para qualquer uma das dezenas de milhares de trabalhadores da Anglo que precisavam deles. Ele enfim conseguiu depois de apontar que a perda de pessoal treinado tinha um custo maior do que os medicamentos em si. Depois de vencer a batalha, ele disse: "Agora, e as famílias dos mineiros, que têm HIV e AIDS?"

Admirei sua atitude direta e, com Hugo e a Virgin Unite, discutimos o que seria necessário para construir um hospital para atender o distrito de Sabi-Sands, próximo a Ulusaba. Minha primeira iniciativa para ajudar a controlar a disseminação do HIV foi no início dos anos 1990, quando comecei o projeto filantrópico dos preservativos Mates. Ir dos preservativos Mates gratuitos a se juntar à Anglo American para criar um centro de saúde completo era um grande passo. Decidimos que o novo hospital se chamaria Bhubezi Community Health Centre, em homenagem à palavra zulu para leão, e atenderia 100.000 pessoas. O tratamento para HIV, tuberculose e malária seria gratuito, mas outros serviços médicos teriam um valor modesto que ajudaria a garantir a sustentabilidade da clínica ao longo do tempo. As

100.000 pessoas na região de Ulusaba estariam protegidas. Mas, para quem mora longe do hospital, o tratamento precisa chegar até eles.

É difícil fazer os serviços de saúde chegarem a áreas remotas. Iniciamos então uma campanha chamada Heaven's Angels em todo o Virgin Group para arrecadar dinheiro para comprar e manter motocicletas. As empresas, especialmente a Virgin Trains e a Virgin Atlantic, fizeram um trabalho maravilhoso e arrecadaram mais de US$1 milhão para colocar mais de 100 motos na estrada. O modelo de trabalho que estamos construindo é: alguém de uma aldeia compra a moto por meio de um empréstimo; em troca, recebe treinamento e pagamento para prestar assistência médica na motocicleta três dias por semana e, no resto da semana, pode usar a moto para sua própria atividade empresarial. Dessa forma, torna-se sustentável e cria empregos para as pessoas das comunidades. Em 2007, começamos a testar esse modelo com um ótimo parceiro chamado SHEF, que já construiu mais de 64 clínicas e farmácias sustentáveis em todo o Quênia, todas de propriedade de pessoas da região. Gostaríamos de ampliar o conceito para ajudar na prestação de serviços de saúde em toda a África, não com centenas, mas com milhares de profissionais de saúde em motocicletas, e mostrando às próprias pessoas como elas podem ganhar a vida, ajudar umas às outras e cobrir aquela lacuna no atendimento.

Por um lado, eu estava trabalhando muito por meio da Virgin Unite para tentar ajudar os países em desenvolvimento com alguns dos problemas que enfrentam; e, por outro lado, estava trabalhando muito para levar adiante nosso programa de lançamento espacial. Era uma dicotomia estranha, mas fascinante. A Virgin Galactic causou um grande rebuliço e já havia pessoas inscritas para nossos primeiros voos. Então algo notável aconteceu em minha jornada pessoal ao espaço.

Em novembro eu estava em Necker com Burt Rutan, o designer da nave espacial, e um grupo de nossos clientes fundadores que vieram conhecer detalhes do projeto diretamente da boca de Burt, quando Will ligou de Londres para dizer que acabara de ouvir o professor Stephen Hawking no programa *Today* da Radio Four.

– Stephen Hawking acaba de dar uma entrevista incrível, falando por que o homem precisa estar no espaço; e por que ele ainda quer ir e por que, se possível, gostaria que Richard Branson o levasse para lá! – contou Will.

Reuni todos os nossos clientes fundadores e Burt em torno de um conjunto de alto-falantes, nos conectamos à Internet e reproduzimos para eles o podcast de Stephen Hawking do site da BBC: "A raça humana deve se mudar para um planeta além do nosso sistema solar para proteger o futuro da espécie. A vida pode ser destruída por um desastre nuclear, ou um asteroide pode atingir o planeta. Assim que nos espalharmos pelo espaço e estabelecermos colônias, nosso futuro estará seguro. Não existem planetas semelhantes à Terra em nosso sistema solar, então os humanos terão que ir para outra estrela. Os foguetes químicos e nucleares atuais não são adequados para levar colonos ao espaço, já que uma viagem neles levaria cinquenta mil anos. Eu descarto o uso de motores de dobra para viajar na velocidade da luz para levar as pessoas a um novo posto avançado.

"Em vez disso, sou a favor da aniquilação de matéria/antimatéria como meio de propulsão. Quando matéria e antimatéria se encontram, elas desaparecem em um surto de radiação. Se fosse direcionado para a parte de trás de uma espaçonave, poderia impulsioná-la para frente. Viajando pouco abaixo da velocidade da luz, a jornada para chegar a uma nova estrela levaria cerca de seis anos. Seria preciso muita energia para acelerar até perto da velocidade da luz.

"Meu próximo objetivo é ir para o espaço; talvez Richard Branson me ajude."

Houve uma onda de empolgação entre nossos astronautas em desenvolvimento. Todos nos sentimos privilegiados por fazer parte de um projeto que o entusiasmou tanto. Nunca deixo de me surpreender com o professor Hawking, ele é um homem que admiro muito. Eu o encontrei algumas vezes ao longo dos anos, então peguei o telefone e liguei para ele.

Expliquei que não tínhamos dado ingresso grátis na Virgin Galactic para ninguém, apesar do grande número de celebridades que nos abordavam, mas se Stephen realmente estivesse disposto e fosse considerado medicamente apto a voar, seria um privilégio levá-lo ao espaço.

Usando sua voz computadorizada, ele explicou que a humanidade não tinha alternativa: precisávamos ir para o espaço se quiséssemos manter a vida na Terra.

– Há uma ameaça à vida na Terra representada por humanos. As duas principais causas de preocupação são o aquecimento global e a alteração genética de vacinas e outros microrganismos. Porque agora temos conhecimento suficiente das coisas que podem acontecer a este planeta para saber que precisamos usar os recursos do resto do sistema solar se quisermos sobreviver como civilização. E também precisamos ter o incentivo para sair e explorar; e não pode ser só uma questão de mandar robôs para o espaço, embora isso seja parte da resposta. As pessoas têm que poder ir para lá. A Virgin Galactic é um passo para tirar o acesso ao espaço das mãos de uns poucos escolhidos.

A meu pedido, Stephen Attenborough, chefe de relações com astronautas, foi ver o dr. Hawking com nosso diretor médico para discutir a logística de providenciar um voo de simulação de gravidade para ele assim que possível.

A partir do interesse do dr. Hawking no nosso projeto, examinamos muitos outros aspectos da importância do espaço. Há a razão de curto prazo que é entender as mudanças climáticas e nos fornecer comunicações e informações para manter o planeta produzindo os alimentos de que precisa para sua população crescente. Mas, como ele disse, no longo prazo também precisamos estar no espaço para fornecer as futuras fontes de energia para o planeta e, talvez, até algumas das soluções para as mudanças climáticas. Muitas ideias interessantes estão sendo desenvolvidas, como por exemplo os guarda-chuvas solares. Eles não são tão grandes quanto as pessoas podem imaginar; são pequenas estruturas cristalinas feitas de filme transparente, espalhadas pelo espaço feito bolhas no Ponto de Lagrange, que fica a meio caminho entre o Sol e a Terra. Ali, os guarda-chuvas refletiriam cerca de cinco por cento dos raios solares, o que em termos reais é muito. As pessoas também acham que a Internet de alguma forma não usa energia, mas ela emite grandes quantidades de gases de efeito estufa. Os cientistas têm estudado fazendas de servidores, por exemplo, que são alimentadas por painéis solares e enviam sinais de rádio do espaço direto para os computadores, economizando incríveis 80% de eletricidade. Uma das coisas que também me interessa muito é a possibilidade de levar uma equipe de pesquisadores da Virgin Fuels à Lua – e depois construir uma frota de espaçonaves para podermos trabalhar lá. Isso pode parecer ficção científica, mas no início da década eu não fazia ideia de que estaria comandando uma frota de espaçonaves e faria um voo suborbital ao espaço com o físico mais brilhante da atualidade. Alinhado com a opinião de Stephen Hawking de que nosso futuro poderia estar no espaço, tenho pesquisado um combustível da era espacial: hélio-3. É uma forma incrivelmente rara de hélio na superfície da Terra que está disponível de graça no núcleo da Terra, muito além de nossa atual capacidade de exploração. Mas há uma grande abundância dele na poeira lunar. Quando percebi que uma única carga de espaçonave vinda da lua forneceria energia aos Estados Unidos por um ano, isso me fez parar e pesquisar mais as possibilidades. O hélio-3 é produzido sob extrema pressão e extremo calor. Foi produzido quando a Lua foi arrancada da Terra e entrou em órbita ao seu redor, e continua a ser produzido por ventos solares ao longo de incontáveis milhões de anos. Os cientistas só podem produzir quantidades mínimas, ao custo de bilhões de dólares, no acelerador do Cern. Pegá-lo da Lua, de onde seria "minerado" da poeira e depois aquecido para liberar o gás em si, não seria extremamente caro, nem além de nossa capacidade. O hélio-3 poderia suprir todas as necessidades de energia da Terra no futuro usando fusão, que é uma alternativa limpa e segura. Com isso, as terras destinadas ao cultivo de biocombustíveis poderiam dar lugar ao cultivo de alimentos. Por mais forçado que possa soar, o hélio-3 pode um dia salvar a humanidade.

Em fevereiro de 2003, quando parecia inevitável que os Estados Unidos e o Reino Unido invadiriam o Iraque, decidi que não podia só ficar parado olhando. Tinha que fazer alguma coisa para tentar impedir. Infelizmente, antes que eu conseguisse, os Estados Unidos começaram a bombardear o Iraque. Mas isso me fez pensar: talvez devêssemos reunir um grupo de Anciãos globais, na esperança de que sua voz, sabedoria e poder de negociação pudessem evitar esses conflitos no futuro.

Ao mesmo tempo, em sua casa perto de Bath, meu bom amigo Peter Gabriel teve uma visão maravilhosa de que a tecnologia estava impulsionando as pessoas para uma grande aldeia global – mas não havia ninguém lá para liderar essa aldeia e usar a tecnologia como uma poderosa força para o bem. Muitos dos líderes de hoje não estão lá para fazer a coisa certa pela humanidade; em vez disso, a maioria tem algum outro tipo de plano ligado ao poder político, militar, econômico ou religioso. Nossas ideias convergiram em uma comovente viagem à África do Sul em novembro de 2003, quando estávamos ajudando Mandela a lançar sua campanha 46664. Desde então, estamos em uma jornada profundamente satisfatória com a ajuda de alguns indivíduos incríveis para realizar o sonho de reunir um grupo de Anciãos Globais. Acreditamos que homens e mulheres que demonstraram integridade moral e liderança têm muita sabedoria a oferecer. É o tipo de sabedoria que, ao longo da história, sempre foi transmitida pelos anciãos das tribos ou das aldeias. Sabedoria ancestral e intuitiva é o que nossa frenética aldeia global de alta tecnologia precisa. Quando Mandela e sua esposa Graça Machel concordaram em ser os Anciãos Fundadores e o arcebispo Tutu concordou em presidir o grupo, sabíamos que tínhamos o cerne de algo muito especial.

Em julho de 2006, reunimos em Necker alguns dos principais líderes em tecnologia, filantropia, negócios, ciência, artes e muitas outras áreas; todos se reuniram para debater o conceito dos Anciãos e fazê-lo avançar para a próxima fase.

Peter e eu começamos o primeiro dia explicando de onde se originou a ideia dos Anciãos.

– Vejo um conceito baseado nas tribos africanas, que admiram os anciãos de sua aldeia – disse Peter. – Mas hoje estamos muito além da pequena aldeia. Agora temos o Google, a Wikipedia e todos os outros links para conectar as pessoas.

– Existem Anciãos individuais operando sozinhos há muito tempo – assenti. – Bons homens e boas mulheres que se manifestam. A ideia é: se as pessoas mais respeitadas do mundo trabalharem juntas como um grupo, elas serão mais eficazes. Em vez do poder de um, teremos o poder de doze.

Foram duas semanas repletas de ideias e debates incríveis, mas, acima de tudo, com a confirmação avassaladora de que o mundo precisa de um grupo como esse. Foi a experiência mais fantástica estar na presença de pessoas maravilhosas como o arcebispo Tutu e o presidente Carter. Ambos colaboraram com profundas percepções sobre o conceito dos Anciãos, e Tutu, é claro, colaborou com um senso de humor divertido. Nunca vou me esquecer de alguns momentos mágicos, como Peter tocando "Biko" no piano de cauda na sala de estar da Grande Casa, com Tutu e sua linda esposa Leah dançando. Ou quando Peter, vestindo uma camisa branca longa e esvoaçante, ensinava Tutu a nadar no mar. Ele pareceu gostar, porque passou algum tempo com Peter e comigo praticando na piscina.

– Tenho uma piscina em casa que não uso. Minha esposa e meus filhos usam, então quem sabe agora eu possa lhes fazer companhia – disse ele, com um sorriso largo.

Também tivemos o prazer de ter alguns incríveis Anciãos autênticos conosco para dar sua opinião sobre como os Anciãos Globais poderiam fazer a diferença. Zachie Achmat, do Treatment Action Group, nos inspirou a todos com sua vontade de assegurar que todos os soropositivos tenham acesso a medicamentos antirretrovirais. Ele realmente abriu mão de sua vida inteira para lutar pela vida dos outros, recusando-se a fazer o tratamento até que todos possam obter os medicamentos. Esperamos que os Anciãos Globais possam desempenhar um papel na amplificação das vozes de pessoas como Zachie e Taddy Bletcher, indivíduos que fazem um trabalho impactante e precisam que suas histórias sejam ouvidas em todo o mundo para ajudá-los a ampliar seus esforços. Todos falaram com liberdade e franqueza, apresentando opiniões e pontos de vista fortes e sensatos.

Jean Oelwang iniciou uma sessão comentando sobre Mandela.

– Este é um momento incrível na história. Mandela tem verdadeira coragem moral. Ele diz a mesma coisa a portas fechadas e em público. Seu foco é o que é melhor para a humanidade, e ele demonstrou liderança não só através de um curso de ação, mas através da compaixão.

Ela passou a palavra ao arcebispo Tutu. Ele se levantou com dificuldade de um banco baixo e brincou:

– É isso que acontece quando você chega nessa idade. Você tem que ter uma conversinha com seu corpo e dizer: "Corpo, precisamos levantar agora, que tal?"

Eu lhe fiz uma massagem nos ombros – mas, brincadeiras à parte, tudo que Tutu disse foi emocionante.

– Estou feliz por não ser Deus. Deus deve estar chorando; Deus é onipotente, mas parece fraco. Nós nos perguntamos por que ele não some com pessoas que fazem coisas erradas. Mas existem pessoas que se levantam e fazem coisas boas; elas derrubam o apartheid. Às vezes, como o sol brilhando no meio da chuva, Deus olha e sorri. Ele está sorrindo hoje nesta ilha. Acredito firmemente que este é um universo moral, apesar de todas as aparências em contrário, quando muitas vezes parece tão claro que o mal está em alta. Mas, no fim das contas, o bem prevalece. Compaixão, cuidado, isso é o que vai ter a última palavra.

Uma questão importante que discutimos foi a diferença que os Anciãos poderiam fazer sem replicar o papel das Nações Unidas ou o importante trabalho da Organização Mundial da Saúde (OMS). Dei o pontapé inicial:

– Todos discutimos a ideia de que os Anciãos cobririam áreas que a ONU e os estados-nação não estão cobrindo.

Jimmy Carter obviamente tinha experiência pessoal não só em trabalhar por meio da ONU, mas também por meio de sua própria fundação, o Carter Center. Ele disse que um dos problemas que afligem a ONU é o veto, e que há muita negociação nos bastidores para que algumas soluções sejam aprovadas.

– Você não consegue passar pelo veto na ONU. Seria possível para os Anciãos contornar isso. Não há nenhum lugar hoje ao qual as pessoas possam ir para resolver conflitos. Para promover o processo de paz. Para fornecer especialistas sobre como negociar a paz. Existem organizações, Harvard, o Carter Center, mas você não pode ir à ONU porque sabe que os Estados Unidos vão vetar um lado, a Rússia, a China, o outro. Portanto, os Anciãos existiriam como uma fundação pela paz ou algo assim, para que as pessoas tenham na ponta da língua: "Por que não vou aos Anciãos para ajudar a evitar esta guerra?" Se tivéssemos uma ONU perfeita, não precisaríamos disso. Mas a ONU não está lidando com a paz ou o alívio do sofrimento, ou violações dos direitos humanos, a opressão das mulheres. Você não pode fazer com que debatam a opressão das mulheres porque muitos países muçulmanos são contra. Cristãos também. Esse é o tipo de coisa que os Anciãos poderiam abordar sem restrições e dane-se o fato de que não está sendo feito. Aposto que Kofi Annan diria amém a tudo isso. O Carter Center trabalhou para criar um Alto Comissariado de Direitos Humanos que a ONU não queria. Estamos falando de uma organização que poderia substituir a ONU e evitar as restrições inerentes a uma organização com duzentos membros.

A coisa era pesada. Naquela sessão, fechamos um consenso de que os Anciãos deveriam buscar reforçar os direitos das mulheres e fazê-lo a partir de uma posição acima da política.

– Mas sem autoridade – disse Jimmy. – Isso é importante. Apenas autoridade moral.

Com relação ao trabalho da Organização Mundial da Saúde, pensou-se que os Anciãos precisariam de uma ampla pauta para analisar questões controversas, como HIV/AIDS, ajudar a garantir água potável para todos – oitenta por cento dos países em desenvolvimento não têm acesso a água potável – e doenças. Embora os Anciãos apoiassem a erradicação da malária, por exemplo, apenas a OMS teria autoridade para usar o termo "erradicar".

– Os Anciãos poderiam tentar promover a qualidade de vida em um mundo assolado pela pobreza – disse Jimmy. – Se não quiserem criar algo, podem ajudar com a estrutura de algo. Aliviar o sofrimento por meio da erradicação de doenças faz parte disso.

Todos os dias eram assim: repletos de debates e discussões sólidas, cada vez levando o conceito e nossos sonhos um pouco adiante. Todos entendemos exatamente o que ele queria dizer quando Peter falou:

– O mundo é um espelho vivo. Os astronautas dizem que, do espaço, você vê a Terra como algo que pode segurar na mão, uma bolinha azul. A luz se reflete nela; tudo se reflete. Meu filho de quatro anos estava me contando uma história. Quando as pessoas são tocadas, ele disse, elas se iluminam. Quando não são tocadas, elas vão para as sombras; então devemos tentar fazer com que todas sejam tocadas. Não são números e estatísticas, são pessoas reais.

Ideias parecem estimular ideias. Era como se tivéssemos essas esperanças enterradas, lá no fundo de nós, só esperando para explodir. Pouco antes de Jimmy Carter ir embora, ele voltou com algumas ideias de última hora.

– Os Anciãos podem ser a consciência do mundo. Podem ser um guia para o mundo, uma entidade reconhecida por apresentar ideais de paz e justiça. Estar aqui foi delicioso. Foi uma experiência inspiradora, emocionante, imprevisível e gratificante.

Depois, com um aceno e seu sorriso largo característico, ele subiu os degraus e o helicóptero subiu, levando-o embora com sua esposa Rose.

De volta à casa, perguntei a Tutu se ele gostaria de um chá.

– Não, eu não sou inglês – respondeu ele com uma piscadela.

– Ah, você gostaria do chá do Peter. Ele tem mais tempo para fazer chá do que eu – brinquei.

Um mês depois, nos encontramos com Graça e Mandela na casa deles para que fizessem a seleção do grupo inicial de Anciãos. Netos corriam ao nosso redor, e Jean e eu saímos dessa reunião maravilhosa sentindo que os Anciãos eram finalmente uma realidade. Seguimos para Ulusaba e fizemos uma comemoração maravilhosa com a assinatura das cartas-convite. Foi ainda mais emocionante porque meu pai e minha mãe estavam lá para compartilhar esse momento especial conosco. O sonho que Peter e eu tivemos tantos anos atrás estava ganhando impulso.

32.

VOANDO ALTO

2007

Fazia muito frio, com relatos de neve, ventos fortes e tempestades de gelo na maior parte do hemisfério ocidental naquela manhã de fevereiro de 2007. Enquanto isso, minha mãe aproveitava seu mergulho matinal nas águas cristalinas do recife de Necker – estar na casa dos oitenta nunca a impediu de fazer nada – e eu olhava para o noroeste, na direção de uma ilha que não conseguia enxergar, mas tinha acabado de comprar por dez milhões de libras, muito mais que as modestas 180 mil libras que Necker havia me custado em 1976. Ter um novo desafio me deixou agitado e com a cabeça cheia de planos.

Você pode achar que uma ilha paradisíaca seria suficiente para qualquer um, e tem razão. Mas comprei essa segunda ilha, uma joia imaculada, para evitar que fosse arruinada pelo superdesenvolvimento. Moskito leva o nome do povo Moskito que vivia ali quando sir Walter Raleigh chegou e deu o nome de Ilhas Virgens em homenagem à rainha Elizabeth I. Ela tem um cais ligeiramente sujo e algumas pequenas construções que parecem que vão desabar com a mais leve brisa – mas, fora isso, a ilha está intocada quase que desde o início dos tempos. É um lugar lindo, e eu queria fazer o mínimo possível para que ficasse confortavelmente habitável. Uma ilha é um microcosmo perfeito do mundo – e poderia ser um modelo utópico para lidar com o aquecimento global. Para isso, pedi a Dan Kammen, professor de Berkeley, e para Ken Kao, da Universidade de Harvard, que fizessem um estudo e apresentassem sugestões que transformassem Moskito na ilha mais ecológica do Caribe.

Comprei Necker há mais de trinta décadas, quando eu tinha só 28 anos. Queria um refúgio numa ilha deserta, onde meus amigos pudessem andar descalços. Consequentemente, Necker permaneceu um paraíso intocado, uma casa da família à qual nossos amigos podiam vir e compartilhá-la conosco com paz e privacidade. Já havia pedido para o pessoal de Necker usar materiais ecológicos, como lâmpadas de longa duração e produtos de limpeza orgânicos. Plantamos uma horta orgânica, estamos usando biocombustíveis no gerador e temos energia eólica e solar. Um bônus é que provamos que esses métodos naturais são mais baratos que combustíveis convencionais. Mas em Moskito eu poderia começar do zero e fazer muito mais.

Quando caminhei por Moskito pela primeira vez como novo proprietário, me enchi de entusiasmo. Acho que você nunca supera essa sensação de ilha deserta. Existem muitos pássaros lindos e massas de árvores floridas, uma pequena floresta tropical caribenha, colinas mais altas que as de Necker com vistas magníficas e alguns penhascos dramáticos. Encontrei um grande lago de água salgada que estava assoreado, e uma das primeiras coisas que fizemos foi enchê-lo de água para estimular pássaros e peixes. Decidi ali, naquele momento, que só usaríamos materiais ecológicos e renováveis. Aberturas para aproveitar o vento da ilha forneceriam ar-condicionado gratuito.

Viver dentro de um experimento ecológico será um desafio. Se você sai pelo mundo dizendo que, para que o mundo sobreviva, as pessoas precisam fazer grandes mudanças no estilo de vida, dar o exemplo ajuda muito. Moskito será um modelo para o premier das Ilhas Virgens Britânicas; depois, pode ser um modelo para o Caribe como um todo – talvez até para o mundo. Mas alguém sugeriu que eu deveria mudar o nome da ilha!

Às vezes fico chateado pelo número de vezes que Joan faz e desfaz malas enquanto viajamos pelo mundo.

– Você não se cansa de sempre estar fazendo as malas? – perguntei certa vez.

– Ah, tudo bem – respondeu ela com naturalidade, dobrando outro suéter. – Eu sei como fazer direito. Quando era mais nova, trabalhei numa casa de penhores em Glasgow. Eu desembalava tudo quando as pessoas traziam as coisas para penhorar na segunda-feira e reembalava quando vinham resgatar na sexta.

Eu ri. Como a vida dela mudou desde que era criança, morando no apartamento do zelador, depois trabalhando numa casa de penhores em Glasgow. No entanto, a maneira prática como ela comparava nossas viagens ao trabalho numa casa de penhores e sua atitude direta perante a vida é uma das coisas que amo nela. Pouco depois de assinar a Iniciativa do Clima com Bill Clinton, eu estava sentado na beira da cama vendo no noticiário da TV uma discussão sobre a urgência do aquecimento global. Joan estava atrás de mim, arrumando mais uma mala aberta sobre a cama.

– James Lovelock acredita que já podemos ter passado do ponto de virada e que a quantidade de dióxido de carbono no ar significa que a humanidade está condenada – falei.

– O homem criou o problema, o homem deve resolver o problema. Deve haver alguém por aí que consiga resolver isso. Existem muitas cabeças boas – disse Joan, como se fosse incrivelmente óbvio.

Eu me virei e olhei para ela. Ela tinha razão. Se você olhar para a história do desenvolvimento científico e industrial desde o século 17, a maioria das grandes inovações dos últimos quatrocentos anos surgiu porque alguém ofereceu grandes prêmios. Eu gostei de ler o livro *Longitude*, de Dava Sobel, que é sobre o primeiro prêmio industrial da era moderna. O governo britânico ofereceu vinte mil libras no início do século 18 a quem conseguisse desenvolver um relógio portátil tão preciso que os marinheiros no mar pudessem dizer onde estavam, numa linha de longitude, em qualquer lugar do mundo. Navegadores sempre dependeram na posição do sol e das estrelas para traçar seu curso nas cartas náuticas, mas, quando estava nublado, muitas vezes saíam quilômetros do curso, se perdiam ou naufragavam. Os mapas eram imprecisos, e chegar ao destino era tentativa e erro – com ênfase no erro. Um método infalível de navegação precisa seria de grande valor para os ingleses, cujas colônias se estendiam por meio mundo. O homem que acabou ganhando foi um relojoeiro, John Harrison – mas, sem um prêmio tão vultoso, ele provavelmente não teria se dado ao trabalho de passar metade da vida resolvendo o quebra-cabeça. Quase todo o desenvolvimento industrial moderno ocorreu por meio de premiações. Os primeiros carros – e, ironicamente, também os aviões – tiveram seu desenvolvimento estimulado por prêmios.

As recompensas às vezes eram oferecidas por governos, como foi o caso da que foi concedida para a determinação da longitude, às vezes por particulares, como a Fita Azul que eu havia ajudado a ganhar alguns anos antes. No entanto, elas foram o incentivo à ciência dos séculos 18 e 19. E, claro, também foi um prêmio que inspirou o design do Spitfire no início dos anos de 1930. Depois da Segunda Guerra Mundial, os governos assumiram o controle e pagaram cientistas para encontrar soluções; os grandes prêmios oferecidos por particulares minguaram.

A própria Virgin se beneficiou de um dos prêmios da XPRIZE, criado para estimular viagens espaciais privadas a preços acessíveis. Burt Rutan e Paul Allen levaram o prêmio de dez milhões de dólares por desenvolverem um protótipo de nave espacial chamado SpaceShipOne. Foi esse mesmo prêmio que nos levou diretamente a investir no desenvolvimento da SpaceShipTwo com Burt – e, em última instância, na Virgin Galactic.

Se tivéssemos passado do ponto de virada por causa da quantidade de carbono e metano já na atmosfera da Terra, talvez pudéssemos desafiar cientistas e mentes brilhantes a encontrar uma maneira de extraí-los.

Peguei o telefone e liguei para um grupo de pessoas para sondá-las e ter certeza de que eu não estava maluco. Conversei e pedi a opinião de Will, que tem um bom domínio da ciência e está administrando a Virgin Galactic para nós, de Josh Bayliss, nosso advogado interno, e, por fim, de Shai Weiss, CEO da Virgin Fuels. Todos me pareceram otimistas, apesar de cautelosos. Concordaram que parecia possível, claro, mas que provavelmente seria melhor eu perguntar a um cientista. Então perguntei a James Lovelock, Steve Howard, do Climate Group, e Tim Flannery. Eles me disseram que já havia algum trabalho sendo feito para captura do gás dióxido de carbono em várias partes do mundo, e que o estímulo de um grande prêmio seria muito bom. Assim, o comentário quase casual de Joan logo tomou a forma de um prêmio de 25 milhões de dólares para encontrar uma forma de efetivamente remover dióxido de carbono da atmosfera.

Isso não deve ser confundido com impedir que ele chegue à atmosfera. Nosso prêmio é para tirar o que já existe na atmosfera, incluindo metano e os gases de efeito estufa em geral.

Não estamos procurando uma solução agrícola para o problema porque esses métodos já são conhecidos pelos cientistas e têm suas limitações. Por solução agrícola também me refiro ao uso do mar como a semeadura de algas no oceano, embora seja uma área muito interessante. Houve alguns experimentos em regiões do Pacífico Sul e do Atlântico Sul, nas costas da Nova Zelândia e do Brasil: as algas capturam dióxido de carbono e, quando esgotadas, elas afundam, em tese sem representar perigo. O problema é que sempre existe a lei das consequências indesejadas, e não se sabe o possível efeito de grandes áreas de algas sobre a população de peixes.

As pessoas já estão plantando mais árvores, e vamos continuar esse processo. Também sugerimos o uso de áreas de pousio na Europa para o cultivo de árvores. Estamos falando em manter a biodiversidade da floresta amazônica e das florestas tropicais da África e da Ásia – ainda que, enquanto escrevo, o desmatamento vai gerar tanto dióxido de carbono nas próximas vinte e quatro horas quanto oito milhões de pessoas voando de Londres para Nova Iorque. Uma das velhas ideias em relação à mudança climática era semear iodeto de prata nas nuvens para fazer chover, e não é isso que estamos procurando, porque não é novo. O que estamos procurando é uma maneira de usar as forças da natureza ou alguma outra coisa para literalmente tirar o dióxido de carbono da atmosfera – algo inovador de verdade, que nunca foi pensado. E já asseguro que nenhum leitor vai ganhar esse prêmio se me enviar uma semente pelo correio amanhã de manhã!

Nossa proposta de Prêmio do Clima parecia se encaixar extraordinariamente bem em uma série de projetos em que estávamos trabalhando relacionados ao Capitalismo de Gaia, à Iniciativa de Clinton e à Virgin Fuels, e que também relacionavam o Prêmio do Clima à Virgin Galactic. Depois de obter todas as informações, de terem me assegurado que o prêmio fazia sentido e de providenciar um fundo fiduciário para o prêmio em si, telefonei para Al Gore e perguntei se ele lançaria o prêmio comigo.

– Será um prazer, Richard – respondeu ele sem hesitar.

Apenas seis semanas depois da minha conversa com Joan, em 9 de fevereiro de 2007, Al Gore e eu demos uma entrevista coletiva no meu jardim em Londres para anunciar o Virgin Earth Challenge, prêmio de 25 milhões de dólares para inspirar inovações no combate à mudança climática.

– O que estamos enfrentando é uma emergência planetária – disse Al à mídia ali reunida. – Portanto, faz sentido pensar em algumas coisas nas quais você nunca pensaria em outra situação.

Enquanto éramos filmados jogando no ar uma bola de praia pintada para se parecer com a Terra vista do espaço, eu disse:

– O prêmio vai para quem bolar a maneira mais inovadora de sugar gases de efeito estufa nocivos da atmosfera dentro de três anos. A Terra não pode esperar sessenta anos. Precisamos que todos aqueles que são capazes de descobrir uma resposta comecem a pensar nisso hoje.

Também me ocorreu que encontrar uma solução para o dióxido de carbono na atmosfera pode ser tão difícil quanto encontrar a cura para o câncer, mas, se algo bom sair disso, podemos todos aproveitar a vida sem culpa por deixar a luz acesa ou colocar carvão na churrasqueira.

Fiquei satisfeito por muitos cientistas concordarem conosco. Como disse Tim Hansen, climatologista e diretor do Goddard Institute for Space Studies da NASA, em Nova York: "Faz muito mais sentido econômico encontrar abordagens diretas ao problema climático e reduzir a poluição que o causa".

Os juízes do Virgin Earth Challenge incluem um cientista da NASA e vários pesquisadores ambientais importantes de todo o mundo, incluindo James Lovelock, Sir Crispin Tickell e Tim Flannery, que me disse estar muito animado com o potencial da ação. Logo depois que o prêmio foi anunciado, começaram a chegar as inscrições – cinco mil só no primeiro mês! Recebemos tantas inscrições que pedimos a uma equipe da Universidade de Cambridge, na Inglaterra, que indicasse alguns de seus funcionários para trabalhar em tempo integral examinando as propostas para podermos assimilar, analisar e ver se havia algum avanço real. Concordamos que seria notável se algum dos primeiros candidatos tivesse sorte. Com certeza teremos algumas ideias malucas – mas, promissoras ou doidas, bastará uma para vencer.

Enquanto isso, o governo dos Estados Unidos, ao não fazer nada para resolver o problema, está ajudando a matar nosso belo mundo. "Eles continuam em um estranho paradoxo, decididos apenas a serem indecisos, resolvidos a serem irresolutos, inflexíveis na oscilação, firmes na fluidez, todo-poderosos na impotência", disse Winston Churchill sobre o governo de Chamberlain, que não acreditava que outra ameaça na década de 1930 fosse real. "A era da procrastinação está chegando ao fim. No lugar dela, estamos entrando em um período de consequências", concluiu.

Três semanas depois, eu estava aproveitando alguns dias tranquilos com a minha família na Suíça. Havíamos passado o dia – sexta-feira, 23 de fevereiro de 2007 – esquiando e, tarde da noite, às 23h, estávamos relaxando no adorável cineminha de Zermatt, assistindo a um filme francês com legendas. O cinema tinha sofás e você jantava em mesas baixas. Era um local muito confortável para se estar depois de um dia puxado na pista, e eu estava meio sonolento. Meu telefone estava sem som, mas o sentia vibrar no bolso. Parou depois de oito ou nove notificações, e continuei assistindo ao filme.

Durante meu primeiro ano no ramo de viagens e dono de uma companhia aérea, era sempre motivo de preocupação receber uma ligação tarde da noite. Mas, hoje em dia, percebo como aviões e trens são maravilhosamente seguros – e, naquela noite, senti que não tinha nenhum motivo real para me preocupar quando recebi uma ligação àquela hora. Mas algo nessa ligação me incomodou, então enfim decidi sair do cinema para verificar a caixa postal.

Fiquei alarmado ao saber que houvera um acidente envolvendo um trem da Virgin perto de Cumbria, uma região remota e montanhosa no noroeste da Inglaterra. Voltei ao cinema para contar a Joan e às crianças e corremos de volta ao hotel, onde pude telefonar para tomar as providências.

Uma das primeiras pessoas com quem tentei falar foi Will Whitehorn, que também é diretor da Virgin Trains, mas caía direto na caixa postal. Enfim encontrei minha lista de números de emergência e liguei para a esposa de Will, Lou, em East Sussex. Eu ouvia conversas e risadas ao fundo.

– Hoje é aniversário do Will, viemos jantar na casa de um amigo – disse Lou, entregando o telefone a Will.

Pela primeira vez em vinte anos, Will havia esquecido o telefone. Ele se lembrou quando saíram pelo portão, mas sua esposa, em um retrospecto memorável, disse: "Não se preocupe, não vai acontecer nada esta noite". Mas ele sabia que algo devia ter acontecido para eu ter me dado ao trabalho de procurar o número da Lou, e na mesma hora ficou alerta.

Expliquei resumidamente que acontecera um acidente com o trem das 17h15min da estação Euston, em Londres, para Glasgow. Àquela altura ninguém sabia a gravidade do acidente nem quantas pessoas haviam se ferido. Disseram-me que o trem havia descido uma ribanceira e a equipe de resgate estava tendo dificuldade em alcançá-lo. Eu disse que voltaria para o Reino Unido o mais rápido possível, mas todos os aeroportos estavam fechados. O primeiro avião saiu de Zurique para Heathrow por volta das cinco da manhã, horário do Reino Unido.

– Vou ver se consigo descobrir mais alguma coisa do lado de cá – disse Will. Ele me avisou que se fosse um acidente grave (como parecia ser) não conseguiríamos ir de Heathrow para o norte, mais perto do local do acidente, de trem. No fim, foi mais fácil pegar um avião para Manchester e me encontrar com ele lá.

De Zermatt, fiz uma viagem de táxi de cinco horas montanha abaixo até Zurique e peguei um voo direto para Manchester. Tive muito tempo para pensar durante aquela longa noite. Sabia como os acidentes de trem podiam ser desastrosos. Mesmo em um trecho plano, muitas vezes pessoas morriam e dezenas podiam ficar terrivelmente mutiladas e feridas.

Em 2005, a Virgin Trains havia saído do período de crise após o colapso da Railtrack e a formação da Network Rail. Foi difícil, mas as coisas estavam indo bem e nossos trens tinham cumprido sua promessa. Uma das coisas que me dava muito orgulho era o design único dos nossos trens Pendolino. Havíamos discutido nossas expectativas com a Alstom, o fabricante, e definido o que queríamos. Insistimos que estávamos projetando um trem que deveria ser o mais ecológico já construído – e, em serviço, isso foi provado. Apesar de sua eletricidade vir da rede nacional britânica, os trens Pendolino têm a mesma eficiência de carbono que os TGVs franceses (o extremamente rápido *train à grande vitesse*) movidos a energia nuclear. Na Grã-Bretanha, usamos uma mescla muito maior de petróleo, gás, vento e um pouco de energia nuclear, mas, como nosso trem Pendolino é mais eficiente do que o TGV e tem frenagem regenerativa – a mesma de um carro Toyota Prius – além do corpo de alumínio como o das aeronaves, ele emite 78 por cento menos dióxido de carbono do que um lugar equivalente num avião para Manchester ou Glasgow.

A outra característica que projetamos no trem foi a segurança. Quando pedimos à Alstom que o construísse e lhe demos as especificações, dissemos que queríamos que analisassem todas as inovações em segurança bem-sucedidas em todo o mundo e as incorporassem ao novo trem. Eles não deviam fazer nada que não tivesse sido experimentado e testado e que funcionasse em algum lugar do mundo. Eu disse a Tony Collins, na época diretor administrativo da Alstom: "Quero que você reúna o melhor de todas as inovações do setor ferroviário no design do trem. Queremos um trem que seja capaz de sobreviver a um acidente a toda velocidade, seja qual for a causa, e que os passageiros possam se salvar".

Era uma tarefa muito difícil, mas eu não via por que não poderia ser feito. Os passageiros têm o direito de saber que tudo o que poderia ser feito para garantir sua segurança foi feito. Consequentemente, houve inovação em todos os níveis. O design das conexões entre cada vagão; o design dos vagões em si; o design de todos os acessórios internos; o design das janelas – se houvesse um acidente, as janelas não se quebrariam e matariam os passageiros, ou os passageiros não seriam arremessados para fora do trem, como aconteceu no desastre de Clapham em 1988. A lista de especificações era longa.

A outra coisa que acontece em muitos desastres de trem envolvendo maquinário antigo é que, por causa do design dos truques, as peças que prendem as rodas por baixo, e das ligações (conectividade) entre cada vagão, um vagão passa por cima do outro em acidentes, esmagando o vagão da frente. Além disso, devido ao design antigo de chassi com uma carroceria em cima, um trem pode passar por cima de outro e empurrar a carroceria pela parte superior do chassi e matar as pessoas presas lá dentro – como aconteceu no desastre de Clapham. Decidimos então construir vagões excepcionalmente fortes, mesmo que resultasse num trem mais pesado e mais caro. Por outro lado, para diminuir o peso, pedimos a chamada construção monocoque. Ou seja, cada vagão era uma célula totalmente de alumínio, protegendo as pessoas dentro dela. Na verdade, os passageiros ficavam no próprio sistema de suporte à vida, até em coisas como a iluminação, que foi projetada para permanecer acesa após um acidente e funcionar com baterias automáticas por três horas. Eu sabia que havíamos tentado fazer tudo que pudemos para tornar o trem o mais seguro possível; no entanto, tendo recebido poucas informações da linha de frente do acidente em Cumbria, eu estava preocupado.

Enquanto eu ia para Manchester, Will foi de carro até Heathrow. O lugar estava deserto, então ele tirou uma soneca rápida embaixo do balcão de check-in da British Midland até ser acordado pela equipe de check-in, que o colocou no primeiro avião para Manchester. Will e Tony Collins – o homem que tinha feito o Pendolino na Alstom e que agora dirigia a Virgin Trains – me encontraram quando cheguei. Não falamos muito. Entramos num carro alugado e a primeira coisa que fizemos foi ligar o rádio para ouvir as notícias da manhã. Colocamos na estação de notícias da BBC para sabermos das novidades à medida que acontecessem. Eles não sabiam quantas pessoas haviam morrido, mas, para nosso grande alívio, relatos da polícia no local já afirmavam que o trem estava notavelmente intacto, o que contribuiu para o grande número de sobreviventes.

Virei-me para Tony:

– Bem, Tony, você construiu um trem muito bom.

Sentamos e ouvimos o rádio por mais cinco minutos, mas ainda havia poucas informações.

– Vamos para o trem ou para o hospital primeiro? – perguntei a Will.

– A primeira coisa que vamos fazer é ir até o hospital – respondeu Will. – Não sei o que vamos encontrar lá. Já ligamos, eles estão esperando você. Levaram as pessoas para dois hospitais diferentes.

Foi uma longa viagem naquela madrugada fria e úmida de fevereiro. A Inglaterra parecia cinzenta e sombria em comparação com os deslumbrantes Alpes suíços de onde eu vinha. Eu estava muito introspectivo. Como presidente da empresa, achei que era importante assumir a liderança, ir até lá, falar com os serviços de emergência, conversar com as pessoas e tratá-las como se fossem membros da própria família envolvidos num desastre. Eu sabia que precisava ir aos hospitais e estava com medo de descobrir a gravidade dos ferimentos daquelas pessoas. O fato de terem usado dois hospitais não parecia um bom agouro.

O que chocou a equipe de cada hospital – e ambos os residentes o mencionaram – foi que, quando souberam do acidente e das condições em que havia ocorrido e começaram a chegar as imagens da cena dos helicópteros voando para resgatar os feridos, eles se prepararam para encarar mais de cem mortos. Os primeiros relatos do local do acidente diziam que havia entre setenta e oitenta vítimas. No fim das contas, desse número, apenas vinte e cinco foram para o hospital. Quando chegamos de manhã cedo, havia apenas onze pessoas ainda no hospital com ferimentos graves, embora não potencialmente fatais, muitos deles causados por um efeito chicote quando os vagões rolaram barranco abaixo. O maquinista, Iain Black – ex-policial de Glasgow – teve os ferimentos mais graves, incluindo o pescoço quebrado. Demorou duas horas para liberá-lo da cabine, embora a cabine em si permanecesse intacta. As outras duas pessoas gravemente feridas eram filhas de uma senhora de oitenta e poucos anos, que infelizmente morreu depois de ser levada ao hospital por insuficiência cardíaca.

Lembro-me do residente do primeiro hospital que visitamos, o Royal Preston em Lancashire, dizer: "É incrível. Pela nossa experiência com acidentes de trem e a realidade do que aconteceu aqui, é nada menos que um milagre".

Milagre foi uma palavra que ouvimos com frequência ao longo da manhã. Visitamos a unidade de terapia intensiva, mas não pudemos falar com o maquinista porque ele estava inconsciente e sendo preparado para uma operação. Mas encontramos o cirurgião, e ele disse que achava que o maquinista ia ficar bem. Quando estávamos saindo daquele hospital, fomos abordados por uma equipe de reportagem do *News of the World*. Eu lhes disse algumas palavras e fui para a Royal Lancashire Infirmary, onde descobrimos que a maioria das pessoas havia recebido alta. Mais uma vez, ofereci minha ajuda, depois fomos rapidamente para o local do acidente. As pistas e campos ao redor estavam muito encharcados e o local era inacessível de carro. A polícia havia isolado o acesso e, demonstrando um pouco de burocracia, perguntaram quem eu era. Eu me identifiquei, mas ainda nos recusaram acesso até falarem com alguém pelo rádio para confirmar se estava tudo bem eu ir olhar meu próprio trem. Escoltados pela polícia, caminhamos pouco mais de um quilômetro e meio em direção à linha férrea que atravessava os campos. À medida que nos aproximávamos, podíamos ver a fumaça subindo e na mesma hora me lembrei do terrível incêndio do desastre de Clapham.

Quando você não sabe o que esperar – quando não sabe quantas pessoas vão acabar vítimas, se o seu maquinista vai viver ou morrer ou se há algo que foi feito ou não feito por sua tripulação – e chega ao local e vê o trem parecendo ser de brinquedo, espalhado para todo lado, há uma sensação de irrealidade. Foi horrível; mas era maravilhoso que tivesse resistido tão bem ao acidente. Era impossível se preparar para isso. Você pensa no mundo das relações públicas e coisas do gênero, em como as pessoas escrevem declarações e parecem tão controladas. Mas minha experiência é que você nunca vai estar preparado para situações como aquela para a qual estávamos caminhando. Era importante evitar a abordagem de "não se desculpe" do setor; eu ia aparecer no local do acidente para me desculpar, tranquilizar e deixar bem claro que assumiríamos a responsabilidade, se houvesse responsabilidade a ser assumida, e que descobriríamos a causa do acidente. Parecia ser a maneira lógica e humana de lidar com a situação. Mas, é claro, advogados e seguradoras sempre aconselham as pessoas a não fazer isso.

Conhecíamos bem a história dos acidentes ferroviários porque os havíamos estudado. Um dos grandes problemas eram as comunicações terríveis, que pioravam tudo, especialmente para familiares e amigos. Portanto, um dos modelos que tentamos criar quando nos planejamos para um cenário de possível acidente foi uma comunicação rápida, eficiente e honesta desde o início. Quando chegamos ao local, havia muito pouca comunicação por parte de quem estava lá, tirando a polícia, que já havia dado uma entrevista coletiva naquela manhã no local. Eles disseram que suspeitavam que fosse uma falha nos trilhos e que o trem não estava no centro de suas investigações. Foi um grande alívio para nós, mas obviamente não para o executivo-chefe da Network Rail que já estava lá, um homem muito simpático chamado John Armitt (que passou a administrar a infraestrutura das Olimpíadas Britânicas). Robin Gisby, diretor de operações e atendimento ao cliente da Network Rail, que estava com John, explicou-nos novamente que a causa mais provável eram falhas pontuais. Os nove vagões haviam saído dos trilhos, mas a maioria conseguiu se manter em pé – claramente haviam sido lançados ao ar enquanto viajavam a 150 quilômetros por hora – e a maioria parecia intacta. John e Robin nos mostraram onde isso tinha acontecido e como o trem deve ter saído dos trilhos antes de percorrer uma boa distância pelas lascas de pedra.

John só olhou para mim e disse: "Desculpe". Eu sabia exatamente como ele se sentia e como devia estar derrubado.

Era hora de fazer uma declaração à imprensa reunida, que havia sido conduzida a uma distância segura abaixo do barranco pela polícia. Sempre ri em filmes engraçados e chorei em filmes tristes, e meus filhos sempre me levavam uma caixa de lenços de papel. Mamãe sempre dizia: quando falar em público, não pense em você, mas nas pessoas com quem está falando. Felizmente, ao encarar a imprensa, minhas emoções não me dominaram. Claro que teria sido muito mais difícil se a causa parecesse ser algo de nossa responsabilidade. Mas ainda assim foi emocionante quando um repórter disse que havia um viaduto de trinta metros a poucos segundos dali e foi pura sorte, questão de segundos, o trem ter parado a tempo.

Naquele momento eu não sabia muito bem o que realmente havia ocorrido, mas elogiei a bravura do maquinista que permaneceu em seu posto e conseguiu diminuir e controlar o trem tanto quanto possível:

– É um dia muito triste por causa da perda de uma vida e dos ferimentos causados a outras pessoas. As ações dos serviços de emergência, da RAF e da polícia ao lidar com o acidente foram maravilhosas. O maquinista do trem, Iain Black, merece reconhecimento. Ele fez uma curva e percebeu o defeito nos trilhos antes que o trem começasse a descarrilar. Continuou sentado em seu vagão por mais de quinhentos metros, conduzindo o trem nas pedras. Ele poderia ter tentado voltar e se proteger, mas não fez isso e acabou gravemente ferido. Ele definitivamente é um herói. À luz sóbria do dia, teremos que ver se ele pode ser reconhecido como tal.

E continuei:

– O trem em si era magnífico, construído como um tanque. Acho que, se fosse qualquer um dos trens antigos, os ferimentos e as mortes teriam sido horríveis. Cada vagão é construído como um carro de corrida com barras de rolamento. Nenhum dos vagões se amassou; quase nenhuma das janelas se quebrou. Todos vão ter que aprender com este incidente, e a Network Rail vai ter que olhar para este problema nos trilhos e garantir que nada assim volte a acontecer.

Quando questionado sobre o motivo de ter vindo pessoalmente ao local do acidente, respondi:

– Sabe, a questão é que não estou aqui como chefe desta empresa. Estou aqui porque sou um ser humano e, se meus filhos estivessem naquele trem, eu esperaria que o dono da companhia ferroviária viesse ver o que aconteceu e fosse ao hospital prestar solidariedade aos familiares. E acho que as pessoas esperariam o mesmo de mim. Vocês ficam me perguntando de quem é a culpa. Ainda não sabemos a resposta para isso; mas, claramente, é algum tipo de falha nos trilhos e o trem não está no centro da investigação. Isso vai ser revelado com o tempo. A única coisa que temos que aprender hoje são lições para o futuro, para garantir que algo assim nunca mais aconteça de novo.

Depois de falar com a imprensa, fui visitar todos os serviços de emergência que faltavam. Os helicópteros e ambulâncias tinham ido embora e os serviços restantes estavam diminuindo o ritmo depois da correria da noite e se preparavam para fazer o trabalho mais forense no trem. O superintendente-chefe Martyn Ripley, da Polícia de Transporte do Reino Unido, disse que especialistas forenses, engenheiros, policiais e investigadores de acidentes estavam trabalhando no local: "Todos nós que estivemos envolvidos ficamos surpresos por não termos tido mais fatalidades. Tivemos muita, muita sorte". Essa também era a opinião do superintendente Jon Rush, da polícia de Cumbria: "É um cenário de devastação. Ficamos muito surpresos por ter havido tão poucas fatalidades".

Depois da incerteza da manhã, senti um alívio enorme ao ver que as coisas estavam muito melhores do que havíamos imaginado originalmente – embora continuasse muito sensível por causa da morte daquela pobre mulher e pelos outros que ficaram feridos. Enquanto nos afastávamos do local do acidente, Tony disse: "Richard, você provavelmente não vai se lembrar, mas foi você quem falou, na primeira reunião que tivemos para fabricar os trens: 'Eu quero construir o trem mais seguro do mundo'".

Em seguida, fomos até a sede da fazenda próxima aos trilhos para agradecer a Geoff Burrows, o dono das terras onde o trem descarrilou, por sua ajuda. Ele havia dado sanduíches e chá aos passageiros e ajudado no resgate rebocando carros e ambulâncias do solo lamacento com seu trator. Por fim, voltamos à Royal Lancashire Infirmary para encontrar a família de Margaret Masson, a senhora que havia morrido. Eles quiseram me encontrar no necrotério. Por mais difícil que tenha sido para mim, era obviamente muito pior para eles, e eu sabia que a coisa certa a se fazer era estar lá e conversar com eles – tanto quanto possível, naquelas circunstâncias. Sentei-me com eles, profundamente emocionado. Eles não me procuraram para pedir uma explicação. Compartilhamos a dor deles juntos.

Claro que, como empresa, depois analisamos como tudo foi tratado e como poderíamos aprender com o acidente. Eu estava muito orgulhoso mesmo da maneira como a equipe da Virgin lidou com tudo. Há muito tempo tínhamos implementado planos de emergência, e eles entraram em ação sem problemas. Como toda a linha de Londres a Glasgow teve que ser fechada, havia de vinte a trinta mil passageiros presos ao longo da linha férrea. Contratamos praticamente todos os táxis disponíveis na Grã-Bretanha e, à uma da tarde, todos os passageiros tinham chegado em casa de táxi. Tínhamos cuidadores no hospital e no local do acidente. O aconselhamento dos feridos e das famílias foi realizado individualmente pela equipe – e continua até agora, enquanto escrevo. A maneira como as pessoas lidam com as adversidades é importante, e eles se saíram muito bem. O maquinista recebeu alta do hospital depois de um mês, e me disseram que ele se recuperaria totalmente. Espero que volte a conduzir trens.

Durante nossa análise, uma grande ironia veio à tona: tivemos que lutar para que o governo nos permitisse construir nosso trem Pendolino com especificações elevadas. Quando a mídia repetia muitas e muitas vezes que o índice de sobrevivência no acidente foi "um milagre", minha vontade era dizer que não foi milagre. Se foi um milagre, foi um milagre intencional, no sentido de que, se houver o devido planejamento para alguma eventualidade, sem concessões às soluções para essa possível eventualidade, então você pode implementar níveis de segurança sem precedentes em qualquer sistema de transporte. A Virgin tem orgulho de seu histórico de segurança – nunca perdemos um passageiro em um acidente aéreo em 25 anos de existência. E já operávamos trens há dez anos quando ocorreu o acidente de Cumbria, e nunca perdemos um único passageiro... até agora. A morte da sra. Masson foi uma verdadeira tragédia e eu estava com raiva porque todas as discussões que tivemos por causa daqueles trens, por mais ridículo que pareça, foram com o governo, com muitos funcionários públicos dizendo aos ministros que havíamos "exagerado nas especificações" do trem. E, como resultado, disseram que era "muito pesado" e "muito caro"!

O trem entrou naquele acidente sem falha nenhuma, mas eles insistiram que tínhamos sistemas "desnecessários" integrados, como um sistema de computador automático que monitorava todo o trem e enviava um sinal de satélite para nossa sede em Birmingham, que informaria a sede se ocorresse alguma falha em qualquer Pendolino. Ao contrário de acidentes anteriores no setor ferroviário, nos quais as pessoas tiveram que esperar anos para saber a resposta, causando enorme angústia às famílias, poderíamos entrar naquela situação em Cumbria e relatar com toda honestidade que aquele trem havia chegado lá sem falhas. Para fins de comparação, a tecnologia da Network Rail para monitorar seus trilhos e pontos ainda está décadas atrás do trem que viaja neles.

Se você analisar os regulamentos de saúde e segurança na Grã-Bretanha, o Virgin Pendolino ultrapassa em três vezes os requisitos mínimos de segurança regulamentares em seus sistemas. Era isso que os funcionários públicos queriam dizer com exagero nas especificações. O trem foi construído muito acima e além até dos atuais padrões de segurança no Reino Unido. Isso hoje está causando muita preocupação no governo, porque as pessoas estão se perguntando o que fazer com o fato de que estão sendo construídos novos trens que não atendem ao mesmo padrão de especificações de segurança do Pendolino.

Embora os trilhos em que nossos trens circulam não sejam tão modernos, não há desculpa para a má manutenção. Mas pelo menos foi bom ver o chefe da Network Rail padecer e aceitar a responsabilidade em menos de 24 horas.

A forma como o acidente foi tratado virou um estudo de caso da BBC para novos jornalistas com relação aos padrões que os repórteres da BBC devem esperar de organizações corporativas. Eles disseram que a Virgin estabeleceu um novo padrão de gestão para lidar com emergências dessa natureza. Uma diretora da BBC estava no trem e, ainda presa em seu vagão, testemunhou a forma como o acidente foi tratado – e como os eventos se desenrolaram depois e como foram resolvidos. Como testemunha ocular, ela ficou muito impressionada com a conduta do nosso pessoal, com os procedimentos que foram seguidos.

Pouquíssimas pessoas sabiam que tínhamos tomado grandes decisões nos doze meses anteriores com relação à nossa permanência ou não no setor ferroviário. Agora que o Pendolino estava em operação e aumentávamos rapidamente o número de passageiros, tomando fatias de mercado das companhias aéreas em rotas como Londres para Manchester, Liverpool ou Glasgow, o negócio estava enfim se tornando lucrativo – e havia muitas pessoas por aí que queriam comprá-lo de nós. Tínhamos que decidir se continuaríamos ou não com os trens. Nos primeiros anos, até que imensas somas fossem despejadas na modernização das ferrovias, recebíamos muitas críticas. Isso causou problemas para a marca Virgin, e tivemos muitas discussões sobre expandir ou não o negócio. A entrega dos Pendolinos e a colocação deles em serviço nos convenceu a continuar. Curiosamente, na época do acidente da Cumbria, tínhamos decidido expandir e começar a fazer ofertas para outras franquias. Em 2007, fizemos uma oferta para operar a linha da Costa Leste e tomá-la da GNER, cuja controladora faliu, mas a rota ficou com a National Express.

Acredito muito no transporte ferroviário, e acho que uma nova era dos trens está chegando à Europa. Eu iria mais longe e diria que, do ponto de vista ambiental, vamos chegar a um estágio no futuro em que deverão existir serviços ferroviários decentes, rápidos e eficientes entre as cidades no lugar de companhias aéreas nacionais. Isso exigirá investimento contínuo tanto para a rede da Grã-Bretanha quanto para o resto da Europa. Ironicamente, apesar da percepção do público, a Grã-Bretanha hoje investe mais em ferrovias do que qualquer outro país da Europa, e nossas ferrovias estão se tornando as melhores do continente. Como o *Financial*

Times apontou em um importante editorial em meados de 2007, o público geral só vê os TGVs franceses. O que não percebem é que a maioria dos trens urbanos franceses tem hoje mais de cinquenta anos e está prestando um péssimo serviço aos passageiros em Paris e outras grandes cidades da França. A Grã-Bretanha pode não ter as ferrovias mais rápidas, contudo, elas estão enfim a caminho de ficar entre as melhores. Mas é uma tendência que só se tornará realidade se esse investimento continuar.

Para os gerentes do setor de viagens que estão lendo isto, o valor total do contrato do Pendolino foi de 1,2 bilhão de libras. Estabelecemos o contrato com condições especiais pelas quais o fabricante tinha que assumir a responsabilidade pela manutenção do trem e por cuidar dele ao longo de sua vida útil: era o chamado contrato de "projeto, construção e manutenção". Eles receberam só metade do valor para construir o trem; a outra metade receberiam ao longo da vida útil do trem para conservá-lo com segurança. O motivo disso, que o setor ferroviário nunca antes havia compreendido, mas que tínhamos começado a aprender no setor aéreo, era que, se você é um fabricante e construiu trens que depois entrega a alguém, o melhor incentivo para desenvolver os melhores padrões é ter que manter os trens e ser pago para mantê-los. Obviamente, neste último caso, o fabricante vai querer tornar essa manutenção o mais fácil e eficiente possível. Em geral isso também significa que você criará muito mais segurança no sistema.

Do total de 1,2 bilhão de libras, metade foi usada para construir os trens e a outra metade foi reservada para manutenções ao longo da vida útil deles. Cada Pendolino custou em média 11,5 milhões de libras por trem – que nos disseram ser cerca de 1,5 milhão de libras acima do valor aceitável. Parte desse custo foi para a frenagem regenerativa. Mas insistimos em instalar a frenagem regenerativa, que devolve para os cabos aéreos dezessete por cento de toda a eletricidade que esses trens usam toda vez que freiam. Na época em que decidimos usar esse sistema, o petróleo custava só dez dólares o barril, e certamente havia muitas pessoas no Departamento de Transportes que não conseguiam entender por que "desperdiçaríamos dinheiro", uma vez que a energia era muito barata. Elas não conseguiam entender. Se você vai ter que operar trens por vinte anos, não há como saber qual será o preço da energia no futuro, e precisa se planejar para uma energia mais cara – algo que nós, na Virgin, acreditávamos em 1999 que aconteceria, apesar da tendência da época. No entanto, mesmo em 1999, quanto mais eu estudava o futuro da energia e do petróleo, mais prestava atenção nas questões ambientais e mais me convencia de que tínhamos que fazer alguma coisa. Foi quando decidimos pela frenagem regenerativa. Outra coisa na qual gastamos mais foi o aspecto da segurança dos trens. Mas, se você olhar para a realidade de hoje, já pagamos o custo da frenagem regenerativa com o menor uso de energia e o menor impacto ambiental dos trens. Quanto aos dispositivos de segurança, este único acidente causou menos angústia e menos custo social do que qualquer acidente de trem a 150 quilômetros por hora em qualquer lugar do mundo na história. Algumas pessoas acham difícil de acreditar, mas o trem que estava no acidente de Cumbria voltará a funcionar. Apenas dois vagões ficaram danificados o suficiente para serem retirados de serviço. O resto do trem está em muito bom estado e passou em todos os testes de segurança.

Em mais uma observação ambiental, o diesel vermelho foi o combustível de baixa tributação durante a Segunda Guerra Mundial para a indústria e a agricultura, e assim permaneceu para a agricultura desde então. Não vejo por que o biocombustível não deva se beneficiar dessa mesma redução de impostos, visto que estamos ajudando a reduzir as emissões de dióxido de carbono. Fui ver Gordon Brown, então Chanceler do Tesouro, e discuti essas questões com ele. Fico satisfeito em dizer que ele concordou comigo e, no orçamento seguinte, nos concedeu a redução de impostos de que precisávamos, de modo que em 7 de junho de 2007 o primeiro trem de passageiros movido a biocombustível, o Virgin Voyager – a versão a diesel do Pendolino – começou a operar na rota Londres–Holyhead. Não foi inédito apenas no Reino Unido, mas em toda a Europa.

Uma última observação: a ironia final dos eventos de 23 e 24 de fevereiro em Cumbria foi que, na segunda-feira após o acidente, recebemos em nossa sede uma carta de reclamação de um usuário do trem. Ele escreveu que não conseguiu usar o celular no Pendolino em que estava viajando por causa das janelas pequenas e dos revestimentos metálicos especiais. Esse recurso de segurança protege os passageiros contra vidros quebrados, mas realmente torna as janelas menores do que o normal e prejudica a recepção no celular. No entanto, não recebemos outra reclamação desde então! Dito isso, num futuro próximo, novas tecnologias permitirão que as pessoas usem o telefone sem interrupções.

Enquanto isso, eu continuava de olho no nosso trabalho na África do Sul e, no final de abril, fui para lá inaugurar nosso novo hospital. Tudo aconteceu por causa de Donald e Dyke, e para garantir que não perdêssemos mais nenhum membro da nossa equipe ou da comunidade. Essas perdas dispararam os alarmes, e eu estava determinado a garantir que não se repetissem. Hugo Templeman e Brian Brink, os médicos que eu havia conhecido no ano anterior, também estavam lá para ajudar na grande inauguração, quando africanos em trajes típicos dançaram do lado de fora e muitas pessoas da região vieram conferir o que tínhamos feito. Hugo havia trabalhado nos planos de construção, e Brian nos ajudou a arrecadar fundos. O edifício inteiro foi construído em menos de oito meses, incluindo o aparelhamento, a um custo extremamente baixo. Com as portas abertas, pronto para tratar milhares de pessoas, custou apenas um milhão de dólares. Um hospital equivalente construído do zero na Inglaterra custaria cem milhões de dólares e demoraria anos para ser finalizado. Investimos seiscentos mil dólares, a Anglo American entrou com quatrocentos mil dólares, e o governo dos Estados Unidos também injetará cinco milhões de dólares ao longo de alguns anos para pagar por antirretrovirais e outros medicamentos. É uma clínica completa, com quatro alas de maternidade e atendimento 24 horas para o tratamento integral de HIV, AIDS, tuberculose e malária, além de todos os serviços básicos de saúde.

A visão por trás da construção rápida e eficiente foi colocar o hospital em funcionamento para começar a tratar as pessoas imediatamente, sem perder tempo discutindo planos e problemas. Nós só levantamos o dinheiro e fizemos o hospital. Nossa ideia era tentar construir de uma forma muito mais eficiente e portátil do que no passado, usando como modelo um método que converte a onipresente "caridade" em um modelo de negócio sustentável – isto é, ele acabará se pagando e terá uma administração autônoma. Sinto que ajudar as pessoas a serem autossuficientes sempre que possível lhes dá mais esperança e confiança e pode tirá-las de um ciclo de pobreza e desespero. Usamos como modelo o centro de Hugo Templeman, onde ele ajudara pacientes com HIV/AIDS em tratamento a abrir pequenos negócios ao redor da clínica para que pudessem ganhar a vida e ter alguma dignidade. Usando o modelo de Hugo, concordamos que HIV/AIDS, malária e tuberculose teriam tratamento gratuito, mas haveria uma cobrança por cuidados básicos de saúde e tratamentos menos urgentes que as pessoas pudessem pagar. Era importante, porém, que as pessoas soubessem que nunca rejeitaríamos ninguém. Nosso objetivo ideal é tomar isso como modelo e expandir o conceito para toda a África do Sul e, depois, para tantos outros lugares quanto possível nos quais haja uma necessidade real através da Virgin Unite. A criação de negócios sustentáveis libera dinheiro de "caridade" para ser usado em outros lugares e efetivamente aumenta ainda mais seu alcance.

Poucos dias depois, recebi a boa notícia de que o cientista Stephen Hawking estava um passo mais perto de seu sonho de ir para o espaço conosco. Em 27 de abril, logo depois de seu sexagésimo quinto aniversário, com a ajuda de Peter Diamandis e uma equipe de médicos e enfermeiros, ele enfim experimentou gravidade zero a bordo de um jato comercial 727 que foi convertido para voos de treinamento sem gravidade – ou o que astronautas da NASA em treinamento chamam de "Vomit Comet" (Cometa do Vômito). Só para garantir que tudo ficaria bem, ele tomou um remédio para enjoo pouco antes do voo. Ele foi a primeira pessoa com deficiência a desfrutar da experiência – e como desfrutou! O vídeo transmitido de volta para nós na Terra mostrou um largo sorriso em seu rosto quando deixou a cadeira de rodas e flutuou livre pela primeira vez.

– Foi fantástico... Eu poderia ter continuado indefinidamente – disse ele após o pouso. – Espaço, aí vou eu.

Não tenho como saber exatamente como ele se sentiu por ter alcançado a primeira parte de seu sonho – só ele poderia saber – mas sei o que é flutuar a zero G. Ao deixar a gravidade da Terra pela primeira vez, a sensação de ausência de peso atravessa o corpo lentamente até que, de repente, você é tomado por um êxtase instantâneo. Todas as pessoas que já passaram por isso concordam que é "êxtase absoluto", mas não há palavras para descrever o prazer. Tendo passado no teste com louvor, o professor Hawking agora estava pronto para ser um passageiro a bordo de um voo espacial da Virgin Galactic.

Nem tudo iria tão bem ou seria tão prazeroso quanto voar a zero G. Dezoito meses antes, em 11 de setembro de 2005, surgiu uma oportunidade interessante. Eu estava em Nova York para as finais do US Open de tênis, quando participei de um almoço no Four Seasons Hotel com Gordon McCallum, que administrava a empresa de gestão da Virgin, Simon Duffy, CEO da empresa britânica de TV a cabo NTL, e Shai Weiss, diretor de operações da NTL – que hoje administra a Virgin Fuels. Simon e Shai haviam chegado naquela manhã para a reunião. Foi o clímax de meses de negociações secretas entre nós para criar uma nova potência de mídia no Reino Unido para concorrer com a Sky. Nosso codinome para a união proposta era *Project Baseball* (Projeto Beisebol); como um campo de beisebol, tinha quatro bases (o pacote completo) com um diamante no meio. O diamante era o valor a ser desbloqueado por nossa fusão.

Originalmente, a NTL/Telewest perguntou se íamos licenciar a marca para eles, mas achei que poderíamos fazer muito melhor.

– A Virgin Mobile está aqui sentada com 4,5 milhões de clientes e muitos direitos em termos de conteúdo. Na minha opinião, a única maneira de isso funcionar é integrar a Virgin Mobile à nova empresa – falei nas discussões com Stephen Murphy, nosso executivo-chefe.

Eu não queria só fazer um acordo de rebranding, queria ter patrimônio líquido. A meu ver, eles teriam que renomear e mudar a marca de qualquer maneira, e a Virgin tinha de longe a melhor imagem.

Simon e Gordon concordaram. Dessa forma, a NTL e a Telewest, as maiores operadoras de TV a cabo do Reino Unido, deveriam se combinar com a Virgin Mobile, e o novo grupo receberia da Virgin o nome e uma imagem de muito sucesso. Juntos, teríamos cerca de dez milhões de clientes, o que nos permitiria fazer coisas maravilhosas. O primeiro ponto de venda seria o lançamento do serviço completo, ou seja, ofereceríamos um "serviço quádruplo por quarenta libras" em um pacote de TV digital, banda larga, telefone fixo e celular. Eu gostei da diversão e do estratagema comercial nessa aquisição reversa incomum. A NTL/Telewest estava efetivamente comprando a Virgin Mobile por uma soma muito grande, mas eu me tornaria o maior acionista e estamparia nosso nome e logotipo em toda a empresa. Imediatamente enxerguei uma forma de desbloquear o enorme potencial da Virgin Mobile e, ao mesmo tempo, ter a diversão de me tornar um grande concorrente no mercado. Já havia tentado antes, quando fiz uma oferta para o Channel 5 (agora Five), e sabia como podia ser difícil. Foram dezoito meses de ajustes na proposta antes que um resumo de quinze páginas me fosse enviado no início de 2007. Claro que a estrutura do acordo exigiu muito mais folhas de papel, mas sempre preferi resumos: indo direto ao que interessa e examinando os pontos principais, consigo ver rapidamente se um acordo é ou não para mim.

Durante os longos meses de negociação, tínhamos conseguido manter segredo do acordo trabalhando por meio de apenas um banco e não contando nem mesmo a Charles Gurassa, o presidente independente da Virgin Mobile... mas acabou vazando. O *Sunday Telegraph* escreveu:

"James Murdoch vai engasgar com o musli quando souber disso. Vai ser a batalha das marcas: Virgin *versus* Sky".

A T-Mobile, que estava envolvida com a Virgin Mobile, fez uma mudança na cláusula de controle em seu contrato conosco. Obviamente, com o vazamento prestes a ir a público, eles precisavam ser informados. Não foram informados de tudo – como na proposta da NTL/Telewest –, mas alguém lá adivinhou. Terminou com Gordon fazendo uma ligação urgente para Charles Gurassa: "Você precisa saber de uma coisa...".

Nós formalmente viramos Virgin Media em 6 de fevereiro de 2007. Parte da nossa estratégia para nos dar conteúdo foi identificar e então fazer uma oferta pela ITV. Sabia-se que a ITV estava passando por dificuldades no mercado, mas tinha uma boa base para fazermos e comprarmos conteúdo. Achamos que tínhamos uma boa chance, até enfrentarmos um grande concorrente na pessoa de Rupert Murdoch, que possui mais de cinquenta por cento de toda a mídia do Reino Unido, de TV a jornais. Eu sabia que acabaríamos travando uma batalha com a Sky, mas subestimei a velocidade de Murdoch. Seu filho James administra a Sky, mas há poucas dúvidas de que quem manda mesmo é Murdoch pai. Eu me dou bem com os dois Murdoch, mas sei bem como podem ser implacáveis nos negócios. Nossa oferta pela ITV degringolou de repente em 26 de abril, quando Rupert Murdoch interveio e comprou uma grande fatia das ações da ITV por um valor bem acima do mercado. Como resultado, as ações da Sky tiveram uma desvalorização imediata de 150 milhões de libras, mas eles não se importaram com isso; queriam impedir que nos tornássemos um concorrente muito poderoso. Acredito que o que fizeram era injusto e ilegal conforme a legislação de concorrência, e pedimos que as autoridades competentes julgassem se Murdoch poderia ou não comprar essas ações da ITV. Algumas das reações competitivas empreendidas pela Sky também foram um tanto inesperadas. Tínhamos três milhões de assinantes contra nove milhões da Sky, mas Murdoch pai, esperto, tentou pintar um quadro em que eu me retratava como um Davi contra Golias quando, segundo ele, era na verdade Golias contra Golias.

Eu acreditava que há muito respeito entre os dois Murdoch e eu, mas, como dizia Sherlock Holmes, o jogo começou.

Até então, a Sky e a nova entidade, a Virgin Media, tinham uma relação simbiótica, na medida em que tínhamos canais nas redes uma da outra. Pagamos muito dinheiro à Sky por seus canais básicos; mas, sem nenhum aviso, de repente eles nos pediram muito mais do que o valor de mercado, ou do que estávamos dispostos a pagar, porque o número de telespectadores desses canais estava diminuindo. Ao mesmo tempo, decidiram reduzir em dezenas de milhões de libras o que nos pagavam para usar nossa rede, apesar do aumento no número de telespectadores da nossa programação. Isso fez nossos clientes perderem parte da programação da Sky, mas por fim conseguimos resolver o problema no final de 2008.

Eu não estava em Ulusaba há muito tempo quando tomei mais consciência de que animais não conhecem limites nem fronteiras. Algumas pessoas falam de "elefantes quenianos" e "leões sul-africanos", mas a realidade é que a maioria dos animais sempre seguiu seus antigos caminhos de caça e alimentação, indiferentes às fronteiras criadas pelos seres humanos. Como pássaros migratórios, eles são ciganos, vão para onde quiserem. Só quando se deparam com as necessidades das pessoas de cultivar ou construir cidades é que os problemas surgem.

A África foi dividida como um baralho de cartas na era vitoriana, quando o colonialismo europeu estava no auge. Fronteiras políticas artificiais cortam terras tribais e dividem clãs; cortam também as rotas de migração dos animais, fragmentando e destruindo ecossistemas e a biodiversidade. Foi para tentar corrigir esse dano que os parques nacionais foram criados. A maioria dos parques nacionais, porém, é exatamente isso: nacional e dentro de fronteiras. A Peace Parks, sob a direção do dr. Anton Rupert, passou ao próximo estágio. Juntamente com o príncipe Bernhard da Holanda e de Mandela, o dr. Rupert fundou a Peace Parks Foundation. O sonho deles era criar mais uma vez uma África na qual a vida selvagem pudesse vagar livre através das fronteiras internacionais. A cooperação entre os países permitiria a vinda de ecoturistas, trazendo dinheiro, trabalho e prosperidade para algumas pessoas e regiões extremamente pobres. As pessoas, os animais e o território da África se beneficiariam.

Como disse o dr. Rupert: "acreditamos na filosofia de que é necessário haver harmonia entre os seres humanos e a natureza. África sem cercas. Sonhamos com antigas rotas de migração abertas por um instinto que o tempo nunca conteve. Sonhamos com uma natureza selvagem na qual o elefante vaga e o rugido do leão rasga a noite".

Ulusaba está dentro da grande Área de Conservação Transfronteiriça (TFCA) do Limpopo, que se estende por todo o sul da África, de costa a costa. Mas fiquei muito atraído pela ideia da Peace Parks quando soube que acabarão se espalhando por todo o mundo, abrangendo alguns dos lugares mais belos e remotos, do Ártico à Antártica, e de leste a oeste ao redor do globo – ao todo, são 112 países envolvidos. Mas, embora os parques não tenham fronteiras, cada país mantém a soberania absoluta da parte do parque que se encontra em seu território. É uma conquista incrível, e adorei o conceito quando Mandela o mencionou para mim.

No devido tempo, em janeiro de 2006, o professor Willem Van Riet me convidou a ingressar no Club 21. O "21" representa aqueles interessados na paz e no desenvolvimento por meio da conservação no século 21. Cada sócio do clube faz uma contribuição mínima de um milhão de dólares. É muito dinheiro, mas concordo com a piada espirituosa do dr. Rupert de que "conservação sem dinheiro é apenas conversação".

Mas nem tudo eram maravilhas no paraíso. A realidade, descobri, é que a quantidade de terras reservadas para a vida selvagem na África é minúscula. Fazendas invadem, caçadores caçam e em algumas regiões – como numa bela região de Moçambique – não há animais por causa da guerra civil. Mas no Kruger Park, na África do Sul, há animais demais. Quanto mais eu me envolvia, mais percebia como era crucial o trabalho da Peace Parks. Um dos avanços mais emocionantes foi a remoção da cerca na fronteira entre África do Sul e Moçambique. Agora, os elefantes que superpovoam o Kruger podem se deslocar livremente para Moçambique e dar vida às reservas animais desertas dali.

As coisas andavam a grande velocidade. Em abril de 2007, eu estava indo para o Quênia finalizar uma iniciativa para arrendar um terreno do lar tradicional dos massai. O plano era lhes pagar mais do que eles recebem atualmente com agricultura para poder proteger a terra e as belas migrações dos gnus – uma das cinco maravilhas do mundo – e depois treinar os massai para trabalhar em cabanas, como guardas florestais, de modo que continuem a trabalhar nas próprias terras. A ideia era ajudar a melhorar o meio ambiente, gerar empregos e proteger os animais selvagens. Acho que alguns países percebem que o que eles têm é inestimável, e isso é especialmente verdadeiro na África, onde eles têm que lutar contra o clima e também contra a fome, a guerra e as doenças. Felizmente, os governos e os próprios povos da África estão começando a ver que os animais e as paisagens estão além do valor. Depois de perdidos, nunca mais serão recuperados. Pelo menos dez por cento dos nossos lucros foram reservados para investir na África e criar empregos no continente. Criamos uma companhia aérea nacional para os nigerianos, da qual a África Ocidental precisava desesperadamente, além de academias de ginástica, empresas de serviços financeiros e de telefonia móvel, empregando no total cerca de cinco mil pessoas.

Enquanto estava no calor úmido do Quênia, porém, sentindo a explosão de cheiros dos trópicos, eu mentalmente me preparava para as temperaturas abaixo de zero que estava prestes a experimentar no meu próximo desafio: tirar um tempo para cruzar a pé uma parte do Círculo Ártico com meu filho, Sam, e equipes de cães husky. Sam já estava treinando há uma semana quando cheguei do Quênia – que não era o melhor lugar para me adaptar às condições do Ártico! – para me juntar à expedição Global Warming 101 de Will Steger, que percorreria 1.900 quilômetros para ajudar a alertar o mundo sobre o que o aquecimento global estava fazendo ao Ártico, aos inuítes e ao mundo como um todo. Quando cheguei de cabeça quente (quase literalmente!) da África para viajar com a equipe do rio Clyde até o final da jornada em Iglulik, o aquecimento global logo se tornou uma das últimas coisas na minha cabeça. Os inuítes, que eram nossos guias, observavam atentamente e nos indicavam algumas mudanças deprimentes na cobertura permanente de gelo.

Mas primeiro eu tive que enfrentar o banquete de boas-vindas. Uma lona foi estendida no meio do salão da aldeia. Três cabeças de veado congeladas, separadas dos corpos congelados que jaziam ao lado delas, olhavam para nós. Pedaços de carne crua congelada cortados de um dos veados nos aguardavam. Grandes peixes congelados estavam enfileirados. Esse foi o banquete que os inuítes nos ofereceram no rio Clyde para nos ajudar em nosso caminho.

No dia seguinte, descemos do fiorde Clyde, um vale glaciar que foi inundado pela água do mar. Foi incrível; certamente uma das maravilhas do mundo. Eu me senti apequenado com nossos minúsculos trenós no meio desse grande fiorde. Esses ermos eram lindos como eu nunca tinha visto do solo antes, embora tivesse sobrevoado serenamente um terreno semelhante de balão. Eu também estava ciente do fato de que meu ancestral, o homem conhecido como Escocês da Antártica, havia atravessado condições muito piores até o Polo Sul.

A cada quilômetro percorrido, cruzamos a paisagem mais linda que eu já tinha visto, com gelo azul e falésias altas à beira-mar; mas Theo, nosso guia, também apontou outros sinais perturbadores. Conforme o mar fica mais quente, as orcas se deslocam para o norte em números cada vez maiores. Os patos êider e os falaropos agora ficam ao norte o ano todo, não só no verão. Mesmo no escuro do inverno, quando há apenas duas horas de sol, eles continuam lá. O esquilo terrestre que costumava ser encontrado quatrocentos quilômetros ao sul da vila de Theo, Iglulik, agora prolifera na região de Iglulik. Eles estão recebendo novas espécies de pássaros. Até o tordo chegou pela primeira vez.

Theo disse: "Quando ouvimos falar de aquecimento global, nós, inuítes, achamos que era uma notícia boa. Nossos filhos teriam invernos mais quentes. Agora sabemos que as notícias não são boas. Está mudando completamente o ecossistema. Este belo mundo em que vivemos vai desaparecer".

Escrevi algumas coisas interessantes no meu diário. Este trecho merece destaque:

> *A noite passada estava particularmente fria. Todos nós temos na cama uma garrafa para mijar, porque está frio demais para sair à noite. Não fechei direito a tampa e a garrafa entornou. Acordei e descobri que meu saco de dormir era puro mijo congelado. Contei a história no dia seguinte e todos concordaram: como os inuítes não permitem álcool, eu fui a única pessoa a entornar uma garrafa na viagem!*

Consegui fazer uma conexão telefônica via satélite e conversei com meu pai. Ele havia passado grande parte da guerra no deserto do Saara, lutando contra Rommel. O deserto pode ser muito frio à noite. Depois que descrevi minhas aventuras com a garrafa congelada, papai disse secamente: "Na guerra, enchíamos nossas garrafas de água quente com chá para podermos ficar aquecidos à noite e tomar uma xícara de chá de manhã". Que bom que não confundi a história dele com a minha.

Ver Sam em seu ambiente, capaz de acompanhar facilmente os mais aptos do grupo, tão à vontade entre os inuítes quanto entre os africanos ou nas ilhas do Caribe, onde passou boa parte da infância, me fez ver como ele tinha crescido e do que era capaz. É sempre um momento evocativo e comovente quando a geração mais velha vê a geração mais jovem a alcançando ou mesmo ultrapassando. Sam e eu temos evitado o assunto de ele assumir ou não a Virgin algum dia. É muito complicado porque ainda me divirto muito e, embora trabalhe muito desde os quinze anos, não vejo a aposentadoria chegando, nem mesmo no horizonte distante. Também preciso levar em consideração que Sam quer mostrar do que é capaz e que há muitas coisas que ele quer fazer; e Holly, é claro, nunca se desviou de seus sonhos de ser médica. Recentemente, ela se qualificou para trabalhar como residente num grande hospital de Londres. Além de fazer faculdade de música – ele toca bem violão – Sam gostou da experiência de passar cerca de quatro meses ajudando no relançamento da Virgin Media. Algumas de nossas empresas, como a Virgin Media, têm uma imagem jovem e, já que estou beirando os sessenta,[3] também tenho que levar isso em consideração. Estou ciente de que uma pesquisa recente que fizemos sobre a marca Virgin mostrou que ela era a marca mais popular no Reino Unido, e isso é gratificante; mas também mostra uma leve queda na popularidade entre os jovens. Para ser sincero, acho que é um reflexo da minha idade. O tempo passa e, portanto, ter uma pessoa mais jovem aos olhos do público em algum momento ajudaria, embora não seja tão importante hoje em áreas como a Virgin Money e a Virgin Trains.

Entendo que, conforme envelheço, serei capaz de fazer menos para promover a Virgin; e, filosoficamente, espero precisar fazer menos para promovê-la, uma vez que as ideias inculcadas na empresa estão consagradas o suficiente na maneira como ela funciona para fazer com que os negócios tenham vida própria – espero que mantendo as ideias do fundador. Se uma organização estiver estruturada da maneira certa, não há motivo para seu *éthos* não sobreviver à morte do fundador ou mesmo a uma mudança de controle. Veja a John Lewis: continua plenamente alinhada com os princípios de seu fundador. A Marks & Spencer pode ter se perdido por um tempo, mas o público nunca perdeu a imagem do que a M&S deveria ser, e a empresa teve que voltar a essa imagem. Outro exemplo é a Rolls-Royce. Muito depois da

---

3 Atualmente tem 72 anos. [N. da E.]

morte de seus dois fundadores, seu princípio de excelência em engenharia ainda tranquiliza pessoas tão diversas quanto passageiros de companhias aéreas e pilotos de tanques em todo o mundo. Então, mesmo quando eu estiver muito velho ou incapacitado para descer um prédio de rapel, acho que o espírito de diversão e aventura ainda estará lá – embora sempre me digam que vão me içar para cima e para baixo naquele prédio numa cadeira de rodas. Ainda assim, esse momento pode estar muito longe. Sam com certeza acha que está. Quando estava na Virgin Media, foi convidado a dar uma entrevista. A PR da Virgin, Jackie McQuillan, lhe disse: "Bem, se você quiser dar a entrevista, querido, você pode, mas vamos falar só sobre o seu trabalho na Virgin, não baboseiras sobre seu relacionamento com seu pai".

Ao que Sam respondeu: "Ah, Jackie, já temos mesmo que falar que estou trabalhando para a Virgin? Vou ter que aguentar mais sessenta anos dessa merda!".

Depois da expedição ao Ártico, pareceu apropriado que, enquanto estivesse no grande Norte, eu parasse em Toronto para lançar outra campanha de combate ao aquecimento global. Nós a havíamos chamado de *"Flick Off"* [pressione], como um lembrete para desligar a eletricidade em todas as oportunidades, incluindo todos os botões de modo ocioso. Um leve toque de irreverência sempre me diverte, e acho que as pessoas se lembram da abordagem jocosa. Fiquei confuso, porém, quando descobri que alguns respeitáveis vereadores canadenses decidiram que a expressão era um tanto indecente e alguém deveria me "pressionar"!

Após três anos de hesitação por parte do Departamento de Transportes dos Estados Unidos, a Virgin America enfim conseguiu o sinal verde para voar em 19 de maio. Foi um grande alívio, não apenas para mim, mas para muitas pessoas cujos futuros empregos na VA estavam em jogo e, em especial, para Fred e a equipe da VA, que trabalharam sem parar para fazer tudo o que lhes era exigido para apaziguar o Departamento de Transportes e as outras companhias aéreas dos EUA que nos bloquearam por tanto tempo.

Sempre acreditei na concorrência saudável como uma forma de elevar os padrões e permitir que os clientes façam o melhor negócio possível. Mas não estávamos totalmente fora de perigo. Apesar de todas as mudanças que fizemos com todo cuidado como e quando solicitadas, o Departamento de Transportes insistiu que tínhamos que substituir Fred Reid como CEO dentro de seis meses e limitar ainda mais a influência do Virgin Group sobre as operações da VA. Como já havíamos nos distanciado da VA, não parecia haver muito mais que pudéssemos fazer, mas estávamos dispostos a obedecer. No entanto, a VA pediu que a decisão com relação a Fred fosse revertida. Afinal, ele era americano e já havia sido presidente da Delta (uma das companhias aéreas que se opunha à Virgin America). Não fazia sentido. Ainda assim, a aprovação para voar foi muito bem-vinda, e começamos a trabalhar duro em um lançamento no meio do verão. A VA hoje oferece voos entre o Aeroporto Internacional de São Francisco e o Aeroporto Internacional John F. Kennedy em Nova York, bem como rotas para San Diego, Las Vegas, Los Angeles, Boston, Seattle e para o Aeroporto Internacional Dulles de Washington. A VA espera adicionar outras cidades dentro de cinco anos, por isso é um lançamento ambicioso.

Ao mesmo tempo, a Virgin Atlantic mudou de estratégia e adiou nosso pedido do Airbus A380 – que estava muito atrasado – por quatro anos, de 2009 para 2013. Ainda temos confiança no jumbo, mas, de acordo com nossa estratégia de segurança e desempenho, queremos que ele esteja em serviço em outro lugar antes de finalmente nos comprometermos. Em vez disso, seguindo nossa orientação ambiental, em 26 de maio assinei um contrato com o presidente da Boeing, Jim McNerney, para comprar 43 novos Boeing 787 Dreamliners novinhos em folha, no valor de oito bilhões de dólares. Foi o maior pedido que a Virgin Atlantic já fez, e eles são a primeira aeronave de composto de carbono em serviço comercial. Em retrospecto, olhando para o Virgin Atlantic Global Flyer, a primeira aeronave do mundo totalmente em material composto na qual Steve Fossett deu a volta ao mundo, fiquei mais do que feliz por termos pago para o Flyer ser construído – para provar que todas as aeronaves de compostos de carbono podem voar longas distâncias em grandes altitudes com um copo de combustível (brincadeirinha...). Mas a imprensa de repente pegou uma piada que foi incluída sorrateiramente no substancial contrato que Jim McNerney e eu assinamos; neste caso, o acordo entre a Virgin Atlantic e a Boeing incluía uma cláusula com o compromisso de Jim e eu perdermos seis quilos cada um para ajudar a reduzir nossa pegada de carbono ao viajar de avião.

A cláusula diz: "As partes concordam que cada um dos signatários perderá pelo menos seis quilos de seu peso nos próximos quatro anos, a fim de reduzir as emissões de dióxido de carbono em mais de dezesseis quilos no voo de entrega". Aparentemente, nosso departamento jurídico havia colocado isso como uma piada para ver se leríamos as letras miúdas; quando deixamos passar nas primeiras leituras, ninguém pensou em excluir a cláusula.

Jocoso, o diretor de comunicações da Virgin, Paul Charles, disse: "Claramente, nenhum deles lê direito os contratos antes de assiná-los. Estamos fazendo a nossa parte para combater as emissões de carbono, mas perder peso foi um elemento adicional incluído para dar mais efeito. Se você estiver levando pessoas mais leves no avião, precisará de menos combustível ainda. Talvez o governo deva considerar adotar a medida como uma forma de combater a obesidade e as mudanças climáticas ao mesmo tempo".

Quando a imprensa perguntou quanto eu pesava, fui sincero e dei meu peso correto naquele momento. Mas, como observei, eu estava prestes a ir para o Ártico e tinha deliberadamente ganhado quinze quilos como reserva de gordura. Mas não faço ideia de qual foi a desculpa do Jim!

Ao mesmo tempo em que assinei o contrato dos Dreamliners, assinei também um acordo com a Boeing e a General Electric, fabricantes de motores, para trabalhar no desenvolvimento conjunto de um biocombustível para aviação, que para mim representa uma perspectiva sensacional. As pessoas sempre disseram que nunca seria possível desenvolver biocombustíveis para motores de avião. Estamos trabalhando em um novo biocombustível para uso geral chamado isobiobutanol que pode ter algumas das características certas para se fazer um biocombustível para aviação, e continuaremos com ele. Mas – e isso é ultrassecreto – também estamos trabalhando no desenvolvimento de outro combustível que pode representar um avanço impressionante. Não há dúvida: estou viciado em ciência de uma forma que nunca pensei ser possível. Também sorrio com a ironia de estar em parceria com a Boeing. Quando penso em como telefonei para eles uma vez, do nada, e ingenuamente perguntei se poderia alugar um de seus jumbos, percebo que o futuro é um lugar muito intrigante para se fazer retrospectos.

Com a possibilidade de combustível de aviação limpo no final de maio, ofereci um milhão de libras a um grupo fundado por ex-pilotos e executivos da Concorde para ajudar o Concorde a voltar aos céus. Sempre pensei que o Concorde era um dos aviões mais bonitos de todos, e que 24 de outubro de 2003, quando o último deles voou, foi um dia triste. Fiquei decepcionado quando minha oferta de comprar cada avião por um milhão de libras foi recusada pela British Airways. Parecia ridículo um avião supersônico que voou por trinta anos estar fadado à naftalina.

Quando o Concorde parou de voar, jurei que continuaria a campanha para manter o Concorde voando e disse à imprensa: "No mínimo, um fundo de patrimônio deve ser estabelecido para manter o Concorde no Reino Unido de modo que as futuras gerações possam vê-lo. Seria terrível se nunca pudessem ver um Concorde voando".

Pareceu-me que, ao recusar minha proposta, a BA estava mantendo nossa longa rivalidade – uma rivalidade que continuou até abril de 2007, quando, bizarramente, eles me censuraram no último filme de James Bond. O *Daily Telegraph* escreveu: "Na Rússia Soviética, qualquer pessoa que caísse em desgraça com a elite dominante era eliminada da história. Agora, parece que a British Airways adotou a mesma abordagem em relação ao seu inimigo corporativo, sir Richard Branson. O presidente da Virgin Atlantic, que faz uma breve aparição em *007 – Casino Royale*, o último filme de James Bond, por algum motivo não aparece na versão exibida nos voos da British Airways".

Jamais, nem em um milhão de anos, sonharíamos em censurar qualquer um de nossos filmes de bordo. Nossa filosofia é esperar que os pais orientem seus filhos. Não exibimos pornografia, obviamente, mas exibimos filmes adultos ou sérios. Somos a única companhia aérea do mundo a exibir *Uma verdade inconveniente* de Al Gore, por exemplo. Will telefonou para Paul Charles, o chefe de comunicações da Virgin Atlantic, e disse: "Olha, se alguém ligar para você para falar disso, mencione que no filme *007 – Um novo dia para morrer* há uma grande cena mostrando um avião da BA em Miami com o logotipo da BA em destaque. Diga a eles que nunca censuramos isso". Achei graça do exagero da reação da BA.

No início de junho, voltei ao Quênia para recepcionar os primeiros voos diários da Virgin Atlantic para Nairóbi, que vão transportar milhares de passageiros e exportar produtos agrícolas quenianos, rendendo aos agricultores quenianos cem milhões de dólares por ano. Também lancei outra fase na iniciativa da Peace Parks, contribuindo com uma "estrada para elefantes" para permitir que cerca de dois mil elefantes se desloquem livremente em suas rotas migratórias tradicionais de e para o monte Quênia. A busca pelos sais minerais de que precisam na dieta os leva pelas centenas de pequenas fazendas que se espalharam por todo o contorno desse belo pico vulcânico coberto de neve, e fazendeiros têm atirado nos elefantes para evitar que pisoteiem as plantações. O Virgin Mount Kenya Elephant Corridor interromperá o conflito entre os fazendeiros e essas criaturas magníficas, permitindo que sobrevivam.

No lançamento, eu disse: "O elefante africano percorreu todo o continente, desde a África do Sul até a costa do Mediterrâneo, mas sua população está seriamente ameaçada. Podemos criar um salva-vidas vital para toda a população animal e humana da região".

Foi um dia muito feliz. Não só consegui dançar na asa do primeiro avião da Virgin Atlantic em Nairóbi com alguns dançarinos locais e uma aeromoça queniana em seus paramentos coloridos – bem, o traje vermelho inconfundível da tripulação da Virgin – mas também me tornei um ancião em uma cerimônia muito comovente do povo massai. Depois, com meu pai de 89 anos e Sam, subi aos céus num balão de ar quente. Era a primeira vez que entrava num balão desde minha tentativa de dar a volta ao mundo em 1998, quando caí no mar perto do Havaí. Foi incrível sobrevoar muito acima da vasta paisagem africana, seguindo a rota dos elefantes em direção ao monte Quênia. Com mais de cinco mil metros, é a segunda montanha mais alta da África e, até recentemente, sempre esteve coberta de neve – apesar de estar quase no Equador. A vista e a experiência não podiam ser mais bonitas. Três gerações de homens Branson num balão. Foi um momento para se apreciar.

Parece um grande passo ir de elefantes da Idade da Pedra e balões de ar quente para naves espaciais, mas o mundo é hoje um lugar deslumbrante no qual se pode voltar no tempo e avançar para o futuro. Enquanto escrevo isto, a Virgin Galactic está se preparando para iniciar seu programa de voos de teste, com Brian Binnie como piloto de teste para os primeiros cem voos. Sabemos que o sistema é intrinsecamente mais seguro do que lançar um foguete do solo, mas só conseguiremos provar isso fazendo os voos. Os dois aspectos mais interessantes do sistema da nave espacial são a segurança e seu baixo impacto ambiental. Mas, em última análise, concordo com o professor Hawking: a longo prazo realmente precisamos estar no espaço porque a humanidade precisará encontrar um segundo lar em algum lugar lá fora. A mera física nos diz que um dia seremos atingidos por um asteroide ou que poderemos sofrer um evento vulcânico catastrófico, e qualquer um dos dois criaria um inverno nuclear ao qual nossa densa população pode não sobreviver.

Então, como disse o professor Hawking: "vamos usar os próximos mil anos para audaciosamente ir aonde ninguém jamais esteve".

É pensando na família e nos meus desafios sociais que passo cada vez menos tempo promovendo a marca Virgin com tentativas perigosas de quebrar recordes mundiais; sentado em casa, escrevendo isto, acho improvável que eu faça outro projeto na escala do voo de balão ao redor do mundo.

Eu passo muito tempo viajando e, por isso, valorizo os momentos com a família reunida. Em muitos aspectos, ficamos mais próximos quando estamos todos em Necker. Deixou de ser a joia que simbolizava os sentimentos que Joan e eu temos um pelo outro e passou a ser um lugar no qual toda a família se sente em casa e em paz. Tentamos sempre ir na páscoa, no verão e no natal. Com meus pais, minhas irmãs e suas famílias, nossos amigos mais próximos e algumas pessoas de todas as diferentes empresas da Virgin, é como um caldeirão em que todos fazemos um balanço do que está acontecendo e nos afastamos de tudo, menos da máquina de fax.

Ali ensinei as crianças a jogar tênis e a nadar, mergulhar e velejar. Quando estamos lá, estamos à disposição uns dos outros. É um momento de relaxar e refletir sobre o que todos estamos fazendo, porque sabemos que voltar a Londres é voltar ao trabalho.

Minha hora favorita do dia lá é o início da noite. É quando é meia-noite em Londres e é praticamente impossível falar com alguém na Europa. O fax e o telefone ficam em silêncio e o sol se põe rapidamente. Em mais ou menos uma hora, a luz do dia passa de um sol brilhante, quase branco, para o crepúsculo, com um brilho laranja profundo no horizonte. Sentado na varanda, consigo ver o último grupinho de pelicanos mergulhar em busca de peixes e depois se afastar batendo as asas ruidosamente para se abrigar durante a noite. Em poucos minutos, o céu passa a um azul-escuro aveludado e surge o primeiro punhado de estrelas. O mar à minha frente fica preto como tinta e tudo fica quieto.

Costumamos jantar no terraço, todo mundo bronzeado e feliz. É ótimo estarmos juntos, e me pergunto o que o futuro reserva para todas as crianças aqui. Olho para Holly e Sam e percebo que não quero planejar a vida deles. Só quero que sejam felizes. Sei que outros empresários, como Rupert Murdoch e Robert Maxwell, fizeram seus filhos lerem relatórios anuais e dados financeiros antes do café da manhã, mas não quero nada disso. Holly nunca se desviou do sonho de ser médica e deu seus primeiros grandes passos ao se qualificar e conseguir um emprego num grande hospital de Londres; Sam mergulhou com satisfação o dedo do pé na piscina da Virgin, trabalhando por alguns meses na Virgin Media em Londres, e está prestes a começar a trabalhar na África em nossas reservas animais – mas, se ele vê ou não a Virgin como uma carreira para o futuro, a escolha é toda dele. Seu amor pela música pode competir com os negócios da família! Também me pergunto como será não passar tanto tempo em Necker. Estou construindo uma casa nova e mais ecológica para a família em Moskito e posso me imaginar tão feliz lá como todos temos sido em Necker. Mas, seja qual for o futuro, estou entusiasmado e curioso como sempre. É essa curiosidade e senso de aventura com relação ao desconhecido, com todos os seus desafios, que me impulsionam. E com grandes questões como AIDS e aquecimento global, além dos conflitos, os desafios tornam-se mais urgentes. Mas em momentos como esse, cercado pela família em outro pôr do sol em Necker, fico feliz em esquecer meu caderno, com sua constante lista urgente de coisas para fazer e pessoas para ligar, e relaxar entre pessoas que amo e com as quais me importo.

Mesmo sentados aqui, eu sei que um de nossos jumbos está indo de Heathrow para o JFK, uma rota que era, até 2002, atendida pelo *Maiden Voyager*, nosso jumbo original. Ele voava de Londres para Nova York desde 1984 e se tornou a espinha dorsal de nossa companhia aérea e a base de nosso sucesso. Sua aposentadoria marcou o fim de uma era, mas também o início de uma nova, com a chegada de nosso novo A340-600 em meados de 2002. O *African Queen*, um de nossos primeiros Airbus A-340, está zunindo noite adentro para Nairóbi, nosso mais recente destino; e o *Lady in Red*, nosso primeiro Airbus, batizado pela princesa Diana, cruza a noite em direção a Hong Kong. Os escritórios da Virgin Atlantic em Crawley estarão desertos, exceto pelo pessoal da limpeza, e o turno da noite estará bebendo a segunda ou terceira xícara de café em Heathrow e em Gatwick. Haverá filas do lado de fora da boate Heaven, e me pergunto quem vai se apresentar esta noite e o que o futuro lhe reserva. As megastores do Japão e de Paris estarão fechadas, mas no final da tarde multidões percorrerão com os dedos as prateleiras de CDs da megastore de Nova York, antes de comprar uma lata de Virgin Cola numa máquina de venda automática próxima. Enquanto isso, em Londres, nossa equipe na Virgin Books estará se perguntando por que certo "autor" está atrasado com seu manuscrito! E, claro, no deserto de Mojave, meu sonho de uma viagem espacial acessível e uma nova era na história da humanidade aos poucos se tornará realidade. O espaço é realmente um território virgem.

No início, cada um desses empreendimentos foi um passo no desconhecido para a empresa – um pouco como a perda da virgindade. Mas, ao contrário de realmente perder a virgindade, em qualquer mundo que fizer para si, você pode continuar a abraçar o novo e o diferente muitas e muitas vezes. Isso é o que eu sempre quis para a Virgin e, seja por discernimento ou por sorte, não gostaria que fosse de outra maneira.

Em 26 de maio de 2007, Nelson Mandela chegou a Ulusaba para a primeira reunião dos Anciãos. Ele caminhou entre todas aquelas pessoas que esperavam para cumprimentá-lo. Como me senti pequeno na presença de pessoas que realmente vivem com coragem moral e que sempre colocam a melhoria da humanidade acima de qualquer outra coisa em sua vida. Quando Madiba chegou, todos os 150 membros da equipe de Ulusaba e convidados da reunião se enfileiraram pelo caminho para recebê-lo, cantando, dançando e demonstrando seu amor por ele. Sua bondade e liderança moral brilharam desde o momento em que saiu do carro.

Ele estava frágil e tentou dançar com eles, embora suas pernas estivessem fracas pelos quase 28 anos quebrando pedras de joelhos na prisão da Ilha Robben – mas o resto de seu corpo ainda dançava.

Peter e eu tínhamos trabalhado muito tempo para lançar os Anciãos, então perceber que isso estava enfim acontecendo – todas essas pessoas extraordinárias reunidas para saudar Mandela e presenciar o nascimento dos Anciãos – foi de verdade um dos momentos mais emocionantes da minha vida. Eu esperava que a História estivesse se concretizando naquele exato momento. Todos nós desejamos que os Anciãos se tornem uma força poderosa para o bem num mundo muito incerto e que sua força só aumente, às vezes para trazer paz a partir do caos, para acalmar conflitos perigosos e para ajudar quando peste, fome e desastres atacarem.

É inacreditável que estejamos permitindo, como humanidade coletiva, que milhares de pessoas morram todos os dias de doenças evitáveis e tratáveis, e permitindo que pessoas matem seus irmãos e suas irmãs devido à falta de recursos naturais, esperando cegamente e fazendo quase nada enquanto os perigos das mudanças climáticas se aproximam com velocidade.

Ainda assim, temos o poder de mudar todas essas coisas. Espero que esse grupo de Anciãos, sob o leme de Mandela e Graça, possa devolver alguma esperança e sabedoria ao mundo, ajudando a nos unir para parar sofrimentos humanos desnecessários e celebrar o mundo maravilhoso do qual temos o privilégio de fazer parte.

Após uma breve apresentação do arcebispo Tutu, Nelson Mandela abriu o histórico encontro dizendo:

> *No mundo de hoje, muitos dos problemas que enfrentamos são de natureza global; mudança climática, pandemias como AIDS, malária e tuberculose e, claro, aquela desgraça inteiramente criada pelo homem: o conflito violento. Destruições com as quais temos que lidar. Esses problemas em geral estão ligados a restrições políticas, econômicas ou geográficas.*
>
> *Enquanto instituições governamentais atacam, muitas vezes de forma desigual, os desafios que enfrentam, os esforços de um pequeno grupo dedicado de líderes trabalhando objetivamente e sem qualquer interesse pessoal no resultado pode ajudar a resolver o que muitas vezes parecem problemas insolúveis.*
>
> *Reunidos aqui hoje, temos os componentes de um desses grupos. Usando sua experiência, sua coragem moral e sua capacidade de superar as preocupações provincianas de uma nação – raça e credo –, essas pessoas podem ajudar a tornar nosso planeta um lugar mais pacífico, saudável e igualitário para se viver.*

Vamos chamá-los de Global Elders, os Anciãos Globais, não por causa de sua idade, mas por causa de sua sabedoria individual e coletiva. Este grupo tira sua força não do poder político, econômico ou militar, mas da independência e da integridade de quem está aqui. Não têm carreiras para construir, eleições para ganhar, eleitores para agradar. Podem falar com quem quiserem e são livres para seguir os caminhos que considerarem corretos, mesmo que extremamente impopulares.

Já se passaram vários anos desde que Richard e Peter me procuraram com sua ideia para os Anciãos. Desde então, tenho visto o conceito crescer, ganhar estrutura e força e se tornar uma iniciativa real, viável e pragmática. Acredito que, com sua experiência, energia e profundo compromisso com a construção de um mundo melhor, os Anciãos podem se tornar uma força fervorosa, independente e robusta para o bem. Lidarão com questões complexas e intratáveis, especialmente aquelas que não forem populares. No entanto, sei que este grupo não se tornará arbitrário nem arrogante, e que buscará a orientação de organizações especializadas e trabalhará em cooperação com elas.

Além do mais, vocês não seguirão o caminho fácil de curto prazo, mas apoiarão as abordagens sustentáveis a longo prazo que tratam das raízes dos problemas que enfrentam. Sempre que possível, trabalharão com o conhecimento local e dos povos originários, ouvirão, reunirão antagonistas e protagonistas, trabalharão com quem tiver motivação para resolver um problema, dando-lhe apoio e determinação para isso. Vocês podem ajudar a promover e apresentar ideias inovadoras e soluções pouco conhecidas para conectar quem tem necessidades práticas reais com quem tem algo a oferecer.

Por meio de nossos amigos no mundo dos negócios, podemos mobilizar tecnologia de ponta. E aumentar não apenas a conscientização sobre questões esquecidas, mas também ajudar a localizar os recursos para resolvê-las. Mas sejam quais forem as técnicas que vocês usarem, acredito que, no final, a gentileza e a adaptação generosa é que são os catalisadores para uma mudança real. E espero que, se depender do meu amigo arcebispo, vocês insistirão em pressupor a interdependência essencial de toda a humanidade. Chamamos isso de espírito de Ubuntu, aquele profundo sentimento africano de que somos humanos apenas por meio da humanidade de outros seres humanos. Vocês devem estar cientes de que muitas vezes discordarão uns dos outros e que haverá detratores.

As pessoas perguntarão: "Quem são esses que se intitulam salvadores?". Respondam a essa discordância interna e aos críticos externos com franqueza. Na verdade, aproximem-se desses detratores, convertam-nos a essa forma de pensar. Os Anciãos podem se tornar verdadeiros modelos, liderando, orientando e apoiando todo tipo de iniciativas. Tanto as próprias como as de muitos outros. Os Anciãos podem falar com liberdade e ousadia. Trabalhar tanto em público quanto nos bastidores, em quaisquer ações que sejam necessárias. E lembrem-se: quem mais precisa da sua ajuda? Os que menos têm são os que mais sofrem. São eles que raramente são ouvidos. Este grupo de Anciãos pode ajudá-los e garantir que não sejam ignorados.

Sei que vocês apoiarão a coragem onde houver medo, promoverão o acordo onde houver conflito e inspirarão esperança onde houver desespero. Esta iniciativa não poderia ter surgido em momento mais oportuno; ela reunirá um extraordinário grupo de pessoas com as competências e os recursos para realizar o que é agora necessário. Tenho orgulho de estar aqui, neste primeiro encontro pioneiro dos Anciãos Globais. Como já disse, estou tentando levar a sério a minha aposentadoria e, embora não consiga participar da parte empolgante do trabalho, analisando problemas, buscando soluções, procurando parceiros, estarei com vocês em espírito. Eu agradeço a todos vocês.

Este livro foi composto em Arno Pro e impresso em pólen 70 g pela gráfica Viena em janeiro de 2024.